甘肃省文化资源名录
（第三十八卷）

文化产业、传媒Ⅲ

文化创意和艺术服务、文化专用设备的生产、传媒

总 主 编：陈 青　王福生
副总主编：马廷旭
总 校 对：刘玉顺
本卷主编：段翠清　王 荟

中国书籍出版社
China Book Press

图书在版编目（CIP）数据

甘肃省文化资源名录. 第三十八卷 / 陈青, 王福生总主编; 甘肃省社会
科学院编. — 北京 : 中国书籍出版社, 2018.1
　　ISBN 978-7-5068-6722-1

　　Ⅰ. ①甘… Ⅱ. ①陈… ②王… ③甘… Ⅲ. ①文化遗产—甘肃—名录
Ⅳ. ①K294.2-62

中国版本图书馆CIP数据核字（2018）第027831号

甘肃省文化资源名录　第三十八卷

陈　青　王福生　　总主编
甘肃省社会科学院　　编

责任编辑	尹　浩
责任印制	孙马飞　马　芝
封面设计	东方美迪
出版发行	中国书籍出版社
地　　址	北京市丰台区三路居路 97 号（邮编：100073）
电　　话	（010）52257143（总编室）　　　　（010）52257140（发行部）
电子邮箱	eo@chinabp.com.cn
经　　销	全国新华书店
印　　刷	三河市顺兴印务有限公司
开　　本	787毫米×1092毫米　　1/16
字　　数	439千字
印　　张	19.25
版　　次	2018 年 1 月第 1 版　　2018 年 1 月第 1 次印刷
书　　号	ISBN 978-7-5068-6722-1
定　　价	236.00元

甘肃省文化资源普查
和分类分级评估工作领导小组办公室及下设机构

主　　任　范 鹏

常务副主任　王福生

副　主　任　李 堋　王兰玲　柳 民

执行副主任　侯拓野　马廷旭　陈月芳　廖士俊

成　　员　杨文福　丁 禄　田锡如　李含荣　路晓峰　刘效明
　　　　　张建胜　徐麟辉　马志强　张春锋　梁朝阳　方剑平
　　　　　黄国明　王银军　刘志忠　李拾良　王登渤　赵艳超
　　　　　席浩林　王 钢　刘 晋　李军林　王景辉　邵 斌
　　　　　杨彦斌　李素芬　李才仁加　王 旭　王治纲

综合协调组

组　长　王灵凤

成　员　庞 巍　马争朝　吴绍珍　巨 虹　王彦翔　唐莉萍
　　　　段翠清

普查业务组

组　长　谢增虎

成　员　马东平　侯宗辉　马亚萍　戚晓萍　魏学宏　李 骅
　　　　买小英　梁仲靖　王 屹　海 敬

技术保障组

组　长　刘玉顺

成　员　胡圣方　王 荟　谢宏斌　张博文　宋晓琴

专家联络组

组　长　郝树声　马步升

成　员　金 蓉　赵 敏

前 言

　　丝绸之路三千里，华夏文明八千年。甘肃是华夏文明的重要发祥地之一，是中华民族重要的文化资源宝库，是国务院认定的"华夏文明传承创新区"。为了保护和传承甘肃恢宏的历史与当代文化资源，使之能够汇总展示给世界，并永久流传，甘肃省从 2013 年 4 月启动了全省文化资源普查工作。在甘肃省文化资源普查和分类分级评估工作领导小组组织下，动员全省各市（州）县（区）、31 个厅局及省直单位的专业人员，数十位专家学者，历时两年，完成了普查和数据录入工作。对于全省文化资源普查成果，甘肃省社会科学院又经过两年时间整理完善、分类编辑、拾遗补阙、校对编排，现在终于有了《甘肃省文化资源名录》的付梓出版。

　　《甘肃省文化资源名录》集中展现了甘肃历史悠久、丰富多样的文化资源。甘肃历史文化遗存位列全国前茅，民族民俗文化特色鲜明，现代文化颇具实力。伏羲文化、大地湾文化、马家窑文化、齐家文化、寺洼文化、彩陶文化、周秦早期文化、长城文化、汉简文化、三国文化、五凉文化、敦煌文化、石窟文化、黄河文化等历史文化资源积淀深厚；道教文化、西夏文化、伊斯兰文化、藏传佛教文化等民族宗教文化资源星罗棋布；大革命文化、根据地文化、长征文化、抗日文化、解放区文化等红色文化资源耀眼夺目；工业文化、科技文化、歌舞文化、大众文化等现代文化资源特色鲜明。可以说，文化资源是历代生活在甘肃的华夏儿女留给这块大地的永不磨灭的最辉煌印记。

　　就甘肃省文化资源的精华而言，截至 2017 年初，全省馆藏可移动文物为 195.84 万件，各类不可移动文物 16895 处。有世界文化遗产 7 处，全国重点文物保护单位 131 处，省级文物保护单位 556 处，国家级非物质文化遗产代表性项目 68 项。有国家级历史文化名城 4 座，国家级历史文化名镇 7 座，中国历史文化名村2座，中国传统村落36个。莫高窟、嘉峪关、伏羲庙、麦积山、炳灵寺、阳关、玉门关、锁阳城、崆峒山、拉卜楞寺、中山桥……，都是甘肃文化的历史见证；敦煌汉简、悬泉汉简、铜奔马、牛肉面、剪纸、花儿、皮影、羊皮筏子、黄河水车……，都是甘肃永恒的文化名片；腊子口、哈达铺、会师楼、南梁……，都是甘肃代表性红色文化遗产；酒泉卫星发射中心、刘家峡水电站、玉门油田、《读者》《丝路花雨》《大梦敦煌》……，都是甘肃之所以为甘肃的鲜明标志；祁连山、雪山冰川、河西走廊、大漠戈壁、高原草原、天池梅园……，都是如意甘肃的生动写照。众多的历史、自然和现代文化资源犹如满天繁星，镶嵌在广袤的甘肃大地上熠熠生辉。

《甘肃省文化资源名录》汇总甘肃省文化资源的精华，完成了打造华夏文明传承创新区的基础工作。《名录》将文化资源分为二十大类，分别是：文物；红色文化；重要历史事件与人物；重要历史文献；民族语言文字；非物质文化遗产；自然景观文化；宗教文化；文学艺术；饮食文化；建筑文化；节庆、赛事文化；文化之乡；地名文化；文化传媒；社科研究；文化类高等教育；文化艺术机构团体；文化产业；文化人才。每类文化资源按属性又分若干子分类，每个子分类都有严格的界定。同时，将文化资源级别分为省级和市州级。省级文化资源是指国务院、国家有关部委、甘肃省政府和省直部门已经明确命名、认定、管理（或委托管理）的国家级和省级文化资源，以及甘肃省文化资源普查办公室评估认定并核定公布、报送备案的文化资源。市州级文化资源是指甘肃省各市州、县级政府及其管理部门已经明确命名、认定、管理的市县文化资源，以及甘肃省文化资源普查办公室评估认定并核定公布、报送备案的市县文化资源。甘肃省内世界级文化资源（遗产）纳入省级文化资源管理范围，暂未认定级别和不需认定级别的文化资源统一纳入市州级文化资源范围。

推出《甘肃省文化资源名录》，对于推进华夏文明传承创新区建设、甘肃文化大省建设、丝绸之路黄金段建设意义深远。《名录》不仅仅记录了甘肃文化资源的种类和数量，也使甘肃文化资源的资源类别、品相级别、蕴藏情况、流布地域、传承范围和衍变情况得以准确和清晰化。通过编辑出版《甘肃省文化资源名录》，形成一个科学完整的文化资源数据库、文化资源研究的学术平台、文化资源传承保护和开发利用的指南，有助于更好地挖掘那些具有世界影响、国家价值、显著特点、唯一仅存、开发潜力巨大的代表性文化资源，为文化资源的有效保护提供科学依据，为重点文化资源找到开发的机遇并重塑生长的价值，为文化产业项目的开发利用提供可靠的参考。所以，《名录》的推出，是甘肃省文化资源普查成果面向世界迈出的第一步，是文化实力助推甘肃转型发展的坚实步伐，它为甘肃省今后对文化资源进行保护传承、专题研究、数字展示、市场开发奠定了基础。

甘肃省社会科学院

2017 年 7 月

目 录

甘肃省文化资源名录

第三十八卷 文化产业、传媒 III

文化创意和艺术服务

0001 甘肃广告策划制作中心

注 册 地：兰州市城关区广场南路 51 号

主营业务：设计、制作、代理国内外各类广告业务，广告业务咨询服务；会议、会展服务。

主要产品：国内外各类广告。

资产总额（万元）：16.9

0002 兰州翼途动漫文化传播有限公司

注 册 地：兰州市

主营业务：二维动画，三维动画，动漫卡通设计，漫画插画设计，多媒体开发制作，影视宣传片拍摄，广告设计、制作、代理、发布。

主要产品：1.农产品的动漫形象品牌化创意推广；2.网络原创系列动画《妖里妖气》及相关 QQ 表情；3.党员干部廉洁从政若干准则系列动画；4.电力系统营销岗位培训系列二维动画；5.电力系统用电安全系列动画短片；6.甘肃省幼儿教材插画设计；7.兰州军区军旅生活题材动画短片；8.中科院寒旱所沙漠探险体验馆科普游戏；9.原创网络系列漫画《乌龙岛》；10.原创心情绘本插画《大戴小代》；11.系列四格漫画《三年二班》。

从业人员数（人）：25

销售额（万元）：156.02

资产总额（万元）：597.55

简　　介：兰州翼途动漫文化传播有限公司注册资本 500 万元，成立于 2009 年 3 月，现已通过文化部国家级动漫企业认证，并获得国家新闻出版广电总局颁发的《广播电视节目经营许可证》。公司通过多年的发展，已在甘肃本土影视动漫行业建立了良好的口碑和信誉，并在全国影视动漫大赛中多次夺冠，是我省动漫行业的开拓者和知名的影视动漫企业，先后完成制作多部系列动画片，并已为省内外上百家企事业单位提供过影视动画多媒体等的相关制作服务，均得到了客户的好评。在动画制作方面，我们拥有先进的无纸动画制作技术。凭借公司主创人员多年的实践经验，能为客户提供包括：二/三维动画、影视广告、影视拍摄、影视后期、多媒体、栏目包装、漫画、插画等的全方位视觉传达表现的设计、制作、开发和推广。

0003 甘肃粤兰建设设计咨询公司

注 册 地：兰州市段家滩 199 号

主营业务：工业与民用建筑设计；市政工程设计、建设咨询；室内装饰装修；餐饮娱乐。

主要产品：工业与民用建筑设计，市政工程设计、建设。

0004 甘肃上元甲子文化传媒有限责任公司

注 册 地：兰州市

主营业务：广告制作、动画制作；动画制作

指导、影视制作指导；电视节目制作、发行。

主要产品：企业宣传片，微电影，动画片。

从业人员数（人）：36

销售额（万元）：129.7

资产总额（万元）：584.3

简　　介：甘肃上元甲子文化传媒有限责任公司前身为韩国1895影像株式会社，2010年进驻甘肃兰州，2013年通过国家动漫企业认定，是甘肃唯一拥有海外资源的传媒机构。致力于影视投资、制作与宣传方向的开拓。目前正在打造原创影视剧与微电影。企业在策略沟通、引导、建立、重塑及创意、执行等方面有着独到的见解和专业的经验。以创意、精准为核心价值，以专业、专一为发展理念，依托国际市场及技术资源不断发展。上元甲子正着手打造甘肃黄河影视动漫创意产业园，为西北创意产业提供完善的栖息地。

0005 甘肃中盛恒泰网络科技有限责任公司

注 册 地：兰州市盐场街道石家沟2号

主营业务：设计、制作、代理各类广告（国家限制的广告除外）；计算机技术开发及系统集成；企业管理咨询及市场营销策划；计算机、软硬件及辅助设备。

主要产品：各类广告、计算机、软硬件及辅助设备。

0006 甘肃大通文化科技有限公司

注 册 地：兰州市

主营业务：动漫制作。

主要产品：动捕仪。

从业人员数（人）：6

销售额（万元）：40

资产总额（万元）：200

0007 甘肃省城乡规划设计研究院

注 册 地：兰州市

主营业务：城市规划编制；建筑工程设计、工程咨询、工程监理、勘察、测绘及规划建筑技术研发。

主要产品：舟曲县通信大厦沿街（北立面）透视效果图。

从业人员数（人）：307

销售额（万元）：19219

资产总额（万元）：20278

0008 兰州新亚视广告装饰有限公司

注 册 地：兰州市

主营业务：设计、制作、代理广告，演艺策划。

从业人员数（人）：3

销售额（万元）：10

资产总额（万元）：50

0009 兰州笔必克会展有限公司

注 册 地：兰州市

主营业务：动漫原创。

主要产品：地方志动画。

从业人员数（人）：42

销售额（万元）：350

资产总额（万元）：300

0010 甘肃读者动漫科技有限公司

注 册 地：兰州市

主营业务：动漫、大型动画宣传片设计、制作；广告策划、制作、发布、代理。

主要产品：《人文始祖》《飞天》《一画开工》。

从业人员数（人）：55

销售额（万元）：1386

资产总额（万元）：1222

0011 兰州东方天一文化传播有限责任公司

注 册 地：兰州市

主营业务：专业的节目制作、音乐采集、广告制作。

主要产品：节目、音乐、创意广告。

从业人员数（人）：7

销售额（万元）：1299

资产总额（万元）：708

简　　介：品味音乐广播联盟，是资深台湾广播人简哲隆先生任董事长的音乐广播联盟，全国各地约有 10 余家联盟公司。主要致力于推动类型化音乐广播在大陆的发展，给广大听众创造更干净、更舒适的音乐广播环境。甘肃省人民广播 FM104.8 频率为联盟最新的合作频率，现已进驻兰州，并注册为兰州东方天一文化传播有限责任公司。联盟有专业的节目制作团队、音乐采集团队、广告制作团队、客户服务团队，以保证节目品质及广告效果。各地分公司面对面为客户服务，帮助客户解决宣传推广中的问题。以此，实现听众、客户、联盟公司三赢。

0012 甘肃怡居文化传播有限公司

注 册 地：兰州市

主营业务：动漫。

从业人员数（人）：5

销售额（万元）：15

资产总额（万元）：3

0013 甘肃汉之韵文化创意有限公司

注 册 地：兰州市

主营业务：动漫。

从业人员数（人）：7

销售额（万元）：60

资产总额（万元）：300

0014 兰州淳璞文化传播有限公司

注 册 地：兰州市

主营业务：图文及平面设计、制作；品牌整合设计及传播；文化艺术策划；企业品牌形象策划、设计、推广；房地产品牌整合、设计、策划、推广；国内各类广告的设计、制作、代理、发布。

主要产品：品牌创意设计。

从业人员数（人）：3

销售额（万元）：5—10

资产总额（万元）：10

简　　介：兰州淳璞文化传播有限公司是一家以年轻团队为基准的创业型公司，公司致力于品牌创意设计的建立，旨在传统文化和现代产品的结合上做出不同的创意和设计。公司通过不断的交流学习和手动能力的实践来提升自我，同时公司积极培养年轻一代的实践能力，经常组织培训学习等活动。

0015 兰州汇川广告有限公司

注 册 地：兰州市

主营业务：国内各类广告设计、制作、发布、代理；企业管理策划与市场营销策划及咨询服务、展示展览服务、沙盘模型；环境艺术及园林雕塑；各种彩色印刷品的印刷及不干胶设计；庆典礼仪；大型户内外喷绘；气球拱门；广告礼品及工艺美术品。

主要产品：大型户内外喷绘、气球拱门、广告材料。

从业人员数（人）：3

销售额（万元）：67

资产总额（万元）：127.3

简　　介：兰州汇川广告有限公司成立于 2007 年，是一家由最初单一的制作公司发展成为融广告设计、广告制作、广告材料销售及户内外安装施工、广告印刷、户外媒体发布为一体的综合类广告服务公司，设有市场部、生产部、销售部和售后服务部等部门。随着企业业务快速稳健的发展，市场份额业已突显。业务核心客户涵盖企业、政府机关、部队、通讯、电器、电力以及大专院校、科研单位等。

0016 兰州金铎文化传播有限公司

注 册 地：兰州市

主营业务：舞台艺术造型策划、企业形象策划、市场营销策划；企业管理咨询、商务信息咨询；图文设计制作；会务服务、展览展示服务、礼仪服务、摄影服务。

主要产品：摄影、企业形象策划、市场营销策划、图文设计制作。

从业人员数（人）：3

销售额（万元）：5

资产总额（万元）：100

简 介：公司成立于 2012 年，是活跃在中国西北最有实力的商业品牌传播服务团队之一，先后为很多知名企业进行了品牌策划、推广，与多家电视台及广告媒体保持着良好的合作关系，在不断地实践与创新中积累了丰富的策划、制作经验，目前已发展成注册资金 100 万、经营范围覆盖西北五省市的品牌广告运营商，客户遍布知名企业、大型工厂、酒店、学校、商场及行政事业单位，与北京、江苏、西安等地多个同行业公司保持着长期友好合作的关系。

0017 甘肃金轮文化传媒有限公司

注 册 地：兰州市

主营业务：电视网络服务和广告设计、平面设计、名片设计、品牌策划、室内设计、工业设计、VI 设计。

从业人员数（人）：76

销售额（万元）：3100

资产总额（万元）：3300

简 介：甘肃金轮文化传媒有限公司位于甘肃省兰州市城关区和政路 291 号。公司自成立以来，一直秉承"诚于心，信于行"的经营理念。本公司以职业精神和不断创新的产品，致力于为客户提供全面、满意的服务，依托强大的研究力量，为客户创造最大价值。

0018 兰州婕芮广告有限公司

注 册 地：兰州市

主营业务：国内各类广告设计、制作、发布、代理；企业形象及产品包装设计、制作；标牌灯箱展示用品的制作；礼仪庆典、亮化工程设计、制作、喷绘、雕刻；写真服务；室内外装饰工程；广告材料的批发零售。

主要产品：各类广告、标牌灯箱、亮化工程、广告材料。

从业人员数（人）：4

销售额（万元）：1.8

资产总额（万元）：100

0019 甘肃海浪广告有限公司

注 册 地：兰州市

主营业务：广告制作与发布。

主要产品：各类广告。

从业人员数（人）：2

销售额（万元）：50

资产总额（万元）：360

0020 甘肃盛邦数码设计有限责任公司

注 册 地：兰州市

主营业务：室外设计。

主要产品：三维动画、房地产广告等。

从业人员数（人）：3

销售额（万元）：42

资产总额（万元）：98

简 介：甘肃盛邦数码设计有限责任公司是一家集室内外建筑表现、建筑及景观设计、三维动画、地产广告制作、多媒体演示等技术于一身的专业数码图像技术公司。公司成立以来，在全体成员的不懈努力下，秉承"追求完美卓越，进步永无止境"的技术和创意理念，已在众客户群体中树立了良好的口碑。

0021 兰州泓辉广告有限公司

注　册　地：兰州市
主营业务：广告制作、发布、代理。
主要产品：各类广告。
从业人员数（人）：6
销售额（万元）：469
资产总额（万元）：625

0022 甘肃华翼千里广告器材有限公司

注　册　地：兰州市
主营业务：广告展览展示器材的批发零售、租赁；广告设计、加工、制作；庆典礼仪策划、商业展览；室内外装饰工程；不锈钢工程。
从业人员数（人）：6
销售额（万元）：3
资产总额（万元）：80

0023 兰州尚瑞广告有限公司

注　册　地：兰州市
主营业务：广告服务设计。
主要产品：广告。
从业人员数（人）：3
销售额（万元）：100
资产总额（万元）：100

0024 甘肃麦多文化传播有限公司

注　册　地：兰州市
主营业务：广告设计、制作、发布及代理；摄影服务；会务服务；礼仪服务；文化艺术

交流策划；舞台艺术造型策划；企业形象策划；市场营销策划；文化投资咨询；电子产品、文化用品、工艺礼品、广告材料的批发零售。
主要产品：画册、工艺礼品、广告材料。
从业人员数（人）：12
销售额（万元）：500
资产总额（万元）：200

0025 兰州大雄文化传播有限公司

注　册　地：兰州市
主营业务：户外广告发布。
主要产品：LED 显示屏。
从业人员数（人）：3
销售额（万元）：100
资产总额（万元）：50
简　　介：兰州大雄文化传播有限公司成立于 2009 年 10 月 27 日，是一家融专业 LED 显示屏的设计、工程服务为一体的商家。公司凭借行业内资深人才和技术精英的优势，并结合自身"务实、创新、进取、以诚为体"的经营理念，向用户提供高品质的 LED 显示屏工程。

0026 甘肃风采展览工程有限公司

注　册　地：兰州市皋兰路 100 号
主营业务：展馆展厅展品的设计、装饰装修及布展；展览展会的策划、组织、承办；城市园林绿化、景观亮化工程的设计施工；各类广告的设计、发布、制作；视频多媒体信息产品的配套硬件和软件的设计、制作、安装工程；建筑装饰装修工程的设计、施工；环境文化艺术工程、环境保护工程的设计、施工；体育场地设施工程的施工。
主要产品：邓宝珊先生展览馆。
从业人员数（人）：293
资产总额（万元）：1500
简　　介：甘肃风采展览工程有限公司是一

家集展览策划、实体展馆设计施工、展会运营服务、虚拟展馆设计制作、文化创意设计、环艺景观设计施工、园林绿化设计施工、多媒体信息化综合服务于一身的专业工程企业。公司注册资金 1500 万元人民币，国家建筑装饰装修类二级资质，中国展览馆协会会员，具有中国展览馆工程类一级资质，通过了 ISO9001 展馆设计布展类国家质量体系认证，国家职业健康安全管理认证书，国家环境管理体系认证书，是甘肃省文化创意协会常务理事单位。自 2002 年正式注册以来，经过十余年的发展，目前具有管理和技术中高级专业人才 60 名，施工队伍 230 余名，年承接各类展览馆、文化馆、博物馆和展示工程类项目 5 万多平方米。

0027 兰州中瑞广告有限责任公司

注 册 地：兰州市兰州理工大学大学生活动中心

主营业务：店装、工装；会展陈列；印刷及庆典活动；平面设计、制作。

主要产品：广告、庆典设计、平面设计。

从业人员数（人）：3

销售额（万元）：15

资产总额（万元）：20

简　　介：兰州中瑞广告有限责任公司成立于 2011 年 9 月，现已有商超、高校、政府、事业单位、电信等固定的客户群和较好的人脉资源。

0028 西固三维广告有限公司

注 册 地：兰州市

主营业务：装潢、设计。

主要产品：三维广告。

从业人员数（人）：6

销售额（万元）：5

资产总额（万元）：20

0029 兰州双艺广告设计制作中心

注 册 地：兰州市

主营业务：艺术设计。

主要产品：水晶牌、标牌设计、制作。

从业人员数（人）：5

销售额（万元）：10

资产总额（万元）：30

0030 甘肃人才周刊广告传媒有限公司

注 册 地：兰州市城关区东岗西路 695 号

主营业务：广告设计、制作、代理与发布；摄影摄像制作；庆典活动策划与会展服务；企业形象策划设计与管理咨询。

0031 兰州大河文化艺术创作有限公司

注 册 地：兰州市东岗西路 449 号

主营业务：文化创作。

从业人员数（人）：5

销售额（万元）：12

资产总额（万元）：200

0032 甘肃裕东文化传播有限责任公司

注 册 地：兰州市城关区五泉路 76 号

主营业务：设计、制作、代理、发布国内各类广告（国家限制的广告除外）；组织文化艺术交流活动（不含演出）、影视策划；商务信息服务（不含证券）、经济贸易咨询服务、企业管理咨询、会议及会展服务。

主要产品：国内各类广告、影视策划、商务信息服务、经济贸易咨询服务、企业管理咨询、会议及会展服务。

0033 甘肃视新文化传媒有限公司

注 册 地：兰州市城关区甘南路 35 号

主营业务：影视广告；二维 / 三维动画；企业宣传片；标志设计、画册设计、电脑图文设计制作；企业形象策划、展览展示服务、市场营销策划、摄影服务、资料翻译服务、礼仪服务、赛事活动策划、公关活动策划、婚庆礼仪服务。

主要产品：影视广告、二维／三维动画、企业宣传片、标志、画册、婚庆礼仪。

0034 甘肃东方永宸文化传播有限责任公司

注 册 地：兰州市城关区定西南路 243 号

主营业务：文化传媒产业投资咨询服务；艺术品投资咨询服务；文化产品的推广、应用及销售；会议及展览服务、文化信息咨询、舞台演艺设计、企业形象代理、影视制作、书画交流；现代科技专业技术培训；建筑装饰装修工程及园林景观工程的设计、施工（凭资质证）；设计、制作、发布、代理国内各类广告（国家限制的广告除外）；计算机软硬件开发及应用。

主要产品：建筑装饰装修工程、园林景观工程、国内各类广告。

0035 甘肃众汇文化传媒有限责任公司

注 册 地：兰州市城关区九州中路 64 号

主营业务：文化艺术交流策划、展览；文化宣传活动的策划、设计；企业形象设计；公关活动、市场营销策划；企业年会策划、组织；商务会议、会展的组织与服务；电脑图文、普通音视频设计、制作；设计、制作、发布、代理国内各类广告；庆典、礼仪、产品发布会的策划、组织、咨询服务；企业管理咨询服务；摄影、摄像、制片服务；文化用品、工艺品的销售。

主要产品：各类广告、文化用品、工艺品。

0036 甘肃鑫铁建筑工程有限责任公司

注 册 地：兰州市城关区和政路 131 号

主营业务：建筑材料、机械设备（不含小轿车）、化工产品（国家限制经营的除外）、电子产品、五金交电的批发零售；工程勘察。

资产总额（万元）：601

0037 甘肃博宇文化传媒有限公司

注 册 地：兰州市城关区雁滩乡雁滩路 3606 号

主营业务：设计、制作、代理、发布各类广告；影视制作；图文设计制作；文化艺术交流策划、企业形象策划、市场营销策划；舞台艺术造型策划；展览展示服务、礼仪服务、会务服务、摄像服务；玩具、工艺礼品、办公用品、电子产品（不含卫星地面接收设施）的批发零售。

主要产品：各类广告、玩具、工艺礼品、办公用品、电子产品。

0038 甘肃会展文化传播有限责任公司

注 册 地：兰州市城关区北滨河路东 1 号

主营业务：会展中心建筑群室内外广告营销、资源开发、咨询、代理发布服务；国内各类广告的策划、设计、制作，工艺品设计制作及礼品服务；多媒体及影视设计制作；三维及动漫设计制作；婚庆庆典、模特及礼仪服务；摄影摄像、会议、展览展示服务；文化艺术交流及公关活动，企业形象策划；明星经纪及演出，舞台艺术造型策划；舞台器材及设备租赁（不含融资租赁）。

主要产品：国内各类广告的策划、设计、制作、工艺品设计、三维及动漫设计、婚庆庆典、模特及礼仪服务。

销售额（万元）：317

资产总额（万元）：214

0039 甘肃广播电视新闻纪录片工作部

注 册 地：兰州市城关区东岗西路 226 号

主营业务：设计、制作、发布国内外电视广

播广告业务；制作电视综艺、专题、广告。

主要产品：各类纪录片。

资产总额（万元）：9.9

0040 甘肃八和堂文化传媒有限公司

注 册 地：兰州市城关区广武门后街 96 号

主营业务：书画作品展览、销售、收藏咨询（以上不含文物）；保健养生知识推广及咨询服务；文化艺术交流服务、文化活动策划、组织（不含演出）；工艺品、文化用品、体育用品、电子产品（不含卫星地面接收设施）销售；设计、制作、代理、发布国内各类广告。

主要产品：文化用品、体育用品。

0041 甘肃麦岛建设工程有限公司

注 册 地：兰州市城关区民主西路 226 号

主营业务：公路交通工程建设；机电设备安装；室内外装修装饰工程、建筑幕墙、消防设施、钢结构工程承包、民用建筑工程装饰设计（均凭资质证）；建筑材料消防器材、广告器材的销售。

主要产品：钢结构工程承包、民用建筑工程。

销售额（万元）：1538

资产总额（万元）：4038

0042 甘肃百圆影视文化传媒有限公司

注 册 地：兰州市城关区东岗东路 1371 号

主营业务：文化艺术交流、培训，文化艺术交流活动组织策划（以上不含演出）；影视节目策划、交流；设计、制作、代理、发布国内各类广告（国家限制的广告除外）；计算机软件及网络产品开发研制；网络系统集成及技术服务。

主要产品：影视节目。

0043 甘肃飞视新传媒有限责任公司

注 册 地：兰州市城关区张苏滩 561 号

主营业务：电视综艺、电视专题、网络视听节目；电视节目制作、发行、后期制作及其他技术制作；从事 IPTV 电视、手机电视、移动电视、互联网电视和数字电视等新媒体的开发运营；动漫节目的创意策划及制作，广告承揽、制作和发布；互联网网站的建设与运营；新媒体应用技术的研发。

主要产品：从事 IPTV 电视、手机电视、移动电视、互联网电视和数字电视等新媒体的开发运营。

资产总额（万元）：2002

0044 甘肃驮马文化传播有限公司

注 册 地：兰州市城关区张掖路街道武都路 365 号

主营业务：设计、制作、代理、发布国内各类广告（国家限制的广告除外）；图文设计制作；文化艺术交流策划（不含演出）；企业形象策划、市场营销策划、舞台艺术造型策划服务；会议及展览、礼仪、会务、摄像、旅游信息咨询及服务；玩具、工艺美术品、办公用品、电子产品（不含卫星地面接收设施）的批发零售。

主要产品：各类广告（国家限制的广告除外）；企业形象策划、市场营销策划、舞台艺术造型策划。

0045 甘肃今日文化传媒有限公司

注 册 地：兰州市城关区武都路 3 号宏丰大厦 A 座

主营业务：网站建设及运营；互联网上网服务及业务经营；广告创意设计及制作发布；摄影服务；企业宣传片及图片拍摄制作；多媒体开发；画册、图书编辑；DM 报刊杂志设计、编辑、发行；户外媒体平面设计制作及发布；展览展示服务；企业形象策划及产品品牌推广；企业管理咨询；企业营销咨询；人力资源咨询；第三方评估；文化旅游项目管理；赛事及庆典活动策划实施；婚庆礼仪服务；民间民俗文化项目开发；文化艺术活动交流；影视节目代理发行；网店经营；鲜花礼品等。

0046 甘肃现代国际展览有限责任公司

注 册 地：兰州市城关区滩尖子 273 号

主营业务：国内外各类会议、展览的组织策划、设计、布置及服务；室内装饰；百货、工艺美术品（不含金、银饰品）的设计、制作、批发零售；设计、制作、发布、代理国内各类广告，企业形象、营销策划、市场调查咨询服务。

主要产品：国内外各类会议、展览的组织策划、设计。

销售额（万元）：311

资产总额（万元）：3970

0047 甘肃玮珍文化艺术发展有限公司

注 册 地：兰州市城关区陇西路 45 号

主营业务：陶瓷、陶器、玉器、艺术品、工艺品的批发零售；文化艺术交流策划、舞台艺术造型策划、企业形象策划、会务会展服务；设计、制作各类广告（国家限制的广告除外）；文化产业投资咨询服务。

主要产品：陶瓷、陶器、玉器、艺术品、工艺品。

销售额（万元）：146

资产总额（万元）：242

0048 甘肃文博广告有限责任公司

注 册 地：兰州市城关区大砂坪 160 号

主营业务：设计、代理、制作、发布国内各类广告（国家限制的广告除外）；喷绘、雕刻服务；会议展览、展示服务；广告耗材的批发零售。

主要产品：喷绘、雕刻、广告耗材。

0049 甘肃鑫瑜装饰设计工程有限公司

注 册 地：兰州市城关区雁滩家具市场

主营业务：建筑设计、室内外装饰设计、工业产品设计、效果图制作、企业形象策划；建筑装修装饰工程施工（凭资质证）；建筑材料、金属材料、装饰材料的批发零售。

主要产品：建筑设计、室内外装饰设计、建筑材料、金属材料、装饰材料。

0050 甘肃长兴文化发展有限公司

注 册 地：兰州市城关区雁北路 2828 号

主营业务：公路广告的设计、制作、代理、发布；文化创意、交流与策划；会议及展览服务；多媒体领域内的开发、咨询及制作；城市文化宣传；高速公路路域经济开发、租赁与管理。

主要产品：公路广告。

0051 甘肃金元建设工程公司

注 册 地：兰州市城关区武都路 136 号

主营业务：房地产开发、建筑设计、装饰装璜、设计安装、市政工程、道路桥梁工程。

主要产品：房地产、市政工程、道路桥梁工程。

0052 甘肃昊盛装饰工程有限公司

注 册 地：兰州市城关区黄家园 22 号 901

主营业务：室内外装饰工程设计及施工、钢结构工程（凭资质证）；设计、制作、代理、发布国内各类广告（国家限制的广告除外）；农副土特产品（不含粮食收购）、文体用品、建筑材料、办公设备、电子产品（不含卫星地面接收设施）。

主要产品：室内外装饰工程、国内各类广告、农副土特产品、文体用品、建筑材料、办公设备、电子产品。

0053 甘肃公航旅文化传媒有限公司

注 册 地：兰州市城关区南滨河东路 745 号

主营业务：设计、制作、发布、代理各类广告，图文设计；企业形象策划；企业文化宣传；文化艺术交流策划、会展策划、影视策划；动漫设计；装饰工程；赛事活动策划；企业管理咨询服务；市场营销策划、市场调研；商务咨询；信息网络建设等。

主要产品：各类广告、图文设计、企业形象策划、赛事活动策划、信息网络建设等。

销售额（万元）：109

资产总额（万元）：10149

0054 甘肃西域金城文化发展有限公司

注 册 地：兰州市城关区拱星墩街道瑞德大道 250 号

主营业务：市场管理；广告设计、制作；企业管理咨询、商务信息咨询；会议服务；承办展览展示活动。

主要产品：各类广告、企业管理咨询、商务信息咨询。

资产总额（万元）：1962

0055 大艺源文化传媒股份有限公司

注 册 地：甘肃省兰州市城关区雁宁路 395 号

主营业务：文化艺术交流、舞美艺术、会展服务、商务信息咨询；动漫产品设计开发；广告设计、发布、代理；计算机软硬件、广告耗材、专用设备、音响设备、艺术品（不含文物）、电子产品（不含卫星地面接收设备）、日用百货、建筑材料的批发零售；产业投资开发。

主要产品：文化艺术交流、舞美艺术、动漫。

0056 甘肃兰图装饰设计有限公司

注 册 地：兰州市城关区武都路 618 号

主营业务：室内、外装饰工程的施工（凭资质证）、服装设计、加工；建筑材料、五金交电、工艺美术品、针纺织品的批发零售、国内广告发布（国家限制的广告除外）。

主要产品：室内、外装饰工程。

销售额（万元）：106

资产总额（万元）：536

0057 兰州文之风文化传播有限公司

注 册 地：兰州市城关区滩尖子 649 号

主营业务：广告策划、包装设计。

从业人员数（人）：4

销售额（万元）：3

资产总额（万元）：50

0058 甘肃虹蕴文化传媒有限公司

注 册 地：兰州市城关区雁滩乡滩尖子 709 号

主营业务：设计、制作、代理、发布国内各类广告（国家限制的广告除外）；展览展示服务、企业形象策划、推广；会议会展服务、文化交流信息咨询、创业咨询、商务信息咨询、经济信息咨询（不含金融、证券）。

0059 甘肃合奕互联网科技有限公司

注 册 地：兰州市城关区铁路西村和政西街 289 号

主营业务：网络技术开发及技术服务；农业科技技术服务；经济信息咨询服务（不含证券）；设计、制作、代理、发布国内广告（国家限制的广告除外）。

主要产品：网络技术开发及技术服务。

0060 甘肃翼家族文化传播有限公司

注 册 地：兰州市城关区庆阳路 414 号

主营业务：大型文化交流活动（不含演出）

的组织、策划；国内各类广告的设计、制作、代理（国家限制的广告除外）；展览展示服务；企业形象策划、推广；会议会展服务；文化交流信息咨询、商务信息咨询、经济信息咨询（不含证券）；文化体育用品、服装、健身设备及器材、电子产品（不含卫星地面接收设施）销售。

0061 甘肃利宸文化传媒有限公司

注 册 地：兰州市城关区张掖路 81 号中环广场 D 塔

主营业务：文化艺术交流策划服务、企业管理咨询服务、市场营销策划、礼仪服务、摄影服务、商务信息咨询服务（不含证券）、会务会展服务；设计、制作、发布、代理国内各类广告（国家限制的广告除外）；网站的建设与维护。

主要产品：文化艺术交流策划服务、企业管理咨询服务。

0062 甘肃天悦文化传媒有限公司

注 册 地：兰州市城关区小沟头 73 号

主营业务：文化艺术交流活动组织策划（不含演出）；设计、制作、发布、代理国内各类广告（国家限制的广告除外）。

主要产品：文化艺术交流活动组织、策划。

0063 甘肃神州诗书画报文化传媒有限公司

注 册 地：兰州市城关区东岗西路街道农民巷 2 号

主营业务：《神州诗书画报》的出版、印刷、发行；广告设计、制作、代理和发布。

主要产品：《神州诗书画报》。

资产总额（万元）：431

0064 艺百文化科技有限公司

注 册 地：兰州市城关区张办滩村 571-2 号

主营业务：动漫画设计、制作；广告策划、制作、代理；承办展览展示；计算机软件开发、销售、技术转让等。

主要产品："奥运·环保"系列公益卡通片、"奥运火炬接力（甘肃）宣传片"、西安地铁 1 号线投标动画（八部）、天津滨海新区宣传片、赣州宣传片、《人文始祖—伏羲》《活力临夏》以及 2010 世博会甘肃馆特种电影《飞天传奇》等多部动漫作品。

从业人员数（人）：58

销售额（万元）：650

资产总额（万元）：991

简　　介：公司成立于 2007 年，2012 年初通过文化部国家动漫企业认定。公司目前拥有研发和创作团队 58 人。公司业务主要为动漫游戏创作及会展览实施，先后承办了永靖"全国傩文化艺术展演""首届中国·兰州牛肉拉面节""甘肃省青少年陇人动漫形象设计大赛""甘肃省大学生涂鸦艺术节""兰州科普动漫大赛"以及省委宣传部的"我与甘肃 60 年大型网络宣传教育活动"等一系列文化活动。

0065 甘肃帛雅文化传播有限公司

注 册 地：兰州市城关区金昌南路 361 号

主营业务：预包装食品的批发、企业营销策划、影视策划、公关礼仪服务策划、赛事活动策划及宣传推广；国内各类广告的设计、制作、代理；文化艺术交流、咨询及服务（不含演出）；会议展览服务；产品包装设计。

销售额（万元）：5

资产总额（万元）：99

0066 甘肃中甘网传媒有限责任公司

注 册 地：兰州市城关区南滨河东路 522 号

主营业务：互联网登载新闻信息、提供时政类电子公告服务和向公众发送时政类通讯信息；计算机信息网络系统集成；计算机软、硬件及辅助设备开发、销售；电子产品（不含专项）、仪器仪表销售；各类广告的设计、制作、代理，在自办网站上开展广告发布业务。

主要产品：互联网登载新闻信息、时政类电子公告服务和向公众发送时政类通讯信息。

销售额（万元）：80

资产总额（万元）：386

0067 甘肃省交通文化传媒有限公司

注 册 地：兰州市城关区永昌路 2 号

主营业务：甘肃省内各等级公路沿线各类户外媒体广告的设计、制作、代理、发布；甘肃省内公路专用光缆的经营租赁；公益性媒体广告的策划实施；公路文化传媒新技术、新材料、新产品的研发及推广服务；交通文化传媒项目的投资及咨询服务；文化传媒方面的会展服务；企业管理服务；信息咨询服务（不含中介）；劳务服务；文化用品、办公用品的销售。

主要产品：甘肃省内各等级公路沿线各类户外媒体广告，甘肃省内公路专用光缆，公益性媒体广告，公路文化传媒新技术、新材料、新产品。

销售额（万元）：291

资产总额（万元）：641

0068 甘肃省通信产业服务有限公司

注 册 地：兰州市城关区平凉路 366 号

主营业务：通信技术的开发、推广、咨询、培训；计算机应用系统集成；通信工程设计、通信工程施工（凭资质证经营）；通信设备的生产、销售（国家限制的除外）；通信工程项目的招标（凭资质证经营）、通信工程监理（凭资质证经营）；经营通信行政部门批准经营国家允许开放经营的电信业务；设计、制作、代理国内广告；电信业务提供者委托的营销和线路、设备维修维护业务；房屋租赁（凭资质证经营）；物业管理（凭资质证经营）；物流配送（凭许可证限分支机构经营）。

主要产品：通信技术的开发、推广、咨询、培训；通信工程设计、通信工程施工。

销售额（万元）：20883

资产总额（万元）：30274

0069 甘肃加博希文化传媒发展有限公司

注 册 地：兰州市城关区白银路 123 号

主营业务：DM 媒体运营；夹报写字楼投递；广告制作、发布、代理；文化、文学艺术交流、展览展示；企业 VI 系统，营销策划网站运营服务；保洁服务；公共活动推广策划；婚庆礼仪服务；室内外装饰设计；建筑园林设计。

从业人员数（人）：2

0070 甘肃导视文化传媒有限责任公司

注 册 地：兰州市城关区东岗西路 226 号

主营业务：设计、制作、发布、代理各类广告；企业营销策划、企业形象策划；商务咨询；投资咨询；企业管理咨询；展览展示服务、会务服务、礼仪服务。

0071 甘肃主动文化传播有限公司

注 册 地：兰州市城关区天水南路185号

主营业务：市场营销、企业形象、文化交流的策划；企业管理咨询；商务信息咨询；会展、礼仪服务；动漫设计；网站建设；各类广告的设计、制作、代理、发布；工艺礼品、电子产品、数码产品、计算机软件的销售。

从业人员数（人）：2

0072 兰州腾龙广告有限公司

注 册 地：兰州市城关区平凉路530号

主营业务：设计、制作、发布、代理国内各类广告。

主要产品：国内各类广告。

0073 兰州空中彩球庆典广告中心

注 册 地：兰州市城关区东岗东路740号

主营业务：设计、制作、发布各类彩球及条幅；彩旗广告业务。

主要产品：彩球、条幅、彩旗。

0074 兰州正一牛肉拉面文化传播有限责任公司

注 册 地：兰州市城关区鼓楼巷街道小沟头65号

主营业务：牛肉拉面及相关产业管理、服务、培训、宣传、咨询、营销。

0075 甘肃云顶山文化产业发展有限公司

注 册 地：兰州市城关区庆阳路350号

主营业务：文化产业的开发；国内各类广告的设计、制作、代理、发布；企业投资、咨

询及管理；房地产投资开发；新能源、矿业投资开发；公路基础建设开发；商业信息咨询服务。

0076 甘肃鼎维文化传播有限公司

注 册 地：兰州市城关区东城壕27号

主营业务：国内各类广告的代理、设计、制作、发布；企业形象策划；装饰设计、工程设计咨询；平面创意设计制作；画册设计制作；会议会展服务；各类商业会议会展服务。

从业人员数（人）：2

0077 甘肃加博希文化传媒发展有限公司

注 册 地：兰州市城关区白银路123号

主营业务：DM媒体运营；夹报写字楼投递；媒体广告代理；广告平面设计；广告制作；户外广告制作、发布、代理；文化、文学、艺术交流、展览展示；企业VI系统，营销策划网站运营服务；保洁服务；公共活动推广策划、婚庆礼仪服务；室内外装饰设计；建筑园林设计。

从业人员数（人）：2

0078 兰州瀚龙广告艺术有限公司

注 册 地：兰州市城关区张掖路250号

主营业务：设计、制作、发布、代理国内各类广告；企业营销策划；艺术品批发零售。

0079 甘肃瑞鑫文化产业股份有限公司

注 册 地：兰州市城关区正宁路117号

主营业务：文化产业项目的策划和开发、文化活动的策划；设计、制作、代理、发布国内外各类广告；计算机网络工程开发和综合布线；电子产品（不含卫星地面接收设备）的销售。

0080 甘肃青影文化传媒有限公司

注 册 地：兰州市城关区南城巷 26 号

主营业务：企业形象策划、文化艺术交流及策划；广告设计、制作、代理及发布；动漫产品开发。

从业人员数（人）：2

0081 甘肃和器文化艺术发展有限公司

注 册 地：兰州市城关区广场南路 129 号

主营业务：文化艺术品及艺术衍生品的设计、制作、销售、收藏；影视广告设计、制作、发布、策划；图文设计制作；设计、制作、代理、发布各类广告；文化艺术会展服务；文化体育用品批发零售。

主要产品：文化艺术品、艺术衍生品。

0082 兰州志合文化传播有限公司

注 册 地：兰州市城关区民主西路 72 号

主营业务：广告制作。

主要产品：广告。

从业人员数（人）：6

销售额（万元）：10

资产总额（万元）：10

0083 兰州贝迪文化传播有限公司

注 册 地：兰州市城关区雁滩路 2601 号

主营业务：国内各类广告的制作、发布；文化艺术交流策划；图文设计制作。

主要产品：广告、图文设计。

从业人员数（人）：2

销售额（万元）：12

资产总额（万元）：65

0084 兰州波尔漫文化传播有限公司

注 册 地：兰州市城关区

主营业务：动漫创作设计；动漫展会活动；互联网设计、互联网营销；广告文化传播。

主要产品：动漫作品及相关衍生品，微博、微信营销。

从业人员数（人）：3

销售额（万元）：10

资产总额（万元）：100

简　　介：兰州波尔漫文化传播有限公司专业化传播运作之路，以传播包括游戏、动漫文化在内的视觉文化为己任，致力于发展ACG（Animation、Comic、Game，即动画、漫画、游戏）文化市场，业务范围以网络文化传播和实体展会为基础，包括动漫作品创作、动漫游戏展会、动漫展示设计等，同时依托公司资源，为客户提供品牌推广宣传、产品广告创意提供、制作发布等方面的专业服务。

0085 兰州锐创广告策划有限公司

注 册 地：兰州市城关区金塔巷 111 号

主营业务：国内各类广告的设计、制作、发布、代理；市场调研、企业管理咨询、企业营销策划、企业形象策划；多媒体动画制作；会议会展服务；礼仪庆典服务；服装、舞台设备的租赁；舞台搭建；摄影摄像的服务；网站的维护、信息技术开发与服务；文化艺术活动的组织策划；商务信息咨询。

主要产品：国内各类广告。

销售额（万元）：10

资产总额（万元）：50

0086 兰州玖伍凰巢文化传播有限公司

注 册 地：兰州市城关区

主营业务：各类广告策划、设计、代理、制作、发布；影视策划与咨询、企业形象策划；展览展示服务、公关礼仪服务；文化艺术交流活动。

主要产品：凤凰网兰州站。

从业人员数（人）：3

销售额（万元）：20

资产总额（万元）：50

0087 兰州百图图文设计中心

注 册 地：兰州市城关区

主营业务：图文设计、广告设计制作。

主要产品：图文设计。

从业人员数（人）：3

销售额（万元）：1

资产总额（万元）：10

0088 甘肃和众文化传播有限公司

注 册 地：兰州市城关区

主营业务：广告设计，广告策划。

主要产品：各类广告。

从业人员数（人）：3

销售额（万元）：25

资产总额（万元）：232

0089 兰州东润美源文化传媒有限公司

注 册 地：兰州市城关区段家滩路 704 号创意文化产业园 D 区

主营业务：国内各类广告设计、制作、发布、代理；礼仪策划服务；文化艺术交流策划（不含演出及经纪）；企业形象设计策划；市场营销策划；会员服务；商务信息咨询；餐饮管理；企业管理咨询；摄影服务。

主要产品：国内各类广告。

从业人员数（人）：3

销售额（万元）：27546

资产总额（万元）：4922337

简　　　介：兰州东润美源文化传媒有限公司成立于 2007 年 3 月 29 日。

0090 甘肃汇视广告传播有限公司

注 册 地：兰州市城关区

主营业务：广告媒体代理及发布、品牌策划

及推广、影视栏目制作及营运、平面广告设计及制作等服务

从业人员数（人）：5

资产总额（万元）：50

简　　　介：甘肃汇视广告传播有限公司创立于 2000 年，是一家综合型的广告公司，将广告代理、品牌策划、平面设计、影视制作和媒体发布融为一体。在策划、创意方面，无论是品牌策划、整合营销方案，还是大型活动策划，我们都是以严谨的态度及超前的思维，服务于每一位客户；在影视制作上，拥有专业的影视制作设备（大洋 ME200 非线性编辑系统、Betacam 编辑机），可承接电视栏目制作、广告、专题片等影视制作。

0091 慧业文化传播有限公司

注 册 地：兰州市城关区张掖路山字石中街 46 号

主营业务：广告设计、制作、发布、代理；各类媒体投放；文化交流策划（中介除外）；会展服务、图文设计制作；企业形象策划；市场营销策划。

主要产品：文化创意策划。

从业人员数（人）：5

销售额（万元）：2

资产总额（万元）：200

0092 兰州华彩谷文化传播有限公司

注 册 地：兰州市城关区

主营业务：文化创意和设计服务；平面设计；图文快印。

从业人员数（人）：1

销售额（万元）：43

资产总额（万元）：48

简　　　介：兰州华彩谷文化传播有限公司成立于 2010 年 10 月，公司历经数年发展，现已发展成为一支实力强、讲信誉、技术全面、

素质过硬的集图文处理、办公设备于一体的多元化公司。多年来，公司潜心研究行业的需求和把握未来的发展，在客户服务理念上，不断创新，在服务技术及设备上力争与国内业界同步。公司目前涵盖了图文快印、办公设备及耗材的经销及维护等行业，有雄厚的设备力量和技术力量，是省内同行业的佼佼者。

0093 甘肃海峰文化传媒有限公司

注　册　地：兰州市城关区拱星墩街道段家滩1451 号

主营业务：国内各类广告的设计、代理、发布、制作；企业创业策划、品牌营销整合推广；文化艺术交流活动的组织策划；会议会展服务、企业形象设计、效果图设计、庆典礼仪服务、装饰设计。

业人员数（人）：2

资产总额（万元）：199

简　　　介：甘肃海峰文化传媒有限公司于2012 年 4 月 24 日成立，股东为两人，经营范围主要为国内各类广告设计、代理、发布、制作；企业创意策划、品牌营销整合推广等。

0094　兰州睿谷文化传媒有限公司

注　册　地：兰州市城关区中山路 32 号

主营业务：艺术交流、广告设计、制作、发布各类广告。

主要产品：广告设计制作。

从业人员数（人）：5

销售额（万元）：2.2

资产总额（万元）：42

0095 甘肃金泽园林景观工程有限公司

注　册　地：兰州市城关区金昌南路 170 号

主营业务：园林景观工程的设计及施工、园林古建筑工程、园林绿化工程、市政公用工程、室内外装饰装修工程、房屋建筑工

程、地质灾害治理工程、土石方工程、水利水电工程、文物保护工程施工（以上均凭资质证）；塑料仿真工艺品及工艺美术品的制作、销售；园林材料及设备的销售；工程监理、电脑图文设计制作、景观雕塑设计制作。

主要产品：文物保护工程。

0096 甘肃华辉广告装饰有限公司

注　册　地：兰州市城关区临夏路 139 号

主营业务：室内外装饰；国内各类广告的设计、制作、发布、代理；信息技术开发、服务及咨询。

从业人员数（人）：2

资产总额（万元）：100

0097 甘肃盛中文化传播有限责任公司

注　册　地：兰州市城关区南滨河东路 62 号

主营业务：文化艺术交流及策划；国内广告设计、制作、代理及发布；会务服务；公关活动策划；企业形象策划；大型文案策划、编撰等。

主要产品：《汶川特大地震抗震救灾志·地震灾害卷》《汶川特大地震抗震救灾志·抢险救灾卷》《汶川特大地震抗震救灾志·赈灾卷》《汶川特大地震抗震救灾志·灾后重建卷》《舟曲特大山洪泥石流灾害和抢险救灾志》《老子道德文化大观》《西北美术角》等。

从业人员数（人）：5

销售额（万元）：10

资产总额（万元）：100

简　　　介：甘肃盛中文化传播有限责任公司致力于中华传统文化继承发扬、新文化建设与创新，我们拥有雄厚的技术力量，深厚的文化底蕴，在文字编撰工作方面卓有成效，已完成逾千万字的文学创作及各类大型文案。

0098 兰州益众文化传播有限公司

注 册 地：兰州市城关区

主营业务：广告设计、代理、制作；文化艺术交流、活动策划；会议会展服务；礼仪庆典服务；体育赛事策划承办。

从业人员数（人）：2

销售额（万元）：15

资产总额（万元）：10

0099 甘肃图盛广告有限公司

注 册 地：兰州市城关区耿家庄 140 号

主营业务：文化艺术交流策划、企业形象策划、企业营销策划；商务信息咨询；庆典礼仪；网站策划、维护、网页制作；展览展示服务、图文设计制作；国内各类广告设计、制作、代理、发布；装饰装潢设计。

主要产品：大型喷绘、高清写真、灯箱展柜。

从业人员数（人）：5

销售额（万元）：64

资产总额（万元）：100

0100 兰州华文文化传播有限公司

注 册 地：兰州市城关区天水南路 333 号

主营业务：设计、制作、代理、发布各类广告。

从业人员数（人）：3

销售额（万元）：100

资产总额（万元）：200

0101 兰州砚濡宣文化传播有限公司

注 册 地：兰州市城关区

主营业务：国内各类广告设计、制作、发布、代理；企业形象策划、庆典礼仪策划、市场营销策划；电脑动漫设计、制作；园林景观雕塑设计；城市亮化工程；室内外装修设计及施工。

主要产品：文化创意策划、设计；各类广告。

从业人员数（人）：2

销售额（万元）：5

资产总额（万元）：5

简　　介：兰州砚濡宣文化传播有限公司成立于 2014 年 6 月 13 日，公司员工 2 人，从事平面广告设计、纸媒设计、版式设计、企业形象策划、文化建设创意策划设计；雕塑设计、园林景观规划设计。

0102 茂名城市在线广告传媒有限公司兰州分公司

注 册 地：兰州市城关区段家滩 719 号

主营业务：设计、制作、发布国内各类广告业务；企业营销策划；网页设计、网站制作推广、网络技术开发、网络工程；网上销售数码产品；电脑维修及软硬件服务；策划各类文艺演出；承办各类文化交流活动。

主要产品：DM 广告。

从业人员数（人）：2

销售额（万元）：5

资产总额（万元）：2

0103 甘肃新泽尔文化发展有限公司

注 册 地：兰州市城关区

主营业务：文化创意产品设计、研发、成果转让；企业管理咨询服务；市场调研；会务展览策划服务；企业形象策划、装饰工程设计施工；动漫、游戏、数码产品创意设计；摄影服务；工艺品、文化用品、办公用品的销售。

主要产品：家纺用品、装饰壁画、瓷砖、服装面料、丝巾、动漫卡通人物造型、环艺。

销售额（万元）：8

资产总额（万元）：36

0104 兰州盛世汉韵文化传播有限公司

注 册 地：兰州市城关区段家滩路 719 号

主营业务：平面设计；印刷；喷绘；广告灯

箱及各类广告的制作、各类媒体投放。

主要产品：LED 大屏广告。

从业人员数（人）：4

销售额（万元）：861785

资产总额（万元）：1672546

简　　介：兰州盛世汉韵文化传播有限公司由几位资深广告传媒人联手打造，以设计、策划、代理、发布广告为主，依托公司拥有自主产权的户外数字显示传媒平台，为各行各业提供企业形象宣传展示，助推产品销售，企业商务活动服务支持等业务的广告传媒公司。

0105　甘肃易阅文化传播有限公司

注 册 地：兰州市城关区

主营业务：商会活动策划、组织及实施；内刊编排；图文设计；市场营销等。

主要产品：甘肃商业联合会《商讯》会刊。

从业人员数（人）：3

销售额（万元）：30

资产总额（万元）：200

0106　兰州智典华邦文化传播有限公司

注 册 地：兰州市城关区甘南路 701 号

主营业务：国内各类广告设计、制作、代理、发布；企业管理咨询；营销策划；会展服务；文化艺术交流服务；新型民俗文化产业开发。

主要产品：移动互联网新型广告。

从业人员数（人）：5

销售额（万元）：30

资产总额（万元）：40

简　　介：遨游移动互联时代，告别传统低效的广告模式。公司致力于新型移动互联广告的开发与制作，利用大数据优势，精准细分每位客户的消费行为模式，为客户提供最为有效的移动互联网新型广告。

0107　兰州致和广联文化传播有限责任公司

注 册 地：兰州市城关区张掖路 250 号

主营业务：设计、制作、代理、发布国内各类广告业务；营销计划、企业管理咨询；摄像服务；文化艺术交流（以上各项国家禁止经营及须取得专项许可的除外）。

从业人员数（人）：7

销售额（万元）：30

资产总额（万元）：50

0108　兰州点金广告设计有限公司

注 册 地：兰州市城关区张掖路 188 号

主营业务：国内各类广告设计、制作。

主要产品：广告单。

从业人员数（人）：3

销售额（万元）：1

资产总额（万元）：500

简　　介：兰州点金广告设计有限公司是一家融设计制作酒店菜谱、酒水单、彩色印刷、单据印刷、VIP 卡制作等为一体的广告公司。

0109　兰州信一慧业文化传播有限公司

注 册 地：兰州市城关区山字石中街 46 号

主营业务：广告设计、制作、发布、代理；各类媒体投放；文化交流策划（中介除外）；会展服务；图文设计制作；企业形象策划；市场营销策划。

主要产品：文化创意策划。

从业人员数（人）：5

销售额（万元）：17

资产总额（万元）：200

0110　兰州海润广告有限公司

注 册 地：兰州市城关区何家庄

主营业务：代理、制作、发布国内各类广告。

主要产品：公交车候车亭广告。

从业人员数（人）：43

销售额（万元）：500

资产总额（万元）：2125

简　　介：兰州海润广告有限公司成立于1997年，公司注册资金350万元，下设办公室、财务部、人力资源部、广告部、综合管理部等五个部门。公司独家经营兰州市公交车候车亭。专注公交车候车亭的媒体研究、设计、建设、经营和管理。现有自主研发设计获国家专利的公交车候车亭300多座，国际规格VCJ箱近1000只，小VCJ箱250多只。

0111 兰州隆盛文化传播有限公司

注 册 地：兰州市城关区中山路125号

主营业务：文化艺术活动交流策划、舞台艺术造型策划；设计、代理、制作、发布各类广告；商务信息咨询；多媒体与平面设计。

从业人员数（人）：5

销售额（万元）：19

资产总额（万元）：110

0112 兰州千城文化传媒有限公司

注 册 地：兰州市城关区段家滩路

主营业务：标表设计，电脑图文设计、制作；摄影服务；国内各类广告的设计、制作、代理及发布；会务服务、资料翻译；赛事活动策划；庆典礼仪服务；文化艺术活动交流（不含演出及经纪人服务）；投资管理咨询；市场营销策划、企业形象策划；文化用品、工艺品、日用百货、电脑及耗材、LED显示屏销售；音响灯光设备安装、调试。

主要产品：各类广告。

从业人员数（人）：2

销售额（万元）：8

资产总额（万元）：1000

简　　介：兰州千城文化传媒有限公司是一家集广告设计、制作、拍摄于一身的广告公司。公司在市区创意文化产业基地拥有独立办公场所，占有广告发布的主动权，能全面优质地为客户服务。全面推广客户的企业文化，展示客户的企业产品。

0113 甘肃尚品伊家文化传播有限公司

注 册 地：兰州市城关区皋兰路44号

主营业务：文化艺术交流策划；企业管理咨询、商务信息咨询；图文设计；制作及代理。

从业人员数（人）：3

资产总额（万元）：200

0114 兰州麦朵广告设计有限公司

注 册 地：兰州市城关区临夏路35号

主营业务：平面设计制作；企业形象策划；营销推广策划；代理、发布媒体广告；户外路牌、灯箱广告制作；开业庆典策划；广告信息技术开发、咨询；电子产品（不含卫星地面接收设施）、工艺美术品、办公用品的销售（以上项目国家禁止及须取得专项许可的除外）。

主要产品：各类广告。

从业人员数（人）：11

销售额（万元）：398

资产总额（万元）：241

0115 兰州西铁文化传播有限公司

注 册 地：兰州市城关区中山路36号

主营业务：国内各类广告策划、设计、制作、发布、代理；平面设计、制作。

主要产品：各类广告。

从业人员数（人）：4

销售额（万元）：16

资产总额（万元）：119

0116 甘肃通美文化传媒有限公司

注 册 地：兰州市城关区东岗东路 277 号

主营业务：广告牌设计制作、图书音箱。

主要产品：广告牌、图书、音箱。

从业人员数（人）：5

简　　介：本公司主营业务为室内外广告牌设计制作以及图书、音像制品的销售。

0117 甘肃省蓝天广告艺术有限公司

注 册 地：兰州市七里河区硖沟沿 20 号

主营业务：设计、制作、发布、代理国内各类广告。体育用品、照像器材、纸、纸制品、文教用品、工艺品、装潢材料、礼品销售。

0118 兰州天都山文化创意服务中心

注 册 地：兰州市七里河区八里镇岘口子196 号

主营业务：文化艺术交流；盆景的栽培、销售；陶瓷制品的批发零售。

主要产品：宣传建设天都山文化遗产的公益性服务活动。

从业人员数（人）：3

资产总额（万元）：20

简　　介：天都山为马衔山支脉，山势自西向东逼近阿干河边，河水自南向东环绕此山，远观犹如海中仙山。又因三峰耸峙，酷如笔架，又名笔架山。山上油松树较多，灌木不少，苍翠润碧。上有天然石洞，有石似趺坐如来佛像，清道光年间辟为佛道寺观，沿山建有祖师殿、菩萨殿、吕祖殿、财神殿、鹤来亭，与青山绿水相辉。庙宇毁于 1967 年，近年来部分重修。本项目的创立利于全民参与保护当地名山，传承历史文明，挖掘、收集、整理、保护、宣传、修缮、建设天都山文化遗产的公益性活动，彰显历史文化的生命力，让世人皆知天都山的自然魅力和文化

蕴含。

0119 甘肃尚亚文化传媒有限公司

注 册 地：兰州市七里河区

主营业务：组织文化艺术交流活动、大型活动制作、运营、影视投资策划、文化艺术营销策划。

从业人员数（人）：15

资产总额（万元）：50

简　　介：公司成员由业内资深人士组成，自成立以来，一直活跃在甘肃的文化演出行业。经过长期演出项目的实际运营和执行，尚亚传媒已形成了一支具有高专业水平、强操作能力的优秀团队，并在业内获得了一致好评。

0120 甘肃华年馨影文化传媒有限公司

注 册 地：兰州市七里河区西津西路 45 号

主营业务：广告代理、设计、制作及发布；会展服务；礼仪庆典服务；微电影拍摄制作；摄影服务；企业形象策划；市场调研及咨询；文化工艺品设计、开发及销售；计算机硬件、摄影器材的批发零售。

主要产品：微电影。

从业人员数（人）：5

资产总额（万元）：25

简　　介：公司采用新兴影视专业设备进入民用消费品市场，用眼睛和镜头发现并记录"感动你我的故事！"同时借助微信公众平台将旅游景点和名胜古迹等文化信息植入移动网络，让民众在生活中更好的了解、修缮、恢复、传承。

0121 甘肃行者会务服务有限公司

注 册 地：兰州市七里河区

主营业务：公务及展览。

从业人员数（人）：3

销售额（万元）：34

资产总额（万元）：19

0122　甘肃百姓飞狐广告有限公司

注　册　地：兰州市七里河区

主营业务：投资管理咨询服务。

从业人员数（人）：2

销售额（万元）：10

资产总额（万元）：10

0123　甘肃博文文化发展有限公司

注　册　地：兰州市七里河区瓜洲路 1 号

主营业务：文化艺术交流策划。

从业人员数（人）：4

销售额（万元）：5

资产总额（万元）：10

0124　兰州金一佳广告有限公司

注　册　地：兰州市七里河区敦煌路 139 号

主营业务：广告的设计、制作、发布、代理；电脑图文制作；城市建筑物、绿地、街景的照明施工；牌匾制作等。

主要产品：停车场工程设计。

从业人员数（人）：3

资产总额（万元）：50

简　　　介：公司成立于 2010 年 2 月 8 日，地址：兰州市七里河区敦煌路 139 号，是一家依法成立的以广告标识产品设计与生产、停车场工程设计与施工业务为主的私营企业。

0125　兰州桐叶广告有限公司

注　册　地：兰州市七里河区

主营业务：广告设计。

从业人员数（人）：3

销售额（万元）：272

资产总额（万元）：68

0126　兰州联创广告有限公司

注　册　地：兰州市七里河区柳家营 1 号

主营业务：设计、制作、代理、发布各类广告，户外广告牌的制作安装；路灯、绿化景观的设计制作；室内外装璜设计、施工（凭资质证经营）；建筑设备安装；广告材料、五金交电、文化用品、纸箱、工艺品的批发零售。

从业人员数（人）：9

资产总额（万元）：200

0127　兰州博琦广告装饰有限公司

注　册　地：兰州市七里河区

主营业务：广告设计。

主要产品：广告。

从业人员数（人）：3

销售额（万元）：30

资产总额（万元）：20

0128　兰州金博润文化传播有限公司

注　册　地：兰州市七里河区西津东路 701 号

主营业务：广告设计、制作、代理、发布；企业管理咨询；会议会展服务；文化艺术交流策划；商务信息咨询；图文设计制作。

从业人员数（人）：4

资产总额（万元）：50

0129　兰州一鼎广告设计包装有限责任公司

注　册　地：兰州市七里河区

主营业务：广告设计。

主要产品：广告。

从业人员数（人）：4

销售额（万元）：130

资产总额（万元）：120

0130　兰州学而优文化传播有限公司

注　册　地：兰州市七里河区华坪街道西津东

路 178 号

主营业务：广告设计、制作、发布、代理。

主要产品：广告。

从业人员数（人）：10

销售额（万元）：10

资产总额（万元）：10

0131 兰州百航设计装饰工程有限责任公司

注 册 地：兰州市七里河区

主营业务：室内设计。

从业人员数（人）：6

销售额（万元）：570

资产总额（万元）：665

0132 兰州荣耀凯达广告策划有限公司

注 册 地：兰州市七里河区西园街道西津东路 38 号

主营业务：广告设计、制作、发布、代理；企业形象策划服务。

主要产品：广告。

从业人员数（人）：2

销售额（万元）：7

资产总额（万元）：10

0133 兰州奥兰盛视文化传播有限公司

注 册 地：兰州市七里河小西湖东街

主营业务：广告设计、制作、发布。

主要产品：标牌、铜字。

从业人员数（人）：3

销售额（万元）：17

资产总额（万元）：20

简 介：公司主要以各类媒体广告代理、制作、发布、策划、传播、推广、设计以及标牌、铜字、水晶字、PVC 字、芙蓉字、LED 显示屏、超薄灯箱、高精度写真喷绘及广告牌匾的制作立足市场。

0134 兰州盛鼎广告装饰工程有限公司

注 册 地：兰州市七里河区小西湖东街

主营业务：广告策划、设计、制作、施工；大型礼仪庆典；展板展架、喷绘写真、画册、彩页、名片、门头灯箱、不干胶、LED 显示屏、各种标牌、奖杯、会员卡、科室牌、胸牌、工作牌设计制作。

主要产品：画册、彩页、工作牌。

从业人员数（人）：4

简 介：兰州盛鼎广告装饰工程有限公司成立于 2006 年，是集广告策划、设计、制作、施工，大型礼仪庆典于一身的综合性广告公司。公司以"没有做不到，只有想不到"为企业理念，互动共赢、把握商机、共创未来。

0135 巴黎左岸视觉文化传媒有限公司

注 册 地：兰州市七里河区西站西路 275 号

主营业务：国内各类广告的设计、制作、发布、代理；摄影摄像服务；广告牌制作与安装；文化艺术交流策划；会务服务；企业形象策划；电脑图文设计及动漫制作（以上国家禁止及需取得专项许可证的除外）。

主要产品：婚纱照、艺术照

从业人员数（人）：6

销售额（万元）：10

资产总额（万元）：30

简 介：巴黎左岸视觉文化传媒有限公司主要从事婚纱摄影、艺术写真摄影以及各种艺术片的拍摄。公司前身为木雨视觉摄影工作室，成立于 2008 年，2013 年注册为巴黎左岸视觉文化传媒有限公司。公司摄影基地位于小西湖上西园附近，拥有兰州为数不多的摄影黑棚，拥有进口顶级拍摄灯，摄影器材为 3600 万像素专业级相机。公司开辟了兰州市内外多个外景拍摄基地，14 座豪华金龙海狮专车接送拍摄，市内可选水车园、百合园、兰山公园、人寿山等，市外包括青海湖、冶力关、刘家峡等。公司秉持"亲切、专业、创意、领先"的经营理念，以品牌细节为重，为每一对新人提供贴心的细节服务。

0136 兰州芊博文化传播有限公司

注 册 地：兰州市七里河区敦煌路郑家庄143号

主营业务：广告设计、制作。

从业人员数（人）：10

销售额（万元）：50

资产总额（万元）：50

0137 甘肃万众传媒广告有限公司七里河分公司

注 册 地：兰州市七里河区西津西路572号

主营业务：设计、制作、发布、代理国内各类广告；企业形象策划、咨询服务；各类会展的组织、策划、设计服务；商务信息咨询、网络技术服务咨询。

主要产品：会展场所。

从业人员数（人）：4

0138 兰州鑫大成文化传播有限公司

注 册 地：兰州市七里河区兰工坪南街

主营业务：各类广告设计、制作。

主要产品：各类广告。

从业人员数（人）：5

资产总额（万元）：50

0139 兰州奥美艺广告有限公司

注 册 地：兰州市七里河区穴崖子东街7号

主营业务：各类广告的设计、制作、代理；美术设计制作。

主要产品：广告。

从业人员数（人）：3

销售额（万元）：15

资产总额（万元）：20

0140 兰州天赢文化传播有限公司

注 册 地：兰州市七里河区滨河中路277号

主营业务：各类广告的设计、制作、代理、发布；电脑图文美术设计、制作、晒图；舞台艺术造型策划；灯箱制作；文化艺术活动策划咨询；文化用品、办公设备、纸制品、办公家具的批发与零售；室内装饰。

主要产品：国家电网品牌宣传应用产品。

从业人员数（人）：3

销售额（万元）：3.8

资产总额（万元）：32.6

0141 沈阳新角度广告有限公司兰州分公司

注 册 地：兰州市七里河区龚家湾路85号

主营业务：设计、制作、代理、发布广告（含固定形式印刷品广告）；文艺活动策划。

主要产品：广告。

从业人员数（人）：2

0142 兰州华良广告有限公司

注 册 地：兰州市七里河区敦煌路街道任家庄12号

主营业务：国内各类广告的设计、制作、代理、发布。

主要产品：广告。

从业人员数（人）：2

销售额（万元）：12

资产总额（万元）：20

0143 甘肃华宇文化传播有限公司

注 册 地：兰州市七里河区敦煌路1098号

主营业务：影视电脑图文策划设计；形象策划及宣传；会展服务；广告的设计、制作、发布、代理。

从业人员数（人）：10

资产总额（万元）：300

0144 甘肃艺禾文化传播有限公司

注 册 地：兰州市七里河区土门墩新村九巷 B-01 号

主营业务：行为艺术、艺术设计及策划；企业形象策划；民间手工艺品、油画、装饰画销售；品牌营销策划；艺术品创作；摄影与摄像；广告策划、设计与制作；会展策划。

主要产品：漆画、油画、壁画、装饰画。

从业人员数（人）：7

销售额（万元）：3

资产总额（万元）：50

简 介：甘肃艺禾文化传播有限公司是融行为艺术、艺术设计及策划、企业形象策划、广告策划制作等为一体的综合服务型企业。公司设备齐全、资源丰富，拥有 8 色大画幅万能平板打印机，日本原装 6 色写真喷绘机，数码雕刻机等大中型印刷机，200 平方米漆画工作室，90 平方米雕刻工作室，100 平方米油画工作室等，设施齐全，功能完备。

0145 实创家居装饰集团（兰州）有限公司

注 册 地：兰州市七里河区

主营业务：家居装饰。

从业人员数（人）：60

销售额（万元）：667

资产总额（万元）：900

0146 兰州鑫顺德广告有限公司

注 册 地：兰州市七里河区韩家河 39 号

主营业务：广告的设计、制作、发布、代理；大型户外广告安装加工；企业营销策划；会议会展服务；公共信息咨询；广告材料、建筑材料、文化用品、工艺礼品的批发零售。

主要产品：超薄灯箱、水晶灯箱、磁吸灯箱、LED 灯箱、EEFL 拉布灯箱。

从业人员数（人）：4

销售额（万元）：10

资产总额（万元）：99

简 介：兰州鑫顺德广告有限公司成立于 2011 年，是一家融专业加工生产、销售为一体的生产型广告企业。产品应用范围有商场、银行、超市、酒店、餐厅、机场、车站、地铁、公交站台、室内外指示牌、大型展览工程、活动展览展示等。主要批量生产超薄灯箱、水晶灯箱、磁吸灯箱、LED 灯箱、EEFL 拉布灯箱等各种类型的超薄灯箱，以及灯箱型材和配件。

0147 兰州诺比特文化传播有限公司

注 册 地：兰州市七里河区西津东路 178 号

主营业务：广告设计、制作、发布。

从业人员数（人）：2

销售额（万元）：15

资产总额（万元）：20

0148 甘肃绿色空间装饰工程有限责任公司七里河分公司

注 册 地：兰州市七里河区西津西路 49 号

主营业务：室内外装饰工程的设计、施工（凭资质证经营）；国内各类广告设计、发布。

主要产品：广告。

从业人员数（人）：6

0149 兰州兰石建筑设计有限公司

注 册 地：兰州市七里河区

主营业务：建筑设计。

从业人员数（人）：9

销售额（万元）：15

资产总额（万元）：186

0150 兰州桐欣广告有限公司

注 册 地：兰州市七里河区

主营业务：广告设计、制作、发布。

主要产品：广告。

从业人员数（人）：7

销售额（万元）：140

资产总额（万元）：40

0151 甘肃世纪虹宇广告装饰工程有限公司

注 册 地：兰州市七里河区任家庄 7 号

主营业务：平面设计、印刷设计、园林设计、环境设计、装饰设计；字牌标识、吸塑雕刻、灯箱喷绘设计；展览展示；户外广告的策划、设计、制作、发布；企业文化建设；LED 灯亮化设计、制作。

主要产品：广告。

从业人员数（人）：15

资产总额（万元）：500

0152 兰州新鸿广告设计制作有限公司

注 册 地：兰州市七里河区

主营业务：广告。

从业人员数（人）：2

销售额（万元）：20

资产总额（万元）：16

0153 兰州沐阳广告有限责任公司

注 册 地：兰州市七里河区

主营业务：广告设计。

从业人员数（人）：5

销售额（万元）：218

资产总额（万元）：27

0154 兰州红顶文化传播有限公司

注 册 地：兰州市七里河区西津西路 188 号

主营业务：国内各类广告设计、制作、发布、代理；图文设计制作；企业形象策划；会议会展服务、展览展示服务、礼仪服务；文化艺术交流策划（不含演出）、公关活动策划；

投资管理咨询、企业营销咨询。

主要产品：广告。

从业人员数（人）：2

资产总额（万元）：360

0155 兰州无名强广告有限公司

注 册 地：兰州市七里河区光华街 80 号

主营业务：广告的设计、制作、发布、代理；婚庆礼仪服务；会议会展服务。

主要产品：广告。

从业人员数（人）：5

资产总额（万元）：10

0156 兰州金凤城文化传媒有限公司

注 册 地：兰州市七里河区彭家坪镇龚家湾村 93 号

主营业务：设计、制作、代理、发布各类广告；企业形象策划，宣传推广；个人形象策划；礼仪服饰。

销售额（万元）：75

资产总额（万元）：100

0157 兰州智萌文化传播有限责任公司

注 册 地：兰州市七里河区晏家坪街道晏家坪北路 94 号

主营业务：广告的设计、制作、代理、发布；文化艺术交流活动的策划；企业营销策划；会务服务；礼仪服务；企业管理咨询；商务咨询。

主要产品：企业内训。

从业人员数（人）：10

销售总额（万元）：3

简　　介：兰州智萌文化传播有限责任公司是一家集策划、培训、合作联盟、公众、公益服务等项目于一身的，以标准的国际咨询理念，结合国内企业自身发展特点所组建的专业化、实效化、精品化的服务机构。公司与"新四年"网络研究小组合作，连接企业与学校的共通点，将线上理论成功引至线下实践分享，所涉及的培训内容针对而深入，形成了系统而专业的服务体系和独树一帜的文化理念。智萌一直秉持"精心策划、致力执行"的工作理念，凭借良好的资源背景，经验丰富的人才和专业化的服务，曾先后企划、监制及执行多项大型的市场推广、商业内训及企业活动策划，客户覆盖企业、高校及政府机构，成功实施各类活动数十场。

0158 兰州穗丰广告有限公司

注 册 地：兰州市七里河区彭家坪镇龚家湾村刘家堡 85 号

主营业务：室内外装饰装修设计及施工（凭资质证经营）；展览展示会展服务；企业营销策划、企业形象策划；图文设计制作及美术设计（以上各项国家禁止及须取得专项许可证的除外）；广告的设计、制作、发布、代理、安装。

从业人员数（人）：4

资产总额（万元）：50

0159 兰州欧易装饰设计工程有限公司

注 册 地：兰州市七里河区梁家庄 12 号

主营业务：室内装饰、设计、施工；室内装饰监理及技术服务；室内环境检测及治理；园林设计、施工；工程技术服务；劳务承包（以上各项凭资质证经营）；家政服务（不含中介）；广告设计、制作、发布；装饰材料、建筑材料、五金制品的销售。

主要产品：广告。

从业人员数（人）：4

资产总额（万元）：50

0160 兰州兰天广告有限责任公司

注 册 地：兰州市七里河区马滩中街 1118 号

主营业务：各类广告的策划、设计、制作、发布。

主要产品：广告。

从业人员数（人）：2

销售额（万元）：15

资产总额（万元）：20

简　　介：兰州兰天广告有限责任公司位于兰州，主营广告发布、广告制作、耗材、喷绘制作、广告宣传、礼品等。

0161 兰州祖历河文化传播有限公司

注 册 地：兰州市七里河区

主营业务：广告设计

主要产品：广告。

从业人员数（人）：7

销售额（万元）：240

资产总额（万元）：71

0162 兰州秋水文化传播有限公司

注 册 地：兰州市七里河区西湖街道西津东路 575 号

主营业务：广告的设计、制作、代理及发布，室内外装潢设计、景观设计；会议服务；庆典服务；影视策划咨询。

主要产品：广告。

从业人员数（人）：4

资产总额（万元）：50

0163 兰州空点文化传播有限公司

注 册 地：兰州市七里河区西津路 425 号

主营业务：设计、制作、代理、发布各类广告；企业形象策划、宣传推广；个人形象策划；礼仪服饰。

主要产品：广告。

销售额（万元）：7.25

资产总额（万元）：10

0164 兰州逸晨文化传播有限公司

注　册　地：兰州市七里河区任家庄 104 号

主营业务：广告的策划、设计、制作、代理、发布；广告工程安装；室内外装潢设计；大型广告牌制作。

主要产品：广告创意设计；各种金属字牌、标识标牌、吸塑字、路牌灯箱、LED电子显示屏等。

从业人员数（人）：3

销售额（万元）：95

资产总额（万元）：50

简　　介：兰州逸晨文化传播有限公司秉承"携手共进，共创辉煌"的经营理念，坚持"客户第一"的原则为广大客户提供最优质的服务。精准的美术品味与设计理念，实现品牌及产品信息的有效传达，完成品牌与公众沟通的同时，为企业与媒体建立一个完善及时的沟通平台。我们拥有专业的广告、公关团队和实效的广告、公关创意，通过强大的执行力及专业的服务经验为客户提供卓有成效的解决方案，使客户在行业中处于崇高的地位。

0165 兰州凯龙广告有限责任公司

注　册　地：兰州市七里河区

主营业务：广告设计、制作、发布。

主要产品：广告。

从业人员数（人）：2

销售额（万元）：20

资产总额（万元）：62

0166 兰州中瑞广告有限责任公司

注　册　地：兰州市七里河区

主营业务：广告设计。

主要产品：广告。

从业人员数（人）：3

销售额（万元）：150

资产总额（万元）：60

0167 兰州美龙广告设计有限公司

注　册　地：兰州市七里河区西湖街道小西湖西街 33 号

主营业务：设计、制作、代理、发布国内各类广告；展览展示设计；产品包装设计；企业形象策划；大型喷绘。

从业人员数（人）：4

资产总额（万元）：50

0168 兰州源祥源广告装饰工程有限公司

注　册　地：兰州市七里河区西津东路 297 号

主营业务：室内外装饰工程设计、施工；城市亮化工程、园林绿化工程施工；管道安装；钢结构安装（以上各项凭资质证经营）；机械设备租赁；广告设计、制作、代理、发布；企业形象设计、策划；会议会展服务；保洁服务；办公用品、日用百货、建筑装饰材料、机电设备、电子产品（不含卫星地面接收设施）的批发零售。

主要产品：广告。

从业人员数（人）：6

资产总额（万元）：200

简　　介：兰州源祥源广告装饰工程有限公司成立于 2010 年 8 月。

0169 兰州天佳广告装饰工程有限公司

注　册　地：兰州市七里河区

主营业务：广告设计。

从业人员数（人）：12

销售额（万元）：86

资产总额（万元）：46

0170 兰州百汇广告策划有限公司

注　册　地：兰州市七里河区西津东路 387 号

主营业务：广告的设计、制作、发布、代理服务；企业形象策划；喷绘。

从业人员数（人）：2
销售额（万元）：132
资产总额（万元）：150

0171 兰州光阳广告装饰有限公司

注 册 地：兰州市七里河区
主营业务：广告设计。
从业人员数（人）：2
销售额（万元）：14
资产总额（万元）：26

0172 兰州大唐韵广告有限公司

注 册 地：兰州市七里河区
主营业务：广告设计。
从业人员数（人）：2
销售额（万元）：32
资产总额（万元）：38

0173 兰州甲客睿博文化传播有限公司

注 册 地：兰州市七里河区西湖街道西津东
路 670 号
主营业务：广告设计、制作、代理、发布。
从业人员数（人）：4
资产总额（万元）：50

0174 兰州科建图文设计制作有限公司

注 册 地：兰州市七里河区
主营业务：广告设计。
从业人员数（人）：4
销售额（万元）：186
资产总额（万元）：152

0175 兰州众成广告有限责任公司

注 册 地：兰州市七里河区西站街道建西东
路 297 号
主营业务：广告的设计、制作、发布、代理；
开业庆典及婚礼礼仪服务；室内装潢装饰服务。

从业人员数（人）：4
资产总额（万元）：50

0176 兰州中天广告装饰有限公司

注 册 地：兰州市七里河区西津西路 273 号
主营业务：广告的设计、制作、代理及发布；
广告牌制作安装；亮化工程施工；喷绘制作；
建筑材料、金属材料、装饰材料、电线电缆、
五金交电的批发零售。
从业人员数（人）：4
资产总额（万元）：50

0177 兰州怡源广告有限责任公司

注 册 地：兰州市七里河区工商局
主营业务：广告设计、策划、发布、宣传。
主要产品：高速桥涵、立柱的广告发布。
从业人员数（人）：3
销售额（万元）：100
资产总额（万元）：500
简   介：兰州怡源广告有限责任公司是融
策划、设计、发布等为一体的专业广告传播
公司。拥有高水准的策划、创意、设计专业
人才。公司已拥有兰州城区及高速公路等丰
富的户外大型媒体发布资源：高速公路桥涵、
单立柱，火车站广告位等。兰州怡源广告有
限责任公司以打造行业品牌为己任，以高
品质的服务为先，以雄厚的资金、创新的设
计打造大规模的广告发布媒体；以精准的工
作流程，严格的质量服务管理，为客户创造
价值。

0178 兰州纯尚广告装饰有限公司

注 册 地：兰州市七里河区
主营业务：装饰设计。
从业人员数（人）：3
销售额（万元）：18
资产总额（万元）：136

0179 兰州凌海广告策划有限公司

注　册　地：兰州市七里河区西津东路

主营业务：广告设计、制作、发布。

主要产品：广告。

从业人员数（人）：4

销售额（万元）：50

资产总额（万元）：60

简　　　介：公司成立于 2008 年，十年来不断更新硬件设施，改善服务，提升软实力，旨在为广大市民提供更加好的服务。

0180 兰州朱子艺术设计有限公司

注　册　地：兰州市七里河区兰工坪 287 号

主营业务：平面设计、企业形象设计、展示设计、装饰设计、数字多媒体设计、动漫设计、产品造型设计、包装设计；市政配套工程设计及制作；营销策划；国内广告设计代理及发布、制作；喷绘制作；文化信息咨询；礼仪庆典服务、会务会展服务；园林景观设计制作；建筑装璜材料、办公文化用品、文化工艺饰品、工艺礼品的设计及批发零售。

主要产品：工艺品。

销售额（万元）：10

资产总额（万元）：100

0181 兰州信美广告装饰有限责任公司

注　册　地：兰州市七里河区敦煌路 882 号

主营业务：广告设计、制作、策划。

从业人员数（人）：7

资产总额（万元）：50

0182 兰州印务有限责任公司

注　册　地：兰州市七里河区晏家坪北村 85 号

主营业务：广告设计、制作、发布、代理；企业形象策划。

从业人员数（人）：2

销售额（万元）：14

资产总额（万元）：20

0183 兰州群英策划顾问有限公司

注　册　地：兰州市七里河区西津西路 49 号

主营业务：房地产；企业策划、培训；广告策划、设计；市场调研、推广；项目论证、咨询服务。

从业人员数（人）：11

销售额（万元）：21

资产总额（万元）：50

简　　　介：兰州群英策划顾问有限公司成立于 2003 年，伴随着兰州房地产市场的兴起与发展，在市场中异军突起。依托兰州交通大学房地产研究所，深入研究本地房地产市场，走出一条理论与实践相结合的特色之路。十余年来，成功运作了上百个房地产项目，包括商品住宅、购物中心、商业街、宾馆、酒店、写字楼、文化园区、专业市场、城市综合体等各类项目，遍及兰州、庆阳、白银、嘉峪关、酒泉、天水等市。为企业提供扎实充分的理论依据和切实可行的执行方案。

0184 兰州生命之光养生文化中心

注　册　地：兰州市七里河区堡字 88 号

主营业务：养生咨询服务。

从业人员数（人）：3

销售额（万元）：10

0185 甘肃骏驰广告公司

注　册　地：兰州市七里河区敦煌路金港城金宝花园 43 号

主营业务：平面设计；广告策划、制作、代理；装饰设计；展览设计。

从业人员数（人）：2

销售额（万元）：21

资产总额（万元）：30

0186 兰州典智文化传播有限公司

注 册 地：兰州市七里河区龚家湾 375 号

主营业务：文化创意产品设计、研发、成果转让；市场调研，企业管理咨询服务；企业品牌形象；平面；环艺空间；工业造型设计；会务展览策划服务；图书出版物策划；商业摄影、摄像；影视、动漫、游戏、数码创意设计制作。

主要产品：《甘肃省审计厅庆祝建党 93 周年主题朗诵专题片》《甘肃省审计厅创建全国文明单位专题片》；中信银行宣传页。

从业人员数（人）：3

销售额（万元）：24

资产总额（万元）：30

简　　　介：兰州典智文化传播有限公司专业从事影视广告片、企业专题片、宣传片创意、拍摄、制作、电视栏目包装、品牌策划、平面设计、职业培训。公司拥有专业技术精湛的创作团队，坚持以高起点、高技术、高效率、高质量为发展基础，以优质而出色的工作为各级企事业单位、政府机构，电视台和文化传播机构提供优质服务。

0187 兰州鸿歌广告有限责任公司

注 册 地：兰州市七里河区工坪商街

主营业务：广告设计、制作；美术设计、制作。

主要产品：广告。

从业人员数（人）：2

销售额（万元）：22

资产总额（万元）：30

0188 兰州新创翼文化传播有限责任公司

注 册 地：兰州市七里河区任家庄 7 号

主营业务：文化艺术活动交流策划；设计、代理、制作、发布各类广告；电脑图文设计制作、企业形象策划；展览展示服务；室内

保洁服务、婚庆礼仪服务（以上国家禁止及须取得专项许可证的除外）。

从业人员数（人）：2

资产总额（万元）：10

0189 兰州理源文化传播有限公司

注 册 地：兰州市七里河区兰工坪路

主营业务：商标设计、广告设计策划、商务信息咨询、会议会展服务、展示展览服务、婚庆礼仪策划服务、文化用品的批发零售。

主要产品：广告。

从业人员数（人）：3

资产总额（万元）：10

0190 兰州凯胜广告有限公司

注 册 地：兰州市七里河区

主营业务：广告代理。

从业人员数（人）：2

销售额（万元）：48

资产总额（万元）：43

0191 甘肃恒盛广告设计有限公司

注 册 地：兰州市七里河区

主营业务：广告设计。

从业人员数（人）：2

销售额（万元）：12

资产总额（万元）：10

0192 兰州方众广告有限公司

注 册 地：兰州市七里河区建工西街 78 号

主营业务：设计、制作、代理、发布各类广告，企业形象策划，图文设计制作，会务服务，展览展示服务，庆典服务。

主要产品：广告。

从业人员数（人）：2

资产总额（万元）：10

0193 兰州佳美文化传播有限责任公司

注 册 地：兰州市七里河区晏家坪 48 号

主营业务：广告设计、制作、代理、发布；商业庆典布置策划、组织实施，礼仪服务等；代理社区灯箱广告、户外广告大牌。

主要产品：社区灯箱广告，户外广告大牌等。

从业人员数（人）：3

销售额（万元）：100

资产总额（万元）：150

0194 甘肃柏雅景观工程有限公司

注 册 地：兰州市七里河区

主营业务：园林规划设计。

从业人员数（人）：2

销售额（万元）：20

资产总额（万元）：90

0195 兰州天艺源广告有限公司

注 册 地：兰州市七里河区温州城 7-721 室

主营业务：广告设计、策划、制作、代理、发布。

主要产品：庆典礼仪，广告，喷绘。

从业人员数（人）：3

销售额（万元）：20

简　　介：兰州天艺源广告有限公司是一家集广告设计、策划、制作、代理、发布为一体的综合性广告公司。公司分为广告设计制作部和庆典礼仪部，由资深创意人员、经验丰富的户外广告制作精英、专业极强的后期制作安装队伍组成。广告设计制作部以户外广告、标识标牌、旗帜制作、印刷服务为主；庆典礼仪部以集礼仪策划、庆典策划、庆典服务、文艺演出、形象策划、媒介传播、晚会服务、广告事务、娱乐策划、礼仪文化培训等为主。"专业、精良、优质"的设计制作水平是我们的不断努力追求的目标，"全心全意为您服务"是我们的服务宗旨。

0196 兰州隆源文化传播有限公司

注 册 地：兰州市七里河区硷沟沿 335 号

主营业务：广告设计、制作、发布、代理、宣传。

从业人员数（人）：3

资产总额（万元）：50

0197 兰州腾迈广告装饰有限公司

注 册 地：兰州市七里河区西站街道西站东路 300 号

主营业务：广告的设计、制作、发布、代理；展览展示；礼仪服务；电脑图文设计制作；室内装饰设计（凭资质证经营）；汽车美容装饰设计；企业形象策划；商务咨询；企业管理咨询。

主要产品：广告。

从业人员数（人）：5

资产总额（万元）：100

0198 兰州中庸图书有限责任公司

注 册 地：兰州市七里河区西津东路 319 号 B 塔 1905 号

主营业务：出版物的零售（凭许可证有效期经营）；广告的设计、制作、发布；办公用品的零售。

主要产品：广告、出版物。

资产总额（万元）：30

0199 甘肃金翅鸟文化传媒有限公司

注 册 地：兰州市七里河区南滨河中路 1119 号

主营业务：广告及户外设计、制作、代理、发布；文化活动；会务咨询；书刊、简报、摺页、海报的设计与编辑；公关活动。

主要产品：广告。

从业人员数（人）：3

销售额（万元）：2

资产总额（万元）：8

0200 兰州磐石广告有限公司

注 册 地：兰州市七里河区

主营业务：广告设计。

主要产品：广告。

从业人员数（人）：2

销售额（万元）：11

资产总额（万元）：76

0201 甘肃九州美业广告装饰有限公司

注 册 地：兰州市七里河区

主营业务：广告设计。

从业人员数（人）：2

销售额（万元）：32

资产总额（万元）：400

0202 甘肃西部凤凰网络广告有限公司

注 册 地：兰州市七里河区

主营业务：网络技术开发。

主要产品：网络技术开发。

从业人员数（人）：3

销售额（万元）：138

资产总额（万元）：176

0203 兰州元丰广告有限公司

注 册 地：兰州市七里河区敦煌路

主营业务：广告设计、制作、代理、发布。

主要产品：广告。

从业人员数（人）：2

销售额（万元）：12

资产总额（万元）：22

0204 兰州添红广告设计中心

注 册 地：兰州市西固区

主营业务：国内广告设计。

主要产品：广告。

从业人员数（人）：3

销售额（万元）：15

资产总额（万元）：15

0205 兰州星辰广告装饰有限责任公司西固分公司

注 册 地：兰州市西固区庄浪东路42号

主营业务：设计、制作国内各类广告；室内外装饰设计服务（以上项目国家禁止的及需取得专项许可证的项目除外）。

主要产品：广告。

从业人员数（人）：2

销售额（万元）：2

0206 非凡广告

注 册 地：兰州市西固区先锋路

主营业务：广告设计。

主要产品：广告、展板、灯箱、LED电子屏。

从业人员数（人）：2

销售额（万元）：5

资产总额（万元）：20

0207 兰州空间广告有限责任公司

注 册 地：兰州市西固区明生广场3号

主营业务：广告设计、制作、代理、发布。

从业人员数（人）：4

销售额（万元）：2

资产总额（万元）：10

0208 明昊广告

注 册 地：兰州市西固区西固中街五金商务楼

主营业务：广告制作、发布、代理、印刷等。

从业人员数（人）：5

销售额（万元）：15

资产总额（万元）：15

0209 甘肃国考广告有限责任公司

注 册 地：兰州市西固区

主营业务：广告设计、创意、制作等。

从业人员数（人）：15

销售额（万元）：200

资产总额（万元）：100

0210 甘肃鸿安生态文化创意园有限公司

注　册　地：兰州市西固区石头坪森林公园

主营业务：生态旅游产业开发；生态农业产业开发、农业新科技产品研发与销售；文化艺术交流服务；企业形象策划咨询；公关礼仪服务；广告制作与发布；工艺美术品制作与批发零售。

从业人员数（人）：2

销售额（万元）：2

资产总额（万元）：200

0211 兰州雅蓝广告传媒有限公司

注　册　地：兰州市西固区

主营业务：网页、展厅、展台、橱窗及平面的设计，沙盘的设计及制作。

从业人员数（人）：4

销售额（万元）：20

资产总额（万元）：20

简　　　介：兰州雅蓝广告传媒有限公司创立于 2015 年 12 月 15 日，前身是成立于 2000 年 7 月的兰州西固雪琳轻印社，工作场所位于兰州市西固区福利西路 145-1 号。于 2014 年 3 月响应西固文广局的号召，扩大经营规模变个体工商户为有限公司的小微企业。主营项目为网页、展厅、展台、橱窗及平面的设计，沙盘的设计及制作，打字复印等。

0212 兰州三维广告装饰有限责任公司

注　册　地：兰州市西固区西固巷 73 号

主营业务：室内外装饰设计；广告设计、制

作（限国内）；活动庆典策划、摄影摄像；文体用品的批发零售。

主要产品：广告、文体用品。

从业人员数（人）：2

销售额（万元）：2

资产总额（万元）：100

0213 甘肃美戈广告装饰有限公司

注　册　地：兰州市西固区西固中路 779 号

主营业务：广告的代理、设计、制作、发布、安装；室内外装饰装修、园林设计、制作；不锈钢装饰施工；钢结构制作安装。

主要产品：广告。

从业人员数（人）：2

销售额（万元）：2

资产总额（万元）：200

0214 兰州东奥广告有限责任公司

注　册　地：兰州市西固区西固中路 1246 号

主营业务：广告装饰制作；室内外装饰装修；制作安装大型户外灯箱、展牌、展示展览；金属结构、效果图的设计制作。

主要产品：大型户外灯箱、展牌。

从业人员数（人）：3

销售额（万元）：2

资产总额（万元）：30

0215 河北时尚城市资讯广告传播有限公司兰州分公司

注　册　地：兰州市西固区

主营业务：企业营销策划服务；设计、制作、代理、发布国内各类广告；运动会、晚会、大型庆典、展览、体育赛事筹备、策划、组织活动。

主要产品：《时尚城市》、DM 广告。

从业人员数（人）：7

销售额（万元）：20

资产总额（万元）：50

简　　介：河北时尚城市资讯广告传播有限公司兰州分公司成立于 2012 年 12 月 07 日，位于甘肃省兰州市西固区西固巷 61-3 号，企业注册资金 50 万元，营业面积 150 平方米，现有从业人员 7 人，主要经营企业营销策划服务；设计、制作、代理、发布国内各类广告等。

0216　兰州金顺达广告装饰中心

注 册 地：兰州市西固区合水路

主营业务：广告设计、企业形象策划、室内设计等。

主要产品：广告。

从业人员数（人）：10

销售额（万元）：60

资产总额（万元）：40

0217　兰州市简美装饰设计工程有限公司

注 册 地：兰州市西固区庄浪西路 142 号

主营业务：广告的设计、制作（限国内）；平面图、效果图制作。

主要产品：广告、平面图、效果图。

从业人员数（人）：2

销售额（万元）：2

资产总额（万元）：50

0218　兰州域思广告有限公司

注 册 地：兰州市西固区沙梁子 108 号

主营业务：广告设计、制作、策划。

主要产品：广告。

从业人员数（人）：6

销售额（万元）：35

资产总额（万元）：20

0219　兰州金元广告装饰有限公司

注 册 地：兰州市西固区

主营业务：国内广告设计、代理、制作；室内装饰设计。

主要产品：广告、喷绘写真。

从业人员数（人）：6

销售额（万元）：15

资产总额（万元）：15

简　　介：兰州金元广告装饰有限公司创建于 2014 年 9 月，设立于兰州市西固区新滩村 23 号，拥有设计、制作员工 6 人，是一家融广告设计、活动策划、媒体代理、户内外广告制作、喷绘写真、室内装饰工程为一体的专业的广告装饰公司。我们拥有专业的设计团队，优秀的制作团队，精湛的施工团队，一流的硬件设施，以科学的管理模式，完美的产品质量，诚信的服务意识，满足各位客户需求。公司秉承"诚信为本，服务至上，精益求精"的经营理念，竭诚为各位客户服务。

0220　兰州雪琳广告传媒有限公司

注 册 地：兰州市西固区

主营业务：平面设计、网页设计；展厅、展台、橱窗、沙盘设计及制作。

主要产品：广告。

从业人员数（人）：5

销售额（万元）：20

资产总额（万元）：20

简　　介：兰州雪琳广告传媒有限公司创立于 2015 年 12 月 15 日，位于兰州市西固区福利西路 141-1 号，另有几个制作场地。主营项目由媒介推广、市场营销、商业运营、创意策划四大部分组成，形成了针对政府、企业、媒体等不行同业、不同规模、不同应用的针对性解决方案，是具有一定新颖、超前的设计理念的广告传媒公司。

0221 兰州泓逸装饰设计广告有限公司

注 册 地：兰州市西固区福利东路 12 街区

主营业务：广告设计及制作；建材的销售。

从业人员数（人）：4

销售额（万元）：2

资产总额（万元）：50

0222 兰州六和广告装饰有限公司

注 册 地：兰州市西固区合水路 442 号

主营业务：广告策划、制作、代理、发布；商场展饰、室内外效果图、舞台布景；居家、店铺及办公装饰；建材、家居用品、五金交电的批发零售。

从业人员数（人）：3

销售额（万元）：2

资产总额（万元）：20

0223 兰州龙耀装饰设计有限公司

注 册 地：兰州市西固区临洮街 80 号 3 室

主营业务：室内外装饰及设计；广告设计、制作。

从业人员数（人）：3

销售额（万元）：2

资产总额（万元）：50

0224 甘肃国烤广告有限责任公司

注 册 地：兰州市西固区西固中路 598 号

主营业务：广告设计、策划、制作。

从业人员数（人）：5

销售额（万元）：15

资产总额（万元）：20

0225 兰州雅美佳广告装饰有限公司

注 册 地：兰州市西固区合水路 248 号

主营业务：广告制作、设计、创意。

从业人员数（人）：5

销售额（万元）：35

资产总额（万元）：30

0226 兰州金晟元广告制作中心

注 册 地：兰州市西固区生产街 1 号

主营业务：广告平面设计、创意、美工、制作。

主要产品：广告。

从业人员数（人）：5

销售额（万元）：40

资产总额（万元）：20

0227 兰州鑫诚广告部

注 册 地：兰州市西固区合水路 2-401 号

主营业务：广告设计、喷绘。

主要产品：广告。

从业人员数（人）：5

销售额（万元）：30

资产总额（万元）：50

0228 兰州智典广告有限公司

注 册 地：兰州市西固区

主营业务：广告服务。

从业人员数（人）：6

销售额（万元）：280

资产总额（万元）：50

简　　介：兰州智典广告有限公司成立于 2009 年 6 月，位于兰州市西固区兰化 26 街区，是一家从事广告设计、广告制作和广告代理服务的企业，总资产 50 万元，现有从业人员 6 人。

0229 兰州雨辰广告有限公司

注 册 地：兰州市西固区福利路街道福利西路 52 号

主营业务：广告设计、彩色印刷品设计；公关活动策划、促销活动策划、庆典活动策划；日用品、电子产品、床上用品、玩具、工艺品的销售。

主要产品：彩色印刷品。

从业人员数（人）：2

销售额（万元）：2

资产总额（万元）：5

0230 兰州多才古典彩绘中心

注 册 地：兰州市西固区

主营业务：古典彩绘设计。

从业人员数（人）：5

销售额（万元）：15

资产总额（万元）：15

0231 甘肃速超广告有限公司

注 册 地：兰州市西固区福利西路 914-6 号

主营业务：广告设计、制作。

主要产品：广告。

从业人员数（人）：6

销售额（万元）：45

资产总额（万元）：40

0232 兰州龙昌广告装饰有限公司

注 册 地：兰州市西固区西固城街道合水路
49 号

主营业务：建筑广告装饰装潢；广告制作、设
计、发布、代理；园林绿化设计及咨询服务。

主要产品：建筑广告装饰。

从业人员数（人）：3

销售额（万元）：2

资产总额（万元）：200

0233 甘肃新觉文化传媒

注 册 地：兰州市西固区古城社区

主营业务：影视策划；会议服务、展览服务；
设计、制作、代理、发布广告。

主要产品：广告。

从业人员数（人）：6

销售额（万元）：20

资产总额（万元）：35

0234 兰州启进装饰广告设计有限公司

注 册 地：兰州市西固区南滨河路二支路 1
号

主营业务：广告设计、承接室内外装饰（凭
资质证经营）；建筑材料、五金交电、装饰
材料、轻型网架的批发零售。

从业人员数（人）：3

销售额（万元）：2

资产总额（万元）：50

0235 兰州新纬度影视制作工作室

注 册 地：兰州市西固区

主营业务：婚庆策划；会议服务；电脑图文
设计及制作；承办展览展示；计算机软件开
发；企业形象策划；广告设计及制作（限国
内）。

主要产品：企业宣传片。

从业人员数（人）：5

销售额（万元）：15

资产总额（万元）：15

0236 莱芜市金点子广告传媒有限公司兰州分公司

注 册 地：兰州市西固区西固中街 56 号

主营业务：广告设计、制作、发布、代理；
户外广告、影视广告代理；网络广告、网站
设计制作；企业形象策划；创业项目咨询、
房产信息咨询；产品代理销售。

主要产品：企业形象策划、创业项目咨询、
房产信息咨询。

从业人员数（人）：2

销售额（万元）：2

0237 兰州开维视点广告设计有限公司

注 册 地：兰州市西固区

主营业务：广告设计制作、室内装饰设计、大型喷绘、户内外写真、大型雕刻、企业营销管理、庆典的策划咨询服务。

从业人员数（人）：2

销售额（万元）：2

资产总额（万元）：200

0238 甘肃金翼广告有限公司

注 册 地：兰州市西固区西固东路 287 号

主营业务：广告设计、制作、代理；展览展示服务；礼仪服务；公关活动策划；电脑图文设计制作；企业形象策划；电子产品、工艺礼品的批发零售；彩色印刷品设计；路牌、楼体、灯箱、墙体、霓虹灯的创意、设计；建筑安装工程、室内外装璜及设计、制作。

从业人员数（人）：2

销售额（万元）：2

资产总额（万元）：100

0239 兰州艾尚家居设计有限公司

注 册 地：兰州市西固区古浪路 34 号

主营业务：建材、陶瓷制品的批发零售；装璜装饰设计及施工（凭资质证经营）；广告设计、制作。

主要产品：建材、陶瓷制品。

从业人员数（人）：2

销售额（万元）：2

资产总额（万元）：50

0240 兰州谊联广告有限公司

注 册 地：兰州市西固区合水路 34 号

主营业务：广告装饰的设计、制作、代理；经济信息咨询；会议会展服务。

主要产品：广告。

从业人员数（人）：3

销售额（万元）：2

资产总额（万元）：50

0241 山西生活向导广告有限公司西固分公司

注 册 地：兰州市西固区西固中街 193 号

主营业务：代理、设计、制作、发布国内印刷品广告；代理、设计、制作报纸、电视、电台、杂志、路牌广告。

主要产品：DM 广告。

从业人员数（人）：2

销售额（万元）：2

0242 启进广告装饰公司

注 册 地：兰州市西固区柳泉乡西小坪

主营业务：广告制作、策划、设计、代理。

从业人员数（人）：6

销售额（万元）：25

资产总额（万元）：20

0243 兰州颐坊文化艺术有限责任公司

注 册 地：兰州市西固区合水路 14 号

主营业务：工艺美术品及饰品设计、制作、销售；婚纱摄影拍摄；广告设计、展览、展示、策划、发布、代理；版图设计制作；景观设计；办公用品、家具批发零售。

从业人员数（人）：2

销售额（万元）：2

资产总额（万元）：300

0244 兰州均美装饰有限公司

注 册 地：兰州市西固区庄浪西路 128 号

主营业务：广告的设计、制作；室内外装璜、装修；建筑幕墙工程施工（凭资质证经营）；装饰材料、建筑材料、机电产品（不含汽车）、五金交电、化工产品、日用品、办公设备及民用家具的批发零售；工业及楼宇自动化系统、综合布线系统、公用建筑计算机经营管理系统、火灾报警与消防联动控制系统、消防灭火系统、安保系统、中央空调系统、电安系统的设计、安装。

从业人员数（人）：3

销售额（万元）：2

资产总额（万元）：50

0245 兰州飞誉广告有限公司

注 册 地：兰州市西固区合水路 48 号

主营业务：广告平面设计、美术设计制作。

主要产品：广告。

从业人员数（人）：7

销售额（万元）：50

资产总额（万元）：25

0246 兰州昊泽装饰设计工程有限公司

注 册 地：兰州市西固区西固中路 446 号

主营业务：室内外装饰设计；广告设计、制作。

从业人员数（人）：2

销售额（万元）：2

资产总额（万元）：50

0247 春风广告装饰

注 册 地：兰州市西固区合水南路

主营业务：广告创意制作、代理等业务。

从业人员数（人）：6

销售额（万元）：15

资产总额（万元）：20

0248 甘肃惠易达电子商务有限公司

注 册 地：兰州市西固区怡安小区 6 号楼

主营业务：设计软件的功能和实现的算法和方法、软件的总体结构设计和模块设计、编程和调试、程序联调和测试以及编写、提交程序；软件开发。

从业人员数（人）：5

销售额（万元）：50

资产总额（万元）：100

0249 兰州明昊广告有限公司

注 册 地：兰州市西固区西固中路 108 楼

主营业务：广告设计、制作、发布、代理；室内外装饰设计；礼仪服务、会议会展服务。

主要产品：各类广告。

从业人员数（人）：2

销售额（万元）：2

资产总额（万元）：30

0250 兰州梦在天鹅湖文化传播有限公司

注 册 地：兰州市西固区 12 街区 A 区

主营业务：发布、设计、制作国内各类媒体广告；市场营销、企业策划、会议会展策划服务；婚庆、庆典礼仪咨询服务；汽车租赁服务；婚庆庆典用品销售。

主要产品：婚庆、婚庆庆典用品。

从业人员数（人）：5

销售额（万元）：2

资产总额（万元）：100

0251 兰州易明广告装饰部

注 册 地：兰州市西固区合水北路 3 号

主营业务：广告设计、制作，喷绘。

主要产品：广告、喷绘。

从业人员数（人）：5

销售额（万元）：18

资产总额（万元）：30

0252 兰州铭鑫广告图文部

注 册 地：兰州市西固区福利西路 124 号

主营业务：图文广告设计；平面设计，包括招贴设计，排版印刷。

主要产品：广告。

从业人员数（人）：7

销售额（万元）：50

资产总额（万元）：30

0253 兰州尚品墨艺图文设计有限责任公司

注 册 地：兰州市西固区

主营业务：广告设计、制作，平面设计。

从业人员数（人）：3

销售额（万元）：10

资产总额（万元）：10

简 介：兰州尚品墨艺图文设计有限责任公司成立于 2011 年 12 月 12 日，公司位于兰州市西固区庄浪西路 134 号 2 幢 7 层 474室，营业面积 83.61 平方米。主要经营广告设计制作、平面设计。

0254 兰州自由漫步网络技术有限责任公司

注 册 地：兰州市西固区西柳沟街道化工街61 号

主营业务：广告设计、制作、代理；会务会展服务、市场营销策划、计算机技术开发及服务；电子产品、计算机及配件、办公用品、办公设备、通讯器材、五金交电、日用品的批发零售。

主要产品：网站建设。

从业人员数（人）：2

销售额（万元）：2

资产总额（万元）：100

0255 兰州亮丽广告部

注 册 地：兰州市西固区西固巷 126 号

主营业务：广告平面设计、创意、美工、制作。

从业人员数（人）：5

销售额（万元）：15

资产总额（万元）：20

0256 兰州扬帆广告有限责任公司

注 册 地：兰州市西固区合水路 248 号

主营业务：图片、条幅、霓虹灯、灯箱、画册、产品说明书的设计、制作；代理、发布国内外媒体广告；家政服务。

从业人员数（人）：3

销售额（万元）：2

资产总额（万元）：50

0257 甘肃天初印务有限公司

注 册 地：兰州市西固区西固西路 36 号

主营业务：印刷；纸张、印刷材料、印刷机械、印机配件的批发零售；广告设计制作，标牌制作。

主要产品：印刷品。

从业人员数（人）：2

销售额（万元）：2

资产总额（万元）：200

0258 兰州金睿图广告部

注 册 地：兰州市西固区长业今典苑 1303

主营业务：广告设计、制作，喷绘。

从业人员数（人）：5

销售额（万元）：20

资产总额（万元）：30

0259 兰州金星广告有限公司

注 册 地：兰州市西固区公园路 47 号

主营业务：广告平面设计、创意、美工、制作。

从业人员数（人）：5

销售额（万元）：50

资产总额（万元）：50

0260 兰州雨莎装饰工程有限公司

注 册 地：兰州市西固区西固中路 1288 号

主营业务：室内外装饰、幕墙装饰、亮化装饰工程及设计、策划制作；水暖安装；广告设计、策划、制作、发布、代理。

从业人员数（人）：2

销售额（万元）：2

资产总额（万元）：50

0261 兰州恒之设计装饰有限公司

注　册　地：兰州市西固区西固巷 36 号

主营业务：室内外装饰设计、施工；国产进口装饰材料；广告制作；日用百货销售。

从业人员数（人）：2

销售额（万元）：2

资产总额（万元）：70

0262 甘肃奥蒂瑞文化传媒有限公司

注　册　地：兰州市西固区

主营业务：电脑图文设计制作；市场调研服务；摄影；会议会展服务；婚庆礼仪服务；家政服务（不含中介）；企业形象策划；赛事活动策划；商务信息咨询；企业管理咨询；计算机维修；计算机技术开发及咨询；摄影器材、玩具、音响设备及器材、文化办公用品、工艺品、电子产品、通讯设备及器材（以上两项不含卫星地面接收设施）、仪器仪表、机电设备及配件（不含汽车）、机械设备及配件、计算机软硬件及配件、建筑材料（不含木材）、装潢材料批发零售。

从业人员数（人）：7

销售额（万元）：200

资产总额（万元）：200

简　　介：甘肃奥蒂瑞文化传媒有限公司成立于 2013 年 10 月。现有人员 7 人，其中管理人员 1 人，专业技术人员 3 人，操作人员 3 人。本公司主营业务为文艺演出组织策划、舞美设计及实现、广告设计及施工、室内装修设计及施工等。

0263 兰光广告设计部

注　册　地：兰州市西固区

主营业务：广告设计服务。

从业人员数（人）：3

销售额（万元）：702

资产总额（万元）：14

0264 兰州艺之源广告装饰有限责任公司

注　册　地：兰州市西固区西固中路 116 号

主营业务：企业形象策划；广告设计、制作、代理；会议礼仪服务；装饰设计；装饰工程施工（凭资质证）；装饰材料的批发零售。

从业人员数（人）：2

销售额（万元）：2

资产总额（万元）：100

0265 兰州羽丰装潢有限公司

注　册　地：兰州市西固区西固建材市场 162 号

主营业务：室内外装潢工程；广告发布、制作；展会布置、铜牌及美术字制作；装潢材料、五金交电、化工产品（不含化学危险品）的销售。

主要产品：室内外装潢。

从业人员数（人）：3

销售额（万元）：2

资产总额（万元）：50

0266 甘肃天惠广告装饰印务有限公司

注　册　地：兰州市西固区庄浪东路兰炼 91 号

主营业务：广告平面设计、创意、美工、制作。

主要产品：广告。

从业人员数（人）：5

销售额（万元）：50

资产总额（万元）：200

0267 甘肃鸿安广告有限公司

注　册　地：兰州市西固区

主营业务：广告设计、制作。

销售额（万元）：30

资产总额（万元）：30

0268 兰州创意广告制作中心

注　册　地：兰州市西固区河口乡汗水村 6 号

主营业务：国内广告设计、制作。

主要产品：广告。

从业人员数（人）：5

销售额（万元）：7

资产总额（万元）：31

0269 兰州网众网络技术服务有限公司

注　册　地：兰州市西固区福利街道庄浪西路 596 号

主营业务：计算机软、硬件的设计开发、技术服务；广告设计与制作（限国内）。

主要产品：计算机软、硬件。

从业人员数（人）：2

销售额（万元）：2

资产总额（万元）：100

0270 兰州紫晶网络科技有限公司

注　册　地：兰州市西固区河口乡八盘村

主营业务：软件开发。

主要产品：根据用户要求设计出软件系统或者系统中的软件部分。

从业人员数（人）：6

销售额（万元）：40

资产总额（万元）：30

0271 兰州新科逸辰电子科技有限责任公司

注　册　地：兰州市西固区

主营业务：软件的总体结构设计和模块设计、编程和调试、程序联调和测试以及编写、提交程序；软件开发。

销售额（万元）：30

资产总额（万元）：15

0272 兰州谊美广告传媒有限公司

注　册　地：兰州市西固区新城乡城子村 347 号

主营业务：国内广告设计、制作；企业营销策划；企业营销信息咨询；会议会展服务；室内外装饰装修。

从业人员数（人）：13

销售额（万元）：64

资产总额（万元）：410

0273 兰州嘉和广告有限公司

注　册　地：兰州市西固区先锋路街道先锋路 47 号

主营业务：代理各类广告；电脑图文设计；画册、折页、海报、手提袋、挂历、产品包装、各种彩色印刷品设计；路牌、楼体、灯箱、墙体、霓虹灯的创意、设计；发布广告策划、公关活动策划、促销活动策划、庆典活动策划；日用百货、电子产品（不含卫星地面接收设施）、床上用品、玩具、工艺品的销售。

主要产品：画册、折页、海报、手提袋、挂历、产品包装、各种彩色印刷品。

从业人员数（人）：3

销售额（万元）：2

资产总额（万元）：5

0274 品味广告装饰

注　册　地：兰州市先锋路

主营业务：广告设计、企业文化、广告字牌、标牌展板。

从业人员数（人）：2

销售额（万元）：5

资产总额（万元）：16

0275 甘肃盛世龙腾文化传播有限公司

注　册　地：兰州市安宁区沙井驿街道南坡坪

主营业务：设计、制作、代理、发布国内各类广告（不含国家限制广告）；影视广告设计、企业形象设计及策划、商务公关活动、模特礼仪、品牌推广、大型文体活动的媒体宣传及推广（不含演出）；影视动画设计、动漫产品开发；商务会议会展咨询服务、商标设计咨询服务；文化产业园项目的开发及推广。

0276 甘肃龢声文化传媒股份有限公司

注 册 地：兰州市安宁区安宁西路 555 号

主营业务：影视制作；文化艺术活动的组织、策划；企业形象策划；广告制作、发布；摄影摄像服务；园林绿化服务；花卉种植；体育活动的组织、策划；体育器材、办公家具、服装的批发零售；文化教育活动的策划、宣传；场地、房屋、设备租赁。

主要产品：《阿米走步》《大地湾》《尼玛·可可西里》。

0277 兰州公交广告有限公司

注 册 地：兰州市安宁区北滨河中路 1270 号

主营业务：设计、制作、发布、代理国内各类广告。

0278 甘肃嘉艺创想印刷设计有限公司

注 册 地：兰州市安宁区

主营业务：电脑图文设计。

从业人员数（人）：8

销售额（万元）：120

资产总额（万元）：80

0279 甘肃金典装饰工程有限公司

注 册 地：兰州市安宁区

主营业务：装饰工程设计。

从业人员数（人）：2

销售额（万元）：23

资产总额（万元）：300

0280 兰州恒峰广告有限公司

注 册 地：兰州市安宁区

主营业务：广告设计、制作。

主要产品：各种室内外广告。

从业人员数（人）：2

销售额（万元）：10

资产总额（万元）：10

0281 甘肃冠名文化传播有限公司

注 册 地：兰州市安宁区

主营业务：文化交流、会展服务、广告制作。

从业人员数（人）：7

销售额（万元）：20

资产总额（万元）：15

0282 兰州师泉文化传播有限责任公司

注 册 地：兰州市安宁区

主营业务：广告业。

从业人员数（人）：2

销售额（万元）：31

资产总额（万元）：12

0283 甘肃今拓文化传媒有限公司

注 册 地：兰州市安宁区

主营业务：广告设计、制作。

从业人员数（人）：6

销售额（万元）：50

资产总额（万元）：120

0284 兰州穆文广告印刷有限公司

注 册 地：兰州市安宁区

主营业务：广告设计。

从业人员数（人）：12

销售额（万元）：438

资产总额（万元）：350

0285 兰州艺成文化传播有限公司

注　册　地：兰州市安宁区
主营业务：广告业。
从业人员数（人）：3
销售额（万元）：95
资产总额（万元）：13

0286 兰州新知视觉广告有限责任公司

注　册　地：兰州市安宁区
主营业务：广告设计。
从业人员数（人）：5
销售额（万元）：18
资产总额（万元）：50

0287 兰州影象文化传播有限公司

注　册　地：兰州市安宁区
主营业务：广告设计、制作。
从业人员数（人）：2
销售额（万元）：18
资产总额（万元）：3

0288 兰州华夏未来科技有限公司

注　册　地：兰州市安宁区
主营业务：软件开发、教育咨询、会务服务。
从业人员数（人）：2
销售额（万元）：73
资产总额（万元）：102

0289 兰州维美达广告有限责任公司

注　册　地：兰州市安宁区
主营业务：广告业。
从业人员数（人）：9
销售额（万元）：63
资产总额（万元）：198

0290 兰州相约文化传播有限公司

注　册　地：兰州市安宁区
主营业务：广告业。
从业人员数（人）：2
销售额（万元）：2
资产总额（万元）：5

0291 兰州克力装饰服务联社

注　册　地：兰州市安宁区
主营业务：广告设计、制作。
从业人员数（人）：5
销售额（万元）：19
资产总额（万元）：10

0292 兰州瑞龙文化传播有限公司

注　册　地：兰州市安宁区
主营业务：广告设计、制作。
从业人员数（人）：10
销售额（万元）：30
资产总额（万元）：29

0293 甘肃合纵文化传播有限公司

注　册　地：兰州市安宁区
主营业务：广告设计。
从业人员数（人）：5
销售额（万元）：14
资产总额（万元）：35

0294 甘肃德帮工程装饰有限公司

注　册　地：兰州市安宁区
主营业务：室内装饰设计。
从业人员数（人）：3
销售额（万元）：30
资产总额（万元）：200

0295 兰州磐石昊业装饰设计工程有限公司

注　册　地：兰州市安宁区
主营业务：装饰设计。

从业人员数（人）：6

销售额（万元）：170

资产总额（万元）：15

0296 兰州浩创信息科技有限公司

注 册 地：兰州市安宁区

主营业务：软件开发。

从业人员数（人）：6

销售额（万元）：15

资产总额（万元）：188

0297 兰州德昌泰信息科技有限公司

注 册 地：兰州市安宁区

主营业务：软件开发。

从业人员数（人）：7

销售额（万元）：160

资产总额（万元）：80

0298 兰州天禾神龙广告装饰有限公司

注 册 地：兰州市安宁区

主营业务：广告设计、制作。

从业人员数（人）：3

销售额（万元）：26

资产总额（万元）：70

0299 甘肃视通文化科技有限公司

注 册 地：兰州市安宁区

主营业务：动漫设计。

从业人员数（人）：10

销售额（万元）：1

资产总额（万元）：11

0300 兰州梵山永道品牌设计有限公司

注 册 地：兰州市安宁区

主营业务：广告设计。

从业人员数（人）：2

销售额（万元）：4217

资产总额（万元）：3000

0301 兰州精彩之星装饰设计有限公司

注 册 地：兰州市安宁区

主营业务：室内外装饰设计。

从业人员数（人）：42

销售额（万元）：155

资产总额（万元）：321

0302 兰州美峰广告设计有限责任公司

注 册 地：兰州市安宁区

主营业务：广告设计、制作。

从业人员数（人）：4

销售额（万元）：31

资产总额（万元）：35

0303 兰州胜海广告工程有限责任公司

注 册 地：兰州市安宁区

主营业务：国内各类广告设计、制作、代理与发布。

从业人员数（人）：10

销售额（万元）：20

资产总额（万元）：30

0304 兰州盛豪广告设计有限公司

注 册 地：兰州市安宁区

主营业务：广告设计、制作、发布。

从业人员数（人）：10

销售额（万元）：300

资产总额（万元）：100

0305 兰州优尼斯凯文化传播有限公司

注 册 地：兰州市安宁区

主营业务：广告设计、制作、发布。

从业人员数（人）：8

销售额（万元）：119

资产总额（万元）：288

0306 兰州天艺广告有限公司

注　册　地：兰州市安宁区

主营业务：广告设计、制作、发布。

从业人员数（人）：19

销售额（万元）：58

资产总额（万元）：270

0307 兰州唯美经典文化传播有限责任公司

注　册　地：兰州市安宁区

主营业务：广告设计、制作。

从业人员数（人）：3

销售额（万元）：3

资产总额（万元）：29

0308 甘肃荣辉文化信息有限公司

注　册　地：兰州市安宁区

主营业务：广告设计制作、会议会展服务。

从业人员数（人）：2

销售额（万元）：1

资产总额（万元）：5

0309 兰州新风速文化传播有限公司

注　册　地：兰州市安宁区

主营业务：广告设计、制作。

从业人员数（人）：2

销售额（万元）：22.5

0310 兰州创思科技有限公司

注　册　地：兰州市安宁区

主营业务：计算机软件设计、手机软件设计。

从业人员数（人）：5

销售额（万元）：9

资产总额（万元）：15

0311 兰州永才涂装有限公司

注　册　地：兰州市安宁区

主营业务：室内外装修设计。

从业人员数（人）：2

销售额（万元）：3

资产总额（万元）：47

0312 甘肃风尚文化传媒有限责任公司

注　册　地：兰州市安宁区

主营业务：摄影服务、文艺创作、广告制作。

从业人员数（人）：15

销售额（万元）：22

资产总额（万元）：5

0313 兰州易生活文化传媒有限公司

注　册　地：兰州市安宁区

主营业务：广告设计、制作、发布。

从业人员数（人）：5

销售额（万元）：8

资产总额（万元）：50

0314 兰州交通大学科技园有限责任公司

注　册　地：兰州市安宁区

主营业务：技术研发、文化创意。

从业人员数（人）：21

销售额（万元）：160

资产总额（万元）：1000

0315 兰州励戈文化传播有限公司

注　册　地：兰州市安宁区

主营业务：广告设计、制作。

从业人员数（人）：3

销售额（万元）：40

资产总额（万元）：21

0316 甘肃天邦装饰工程有限公司

注　册　地：兰州市安宁区

主营业务：室内外装饰设计。

从业人员数（人）：3
销售额（万元）：23
资产总额（万元）：500

0317 兰州哥特装饰工程有限公司

注　册　地：兰州市安宁区
主营业务：室内外装饰设计。
从业人员数（人）：7
销售额（万元）：13
资产总额（万元）：24

0318 兰州家佳美装饰设计部

注　册　地：兰州市安宁区
主营业务：室内外装修设计。
从业人员数（人）：12
销售额（万元）：900
资产总额（万元）：14

0319 甘肃微生活网络科技有限公司

注　册　地：兰州市安宁区
主营业务：计算机软硬件开发、广告制作。
从业人员数（人）：5
销售额（万元）：30
资产总额（万元）：23

0320 甘肃天马卓越文化传播有限公司

注　册　地：兰州市安宁区
主营业务：广告设计、制作。
从业人员数（人）：3
销售额（万元）：16
资产总额（万元）：73

0321 甘肃熹和文化艺术有限公司

注　册　地：兰州市安宁区
主营业务：广告设计、制作。
从业人员数（人）：5
销售额（万元）：3

资产总额（万元）：12

0322 兰州博忆广告有限责任公司

注　册　地：兰州市安宁区
主营业务：广告设计、制作。
从业人员数（人）：6
销售额（万元）：12
资产总额（万元）：11

0323 兰州雅士装饰工程有限公司

注　册　地：兰州市安宁区
主营业务：室内装饰设计。
从业人员数（人）：2
销售额（万元）：30
资产总额（万元）：50

0324 兰州思仪羨美装饰有限责任公司

注　册　地：兰州市安宁区
主营业务：广告设计。
从业人员数（人）：4
销售额（万元）：21
资产总额（万元）：45

0325 甘肃维度文化传媒有限公司

注　册　地：兰州市安宁区
主营业务：广告设计。
从业人员数（人）：10
销售额（万元）：3
资产总额（万元）：6

0326 甘肃艺象装饰工程有限公司

注　册　地：兰州市安宁区
主营业务：室内外装饰设计。
从业人员数（人）：37
销售额（万元）：124.7
资产总额（万元）：255.1

0327 兰州尺度装饰工程有限公司

注　册　地：兰州市安宁区

主营业务：室内外装饰设计。

从业人员数（人）：7

销售额（万元）：21

资产总额（万元）：25

0328 甘肃浩海装饰工程有限公司

注　册　地：兰州市安宁区

主营业务：广告设计、制作。

从业人员数（人）：6

销售额（万元）：25

资产总额（万元）：15

0329 甘肃首显文化科技产业发展有限公司

注　册　地：兰州市安宁区

主营业务：文化艺术品开发。

从业人员数（人）：10

销售额（万元）：30

资产总额（万元）：200

0330 兰州君泽图文科技有限公司

注　册　地：兰州市安宁区

主营业务：图文制作。

从业人员数（人）：9

销售额（万元）：60

资产总额（万元）：220

0331 甘肃御居装饰设计有限公司

注　册　地：兰州市安宁区

主营业务：广告设计。

从业人员数（人）：10

销售额（万元）：148

资产总额（万元）：85

0332 兰州宇豪广告装饰工程有限责任公司

注　册　地：兰州市安宁区

主营业务：广告设计制作。

从业人员数（人）：6

销售额（万元）：100

资产总额（万元）：10

0333 兰州同一图文制作有限公司

注　册　地：兰州市安宁区

主营业务：图文制作。

从业人员数（人）：5

销售额（万元）：30

资产总额（万元）：120

0334 兰州凯悦文化传播有限责任公司

注　册　地：兰州市安宁区

主营业务：广告设计、制作。

从业人员数（人）：5

销售额（万元）：29

资产总额（万元）：190

0335 兰州盛豪装饰设计有限公司

注　册　地：兰州市安宁区

主营业务：广告设计。

从业人员数（人）：8

销售额（万元）：26

资产总额（万元）：90

0336 甘肃盛典视觉形象设计有限公司

注　册　地：兰州市安宁区

主营业务：企业形象设计。

从业人员数（人）：3

销售额（万元）：23

资产总额（万元）：100

0337 甘肃金典文化创意有限公司

注 册 地：兰州市安宁区
主营业务：广告平面设计。
从业人员数（人）：26
销售额（万元）：29
资产总额（万元）：565

0338 兰州红盛装饰工程有限公司

注 册 地：兰州市安宁区
主营业务：室内外装饰设计。
从业人员数（人）：25
销售额（万元）：75
资产总额（万元）：81

0339 甘肃乐创网络科技有限公司

注 册 地：兰州市安宁区
主营业务：计算机软、硬件开发。
从业人员数（人）：5
销售额（万元）：15
资产总额（万元）：10

0340 兰州红霞装饰工程有限责任公司

注 册 地：兰州市安宁区
主营业务：室内外装饰设计。
从业人员数（人）：4
销售额（万元）：17
资产总额（万元）：50

0341 兰州逸科信息技术有限公司

注 册 地：兰州市安宁区
主营业务：软件设计。
从业人员数（人）：6
销售额（万元）：12
资产总额（万元）：50

0342 兰州海红文化传播有限公司

注 册 地：兰州市红古区

主营业务：广告设计策划。
从业人员数（人）：12
销售额（万元）：111
资产总额（万元）：222

0343 兰州富安装饰工程有限公司

注 册 地：兰州市红古区
主营业务：室内装饰设计。
从业人员数（人）：20
销售额（万元）：124
资产总额（万元）：222

0344 兰州祥宝建筑装饰工程有限公司

注 册 地：兰州市红古区
主营业务：室内外装饰设计。
从业人员数（人）：22
销售额（万元）：150
资产总额（万元）：280
简　　介：这是一家融设计与施工为一体的专业化装饰、装修、装潢企业。公司拥有雄厚的经济实力，先进的管理模式，优秀的设计团队，精湛的施工队伍，力争打造兰州装饰行业一流服务体系。

0345 兰州凯鸿装饰材料有限公司

注 册 地：兰州市红古区
主营业务：室内装潢设计。
从业人员数（人）：32
销售额（万元）：100
资产总额（万元）：150

0346 兰州汉林文化传播有限公司

注 册 地：兰州市红古区
主营业务：房地产 3D 建筑动画；广告策划设计。
从业人员数（人）：20
销售额（万元）：120

资产总额（万元）：225

简　　介：汉林是一家很有影响力的大型综合性公司。公司主要从事各类房地产 3D 建筑动画浏览制作、平面设计、多媒体交互设计等服务，业务面向政府、教育、企事业单位等众多领域。

0347　兰州春胜文化传媒有限公司

注　册　地：兰州市红古区

主营业务：广告创意设计。

从业人员数（人）：22

销售额（万元）：120

资产总额（万元）：260

0348　兰州雅高华洋装饰工程有限公司

注　册　地：兰州市红古区

主营业务：室内外装饰设计。

从业人员数（人）：22

销售额（万元）：80

资产总额（万元）：111

简　　介：雅高华洋是综合性高端精品装修装饰与集成家居的专业品牌。以《建筑装饰装修工程质量验收规范 GB50210-2001》为装修执行标准，帮助每一位用户实现了更人性、更健康的生活居住环境。其出类拔萃的品质及体贴入微的设计，为人们享受更高品质的生活、拥有居住健康舒适环境，作出了杰出贡献。

0349　兰州奇诺装饰工程有限责任公司

注　册　地：兰州市红古区

主营业务：室内装饰设计。

从业人员数（人）：28

销售额（万元）：150

资产总额（万元）：206

简　　介：公司成立于 2000 年，是一家从事专业设计的装饰公司。它凭借超前的设计、精心的施工，优秀的设计团队，优秀的江苏施工团队，多年来塑造了一个个精品工程，取得了客户的高度评价和信任，也为企业赢得了荣誉。

0350　甘肃大众广告有限公司

注　册　地：兰州市红古区

主营业务：广告策划设计。

从业人员数（人）：20

销售额（万元）：100

资产总额（万元）：220

0351　兰州信昌园林苗木绿化工程有限责任公司

注　册　地：兰州市红古区

主营业务：园林绿化设计与施工。

从业人员数（人）：40

销售额（万元）：300

资产总额（万元）：400

简　　介：专业技术人员素质高，施工力量雄厚，在兰州享有盛誉。已取得国家城市园林绿化资质；取得城乡规划编制资质；取得风景园林工程设计资质。近年来，先后承揽了城市园林绿化、道路及河道景观、学校及工矿企业区绿化、居住区绿化、公园建设与改造等工程建设项目。

0352　兰州吉福装饰设计服务中心

注　册　地：兰州市红古区

主营业务：室内装饰设计。

从业人员数（人）：20

销售额（万元）：165

资产总额（万元）：300

0353　兰州亿杰印务有限公司

注　册　地：兰州市红古区

主营业务：广告制造、设计。

从业人员数（人）：12
销售额（万元）：111
资产总额（万元）：225

0354　甘肃新怡装饰工程有限公司

注　册　地：兰州市红古区
主营业务：室内外装饰设计。
从业人员数（人）：22
销售额（万元）：100
资产总额（万元）：260

0355　兰州禾沐装饰工程有限公司

注　册　地：兰州市红古区
主营业务：室内装饰设计。
从业人员数（人）：22
销售额（万元）：80
资产总额（万元）：120

0356　甘肃远达通信工程有限公司

注　册　地：兰州市红古区
主营业务：广告策划、设计。
从业人员数（人）：22
销售额（万元）：111
资产总额（万元）：351

0357　甘肃润宇园林绿化有限公司

注　册　地：兰州市红古区
主营业务：广告策划、设计。
从业人员数（人）：35
销售额（万元）：225
资产总额（万元）：411

0358　兰州国化广告有限公司

注　册　地：兰州市红古区
主营业务：广告策划、设计。
从业人员数（人）：12
销售额（万元）：80

资产总额（万元）：95

0359　兰州悦顺装饰有限责任公司

注　册　地：兰州市红古区
主营业务：室内外装饰设计。
从业人员数（人）：25
销售额（万元）：111
资产总额（万元）：235
简　　　介：始终坚持以"客户为导向"，以客户需求与客户满意为核心，不断努力提升客户的消费价值，为其提供个性化的家居产品和专业服务。不断提升设计、施工及服务质量。多年来，持续稳定发展，目前已成为装饰行业的知名大型装饰企业，装饰行业质量、服务、诚信的标兵，装饰行业的领军企业。

0360　兰州哥仨广告公司

注　册　地：兰州市红古区
主营业务：广告设计、策划。
从业人员数（人）：12
销售额（万元）：111
资产总额（万元）：222

0361　兰州宏图文化传播有限公司

注　册　地：兰州市红古区
主营业务：广告策划、设计。
从业人员数（人）：30
销售额（万元）：210
资产总额（万元）：320

0362　兰州蓝俞办公用品销售中心

注　册　地：兰州市红古区
主营业务：广告策划、设计。
从业人员数（人）：22
销售额（万元）：80
资产总额（万元）：120

0363 兰州鑫龙马商贸有限公司

注 册 地：兰州市红古区
主营业务：广告策划、设计。
从业人员数（人）：20
销售额（万元）：88
资产总额（万元）：113

0364 兰州大唐广告装饰设计中心

注 册 地：兰州市红古区
主营业务：广告策划、设计。
从业人员数（人）：30
销售额（万元）：120
资产总额（万元）：225

0365 甘肃毅豪商贸有限公司

注 册 地：兰州市红古区
主营业务：广告策划、设计。
从业人员数（人）：12
销售额（万元）：70
资产总额（万元）：120

0366 甘肃金盛达智能科技有限公司

注 册 地：兰州市红古区
主营业务：广告设计、策划。
从业人员数（人）：12
销售额（万元）：111
资产总额（万元）：121

0367 兰州九间装饰设计有限责任公司

注 册 地：兰州市红古区
主营业务：室内外装饰设计。
从业人员数（人）：22
销售额（万元）：98
资产总额（万元）：150

0368 兰州龙马广告营销策划有限公司

注 册 地：兰州市红古区

主营业务：广告策划与设计。
从业人员数（人）：32
销售额（万元）：200
资产总额（万元）：380

0369 兰州海奥广告有限公司

注 册 地：兰州市红古区
主营业务：广告策划、设计。
从业人员数（人）：12
销售额（万元）：80
资产总额（万元）：111

0370 兰州森拓装饰有限公司

注 册 地：兰州市红古区
主营业务：广告策划、设计。
从业人员数（人）：15
销售额（万元）：80
资产总额（万元）：111

0371 兰州市黄河园林绿化工程有限公司

注 册 地：兰州市红古区
主营业务：园林绿化设计。
从业人员数（人）：44
销售额（万元）：222
资产总额（万元）：301
简　　介：公司遵旨为尊重每一寸土地，并从中寻求艺术性、社会性、生态性的高度融合。设计的魅力在于不断为每一位客户创造高品质的环境体验，为每一个作品注入新鲜的理念和创意，让设计服务能够超越客户的期望，实现商业价值与自然环境的和谐平衡。

0372 兰州盛逸阁建筑装饰设计工程有限公司

注 册 地：兰州市红古区
主营业务：室内装饰设计。

从业人员数（人）：40

销售额（万元）：264

资产总额（万元）：412

简　　介：盛逸阁是一家专业从事商业空间设计、工程施工、材料供应、配饰搭配、产品销售及售后服务的大型综合性装饰设计工程公司。公司是由多位业内资深设计师及专业工程管理人员组建而成，凭借多年的商业空间领域设计、施工及项目运营经验，陆续承接了各类商业空间领域的装修，业务范围涵盖写字楼、商场、医院、学校、酒店、厂房、商铺、专卖店……

0373　兰州红古正兴广告装饰部

注 册 地：兰州市红古区

主营业务：广告策划、设计。

从业人员数（人）：20

销售额（万元）：112

资产总额（万元）：281

0374　兰州庄丰平文化广告有限公司

注 册 地：兰州市红古区

主营业务：广告策划、设计。

从业人员数（人）：12

销售额（万元）：111

资产总额（万元）：225

0375　兰州万动商贸有限公司

注 册 地：兰州市红古区

主营业务：广告策划、设计。

从业人员数（人）：12

销售额（万元）：1100

资产总额（万元）：108

简　　介：万动商贸是一家专业从事户外广告设计、制作、安装、代理、发布；工程广告围挡、地铁围挡、大型户外广告牌钢结构设计制作；高精度喷绘、户内外高速写真、

楼体亮化、展览展示、导向标识制作的广告企业。

0376　兰州真龙文化传媒有限公司

注 册 地：兰州市红古区

主营业务：广告策划、设计。

从业人员数（人）：12

销售额（万元）：80

资产总额（万元）：130

0377　兰州优一家装饰服务中心

注 册 地：兰州市红古区

主营业务：室内外装饰设计。

从业人员数（人）：12

销售额（万元）：80

资产总额（万元）：100

0378　甘肃瑞源建筑装饰工程有限公司

注 册 地：兰州市红古区

主营业务：室内装潢设计。

从业人员数（人）：35

销售额（万元）：200

资产总额（万元）：400

简　　介：瑞源是一家融设计与施工为一体的专业化装饰、装修、装潢企业。公司拥有雄厚的经济实力，先进的管理模式，优秀的设计团队，精湛的施工队伍，力争打造兰州装饰行业一流服务体系。

0379　兰州红古恒盛商贸有限公司

注 册 地：兰州市红古区

主营业务：企业形象设计。

从业人员数（人）：20

销售额（万元）：150

资产总额（万元）：205

0380 兰州容儿创意品牌设计有限公司

注　册　地：兰州市红古区

主营业务：广告策划设计。

从业人员数（人）：23

销售额（万元）：100

资产总额（万元）：210

0381 兰州新迷乐声网络科技有限公司

注　册　地：兰州市红古区

主营业务：网络技术的研究、开发。

从业人员数（人）：44

销售额（万元）：321

资产总额（万元）：440

0382 兰州艺阳园林有限公司

注　册　地：兰州市红古区

主营业务：园林设计。

从业人员数（人）：12

销售额（万元）：88

资产总额（万元）：91

0383 兰州宇辰装饰工程有限公司

注　册　地：兰州市红古区

主营业务：室内外装饰设计。

从业人员数（人）：33

销售额（万元）：166

资产总额（万元）：228

简　　介：公司在办公室、店面、办公写字楼、服装店、店铺、KTV、餐厅、酒店、酒吧、专卖店、饭店、售楼部、洗浴中心、美容会所等场所有丰富的工装经验。

0384 榆中环宇广告有限公司

注　册　地：兰州市榆中县

主营业务：图像、文字、色彩、版面、图形等表达广告的元素的设计。

主要产品：广告牌、标语、喷绘。

从业人员数（人）：15

销售额（万元）：98

资产总额（万元）：194

0385 榆中新煜广告部

注　册　地：兰州市榆中县城关镇太白东路33-10 号

主营业务：广告设计制作、广告材料日杂零售。

主要产品：吸塑字、钛金字、锦旗、牌匾、LED 显示屏。

从业人员数（人）：3

销售额（万元）：5

资产总额（万元）：9

0386 榆中鑫晟广告设计部

注　册　地：兰州市榆中县新营乡新营村中街

主营业务：广告设计与制作、打字复印、证件快照、图文设计、锦旗牌匾、刻字刻章、照片处理、收发传真。

主要产品：刻字、照片、喷绘、写真。

从业人员数（人）：3

销售额（万元）：3

资产总额（万元）：15

0387 榆中文萃广告部

注　册　地：兰州市榆中县城关镇太白东路24-8

主营业务：广告制作、牌匾加工。

主要产品：发光字、LED 显示屏、展板、展架等。

从业人员数（人）：2

销售额（万元）：6

资产总额（万元）：15

简　　介：榆中文萃广告部成立于 2011 年 6 月，我们秉着"团结、务实、创新、守信"的服务宗旨，凭借专业的服务，以及不断地勤奋努力，最终发展成为集户内外广告策划、设计、制作于一身的服务团体。

0388 榆中凯宏广告部

注　册　地：兰州市榆中县城关镇太白东路
33-15

主营业务：广告设计、耗材零售。

从业人员数（人）：2

销售额（万元）：6

资产总额（万元）：10

0389 榆中唯美广告装饰工作室

注　册　地：兰州市榆中县城关镇西关三区4
号店铺

主营业务：广告制作。

主要产品：校园文化宣传牌。

从业人员数（人）：2

销售额（万元）：10

资产总额（万元）：10

简　　　介：榆中唯美广告装饰工作室是一家
专门从事学校校园文化宣传牌设计和制作的
公司，创办于2014年6月，现工作室创办
资金为10万元，有配套的校园文化宣传牌
设计、制作设备，工作室运营情况良好。

0390 榆中春秋文印装潢经营部

注　册　地：兰州市榆中县城关镇兴隆路
77-1号

主营业务：广告装饰材料、办公用品、电脑
耗材零售；广告牌匾加工；打字复印服务。

从业人员数（人）：1

销售额（万元）：10

资产总额（万元）：20

简　　　介：榆中春秋文印装潢经营部成立于
2013年6月，以"灵感源于内心、眼光决定
未来，广告为体现产品精神"为理念，精准
定位、精确投放；以"诚信为先、稳健经营、
追逐时尚、力求卓越"为己任；开展广告设

计制作、广告工程承接（单立柱、户外巨幅
广告牌、楼宇广告牌、三面翻广告牌、广告
牌围墙等）等业务，真诚服务社会各界朋友。

0391 兰州金明木雕有限责任公司

注　册　地：兰州市榆中县

主营业务：微缩古建筑及木雕工艺。

主要产品：北京天坛祈年殿、天安门城楼、
黄鹤楼、嘉峪关城楼、上海龙华塔、西安钟
楼、兴隆山握桥、五泉山万源阁、永昌钟鼓
楼、兰州四合院、五泉山牌坊。

从业人员数（人）：35

销售额（万元）：19

资产总额（万元）：2000

简　　　介：兰州金明木雕有限责任公司成
立于2009年4月，位于榆中县城关镇南关
桥头东80米，现有厂房及展厅建筑面积共
1000平方米。2011年3月，榆中古建筑模
型制作技艺被列入第三批甘肃省非物质文化
遗产名录。公司代表作有"北京天坛祈年
殿""天安门城楼""黄鹤楼""西安钟楼""嘉
峪关城楼""山海关城楼""兴隆山握桥""兰
州民居"等。其作品各具特点，精巧又不乏
质朴，雄伟又不乏纤细，投放市场后，受到
极大欢迎。现部分作品陈列于西北民族大学、
榆中县政府、酒钢集团、金川公司及各大
酒店。

0392 榆中锦华伟印广告店

注　册　地：兰州市榆中县城关镇兴隆商业街B3-20 号

主营业务：广告设计、制作。

从业人员数（人）：2

销售额（万元）：3

0393 榆中智翔广告装饰店

注　册　地：兰州市榆中县城关工商所

主营业务：广告设计、制作与安装；广告材料零售；打字复印；喷绘、写真、条幅制作。

主要产品：条幅、写真、喷绘。

从业人员数（人）：2

销售额（万元）：10

资产总额（万元）：5

0394 榆中春秋广告中心

注　册　地：兰州市榆中县城关镇兴隆路77 号

主营业务：广告装饰材料销售、广告设计、制作、发布、代理；打字复印。

主要产品：广告。

从业人员数（人）：2

销售额（万元）：10

资产总额（万元）：30

0395 榆中腾达广告部

注　册　地：兰州市榆中县城关镇兴隆路156 号 301 室

主营业务：写真、喷绘；打字复印；设计户外广告；制作、安装牌匾等。

主要产品：写真、喷绘、标书装订、条幅、彩页、广告字等。

从业人员数（人）：3

销售额（万元）：8

资产总额（万元）：20

简　　　介：榆中腾达广告部是融设计、制作、装订、安装为一体的专业化广告服务商，专业从事写真喷绘、户内外广告制作项目。公司拥有压电机、条幅机、彩色打印机、钉角机、覆膜机、刻字机、裁纸机、装订机等。公司拥有一支专业化的服务团队，提供 24 小时服务，能够高效率的完成工作，并负责取送安装。我们用良好的信誉，为广大客户提供优质、高效、专业的服务。

0396 榆中创鑫时代广告制作经营部

注　册　地：兰州市来紫堡乡桑园子村兴隆工业园

主营业务：广告制作。

主要产品：发光字、灯箱、广告标识。

从业人员数（人）：10

销售额（万元）：5

资产总额（万元）：50

简　　　介：该经营部在专业灯箱制作；彩钢扣板、交通设施和电子显示屏等加工定制方面成绩较为突出。本部以优惠的价格，便捷的合作方式，以"诚信立企"为经营理念，服务于广大客户。

0397 兰州多艺广告标识加工厂

注　册　地：兰州市榆中县来紫堡乡方家泉村44 号

主营业务：广告牌设计、制作；广告材料销售。

主要产品：吸塑字，超薄灯箱，大喷，雕刻。

从业人员数（人）：10

销售额（万元）：30

资产总额（万元）：100

简　　　介：兰州多艺广告标识加工厂成立于 2004 年 6 月 12 日，公司始终本着"微笑服务、顾客至上"的原则，以"珍视信誉、创造价值"为经营宗旨，赢得了客户的信赖。

0398 榆中佳艺广告部

注　册　地：兰州市榆中县

主营业务：室内外广告设计、制作与安装；庆典活动、打字复印等。

从业人员数（人）：5

销售额（万元）：20

资产总额（万元）：100

简　　介：榆中佳艺广告部成立于2002年，主要经营广告材料、室内外广告设计、制作与安装；庆典活动及打字服务，现有多年工作经验。该部本着"诚信务实，服务大众"的理念，坚持"以质量求生存，以市场谋发展"，服务于广大客户。

0399 榆中玉龙广告经营部

注　册　地：兰州市榆中县太北东路33-2号

主营业务：广告设计、制作、安装；广告设备租赁等。

从业人员数（人）：2

销售额（万元）：3

资产总额（万元）：5

简　　介：榆中玉龙广告经营部成立于2013年11月8日，自成立以来，其以诚信为本的经营理念服务于广大客户！以质量求生存，以市场谋发展，竭诚服务于广大群众，深受顾客好评。

0400 兰州旭鑫广告有限公司

注　册　地：兰州市榆中县城关镇政府路防疫站家属楼

主营业务：广告材料销售；广告设计、制作、代理、策划、发布（国家禁止及须取得专项许可证的项目除外）；室内外装修（凭资质证经营）；广告材料销售。

主要产品：冲孔字、吸塑字、不锈钢包边字、迷你字、水晶字；大型户外广告牌。

从业人员数（人）：20

销售额（万元）：400

资产总额（万元）：500

简　　介：兰州旭鑫广告有限公司成立于2007年12月7日，至今已有11年的发展历史。我公司是一家融广告策划、设计、制作、代理、发布为一体，以城市景观亮化、大型广告工程施工、企业形象推广、城市营销策划以及国内外文化交流活动策划为主营业务的专业化、高科技文化创意制作企业。

0401 榆中蓝海广告部

注　册　地：兰州市榆中县

主营业务：打字、复印、广告制作。

主要产品：亚克力吸塑字、雕刻字、水晶字、钛金铁皮字、企业画册、彩页、不干胶、彩色名片证卡、霓虹灯。

从业人员数（人）：5

销售额（万元）：30

资产总额（万元）：50

简　　介：榆中蓝海广告部位于兰州市榆中县和平镇，主营打字复印、品牌设计、标志商标设计、平面广告设计、海报设计、包装设计、画册设计、DM单设计、标书装订等。公司秉承"顾客至上，锐意进取"的经营理念，坚持"客户第一"的原则，为广大客户提供优质的服务。

0402 甘肃科曼广告标语工程有限公司

注　册　地：兰州市榆中县

主营业务：广告设计、制作。

从业人员数（人）：8

销售额（万元）：98

资产总额（万元）：114

0403 山西生活向导广告有限公司榆中分公司

注　册　地：兰州市榆中县

主营业务：广告设计、制作。

从业人员数（人）：10

销售额（万元）：19

资产总额（万元）：37

0404 兰州天之河广告策划有限公司

注　册　地：兰州市榆中县城关镇栖云北路421号

主营业务：广告设计、制作、发布；商务会务策划。

从业人员数（人）：3

销售额（万元）：8

资产总额（万元）：10

简　　介：兰州天之河广告策划有限公司是一家集广告设计、制作、发布；商务会务策划、企业形象和品牌推广于一身的综合性广告公司。公司竭诚希望与广大企业和商家共同合作，一起实现市场与品牌梦想。

0405 榆中佳苑广告部

注　册　地：兰州市榆中县

主营业务：广告设计与制作。

从业人员数（人）：4

销售额（万元）：6

资产总额（万元）：15

简　　介：榆中佳苑广告部是一家多元化的专业广告喷绘后期制作机构，以精准的工作流程，严格的质量服务管理，为客户创造价值。该部以真诚服务为基准，以质量求生存。目前已拥有专业设计技术人员及施工人员，以及精湛的施工技术，在标识牌匾设计、制作；广告制作代理；广告材料销售；LED灯亮化工程施工方面都做出了一定的成绩。

0406 榆中鑫海广告有限责任公司

注　册　地：兰州市榆中县城关镇环城西路家轩花苑2-20

主营业务：广告设计、制作、代理。

主要产品：商铺招牌、产品包装、条幅标语、灯箱、名片、户外墙体广告、拱门气球、喷绘写真、锦旗、铜牌奖牌、雕刻吸塑等。

从业人员数（人）：5

销售额（万元）：28

资产总额（万元）：15

0407 榆中鑫前程广告制作部

注　册　地：兰州市榆中县和平镇袁家营村148号

主营业务：广告设计、策划、制作、发布。

主要产品：户外写真、条幅、门牌、指示牌、标语牌、奖牌、水晶字、显示屏、超薄灯箱、室内外展板、各种展架、各种广告牌。

从业人员数（人）：8

销售额（万元）：25

资产总额（万元）：15

0408 榆中延胜广告部

注　册　地：兰州市榆中县城关镇文成路26号

主营业务：广告设计、喷绘、写真、打字复印。

主要产品：名片、PVC卡。

从业人员数（人）：5

销售额（万元）：10

资产总额（万元）：15

0409 兰州英达广告有限责任公司

注　册　地：兰州市榆中县城关镇兴隆路235号

主营业务：广告设计、制作、代理，广告材料批发零售。

从业人员数（人）：12

销售额（万元）：140

资产总额（万元）：160

简　　介：该公司成立于2007年，以"质量第一、信誉第一、用户至上"为服务宗旨，以"只有想不到、没有做不到、想到必做到、做到不骄傲"的企业精神为客户提供一流的服务。

0410 榆中海欧广告经营部

注 册 地：兰州市榆中县甘草店镇街道

主营业务：广告制作；文化用品、电子产品及耗材销售。

主要产品：企业宣传册、名片。

从业人员数（人）：3

销售额（万元）：15

资产总额（万元）：12

简　　介：榆中海欧广告经营部成立于2012年8月，它的前身是榆中县甘草海鸥广告经营部，于1997年注册经营。

0411 榆中蓝灵广告装饰有限公司

注 册 地：兰州市榆中县和平镇博文学院5-105

主营业务：广告设计、制作、发布。

从业人员数（人）：6

销售额（万元）：50

资产总额（万元）：25

简　　介：公司成立于2014年3月20日，从业人员6人。公司以创意先行，着力开展企业品牌形象策划和平面广告设计、制作、发布等配套服务。本公司专业制作：户外喷绘广告装饰、户外发布广告、户外写真宣传展板、机印条幅、吸塑灯箱、吸塑字、名片制作、LED屏、LED穿孔字、不锈钢宣传栏制作等。

0412 榆中创时广告设计有限公司

注 册 地：兰州市榆中县工商行政管理局

主营业务：广告设计、制作、发布；电脑耗材零售。

主要产品：海报、画册、户内外高清写真、喷绘、条幅等。

从业人员数（人）：5

销售额（万元）：6

资产总额（万元）：15

简　　介：榆中创时广告设计有限公司成立于2014年10月28日，是一家融创意广告设计、制作为一体的企业。本公司依靠雄厚的人力资源与丰富的设计经验，并以专业化为发展准则，竭诚为客户服务，取得了良好的经济效益和社会好评。尤其在为中小型客户量身打造不同方位、多层次的综合性专业服务方面有丰富的成功经验。

0413 兰州昊霖标识材料有限公司

注 册 地：兰州市榆中县工商行政管理局

主营业务：标识牌匾设计、制作；广告制作、代理；广告材料销售；LED灯亮化工程施工（凭资质证经营）。

主要产品：标识、发光字等。

从业人员数（人）：3

销售额（万元）：6

资产总额（万元）：50

简　　介：兰州昊霖标识材料有限公司专业制作广告标识、标牌，承接各类亮化工程，其拥有专业设计人员及施工人员，以及精湛的施工技术，与兰州万达、榆钢、电投均有合作，在标识牌匾设计、制作；广告制作、代理；LED灯亮化工程施工方面都做出了一定的成绩。

0414 榆中大家广告传媒中心

注 册 地：兰州市榆中县城关镇兴隆路277-1号

主营业务：广告制作与设计、装饰材料销售。

从业人员数（人）：1

销售额（万元）：10

资产总额（万元）：20

简　　介：榆中大家广告传媒中心成立于2012年3月，以"灵感源于内心、眼光决定未来，广告为体现产品精神"为理念，精准定位、精确投放；以"诚信为先、稳健经营、追逐时尚、力求卓越"为己任。

0415 榆中东城装饰材料经营部

注　册　地：兰州市榆中县城关镇政府路清真寺北一楼

主营业务：装饰材料、文化用品零售；广告制作。

从业人员数（人）：10

销售额（万元）：16

资产总额（万元）：3

简　　介：本部多年来一直追求着艺术设计与现实之间的自然和谐，主要服务于一些酒店、房地产、服装等企业。本部秉承"顾客至上，质量第一"的经营理念，坚持"客户第一"的原则，经过不断发展壮大，整合了强大的营销及制作团队，拥有坚实的客户资源基础，并具有专业的前期、后期制作设备和一支高素质的专业技术队伍。以专业化的实力、个性化的设计、人性化的服务为宗旨，以尽心尽力、尽善尽美的服务理念，不断得到客户的口誉及社会的好评。

0416 榆中宛川鸿印广告部

注　册　地：兰州市榆中县城关镇兴隆路269号

主营业务：广告耗材、办公用品批发兼零售；广告设计、打字复印、喷绘、写真。

主要产品：彩色名片、锦旗授带、铜牌铁字。

从业人员数（人）：1

销售额（万元）：10

资产总额（万元）：50

简　　介：榆中宛川鸿印广告部成立于2008年，公司始终本着"存好心、说好话、行好事、做好人"的做人准则，以"珍视信誉、

创造价值"为公司的经营宗旨，赢得了客户的信任和认可。

0417 榆中汪洋广告经营部

注　册　地：兰州市榆中县和平镇微乐大道250号

主营业务：广告、喷绘、写真、标牌、刻字、条幅制作等。

从业人员数（人）：3

销售额（万元）：8

资产总额（万元）：10

0418 榆中荣彩文化传媒有限公司

注　册　地：兰州市榆中县兴隆路191号

主营业务：广告设计、制作、发布（以上项目国家禁止及须取得专项审批的除外）；打字复印（凭许可证有效期经营）；文化用品批发、零售。

从业人员数（人）：5

销售额（万元）：50

资产总额（万元）：30

0419 榆中佰艺广告经营部

注　册　地：兰州市榆中县夏官营镇商业一条街

主营业务：广告设计、制作。

主要产品：条幅、海报、喷绘、展板、门头、易拉宝、发光字、不锈钢宣传栏。

从业人员数（人）：2

销售额（万元）：5

资产总额（万元）：8

0420 榆中新通顺广告中心

注　册　地：兰州市榆中县太白东路33-3号

主营业务：广告耗材批发兼零售；庆典服务；演出设备出租；广告制作、发布；打字复印。

主要产品：广告、演出设备。

从业人员数（人）：2

销售额（万元）：3

资产总额（万元）：7

0421 榆中伊诺广告经营部

注 册 地：兰州市榆中县城关镇栖云北路栖云小区 15 号

主营业务：广告制作；打字复印。

主要产品：发光字、普通门头。

从业人员数（人）：2

销售额（万元）：10

资产总额（万元）：20

0422 甘肃壹米传媒广告有限公司

注 册 地：兰州市榆中县

主营业务：广告设计、制作、代理、发布；广告信息咨询；承办展览展示活动；企业形象策划。

从业人员数（人）：3

销售额（万元）：3

资产总额（万元）：60

简　　介：甘肃壹米传媒广告有限公司成立于 2014 年 2 月 24 日，系渭南师范学院大学生创业创新项目。

0423 榆中县金兰装饰部

注 册 地：兰州市榆中县文成路 211-1 号

主营业务：写真喷绘、装饰材料、广告工艺品、镜框。

主要产品：写真、喷绘、彩页、海报、条幅、锦旗、彩旗、绶带、字牌、制度牌、胸牌、标牌、广告牌、楼牌、铜牌、铝牌、门牌号、门头、灯箱、金卡、银卡、贵宾卡、会员卡、胸卡、展板、X 展架、易拉宝、钛金字、铁皮字、水晶字、芙蓉字、发光字、LED 霓虹灯、显示屏等。

从业人员数（人）：4

销售额（万元）：8

资产总额（万元）：50

简　　介：榆中县金兰装饰部成立于 1998 年，是一家拥有高精度户外写真喷绘机、高精度雕刻机的平面广告机构。榆中县金兰装饰部技术先进、实力雄厚，在业界有良好的口碑。

0424 榆中顺通广告设备销售部

注 册 地：兰州市榆中县城关镇太白东路 151 号

主营业务：广告设备制作、加工；灯光音响、演出道具零售等。

主要产品：灯光音响、演出道具。

从业人员数（人）：2

销售额（万元）：5

资产总额（万元）：7.5

0425 榆中知音锁策划工作室

注 册 地：兰州市榆中县南关村玉桥嘉园 5# 商铺

主营业务：广告策划。

从业人员数（人）：1

销售额（万元）：1

资产总额（万元）：2

0426 榆中海欧广告制作部

注 册 地：兰州市榆中县城关镇太白西路 26-2 号

主营业务：广告制作，文化用品零售。

主要产品：名片、PVC 卡、打字、复印、彩打、司旗、吸塑、灯箱、牌匾。

从业人员数（人）：5

销售额（万元）：20

资产总额（万元）：15

0427 奥克广告设计部

注 册 地：兰州市榆中县城关镇太白东路 33-21 号

主营业务：霓虹灯制作；城市亮化工程、楼体亮化工程施工；广告设计、制作。

从业人员数（人）：2

销售额（万元）：10

资产总额（万元）：20

简　　介：奥克广告设计部成立于 2006 年，近几年来在县内及周边地区的霓虹灯制作、城市亮化工程、楼体亮化工程、广告设计、制作等方面做出了一定成绩，欢迎广大朋友合作交流。

0428　榆中博才广告制作部

注 册 地：兰州市榆中县资源环境学院对面向南 50 米

主营业务：广告设计、制作；荣誉证书、奖状销售。

从业人员数（人）：3

销售额（万元）：5

资产总额（万元）：8

0429　兰州铭源广告有限公司

注 册 地：兰州市榆中县

主营业务：广告制作、发布。

从业人员数（人）：6

销售额（万元）：65

资产总额（万元）：200

简　　介：兰州铭源广告有限公司成立于 2012 年，独家代理榆中县公交车广告发布及公交站牌广告发布业务，且具备承接大型户外广告、LED 显示屏亮化、灯箱、广告牌、单立柱制作的实力。公司设有市场部、设计部、工程部、维修部等。公司在不断发展壮大的过程中，云集了一批具有丰富经验的设计师及安装技术骨干人员，促使了公司不但能保证质量，更能追求完美。

0430　甘肃爱文亚广告有限公司

注 册 地：兰州市榆中县来紫堡乡大水洞村 257-1 号

主营业务：广告设计、制作、发布、代理；灯箱制作。

从业人员数（人）：2

销售额（万元）：5

资产总额（万元）：30

简　　介：甘肃爱文亚广告有限公司成立于 2014 年 10 月 15 日，主要经营广告设计、制作、发布、代理业务。公司本着热情服务、诚信立业的经营原则，自成立以来便保持着良好的信誉与口碑，服务于周边地区，深受好评。

0431　艺宝斋广告部

注 册 地：兰州市榆中县兴隆路 279 号

主营业务：广告耗材、喷绘、写真、条幅、奖牌、铜牌、锦旗、名片等制作；承接各种亮化工程。

从业人员数（人）：4

销售额（万元）：20

资产总额（万元）：40

0432　兰州鸿波广告装饰有限公司

注 册 地：兰州市榆中县城关镇兴隆路 44 号

主营业务：广告设计、制作、发布；室内外设计、装潢；广告材料、装饰材料、日用百货、通信器材、文化办公用品批发、零售。

主要产品：大型楼顶墙面广告牌、三面翻广告牌、广告字、彩色显示屏。

从业人员数（人）：6

销售额（万元）：100

资产总额（万元）：200

简　　介：兰州鸿波广告装饰有限公司成立于 2010 年 9 月。公司设有设计部、广告制作部、装饰工程部、办公财务部。为了更好的传播企业文化，展示企业形象，公司在榆中县城中心广场黄金位置设有介绍公司信息的户外媒体三面翻广告牌。目前，公司已于中国电信、皇台酒业、创维电视、比亚迪汽车等大型知名企业合作发布广告，取得了良好的传播效果，并得到了客户的高度评价和认可。公司装饰工程部为广大企事业单位和客户打造完美的室内外装修业务。设计部为客户精心设计各类平面广告及营销策划、装饰设计图纸、效果图、CAD制图等服务。

0433 榆中润艺广告牌有限公司

注 册 地：兰州市榆中县

主营业务：户外广告牌制作及安装。

从业人员数（人）：5

销售额（万元）：6

资产总额（万元）：16

简 　 介：榆中润艺广告牌有限公司专业从事户外广告牌设计、制作、安装等业务。公司拥有一支专业化的服务团队，提供24小时服务，能够高效率的完成客户交办的工作，并负责取送安装。公司以良好的信誉，为广大客户提供优质、高效、专业的服务。公司秉承"严谨、创新、准确、高效、诚信"的服务理念，坚持"客户至上、锐意进取"的服务原则，在行业中树立了良好的形象，赢得了诸多客户的信赖。

0434 榆中齐翔广告有限责任公司

注 册 地：兰州市榆中县夏官营

主营业务：视频广告设计、制作；户外视频广告发布；计算机软硬件开发。

从业人员数（人）：2

销售额（万元）：10

资产总额（万元）：20

简 　 介：榆中齐翔广告有限责任公司成立于2014年，是榆中县夏官营大学城唯一一家拥有户外全彩LED显示屏的专业广告公司。公司成立数年以来，为夏官营大学城各行业、各商家提供了一种全新的广告宣传平台，也为民大学校社团，社联的大型活动及兰州市部分品牌电脑商家和品牌手机商家提供了视频广告宣传，同时也为榆中县兴隆山旅游景点免费发布宣传广告。

0435 甘肃金凰伟业印刷有限公司

注 册 地：兰州市榆中县来紫堡乡方家泉村

主营业务：出版物、产品外包装及其他印刷品印刷。

主要产品：名片、彩色单页、出版物等。

从业人员数（人）：90

销售额（万元）：201

资产总额（万元）：3200

简 　 介：甘肃金凰伟业印刷有限公司是一家专业现代化的印刷企业，拥有高素质的专业印刷技术骨干和管理人才，以及先进的进口设备，适合现代世界印刷潮流。公司独有行业尖端的《FRC订单管理软件》《合版印务管理软件》和自主知识产权的《一起印订单管理平台》。公司颠覆了中国几十年来传统印刷的格局，实现了纯电子商务一站式服务，能一键搞定所有印刷前期的繁杂工作。公司先后从日本、德国进口成套设备，价值3000多万元。本公司现有员工90人，包括总经理1人，厂长2名，厂务人员10人，生产技术人员71人，物流人员6人。

0436 榆中旭光广告装饰部

注 册 地：兰州市榆中县城关镇太白路33-5号

主营业务：广告策划、设计、制作、代理、发布；牌匾制作；室内外装饰；打字复印。

从业人员数（人）：6

销售额（万元）：10

资产总额（万元）：30

简　　介：榆中旭光广告装饰部是一家融广告策划、设计、制作、代理、发布为一体，以城市景观亮化、大型广告工程施工、企业形象推广、城市营销策划以及国内外文化交流活动策划为主营业务的专业化、高科技文化创意制作企业。经过不断发展壮大，整合了强大的营销及制作团队，拥有坚实的客户资源基础，并具有专业的前期、后期制作设备和一支高素质的专业技术队伍。

0437　榆中鸿森广告有限公司

注　册　地：兰州市榆中县

主营业务：广告设计、制作。

主要产品：广告牌、标语、横幅。

从业人员数（人）：10

销售额（万元）：46

资产总额（万元）：76

0438　兰州远凡文化发展有限公司

注　册　地：兰州市榆中县和平镇袁家营42号

主营业务：文化艺术交流策划；企业管理咨询、商务信息咨询；会展服务；图文设计制作；设计、制作、代理、发布各类广告。

主要产品：广告。

从业人员数（人）：20

销售额（万元）：40

资产总额（万元）：50

简　　介：兰州远凡文化发展有限公司成立于2014年8月1日，坐落于兰州东部科技新城所在地和平镇，现有办公面积200平方米，团队成员20人，主要经营活动策划，广告设计、制作。强大的专业设计、制作团队为兰州市各大房地产商提供了优质的服务，也获得了高度评价。

0439　榆中中山喷绘广告部

注　册　地：兰州市榆中县太白东路

主营业务：设计、制作、代理国内各类广告。

从业人员数（人）：8

销售额（万元）：6

资产总额（万元）：11

简　　介：本部主要经营广告设计、制作、发布、代理。该广告公司本着热情服务、诚信立业的经营原则，自成立以来便保持着良好的信誉与口碑，服务于县区周边地区，深受客户好评。

0440　甘肃雅仕特广告有限公司

注　册　地：兰州市榆中县三角城乡丁官营村付家塔营

主营业务：广告材料销售、广告工程施工；建筑涂料、砂浆销售。

主要产品：广告工程。

从业人员数（人）：8

销售额（万元）：5

资产总额（万元）：360

简　　介：甘肃雅仕特广告有限公司前身为甘肃雅仕特建筑涂料有限公司，成立于2011年，于2014年变更为现名称，保留涂料、砂浆经营，现主要从事广告材料销售，广告工程施工。

0441　兰州德诚广达广告有限公司

注　册　地：兰州市皋兰县石洞镇一中巷5号

主营业务：广告设计、制作、发布、代理，室内装饰、装修的设计与施工。

从业人员数（人）：12

销售额（万元）：20

资产总额（万元）：50

0442　皋兰斐元广告设计制作中心

注　册　地：兰州市皋兰县石洞镇

主营业务：广告设计、制作、喷绘。

从业人员数（人）：7

销售额（万元）：180

资产总额（万元）：30

0443 皋兰沁园文化传播有限公司

注 册 地：兰州市皋兰县石洞镇

主营业务：广告设计、制作。

从业人员数（人）：5

销售额（万元）：16

资产总额（万元）：20

0444 永登县铭轩广告有限公司

注 册 地：兰州市永登县

主营业务：广告设计、制作、策划等。

从业人员数（人）：10

销售额（万元）：45

资产总额（万元）：89

0445 兰州艺海广告有限公司

注 册 地：兰州市永登县

主营业务：广告设计。

从业人员数（人）：13

销售额（万元）：75

资产总额（万元）：120

0446 兰州金易达广告有限公司

注 册 地：兰州市永登县

主营业务：广告业。

主要产品：喷绘、幕布。

从业人员数（人）：13

销售额（万元）：74

资产总额（万元）：103

0447 永登县祥瑞广告装饰材料有限公司

注 册 地：兰州市永登县

主营业务：广告制作、设计、策划等。

主要产品：广告。

从业人员数（人）：16

销售额（万元）：56

资产总额（万元）：96

0448 兰州辰信广告有限公司

注 册 地：兰州市永登县

主营业务：广告业。

主要产品：喷绘、幕布。

从业人员数（人）：13

销售额（万元）：76

资产总额（万元）：105

0449 兰州解码广告有限公司

注 册 地：兰州市永登县

主营业务：广告业。

主要产品：喷绘、幕布。

从业人员数（人）：12

销售额（万元）：72

资产总额（万元）：97

0450 永登红麦广告有限公司

注 册 地：兰州市永登县

主营业务：广告设计、制作等。

主要产品：广告。

从业人员数（人）：12

销售额（万元）：54

资产总额（万元）：86

0451 甘肃省云鼎天下文化传播有限公司

注 册 地：兰州市永登县

主营业务：广告设计、制作、策划等。

从业人员数（人）：16

销售额（万元）：50

资产总额（万元）：90

文化创意和艺术服务

0452 永登县雨林广告装饰工程有限公司

注 册 地：兰州市永登县

主营业务：广告设计、策划、制作等。

主要产品：广告。

从业人员数（人）：20

销售额（万元）：50

资产总额（万元）：110

0453 兰州概念广告有限公司

注 册 地：兰州市永登县

主营业务：广告业。

从业人员数（人）：12

销售额（万元）：72

资产总额（万元）：104

0454 兰州永和广告有限公司

注 册 地：兰州市永登县

主营业务：广告业。

从业人员数（人）：14

销售额（万元）：76

资产总额（万元）：100

0455 兰州天易广告有限责任公司

注 册 地：兰州市永登县

主营业务：广告业。

从业人员数（人）：14

销售额（万元）：78

资产总额（万元）：110

0456 永登县乐天广告有限公司

注 册 地：兰州市永登县

主营业务：广告业。

从业人员数（人）：12

销售额（万元）：72

资产总额（万元）：89

0457 兰州恒基广告有限公司

注 册 地：兰州市永登县

主营业务：广告设计。

从业人员数（人）：14

销售额（万元）：82

资产总额（万元）：124

0458 永登县原色广告传媒有限公司

注 册 地：兰州市永登县

主营业务：广告业。

从业人员数（人）：13

销售额（万元）：82

资产总额（万元）：100

0459 永登县艺博广告创意设计中心

注 册 地：兰州市永登县

主营业务：广告设计、制作等。

从业人员数（人）：13

销售额（万元）：57

资产总额（万元）：92

0460 永登县金蓝广告设计中心

注 册 地：兰州市永登县

主营业务：广告业。

从业人员数（人）：13

销售额（万元）：71

资产总额（万元）：92

0461 兰州百事得广告有限公司

注 册 地：兰州市永登县

主营业务：广告业。

从业人员数（人）：13

销售额（万元）：78

资产总额（万元）：110

0462 兰州代言人广告有限公司

注 册 地：兰州市永登县

主营业务：广告策划、设计、制作等。

从业人员数（人）：13

销售额（万元）：53

资产总额（万元）：95

0463 酒泉金饰广告装饰工程有限责任公司

注 册 地：酒泉市

主营业务：广告策划、广告设计、图文制作；地暖工程、装饰装修工程、外墙保温工程（凭资质证经营）施工；建筑材料的销售；金属围墙的加工。

主要产品：广告、地暖工程、外墙保温工程。

从业人员数（人）：3

销售额（万元）：20

资产总额（万元）：60

简　　介：酒泉金饰广告装饰工程有限责任公司是一家集广告策划、制作，地暖工程、外墙保温工程施工于一身的综合服务性广告装饰工程公司。公司成立于1996年，倡导宽松的工作环境，拥有先进、规范、人性化的管理模式。专业的广告制作，强大的技术实力，先进齐全的制作设备以及丰富的市场资源，使得我们更有实力和信心为企业和单位提供更优质，更高效的服务。

0464 酒泉市众通文化传媒有限责任公司

注 册 地：酒泉市

主营业务：文化艺术传培训、交流、策划；婚庆、庆典、会展服务；广告的设计、制作；商务咨询及策划；室内外装饰装修工程。

从业人员数（人）：2

销售额（万元）：6

资产总额（万元）：750

0465 酒泉市同城广告有限责任公司

注 册 地：酒泉市

主营业务：广告的设计、制作；广告材料的销售。

从业人员数（人）：6

销售额（万元）：2

资产总额（万元）：150

0466 酒泉市创美广告装饰有限公司

注 册 地：酒泉市工商局

主营业务：效果图、工程造价预算书、展板、铜字、铜牌、PVC字、水晶字、彩页、画册等设计、制作。

从业人员数（人）：3

销售额（万元）：18

资产总额（万元）：30

0467 酒泉市新视野广告有限责任公司

注 册 地：酒泉市

主营业务：全方位的广告营销策划、市场调研、促销活动；各种展览、展厅、展台、展板设计制作；大型户外广告牌、路牌灯箱广告、墙体广告设计、制作。

主要产品：展厅、展示柜、展示台、广告牌、灯箱等。

从业人员数（人）：5

销售额（万元）：300

资产总额（万元）：100

简　　介：酒泉市新视野广告有限责任公司成立于1997年，是一家集广告策划、设计、制作、代理、发布于一身的综合性广告公司。公司拥有精良的广告设计、制作设备以及富有创新理念的策划、设计团队和专业的工程制作队伍。可为客户提供全方位的广告策划、营销企划、平面设计、媒介代理、户外发布、展厅制作等服务。近几来成功为多家企业策划并实施了全方位的广告活动。在全国举办的各种展览会上，设计制作展厅并多次获奖。

0468 酒泉兰山文化传媒有限公司

注 册 地：酒泉市

主营业务：宣传策划；企业形象设计、电视平面设计及广告制作；电视广告、专题摄制；婚庆及家庭录像；DVD、VCD 刻录；网站、网页设计制作；平面、三维效果图制作；光盘封面设计。

主要产品：站台广告。

从业人员数（人）：1

销售额（万元）：3

资产总额（万元）：60

简　　介：酒泉兰山文化传媒有限公司成立于 2000 年 7 月，是酒泉地区首家广告媒体运营商，是酒泉市户外广告媒体行业中的一支极具创新和进取精神的生力军。公司建设了酒泉市东西大街的广告站台及售货亭等为美化城市建设的广告发布媒体，得到了广告客户的一致好评，方便了市民出行。

0469 酒泉广电新视界传媒公司

注 册 地：酒泉市

主营业务：发布、制作电视、广播、报纸、户外广告。

主要产品：电视广告。

从业人员数（人）：10

销售额（万元）：200

资产总额（万元）：50

0470 酒泉新鑫晨广告装饰工程有限公司

注 册 地：酒泉市肃州区

主营业务：室内外装修工程设计、施工；楼体亮化工程、监控安防工程、园林绿化工程、钢结构彩钢工程、市政工程、基础设施土方工程、楼宇智能综合管理系统安装工程的施工（以上经营范围以资质证书为准）；户外广告代理与发布；网站的设计、制作；广告牌制作；企业形象策划；展览展示、会务服务；装饰材料、五金建材、办公用品、电脑耗材的批发、零售。

从业人员数（人）：7

销售额（万元）：80

资产总额（万元）：35

简　　介：酒泉新鑫晨广告装饰工程有限公司于 2014 年 5 月 19 日经酒泉市工商局批准注册成立，前身为肃州区鑫晨广告装饰部。公司主要承接各类装饰工程的设计、施工，户外广告发布与代理，广告牌制作，企业会展服务及装饰材料、办公用品等销售。公司秉承"把握至高、永恒卓越"的企业精神和"质量第一、信誉至上"的经营理念，用微笑服务客户，用品质赢得信赖，通过不断创新的经营思路，使本公司逐步走向规范化、流程化、科学化。

0471 酒泉市三爱设计装饰有限责任公司

注 册 地：酒泉市肃州区

主营业务：商标设计；广告策划、制作；三维效果图、鸟瞰图、工程规划图设计。

主要产品：商标、三维效果图、鸟瞰图、工程规划图。

从业人员数（人）：2

资产总额（万元）：100

0472 酒泉市铭那广告策划传媒有限公司

注 册 地：酒泉市肃州区

主营业务：设计、制作路牌、灯箱、霓虹灯广告、印刷品、影视广告；图文处理；庆典服务；营销策划；广告发布。

从业人员数（人）：2
资产总额（万元）：1000

0473 酒泉市天郎广告文化传媒有限责任公司

注 册 地：酒泉市肃州区

主营业务：企业形象设计；广告策划、设计、制作、代理；网页制作；家政服务、礼仪庆典、信息咨询服务。

从业人员数（人）：2

资产总额（万元）：200

0474 酒泉敏锐广告印务有限责任公司

注 册 地：酒泉市肃州区

主营业务：印刷品印刷（凭有效期内印刷经营许可证经营）；设计、制作、代理、发布广告；复印；条幅、展板、铁艺的制作；多媒体制作；会展庆典服务；鲜花礼品、钢材、化工产品（不含危险化学品）、纺织品、服装、日用品、橡胶制品、管道配件、机械设备、五金交电、电子产品、车辆配件、仪器仪表、办公用品、劳保用品、日用杂品、纸制品的销售。

主要产品：印刷品。

从业人员数（人）：2

资产总额（万元）：200

0475 酒泉市艺林广告有限责任公司

注 册 地：酒泉市肃州区

主营业务：广告设计、代理、发布；信息中介服务；打字、复印；室内外设计、装璜（凭资质证经营）；计算机网络制作。

从业人员数（人）：2

资产总额（万元）：10

0476 酒泉市文鼎广告装饰策划有限公司

注 册 地：酒泉市肃州区

主营业务：广告的制作、设计、策划、代理、发布；标书装订、庆典咨询；室内装饰工程（凭资质证经营）施工；其他印刷品印刷；打字、复印。

主要产品：各类广告。

从业人员数（人）：2

资产总额（万元）：150

0477 酒泉太阳火广告有限责任公司

注 册 地：酒泉市新城区肃州路 32-13 号

主营业务：广告设计、策划、代理、制作、发布、展览展示；文化传播、培训、店庆服务；灯箱、各种牌匾的制作；工艺品、装饰材料、广告耗材的零售。

主要产品：大型户外广告投资运营。

从业人员数（人）：5

销售额（万元）：150

资产总额（万元）：600

简　　介：酒泉太阳火广告有限责任公司自2007 年 2 月成立以来，经过十几年的潜心历练，已成为以大型户外广告投资运营，整合策划为主的专业化、综合性的广告公司，是集媒体宣传、活动推广、交易促进、营销策划于一身的多元化行业营销服务提供商。

0478 酒泉市酒嘉周刊广告有限公司

注 册 地：酒泉市肃州区宝泉西路 1 号

主营业务：DM 广告、户外广告、媒体广告、LED 广告、互联网广告策划、设计、制作、发布。

从业人员数（人）：5

销售额（万元）：100

资产总额（万元）：150

0479 酒泉市兰山广告中心

注 册 地：酒泉市肃州区雄关路 8 号

主营业务：各类广告（不含影视、广播、报

纸、印刷品广告）、商标装潢设计、制作。

主要产品：广告。

从业人员数（人）：5

销售额（万元）：100

资产总额（万元）：50

0480 甘肃红柳广告文化传媒有限责任公司

注 册 地：酒泉市肃州区金泉南路 13 号

主营业务：设计、制作、发布、代理各类广告；印刷品印刷（仅限分支机构经营）。

从业人员数（人）：5

销售额（万元）：150

资产总额（万元）：150

0481 酒泉华夏长廊广告传媒有限公司

注 册 地：酒泉市肃州区洪洋商业广场

主营业务：平面设计、3D 设计、园林设计、环境设计、建筑设计；喷绘、雕刻；各类广告的灯光及广告灯箱制作；各类媒体投放。

从业人员数（人）：5

销售额（万元）：100

资产总额（万元）：100

0482 酒泉市超越广告策划有限责任公司

注 册 地：酒泉市肃州区民意街 22 号

主营业务：设计、制作户外广告、印刷品广告、影视广告；装饰装修服务；装饰材料销售；加工、制作 LED 亮化屏、数码电子屏。

从业人员数（人）：5

销售额（万元）：100

资产总额（万元）：10

0483 酒泉市汇丰彩色印刷广告有限公司一分公司

注 册 地：酒泉市肃州区西大街 23 号

主营业务：广告的设计、制作、发布、代理。

从业人员数（人）：5

资产总额（万元）：50

0484 玉门市能人文化装饰有限责任公司

注 册 地：酒泉市玉门市新市区

主营业务：室内外装潢设计、施工。

从业人员数（人）：13

销售额（万元）：160

资产总额（万元）：30

简 介：玉门市能人文化装饰有限责任公司成立于 2012 年 10 月，工作人员 13 人，年营业额 160 余万元，承接的业务有玉门范围内的高铁广告牌匾、西气东输工程广告、市政宣传广告。

0485 玉门新华能光电装饰工程有限公司

注 册 地：酒泉市玉门市新市区

主营业务：广告设计、图文设计。

从业人员数（人）：5

销售额（万元）：60

资产总额（万元）：35

0486 玉门三合中介公司

注 册 地：酒泉市玉门市新市区

主营业务：承接多媒体广告制作。

从业人员数（人）：50

销售额（万元）：500

资产总额（万元）：300

0487 敦煌市敦佳广告装饰设计有限责任公司

注 册 地：酒泉市敦煌市

主营业务：广告策划、制作、代理、设计、发布（不含固定形式）；室内外装饰装修、

设计；企业策划服务；建材销售（凭资质证
经营）。

从业人员数（人）：3

销售额（万元）：6

资产总额（万元）：51

0488 敦煌市天宇科技服务中心

注 册 地：酒泉市敦煌市

主营业务：设计、制作电视图片（天气预报）；
气球广告业务；庆典服务；防雷、防静电装
置安全检测服务。

从业人员数（人）：2

资产总额（万元）：10

0489 敦煌市凯威文化传媒有限公司

注 册 地：酒泉市敦煌市

主营业务：户外广告的制作、发布；室内外
装饰装修的施工（凭资质证经营）；文化体
育办公用品及器材、日用百货、计算机软硬
件、五金交电、电子产品、通讯器材、音视
频网络材料、建筑材料的销售。

从业人员数（人）：5

资产总额（万元）：1000

0490 敦煌动漫基地文化传播有限公司

注 册 地：酒泉市敦煌市

主营业务：动漫设计开发、游戏软件产品的
研发；文化艺术交流策划；广告设计、制作
及代理；电脑图文设计与媒体设计及制作、
展览展示；影视策划及信息咨询、企业营销
策划；计算机软硬件技术咨询；平面设计；
电脑数码影像设计及处理。

主要产品：《敦煌传奇》。

从业人员数（人）：56

销售额（万元）：20

资产总额（万元）：1210

简　　介：敦煌动漫基地文化传播有限公司

成立于 2011 年，注册资本 100 万元，位于
甘肃省敦煌市敦月公路东侧。公司主营业务
以动漫设计开发、文化艺术交流策划、电脑
图文设计与媒体设计及制作、电脑数码影像
设计及处理为主。公司以举世闻名的"敦煌"
为基地，以将"中国文化推向世界"为宗旨，
旨在以敦煌古文化为基础，以动漫及衍生品
传播为手段，将中国文化向世界传播。公司
现有员工 56 名，85% 以上员工具有大学本
科以上学历，其中公司动漫研发中心有高级
动漫研发人员 9 名。

0491 敦煌市飞天传媒广告有限责任公司

注 册 地：酒泉市敦煌市

主营业务：影视广告代理；户外、印刷品（不
包括固定形式印刷品）广告设计。

主要产品：户外广告。

从业人员数（人）：10

资产总额（万元）：3

0492 敦煌市至铖广告营销部

注 册 地：酒泉市敦煌市

主营业务：户外广告的制作、发布。

从业人员数（人）：2

资产总额（万元）：50

0493 敦煌市鼎立广告有限公司

注 册 地：酒泉市敦煌市

主营业务：户外广告的制作、广告材料的销售。

从业人员数（人）：3

资产总额（万元）：20

0494 甘肃红柳广告文化传媒有限责任公司敦煌分公司

注 册 地：酒泉市敦煌市

主营业务：设计、制作、发布、代理各类广告。

从业人员数（人）：2

0495 敦煌市鸣泉广告传媒有限公司

注　册　地：酒泉市敦煌市
主营业务：户外广告的设计、制作、代理、发布服务。
从业人员数（人）：2
资产总额（万元）：50

0496 敦煌市敦画创映影视文化传媒有限公司

注　册　地：酒泉市敦煌市工商局
主营业务：影视包装、广告制作。
从业人员数（人）：2
资产总额（万元）：10

0497 敦煌市飞视新传媒有限责任公司

注　册　地：酒泉市敦煌市
主营业务：户外广告发布；室内装饰装璜；制作、拍摄广告片。
从业人员数（人）：2
销售额（万元）：8
资产总额（万元）：10

0498 敦煌市艺海广告装饰有限责任公司

注　册　地：酒泉市敦煌市
主营业务：写真喷绘、广告灯箱、LED 显示屏、奖牌展板、吸塑发光字的制作、销售；工艺礼品、文体教具、广告耗材的销售；亮化工程；会务庆典服务；不锈钢字、宣传栏的加工、销售。
从业人员数（人）：3
销售额（万元）：15
资产总额（万元）：30

0499 敦煌市金鑫装璜庆典有限责任公司

注　册　地：酒泉市敦煌市
主营业务：工艺装璜；户外广告牌的设计、制作、安装、销售；庆典服务；城市亮化工程；管道安装、维修服务。
从业人员数（人）：2
销售额（万元）：24
资产总额（万元）：102

0500 茂名城市在线广告传媒有限公司敦煌分公司

注　册　地：酒泉市敦煌市工商局
主营业务：设计、制作、代理、发布国内各类广告业务；印刷品广告发布（以上凭许可证在有效期内经营）；企业策划、网页设计、制作；网络技术开发及推广；网络工程。
从业人员数（人）：3
销售额（万元）：22

0501 酒泉市铭那广告策划传媒有限公司敦煌分公司

注　册　地：酒泉市敦煌市
主营业务：设计、制作路牌、灯箱、霓虹灯广告、印刷品、影视广告；图文处理；庆典服务；营销策划、广告发布。
主要产品：广告牌。
从业人员数（人）：2
销售额（万元）：50

0502 敦煌市精艺广告装饰有限责任公司

注　册　地：酒泉市敦煌市
主营业务：室内外图文设计、广告设计；装饰装修制作、牌匾制作、不锈钢制作；亮化工程、庆典展台服务；装饰装修材料的销售。
从业人员数（人）：3

销售额（万元）：10

资产总额（万元）：61

0503 敦煌市佳实商务有限责任公司

注　册　地：酒泉市敦煌市

主营业务：网络广告设计与发布；网站设计
与代理制作；户外广告设计、制作、代理与
发布；商业庆典、婚庆、奠基仪式策划；礼
服出租；礼仪培训；会务会展；企业管理培
训、商务培训及咨询服务；灯光舞台音响、
礼仪用品销售。

从业人员数（人）：2

销售额（万元）：8

资产总额（万元）：10

0504 敦煌市丝路广告有限责任公司

注　册　地：酒泉市敦煌市工商局

主营业务：广告策划、设计、代理、发布；
固定形式印刷品广告；信息中介、求职登记、
职业介绍；大型庆典策划；开业、开工奠基
仪式策划；大型户外广告牌制作与发布、墙
体广告制作与发布；舞台、灯光、音响、礼炮、
拱门出租；效果图制作、家庭装修设计制作、
LED 电子屏幕制作；网站设计、制作、维护；
文化传媒；广告摄影服务。

主要产品：广告牌。

从业人员数（人）：2

销售额（万元）：128

资产总额（万元）：130

0505 敦煌市新丝路广告设计有限公司

注　册　地：酒泉市敦煌市工商局

主营业务：企业形象策划；平面设计；广告
制作、代理；喷绘写真；夜景灯光设计；
CAD 建筑制图；预算编制；标书装订；庆
典礼仪；展会承接；大型活动组织与推广；
打字复印服务；电子产品销售。

主要产品：夜景灯光。

从业人员数（人）：5

销售额（万元）：50

资产总额（万元）：6

0506 敦煌市新创意广告有限公司

注　册　地：酒泉市敦煌市工商局

主营业务：户外广告的设计、策划、安装、
销售。

从业人员数（人）：2

资产总额（万元）：2

0507 敦煌市昆腾标识标牌有限公司

注　册　地：酒泉市敦煌市工商局

主营业务：平面设计；喷绘、雕刻、写真、
标识标牌、电子灯箱、路牌、LED 显示屏、
户外广告牌、工艺礼品的制作、销售；会务
会展、礼仪服务。

从业人员数（人）：3

销售额（万元）：26

资产总额（万元）：32

0508 敦煌市华美广告装饰有限责任公司

注　册　地：酒泉市敦煌市工商局

主营业务：广告策划、设计、制作、安装（不
含固定形式）服务。

从业人员数（人）：3

销售额（万元）：8

资产总额（万元）：50

0509 敦煌市博宇广告有限公司

注　册　地：酒泉市敦煌市工商局

主营业务：设计、制作、代理、发布室内外
广告；展览展示、会务服务、礼仪服务；灯
箱制作；LED 工程、灯光音响工程承接；美
术设计制作、图文设计制作服务；通讯设备、

计算机及配件、办公自动化设备、办公用品的销售。

从业人员数（人）：2

销售额（万元）：8

资产总额（万元）：10

0510 敦煌大漠广告装饰有限责任公司

注 册 地：酒泉市敦煌市

主营业务：广告制作、设计；喷绘写真；雕刻、条幅、吸塑字牌、发光字牌、反光标牌制作；楼宇亮化工程；道路景观灯、草坪灯、庭院灯、高杆灯、泛光灯、植物仿真灯等工程灯饰设计；室内设计；装修设计图输出；CI 策划；会务礼仪庆典；开工典礼会场布置。

主要产品：广告牌。

从业人员数（人）：4

资产总额（万元）：30

0511 酒泉市邮政商函广告有限责任公司敦煌分公司

注 册 地：酒泉市敦煌市

主营业务：户外广告、固定格式印刷品广告（凭许可证经营）、邮政邮资类广告制作。

从业人员数（人）：3

销售额（万元）：50

0512 敦煌市新禾传媒有限责任公司

注 册 地：酒泉市敦煌市工商局

主营业务：户外广告的加工、制作服务。

从业人员数（人）：2

资产总额（万元）：58

0513 肃北县梦之星广告装饰有限责任公司

注 册 地：酒泉市肃北蒙古族自治县

主营业务：广告制作；条幅、展板、牌匾制作；室内外装修平面图、效果图设计；摄

影、影像制作；庆典制作；广告材料、装修材料、展架、办公用品销售。

从业人员数（人）：4

销售额（万元）：9

资产总额（万元）：26

0514 阿克塞哈萨克族自治县塞尚文化发展有限责任公司

注 册 地：酒泉市阿克塞哈萨克族自治县工商局

主营业务：艺术设计；文化艺术培训；室内外装潢设计；展览展示设计、制作；电脑图文设计；广告设计、制作、代理、发布；图文设计制作；喷绘、牌匾设计、制作；建材、广告材料、工艺礼品、酒店用品、文教用品销售；会务服务；数码摄影服务；文化艺术交流策划；企业形象策划；市场营销策划。

主要产品：民族工艺品

销售额（万元）：1

资产总额（万元）：100

0515 金塔县胡杨广告传媒有限公司

注 册 地：酒泉市金塔县

主营业务：印刷品广告、网站制作；广告图文制作发布；户外广告，LED 彩屏，室外全彩电子屏广告；计算机软件、硬件、电子产品的批发、零售、维修；投资咨询服务，企业管理咨询服务，财务咨询服务。

从业人员数（人）：8

销售额（万元）：90

资产总额（万元）：150

0516 嘉峪关酒嘉商道广告传媒有限公司

注 册 地：嘉峪关市新华中路 16 号

主营业务：广告设计、制作、代理、发布；庆典、演出、赛事策划；商务咨询；劳务服

务；文化用品、办公用品、五金交电、计算机及辅助设备、工艺品（此项不含国家限制经营项目）批发零售。

从业人员数（人）：2

销售额（万元）：15

0517 嘉峪关蓝森文化传媒有限公司

注 册 地：嘉峪关市明珠东路 128-1 号

主营业务：广告制作、策划、发布、代理；礼仪庆典服务；会务会展；企业营销策划；工艺品（不含国家限制经营项目）、花卉、日用百货的批发零售；灯具、音响设备、服装的租赁、批发零售。

从业人员数（人）：7

销售额（万元）：5

资产总额（万元）：84

0518 嘉峪关大德广告装饰有限责任公司

注 册 地：嘉峪关市永乐街 25A-15 号

主营业务：广告设计、制作、发布；企业投资管理、形象策划；房地产营销策划代理；礼仪庆典、会议展览服务；电气焊加工及维修；标书装订；建材、装饰材料、计算机软件及辅助设备、文化用品、体育用品、酒店用品电子产品、工艺品的零售。

从业人员数（人）：3

销售额（万元）：119

资产总额（万元）：70

0519 嘉峪关市智尚广告策划有限公司

注 册 地：嘉峪关市祁连西路 712-3 号

主营业务：设计、制作、代理、发布国内各类广告；礼仪服务；商务信息咨询；劳务服务。

资产总额（万元）：99

0520 嘉峪关华信广告策划有限公司

注 册 地：嘉峪关市新华街 46-2-7 号

主营业务：平面广告策划、设计；牌匾制作；LED 电子显示屏的安装服务；办公自动化耗材、五金交电、装饰材料、耐火材料、化工产品（不含国家限制经营项目）、农副产品（不含粮油收购）的批发、零售。

从业人员数（人）：9

销售额（万元）：20

资产总额（万元）：30

0521 嘉峪关嘉鹰广告有限责任公司

注 册 地：嘉峪关市迎宾西路 718 号

主营业务：广告的设计、制作、代理、发布；摄影服务。

从业人员数（人）：7

销售额（万元）：22

资产总额（万元）：16

0522 嘉峪关新大西部广告有限公司

注 册 地：嘉峪关市永乐街 41A-24 号

主营业务：广告设计、制作；工艺礼品（不含国家限制经营项目）、办公用品、装饰装潢材料批发零售。

从业人员数（人）：6

销售额（万元）：99

资产总额（万元）：86

0523 甘肃省邮政公司嘉峪关市分公司邮政广告中心

注 册 地：嘉峪关市雄关广场西侧

主营业务：设计、制作、发布户外广告。

从业人员数（人）：180

0524 嘉峪关市非梵广告有限责任公司

注 册 地：嘉峪关市建设街区 36-1-5 号

主营业务：广告设计、制作、发布、代理；

婚庆服务；计算机软件及辅助设备的销售。

从业人员数（人）：6

销售额（万元）：31

资产总额（万元）：21

0525 嘉峪关市鸿运广告有限责任公司

注 册 地：嘉峪关市昌盛街区 37-3-10 号

主营业务：广告设计、制作、发布。

从业人员数（人）：3

销售额（万元）：2

资产总额（万元）：13

0526 嘉峪关海纳广告有限责任公司

注 册 地：嘉峪关市同乐街 1 号楼 8-9 号

主营业务：平面广告设计、制作、发布；
LED 显示屏安装维护；文化办公用品零售；
铁艺及铝合金、不锈钢制品加工。

从业人员数（人）：7

销售额（万元）：79

资产总额（万元）：16

0527 嘉峪关市汇丰广告装饰部

注 册 地：嘉峪关市人民街 3 号楼 11 号

主营业务：复印、打字；广告牌匾制作。

从业人员数（人）：8

销售额（万元）：10

资产总额（万元）：2

0528 嘉峪关盛世红星广告策划中心

注 册 地：嘉峪关市雄关东路 1 号（图书馆
大楼前）

主营业务：广告设计、制作、代理、发布；
庆典礼仪、喷绘服务；装璜材料、文化用品
的批发、零售。

从业人员数（人）：10

销售额（万元）：136

资产总额（万元）：291

0529 嘉峪关市双赢网络科技有限公司

注 册 地：嘉峪关市商业步行街 1-3-1 号

主营业务：网络工程开发；计算机维修；计
算机软件及辅助设备批发兼零售；市场营销
策划。

从业人员数（人）：6

销售额（万元）：5

资产总额（万元）：100

0530 嘉峪关新旭广告装饰有限责任公司

注 册 地：嘉峪关市商业步行街 1-1-3 号

主营业务：广告设计、制作、发布、代理；
礼仪庆典服务。

从业人员数（人）：4

销售额（万元）：86

资产总额（万元）：35

0531 嘉峪关龙阁广告有限责任公司

注 册 地：嘉峪关市商业步行街 6-1-5 号

主营业务：广告设计、制作、代理、发布；
婚庆礼仪服务；办公用品、酒店用品、计算
机软件及辅助设备批发零售；劳务服务；会
展服务；企业营销策划、企业形象策划。

从业人员数（人）：5

销售额（万元）：8

资产总额（万元）：15

0532 嘉峪关市万业广告装饰有限责任公司

注 册 地：嘉峪关市兰新西路 28 号

主营业务：条幅、灯箱、路牌制作；广告设计、
制作、发布；建筑材料、装饰材料五金交电、
日用百货、家具、计算机的批发零售；雕塑、
浮雕的制作；金属结构件加工制作。

从业人员数（人）：5

资产总额（万元）：108

0533 嘉峪关华美广告有限责任公司

注 册 地：嘉峪关市迎宾西路 456 号

主营业务：广告设计、制作、发布。

资产总额（万元）：10

0534 嘉峪关市三合广告装饰有限公司

注 册 地：嘉峪关市胜利南路 22-1 号

主营业务：广告设计、制作、发布、代理；
企业形象策划；会议及展览服务；礼仪庆典
服务；广告装饰材料零售。

从业人员数（人）：5

销售额（万元）：2

资产总额（万元）：52

0535 嘉峪关创新文化传媒有限公司

注 册 地：嘉峪关市五一南路 2131-8 号

主营业务：广告设计、制作、代理、发布；
企业形象策划；会展服务；礼仪庆典服务；
电子监控设备、电子产品、工艺品（以上各
项不含国家限制经营项目）、办公用品、通
讯设备、计算机软件及辅助设备的批发兼零
售；计算机软件开发与服务；视频监控系统
安装及维护。

从业人员数（人）：3

销售额（万元）：4

资产总额（万元）：95

0536 嘉峪关方圆广告装饰有限责任公司

注 册 地：嘉峪关市体育场西侧 1-8 号

主营业务：广告设计、制作、代理、发布；
庆典策划服务；劳务服务；音响设备租赁服
务；日杂用品、文具用品、工艺品（此项不
含国家限制经营项目）零售。

从业人员数（人）：20

资产总额（万元）：84

0537 嘉峪关俩人行广告装饰有限责任公司

注 册 地：嘉峪关市文化南路 1266-8 号

主营业务：广告设计、制作、发布；楼体亮
化；企业管理，形象策划；礼仪庆典服务；
会议展览服务；电气焊加工及维修；计算机
软件及辅助设备；文化用品、体育用品、酒
店用品、建材、装饰材料、电子产品、工艺
品的批发兼零售。

从业人员数（人）：2

销售额（万元）：5

资产总额（万元）：50

0538 嘉峪关朗夫广告有限公司

注 册 地：嘉峪关市清水湾小区 12-5-201
号

主营业务：设计、制作、代理、发布国内
各类广告；礼仪服务；商务信息咨询；劳
务服务。

从业人员数（人）：5

销售额（万元）：10

资产总额（万元）：81

0539 嘉峪关三原色广告传媒有限责任公司

注 册 地：嘉峪关市爱民街 5-11 号

主营业务：广告设计、制作、发布；会议会
展及其他商务服务；电脑安装、维修；电脑、
办公用品、办公设备及耗材、监控设备批发
零售；监控设备安装维护；网络工程。

从业人员数（人）：3

销售额（万元）：11

资产总额（万元）：20

0540 嘉峪关华美广告装饰工程有限公司

注 册 地：嘉峪关市兰新东路 14-8 号

主营业务：广告设计、制作、发布；礼仪庆典；市场营销策划、图文设计制作、企业形象策划；展览展示；商务信息咨询、企业管理咨询服务；建筑装饰材料、包装材料、卫生洁具、陶瓷制品、文化办公用品及设备、电脑耗材、日用百货、酒店用品、五金交电的批发零售；灯箱及不锈钢制品的加工、制作。

从业人员数（人）：7

销售额（万元）：113

资产总额（万元）：184

0541 嘉峪关青鸟广告装饰有限责任公司

注 册 地：嘉峪关市迎宾西路 757-2 号

主营业务：广告设计、制作、发布；企业投资管理，形象策划；房地产营销策划代理；礼仪庆典、会议展览服务；电气焊加工及维修；打字、复印；标书装订；建材、装饰材料、计算机软件及辅助设备、文化用品、体育用品、酒店用品、电子产品、工艺品的零售。

从业人员数（人）：8

资产总额（万元）：51

0542 嘉峪关市华威广告传媒有限公司

注 册 地：嘉峪关市五一南路 2131D（3-4）号

主营业务：广告设计、制作、发布、代理；摄影扩印服务。

从业人员数（人）：2

销售额（万元）：2

资产总额（万元）：10

0543 嘉峪关亚欣广告有限责任公司

注 册 地：嘉峪关市东湖东路 1788-42-2

主营业务：广告的设计、制作、发布；网络工程服务；照相、摄影器材及音响设备的租赁。

从业人员数（人）：6

资产总额（万元）：36

0544 嘉峪关市天元广告有限责任公司

注 册 地：嘉峪关市昌明街区 31 号

主营业务：广告设计、制作、发布。

从业人员数（人）：10

资产总额（万元）：10

0545 金昌文轩广告有限公司

注 册 地：金昌市

主营业务：广告创意设计。

主要产品：广告。

从业人员数（人）：2

销售额（万元）：30

资产总额（万元）：20

0546 金昌镍都在线网络有限公司

注 册 地：金昌市金川区

主营业务：网站建设。

从业人员数（人）：2

销售额（万元）：2

资产总额（万元）：5

0547 金昌志腾广告有限公司

注 册 地：金昌市金川区

主营业务：广告设计。

从业人员数（人）：2

销售额（万元）：9

资产总额（万元）：4

简　　介：金昌志腾广告有限公司是一家以创意概念、优质设计及高效服务为企业宗旨的设计及广告公司，透过前瞻远见及设想周到的企划替客户塑造与众不同的品牌形象。

0548 甘肃万众传媒广告有限公司金昌分公司

注 册 地：金昌市金川区庆阳路 44 号

主营业务：广告设计、制作；企业形象策划；

商务信息咨询；网络技术咨询服务。

从业人员数（人）：2

销售额（万元）：3

资产总额（万元）：10

简　　介：万众传媒作为一家新兴现代传媒公司，将自己的核心理念定位为提供优质的区域特色化服务，宛如一个独特的通道沟通着不同的行业，使客户的要求得到极大满足。公司以一种崭新的设计思想，为客户提供全方位的系统服务。公司吸纳传媒界创意制作精英，拥有强大的前期设计与拍、录、编、合成、制作、专业 LED 技术工程师班底，可满足客户在设计创意方面的不同需求。

0549 大连四海传媒广告有限公司金昌分公司

注 册 地：金昌市金川区

主营业务：广告创意设计。

从业人员数（人）：4

销售额（万元）：3

资产总额（万元）：2

0550 金昌好望角度广告有限公司

注 册 地：金昌市金川区北京路

主营业务：广告创意设计。

主要产品：广告。

从业人员数（人）：2

销售额（万元）：60

资产总额（万元）：16

0551 金昌久创广告有限公司

注 册 地：金昌市金川区

主营业务：广告创意设计。

从业人员数（人）：5

销售额（万元）：10

资产总额（万元）：10

简　　介：金昌久创广告有限公司拥有雄厚的广告策划、设计能力，优良的运营管理体系，资深的广告设计专业人员，独特创新的创意制作，以创意策划先行，着力开展企业品牌形象设计，旨在为客户提高企业品牌形象。

0552 北京新媒时代广告传媒有限公司金昌分公司

注 册 地：金昌市金川区建设路 50-03 号

主营业务：广告创意设计。

主要产品：广告。

从业人员数（人）：4

销售额（万元）：6

资产总额（万元）：30

简　　介：北京新媒时代广告传媒有限公司金昌分公司成立于 2010 年，公司业务分布于 DM 运营、广告创意，网站建设与运营，营销策划宣传、户外广告、楼宇视频广告、影视广告策划与代理。公司下设两大项目部，分别为 DM 项目部和多媒体项目部。

0553 金昌市豪赢广告装饰有限公司

注 册 地：金昌市金川区北京路 123-5 号

主营业务：广告创意设计。

从业人员数（人）：6

销售额（万元）：6

资产总额（万元）：12

0554 金昌市鼎邦广告有限责任公司

注 册 地：金昌市

主营业务：广告创意设计。

主要产品：广告。

从业人员数（人）：5

销售额（万元）：8

资产总额（万元）：36

简　　介：金昌市鼎邦广告有限责任公司以无私奉献为情怀，以永不屈服为理念，业务范围主要包括各大小商业门店、商场、超市、机关、企事业单位办公室、住宅小区、楼群以及汽车站、出租车、火车站等。

0555 酒泉红柳树广告有限责任公司金昌分公司

注　册　地：金昌市金川区步行街

主营业务：广告创意设计。

主要产品：《红柳广告》

从业人员数（人）：6

销售额（万元）：6

简　　介：公司是以经营DM《红柳广告》、平面设计、排版制作、彩色印刷、快速投递为一体的专业广告公司。DM《红柳广告》尤为出众，其采用免费赠阅的方式发行，主要覆盖大街小巷的各大小商业门店、商场、超市，机关、企事业单位办公室、乡镇、小区、楼群、书报亭、汽车站、火车站、出租车等商业网点以及人口密集的市场、集市，现已成为省内规模较大的信息平台，赢得了广大读者、消费者的信赖，也赢得了商家的好评与认可。

0556 金昌大诚传媒广告有限公司

注　册　地：金昌市金川区建设路

主营业务：创意设计。

从业人员数（人）：2

销售额（万元）：16

资产总额（万元）：50

0557 金昌市海和广告有限公司

注　册　地：金昌市金川区泰安路18号

主营业务：创意设计。

从业人员数（人）：7

销售额（万元）：30

资产总额（万元）：70

0558 金昌市信友广告有限公司

注　册　地：金昌市金川区101号

主营业务：广告创意设计。

主要产品：广告。

从业人员数（人）：2

销售额（万元）：2

资产总额（万元）：5

0559 茂名城市在线广告传媒有限公司金昌分公司

注　册　地：金昌市金川区建设路69-4号

主营业务：媒体整合与新媒体的开发；DM纸媒与网站开发。

从业人员数（人）：3

销售额（万元）：2

资产总额（万元）：2

简　　介：公司专注于媒体整合与新媒体的开发，致力于媒体策略及效率的研究。我们将继续开发更高效、更低价位的媒体资源，为您的品牌建设及市场推广提供多元服务。坚持"量身定制"的理念，城市在线始终从市场的角度和客户的需求出发，研究媒介策略的细节，提升媒介投放的针对性，创造更具特色的媒介服务。城市在线一直以务实、理性的专业精神，不懈的坚持和执着的探索，见证您的辉煌与我们的骄傲！公司采用DM纸媒＋网站的运作模式，我们对各分公司给予更加开放和自由的自主运作权限。以DM为主导，但不局限于DM，鼓励分公司开展多元广告服务。

0560 金昌市现代广告艺术有限公司

注　册　地：金昌市

主营业务：广告制作；网站建设。

从业人员数（人）：3

销售额（万元）：50

资产总额（万元）：24

简　　介：金昌市现代广告艺术有限公司是一家融广告制作、网站建设为一体的广告公司，现从业人员 3 人。公司以建立长期品牌价值为使命，让各行业的品牌形象结合销售推向市场。

0561　金昌市大形象广告有限责任公司

注　册　地：金昌市金川区

主营业务：广告设计、制作；工艺品、文体用品销售。

从业人员数（人）：3

销售额（万元）：16

资产总额（万元）：50

简　　介：金昌市大形象广告有限责任公司于 1997 年 1 月 21 日成立，主营微型胶印、旅游工艺品、激光电脑、照相排字、国内广告业务、摄影制片、文体用品、装潢材料。

0562　金昌市新大漠广告装饰有限责任公司

注　册　地：金昌市金川区

主营业务：广告创意设计。

从业人员数（人）：3

销售额（万元）：9

资产总额（万元）：53

0563　金昌市铭雅广告有限公司

注　册　地：金昌市金川区上层领地

主营业务：广告策划、设计、制作。

从业人员数（人）：3

销售额（万元）：6

资产总额（万元）：50

0564　金昌百航户外广告有限公司

注　册　地：金昌市金川区

主营业务：户外广告设计、制作。

从业人员数（人）：2

销售额（万元）：2

资产总额（万元）：4

0565　金昌市灵感广告有限责任公司

注　册　地：金昌市金川区延安西路 8-12 号

主营业务：户外大型广告设计、制作；大型庆典策划等。

从业人员数（人）：2

销售额（万元）：15

资产总额（万元）：61

简　　介：金昌市灵感广告有限责任公司是一家专业从事户外大型广告的设计制作、室内外装饰装潢、电脑图文设计制作、大型庆典策划、楼层亮化的广告公司。公司本着"质量为本，诚信经营，真诚服务，信誉第一"的经营理念，与大众同呼吸，与商家共命运，在为客户提供优质的产品和服务的同时，实现与社会各商界朋友的共赢。

0566　金昌市居尚装饰工程有限公司

注　册　地：金昌市金川区

主营业务：室内外装饰装潢。

从业人员数（人）：4

销售额（万元）：60

资产总额（万元）：200

0567　金昌市艺正广告装饰有限公司

注　册　地：金昌市

主营业务：广告设计、制作。

主要产品：广告

从业人员数（人）：1

销售额（万元）：1

资产总额（万元）：4

0568　金昌携力兄弟广告有限公司

注　册　地：金昌市金川区

主营业务：媒体开发；影视制作；品牌推广。

从业人员数（人）：2

销售额（万元）：8

资产总额（万元）：30

简　　介：金昌携力兄弟广告有限公司是集媒体开发、平面设计、影视制作、动画设计、营销策划、品牌推广、广告工程制作、配音配乐于一身的多品牌、多元化现代传媒企业，公司独特的创意制作，赢得了各行业的关注。

0569 永昌县佳艺广告装饰有限公司

注　册　地：金昌市永昌县城关镇南大街

主营业务：广告设计、制作、发布，打字、复印，电脑耗材、办公用品销售、维修，烟花爆竹零售，氢气球施放（凭资质证书经营），庆典礼仪服务。

主要产品：广告

从业人员数（人）：3

销售额（万元）：10

资产总额（万元）：10

0570 永昌县创美广告有限公司

注　册　地：金昌市永昌县城关镇东湖花园A区

主营业务：户外广告、平面设计、3D设计、园林设计、环境设计、建筑设计、喷绘、雕刻、广告灯箱制作。

从业人员数（人）：4

销售额（万元）：10

资产总额（万元）：60

0571 永昌县千鹤平面广告设计有限公司

注　册　地：金昌市永昌县城关镇东大街农牧局办公楼一楼

主营业务：广告设计与制作。

主要产品：广告。

从业人员数（人）：2

销售额（万元）：2

资产总额（万元）：10

简　　介：永昌县千鹤平面广告设计有限公司成立于2014年01月24日，位于甘肃省金昌市永昌县城关镇东大街农牧局办公楼一楼，现有从业人员2名，资产总额10万元，为广大群众提供专业的广告设计与制作服务。

0572 永昌县耕夫画廊

注　册　地：金昌市永昌县城关镇南街东

主营业务：办公用品、电脑耗材、日用百货零售；书画交流。

主要产品：办公用品、电脑耗材、日用百货、书画。

从业人员数（人）：1

销售额（万元）：1

资产总额（万元）：5

0573 永昌县经典广告装饰工程有限公司

注　册　地：金昌市永昌县城关镇云川路东（雅居小区门面）

主营业务：大型广告牌、路牌制作，楼宇亮化工程施工、广告装饰工程施工。

主要产品：大型广告牌、路牌。

从业人员数（人）：4

销售额（万元）：3

资产总额（万元）：300

0574 永昌县红色经典广告装饰有限公司

注　册　地：金昌市永昌县东湖花园C区大门1号房

主营业务：室内外装饰工程；广告设计、制作、代理、发布；会展服务；礼仪庆典服务；品牌营销策划；家居饰品、装潢材料、五金电器、安防产品、文体用品销售。

从业人员数（人）：2

销售额（万元）：6

资产总额（万元）：30

0575 白银生活桥广告有限公司

注　册　地：白银市白银区

主营业务：广告业务服务。

主要产品：广告。

从业人员数（人）：6

销售额（万元）：189

资产总额（万元）：150

0576 水金石刻字锦印工艺有限公司

注　册　地：天水市秦州区

主营业务：各种印章刻制；标牌、锦旗制作。

主要产品：公章、私章、标牌、奖牌、奖杯、锦旗。

从业人员数（人）：11

销售额（万元）：100

资产总额（万元）：38

简　　介：公司位于天水市秦州区民主西路22号，成立于1956年2月，60多年来，一直为市区、党政机关、部队、企事业单位刻制各种印章，营业网点覆盖全市两区五县，我们的宗旨是：精雕细刻，诚信服务。

0577 天水中浩装饰设计有限责任公司

注　册　地：天水市秦州区

主营业务：室内装饰；企业形象策划；装帧设计；工艺品、装饰材料的零售；艺术摄影。

从业人员数（人）：5

销售额（万元）：10

资产总额（万元）：50

简　　介：天水中浩装饰设计有限责任公司秉承"顾客至上，锐意进取"的经营理念，坚持"客户第一"的原则，为广大客户提供

优质的服务。

0578 天水金帆广告艺术有限公司营销分公司

注　册　地：天水市秦州区

主营业务：设计、制作、代理、发布国内各类广告；营销策划、庆典礼仪、公关活动策划与实施；网络工程，装饰工程开发、施工；高新技术产品、电脑数码产品、办公设备、酒类的销售。

主要产品：广告。

从业人员数（人）：10

简　　介：天水金帆广告艺术有限公司营销分公司成立于2006年，位于天水市秦州区大众南路。该企业是天水金帆广告艺术有限公司出资成立的分支机构，以"国际视野，本土洞察"为专业标准，构建融营销、传播为一体的广告公司，为客户创就领导品牌，全方位对接客户需求。

0579 天水三秦文化广告传播有限公司

注　册　地：天水市秦州区

主营业务：广告的设计、制作、发布，书画装裱，室内装潢设计，文化知识、科技信息的咨询服务。

主要产品：广告。

从业人员数（人）：10

销售额（万元）：50

资产总额（万元）：60

简　　介：天水三秦文化广告传播有限公司是一家以平面设计、广告策划展览展示设计、品牌及产品推广策划为主营业务的新一代整合传媒服务机构，致力于为客户提供一流的、全方位、多领域的创意设计服务。成立以来，始终秉承"为客户创造价值、为员工创造机会、为企业创造效益"的经营理念，已为当地诸多单位提供整合设计服务，涉及政府机

构、家居建材、酒店餐饮、网络科技、农产品、日用品等诸多领域。

0580 天水嘉峰广告传媒有限责任公司

注 册 地：天水市秦州区

主营业务：室内外平面设计，装潢、装修设计、制作，品牌规划，各类营销策划和宣传推广，网站建设及维护，商业摄影。

从业人员数（人）：10

销售额（万元）：20

资产总额（万元）：50

简　　介：天水嘉峰广告传媒有限责任公司创立于 2010 年。在广告传播领域，公司更加专注于"市场与服务"，为客户量身定做策划方案，不断追求创新和完美，以助更多合作伙伴腾飞。我们拥有一批专业的、年轻的、高素质的工作团队，完善的运作管理流程，严谨的工作作风和良好的客户信誉。

0581 天水金土地信息广告有限责任公司

注 册 地：天水市秦州区

主营业务：国内各类广告设计、制作、发布，企业形象策划，铜字、标牌的制作。

主要产品：广告、铜字、标牌。

从业人员数（人）：10

销售额（万元）：50

资产总额（万元）：60

0582 天水市山水文化广告传媒有限公司

注 册 地：天水市秦州区

主营业务：策划、代理、制作、发布各类户外广告。

从业人员数（人）：5

销售额（万元）：50

资产总额（万元）：60

0583 天水天河广告装饰工程有限公司

注 册 地：天水市秦州区

主营业务：设计、制作、代理、发布国内各类广告，企业形象策划、媒体代理，铁艺、塑钢、铝合金不锈钢、装璜材料的批发。

从业人员数（人）：20

销售额（万元）：50

资产总额（万元）：50

0584 天水煜城广告装饰有限公司

注 册 地：天水市秦州区

主营业务：国内广告设计、代理、制作及发布，LED 显示屏的加工及销售，室内外装饰、装修工程的设计；标牌标识、楼宇亮化及安防系统的设计、安装。

从业人员数（人）：10

销售额（万元）：30

资产总额（万元）：50

0585 秦州区星辉安装工程部

注 册 地：天水市秦州区

主营业务：广告的设计、制作、发布及喷绘。

从业人员数（人）：20

销售额（万元）：3

资产总额（万元）：3

简　　介：秦州区星辉安装工程部是专业提供广告的设计、制作、发布及喷绘服务的机构。主要服务于一些企业的广告策划、创意、包装设计等。该机构具有前瞻性的设计观念和视觉设计表现能力，建立了由艺术学院一线青年设计教师、知名广告设计公司设计总监共同参与的设计队伍。

0586 天水开旸广告设计有限公司

注 册 地：天水市秦州区

主营业务：广告设计、制作。

从业人员数（人）：8

销售额（万元）：50

资产总额（万元）：30

0587 天水纵横文化广告传播有限责任公司

注 册 地：天水市秦州区

主营业务：代理、发布国内各类广告业务；图文编辑；营销策划；商务代理；信息咨询；文化用品、工艺美术品的批发。

从业人员数（人）：5

销售额（万元）：58

资产总额（万元）：60

0588 天水绿洲广告装饰有限公司

注 册 地：天水市秦州区

主营业务：制作、代理、发布国内各类广告；照相、彩扩快印。

主要产品：广告。

从业人员数（人）：10

销售额（万元）：55

资产总额（万元）：65

0589 天水金版文化传媒有限责任公司

注 册 地：天水市秦州区工商局

主营业务：国内各类广告的设计、制作、代理、发布，摄影服务，文化艺术交流，图文设计，室内外建筑装饰设计，企业营销策划、企业形象策划，展览展示服务、会务服务、礼仪服务，电脑、打印机及配件的销售，计算机软件开发及销售，电子产品（不含专控）、通信设备、通讯设备的销售，办公用品、办公家具、工艺礼品的销售。

主要产品：电脑、办公用品、办公家具、工艺礼品。

从业人员数（人）：10

销售额（万元）：50

资产总额（万元）：90

0590 天水翼虎广告传媒有限公司

注 册 地：天水市秦州区

主营业务：制作、代理、发布国内各类广告，媒体代理、企业形象策划，室内外装饰、装璜设计。

主要产品：广告。

从业人员数（人）：5

销售额（万元）：10

资产总额（万元）：50

0591 天水中为墙体广告装饰工程有限公司

注 册 地：天水市秦州区

主营业务：墙体广告设计、制作、发布。

从业人员数（人）：10

销售额（万元）：30

资产总额（万元）：50

简 介：天水中为墙体广告装饰工程有限公司成立于 2003 年，位于天水市秦州区坚家河 7 号，该企业主要从事墙体广告设计、制作、发布。

0592 麦积区明达广告设计制作中心

注 册 地：天水市麦积区

主营业务：广告代理发布；各类室内外广告标牌设计制作；电子显示屏制作；室内装饰设计；广告制作材料、办公耗材的销售；会议策划。

主要产品：广告。

从业人员数（人）：4

资产总额（万元）：8

0593 天水市麦积区道南思益广告设计部

注 册 地：天水市麦积区

主营业务：广告设计服务。

从业人员数（人）：2

资产总额（万元）：10

0594 麦积区道南伟创广告装饰工程部

注 册 地：天水市麦积区

主营业务：室内装饰装潢；广告设计及制作；印刷、打字、复印服务。

从业人员数（人）：3

资产总额（万元）：5

0595 天水市麦积区志远广告文化工作室

注 册 地：天水市麦积区

主营业务：户外广告设计、制作及发布；办公用品、文化用品的零售。

主要产品：户外广告。

资产总额（万元）：60

0596 麦积区道南文教广告部

注 册 地：天水市麦积区

主营业务：喷绘、写真、灯箱、条幅、展板、雕刻、吸塑的制作；户外广告的设计、制作；打字复印服务；广告耗材的批发、零售。

从业人员数（人）：2

资产总额（万元）：1

0597 麦积区桥南宏强广告装饰部

注 册 地：天水市麦积区

主营业务：牌匾制作。

从业人员数（人）：2

资产总额（万元）：5

0598 麦积区桥南骏龙广告装饰设计制作中心

注 册 地：天水市麦积区

主营业务：广告设计、制作。

主要产品：广告。

从业人员数（人）：3

资产总额（万元）：5

0599 天水鸿辉广告装饰工程有限责任公司

注 册 地：天水市麦积区

主营业务：广告策划、设计、制作及代理；室内装饰；园林及施工服务；画册的设计及印刷。

资产总额（万元）：50

简　　介：天水鸿辉广告装饰工程有限责任公司位于天水市麦积区渭滨南路，成立于2011年10月21日，注册资本50万元，经营范围为广告策划、设计、制作及代理，室内装饰。

0600 麦积区桥南联成装潢工程部

注 册 地：天水市麦积区

主营业务：广告服务及设计；室内外装饰；不锈钢加工；广告材料及五金材料的销售。

主要产品：不锈钢、广告材料、五金材料。

从业人员数（人）：3

资产总额（万元）：5

0601 天水市至度广告有限公司

注 册 地：天水市麦积区

主营业务：广告设计、制作；交通设施的制作及销售；室内外设计及装潢；办公设备、建筑材料、装饰材料的销售。

资产总额（万元）：3

0602 天水天艺装饰工程有限公司

注 册 地：天水市麦积区

主营业务：室内外装饰工程设计、施工；园林绿化工程；钢结构、装饰材料加工。

主要产品：室内外装饰工程、园林绿化工程、钢结构、装饰材料。

资产总额（万元）：60

0603 天水聚思广告装饰工程有限公司

注 册 地：天水市麦积区

主营业务：广告设计制作、企业形象画册设计、包装设计制作；室内外广告设计与制作；工业产品摄影、旅游工艺品设计制作与营销；室内外装修设计施工；景观园林雕塑设计施工；不锈钢制品设计安装；建筑装饰材料与广告材料销售；工业与民用建筑二次装修（室内）、装饰幕墙、城市亮化、弱电系统工程施工。

资产总额（万元）：100

0604 麦积区桥南顺鑫广告牌制作部

注 册 地：天水市麦积区

主营业务：广告牌的制作、广告材料的销售。

从业人员数（人）：5

资产总额（万元）：3

0605 天水联成装饰工程有限公司

注 册 地：天水市麦积区

主营业务：广告设计、加工，室内外装饰，不锈钢及钢结构加工，广告材料、五金材料、电动工具销售。

资产总额（万元）：100

简　　介：天水联成装饰工程有限公司位于天水市麦积区花牛镇花牛村，成立于2014年07月02日，注册资本100万元。

0606 甘肃思达成广告装饰工程有限公司

注 册 地：天水市麦积区

主营业务：广告策划、设计、制作、代理；单立柱、大型户外广告、大型墙体广告制作；室内外装修；园林设计施工。

主要产品：单立柱、大型户外广告、大型墙体广告。

资产总额（万元）：200

0607 麦积区桥南恒华广告制作服务部

注 册 地：天水市麦积区

主营业务：广告牌及条幅的制作、服务。

从业人员数（人）：2

资产总额（万元）：10

0608 天水市麦积区桥南腾骥广告经营部

注 册 地：天水市麦积区

主营业务：广告设计制作服务。

从业人员数（人）：1

资产总额（万元）：5

0609 麦积区桥南银河广告印务部

注 册 地：天水市麦积区

主营业务：广告牌设计制作，广告材料、办公耗材零售。

从业人员数（人）：4

资产总额（万元）：5

0610 天水市麦积区桥南加百利广告装饰部

注 册 地：天水市麦积区

主营业务：广告设计、制作、加工、信息发布；庆典礼仪；LED 显示屏；标牌及横幅制作；室内外装饰；广告装饰材料、不锈钢制品、工艺品的零售。

从业人员数（人）：1

资产总额（万元）：5

0611 麦积区桥南汇力装饰设计部

注 册 地：天水市麦积区

主营业务：室内外装饰设计。

从业人员数（人）：3

资产总额（万元）：1

0612 麦积区道南东昇广告设计制作部

注　册　地：天水市麦积区

主营业务：喷绘写真、各种广告设计制作、灯箱制作。

从业人员数（人）：2

资产总额（万元）：1

0613 天水博扬广告装饰工程有限责任公司

注　册　地：天水市麦积区

主营业务：广告发布；室内外装修；装饰材料、办公用品、广告材料销售。

资产总额（万元）：10

简　　　介：天水博扬广告装饰工程有限责任公司位于甘肃省天水市麦积区御景泽源住宅小区16号商铺，成立于2013年12月10日，注册资本10万元。

0614 麦积区桥南方圆广告装饰部

注　册　地：天水市麦积区

主营业务：刻绘、喷绘、雕刻、条幅、锦旗、标牌、门牌制作；广告制作、发布。

主要产品：条幅、锦旗、标牌、门牌。

从业人员数（人）：3

资产总额（万元）：1

0615 麦积区三联广告喷绘部

注　册　地：天水市麦积区

主营业务：广告喷绘服务。

从业人员数（人）：2

资产总额（万元）：1

0616 天水市麦积区花牛镇百隆广告牌制作经营部

注　册　地：天水市麦积区

主营业务：广告牌设计、制作、安装。

从业人员数（人）：2

资产总额（万元）：5

0617 天水市麦积区桥南银利群广告设计制作中心

注　册　地：天水市麦积区

主营业务：广告设计及制作。

从业人员数（人）：3

资产总额（万元）：2

0618 麦积区社棠极美广告装饰部

注　册　地：天水市麦积区

主营业务：广告喷绘制作，电脑耗材销售；打字、复印。

从业人员数（人）：2

资产总额（万元）：4.5

0619 麦积区陇昌路科星广告装饰服务部

注　册　地：天水市麦积区

主营业务：雕刻、刻绘、喷绘、条幅的制作，装饰材料的零售。

从业人员数（人）：3

资产总额（万元）：1

0620 天水市麦积区花牛镇佳俞广告牌制作经营部

注　册　地：天水市麦积区

主营业务：广告牌、名片、条幅、门头的制作，打字复印。

从业人员数（人）：2

资产总额（万元）：3

0621 麦积区桥南天承装饰中心

注　册　地：天水市麦积区

主营业务：室内外等外级装饰、装修服务。

从业人员数（人）：4

资产总额（万元）：10

0622 天水市极线广告传媒有限责任公司

注 册 地：天水市麦积区

主营业务：广告的设计与制作、电脑图文设计与制作。

资产总额（万元）：4

0623 天水市麦积区桥南金顺广告牌制作部

注 册 地：天水市麦积区

主营业务：广告牌的制作、广告材料的销售。

从业人员数（人）：3

资产总额（万元）：3

0624 天水新世界广告装饰有限责任公司

注 册 地：天水市麦积区

主营业务：户内外广告牌制作、广告代理及广告发布；办公用品、文体用品、五金交电销售。

从业人员数（人）：4

销售额（万元）：6

资产总额（万元）：15

0625 天水市麦积区桥南飞凡广告制作部

注 册 地：天水市麦积区

主营业务：广告牌的制作与加工。

从业人员数（人）：3

资产总额（万元）：1

0626 麦积区道南四海美术设计部

注 册 地：天水市麦积区

主营业务：牌匾、条幅、广告制作销售。

从业人员数（人）：5

资产总额（万元）：10

0627 天水华玮广告装饰工程有限公司

注 册 地：天水市麦积区

主营业务：广告牌的设计与制作；电脑图文设计与制作；室内外装饰设计；城市景观亮化工程服务。

资产总额（万元）：3

简　　介：天水华玮广告装饰工程有限公司位于天水市麦积区马跑泉镇马跑泉村，成立于2011年05月30日，注册资本3万元。

0628 麦积区桥南大明广告制作部

注 册 地：天水市麦积区

主营业务：广告设计、制作、销售。

从业人员数（人）：2

资产总额（万元）：3

0629 天水共创广告有限责任公司

注 册 地：天水市麦积区

主营业务：设计、制作、发布国内广告。

主要产品：广告。

资产总额（万元）：100

0630 天水市麦积区花牛镇昊扬广告牌加工部

注 册 地：天水市麦积区

主营业务：广告牌的制作、广告材料的销售。

从业人员数（人）：3

资产总额（万元）：2

0631 天水市麦积区桥南龙城印务经营部

注 册 地：天水市麦积区

主营业务：广告制作；办公用品、电脑配件销售。

从业人员数（人）：2

资产总额（万元）：3

0632 天水天成广告有限公司

注 册 地：天水市麦积区

主营业务：国内各类广告的设计、制作、代理、发布。

资产总额（万元）：3

0633 天水宏天广告装饰有限责任公司

注 册 地：天水市麦积区

主营业务：商业广告代理、设计、策划、制作及发布，会议会展的策划服务；室内装饰装潢；广告材料、建筑材料、电器的销售。

主要产品：商业广告、室内装饰装潢、广告材料、建筑材料、电器。

资产总额（万元）：50

0634 天水银河广告有限公司

注 册 地：天水市麦积区

主营业务：户外广告设计、制作及发布，室内装饰，电脑维修、电脑耗材销售。

资产总额（万元）：20

0635 天水市麦积区震翔广告经营部

注 册 地：天水市麦积区

主营业务：牌匾的制作、安装及办公用品的零售。

主要产品：办公用品。

从业人员数（人）：4

资产总额（万元）：3

0636 天水市麦积区桥南广源广告装饰中心

注 册 地：天水市麦积区

主营业务：广告设计；室内外装饰；庆典礼仪；LED 艺电材料、显示器、标牌制作；工艺品、广告装饰材料、不锈钢制品零售；打字、复印服务。

主要产品：标牌制作、工艺品、广告装饰材料。

从业人员数（人）：1

资产总额（万元）：2

0637 麦积区桥南共创商务广告代理工作室

注 册 地：天水市桥南工商所

主营业务：设计、制作、代理广告；零售婚庆用品。

从业人员数（人）：3

资产总额（万元）：0.3

0638 酒泉红柳广告文化传媒有限责任公司清水县分公司

注 册 地：天水市清水县工商局

主营业务：广告设计、制作、发布（凭许可证经营）。

主要产品：《红柳广告》。

从业人员数（人）：5

销售额（万元）：12

资产总额（万元）：50

简　　介：酒泉红柳广告文化传媒有限责任公司清水县分公司成立于 2010 年，经营地址为清水县农贸市场 105 号商铺。公司成立以来，为清水县各客户、小区居民及广大群众提供了各类信息，公司每周发行《红柳广告》一期，每期发行量 8000—10000 份，内容涉及到房屋出租、公司招聘、商场促销等内容，极大地丰富了广大群众的生活。公司始终以诚信经营，优质服务为宗旨，在全体员工的不懈努力下，公司业绩逐年提升，服务区域延伸到 18 个乡镇，各大超市、小区等。

0639 清水凯旋广告装饰有限公司

注 册 地：天水市清水县工商局

主营业务：广告设计、制造；图文设计制作；庆典服务；文化办公用品、办公设备、家具、建筑装饰材料、工艺品的销售。

从业人员数（人）：9

销售额（万元）：15

资产总额（万元）：50

简　　介：清水凯旋广告装饰有限公司成立于 2013 年 5 月 16 日，是融广告设计、制作、庆典服务，文化办公用品、办公设备、家具及建筑材料销售为一体的综合广告装饰公司，注册资本 50 万，公司现有工作人员 9 名，有丰富的从业经验。现拥有的主要设备有大幅喷绘机一台、大型广告雕刻机一台、普通室内写真机两台、户外写真机一台、UV 打印机一台。

0640 秦安县天地人广告有限公司

注　册　地：天水市秦安县

主营业务：广告设计、制作、印刷。

从业人员数（人）：20

销售额（万元）：150

资产总额（万元）：200

简　　介：秦安县天地人广告有限公司是一家以广告创意设计、广告代理发布、广告制作为主要经营项目的广告公司，公司现有员工 20 人，其中专业技术人员 5 人，现有总资产 200 余万元。

0641 茂名城市在线广告传媒有限公司秦安分公司

注　册　地：天水市秦安县

主营业务：设计、制作、代理、发布国内各类广告业务，企业营销策划，网页设计制作、网络技术开发及推广，网络工程，电脑维修及软硬件销售、策划各类文化演出及庆典活动，承办各类艺术交流活动。

主要产品：DM 广告。

从业人员数（人）：10

销售额（万元）：20

资产总额（万元）：30

0642 秦安金录广告服务中心

注　册　地：天水市秦安县

主营业务：广告设计、制作、发布；广告材料销售。

从业人员数（人）：8

销售额（万元）：50

资产总额（万元）：5

0643 秦安县红太阳广告装饰中心

注　册　地：天水市秦安县

主营业务：广告装饰材料及用品批发零售；广告制作、代理服务。

从业人员数（人）：5

销售额（万元）：90

资产总额（万元）：10

0644 秦安县七彩传媒电子广告有限公司

注　册　地：天水市秦安县

主营业务：视频广告。

从业人员数（人）：10

销售额（万元）：80

资产总额（万元）：100

简　　介：秦安县七彩传媒电子广告有限公司是一家以视频广告制作与发布、广告代理等为主要业务的现代新型广告公司，公司成立于 2012 年，拥有先进的 LED 视频广告展播大屏幕 1 个，视频广告录制、编辑设备 1 套，有各类专业技术人员 5 人，总员工 10 人，总资产达 100 余万元。

0645 秦安县广视传媒有限责任公司

注　册　地：天水市秦安县

主营业务：广告制作、发布。

从业人员数（人）：6

销售额（万元）：10

资产总额（万元）：10

0646 大连四海传媒广告有限公司秦安分公司

注 册 地：天水市秦安县

主营业务：广告设计、制作、代理、发布，会议及展览服务，楼盘广告代理。

主要产品：DM 报纸广告。

从业人员数（人）：3

销售额（万元）：6

资产总额（万元）：5

简　　介：大连四海传媒广告有限公司秦安分公司位于秦安县青年西路金盛花园24号，经营面积30平方米。

0647 酒泉红柳广告文化传媒有限责任公司甘谷分公司

注 册 地：天水市甘谷县

主营业务：大型甘谷喷绘、高清数码写真；名片、胸牌、海报、刻字、条幅制作；宣传单彩页印刷；企业形象策划；创业项目咨询；布置开业庆典。

主要产品：喷绘、写真、雕刻、吸塑、广告牌。

从业人员数（人）：10

销售额（万元）：15

资产总额（万元）：40

0648 甘谷县亮点广告部

注 册 地：天水市甘谷县

主营业务：广告设计、制作。

从业人员数（人）：3

销售额（万元）：15

资产总额（万元）：35

0649 甘谷县兴和广告制作有限公司

注 册 地：天水市甘谷县

主营业务：广告设计、制作。

从业人员数（人）：6

销售额（万元）：18

资产总额（万元）：45

0650 甘谷县博彩广告部

注 册 地：天水市甘谷县

主营业务：广告设计、制作；画册设计。

主要产品：广告、画册。

从业人员数（人）：8

销售额（万元）：18

资产总额（万元）：50

0651 甘谷县新华文印广告有限公司

注 册 地：天水市甘谷县

主营业务：打字、复印、影印；广告制作；各类亮化工程设计、施工。

主要产品：广告、亮化工程。

从业人员数（人）：8

销售额（万元）：22

资产总额（万元）：60

0652 金帆广告艺术有限公司甘谷分公司

注 册 地：天水市甘谷县

主营业务：喷绘；写真；广告设计、制作。

从业人员数（人）：6

销售额（万元）：16

资产总额（万元）：48

0653 甘谷县三联广告喷绘制作部

注 册 地：天水市甘谷县

主营业务：喷绘；广告设计、制作。

从业人员数（人）：8

销售额（万元）：16

资产总额（万元）：36

0654 甘谷县小兵广告部

注 册 地：天水市甘谷县

主营业务：广告设计、制作，画册制作。

主要产品：画册。

从业人员数（人）：4

销售额（万元）：14

资产总额（万元）：38

0655 武威祥源标识设计有限公司

注 册 地：武威市钟楼巷 22 号

主营业务：户内外标识及标牌设计与制作。

从业人员数（人）：10

销售额（万元）：30

资产总额（万元）：15

简　　介：武威祥源标识设计有限公司于 2006 年 6 月 20 日成立。现有职工 10 人，其中设计人员 3 人、技术人员 4 人、管理人员 3 人。公司主要经营设计、制作户内外标识标牌，代理各类广告制作、发布。祥源标识以"导向"为目的，以"形象"为标准，以"品质"为保证，以"新环境、新标准、新视觉、新时代"为服务方向，努力为广大客户服务。

0656 武威市龙马广告实业有限责任公司

注 册 地：武威市凉州区

主营业务：公司形象宣传策划；设计、制作、代理、发布国内各类广告；广告材料、化工材料（不含危险品）销售。

从业人员数（人）：14

销售额（万元）：45

资产总额（万元）：188

简　　介：武威市龙马广告实业有限责任公司成立于 2002 年 3 月，注册资金 50 万元。公司的主要业绩有：中国电信武威分公司小灵通上市的宣传策划；甘肃大洋房地产公司 100 面灯箱广告的设计、制作、安装；甘肃大洋房地产公司 560 平方米楼顶广告牌的设计、施工；新西凉市场高立柱广告牌的设计、制作、发布；陇南移动分公司 180 平方米楼顶广告牌的设计、制作、发布；建设银行武威分行各类广告的设计、制作、发布；以及武威移动分公司 2008 年至 2009 年民勤县境内的墙体广告的制作等。

0657 武威市澳林传播设计有限责任公司

注 册 地：武威市凉州区

主营业务：品牌策划，创意设计，工程预算，设计、制作、代理、发布各类广告，室内外装璜设计，企业宣传片策划摄制，三维动画设计制作。

从业人员数（人）：5

销售额（万元）：10

资产总额（万元）：10

简　　介：武威市澳林传播设计有限责任公司成立于 2004 年，主要从事市场调研、营销策划、品牌规划、广告策划、创意设计、影视制作、室内外环境艺术设计、工程预算、管理咨询等业务。经过了十余年的努力，已经成为武威广告咨询业界的优秀企业。其服务质量、服务水平和服务范围在同行业中均保持领军地位。

0658 武威智宇网络科技有限责任公司

注 册 地：武威市北关西路 32 号

主营业务：信息科技领域内软硬件的技术开发、技术服务；网络服务；电子商务；因特网信息服务；设计、制作、代理、发布各类广告；企业形象策划；文化艺术交流策划；销售电子产品、电子计算机及辅助设备。

主要产品：网站建设、软件开发。

从业人员数（人）：5

销售额（万元）：2

资产总额（万元）：10

简　　介：武威智宇网络科技有限责任公司运营武威综合类门户网站武威信息港（www.wwxxg.com）。12年的互联网成长历程，8年的企业服务经验，长期服务数千家合作伙伴，直接提升了企业信息化核心竞争力。智宇网络科技致力于为企业客户提供完整的互联网应用服务，服务范围涵盖网站创作、web应用软件开发、搜索引擎推广、贸易平台、互联网广告软件以及基础的域名、虚拟主机、企业邮箱等。

0659 武威兴晟广告制作有限责任公司

注　册　地：武威市凉州区工商局

主营业务：设计、制作、代理、发布各类广告；制作、安装交通设施；铜牌、宣传牌制作；室内外装饰、装潢设计及施工。

主要产品：武威市旅游局、张掖市旅游局、普康集团、天健公司等单位广告发布。

从业人员数（人）：3

销售额（万元）：30

资产总额（万元）：30

简　　介：武威兴晟广告制作有限责任公司创立于2011年，主营项目由高速公路及城区大型户外广告牌、广告创意策划、商业运营三大部分组成。

0660 武威弘力广告装饰服务中心

注　册　地：武威市凉州区

主营业务：商铺、办公楼、住宅的整体设计装修等；喷绘、写真、广告招牌的设计制作等；开业庆典策划、开工奠基仪式等；墙体广告制作、LED电子屏、楼宇亮化等；各种彩色印刷、名片无碳复写印刷等；金属字、吸塑发光字、标牌、奖牌制作等。

从业人员数（人）：5

销售额（万元）：10

资产总额（万元）：10

简　　介：武威弘力广告装饰服务中心是一家融广告制作、彩色印刷、商铺装修、开业策划为一体的广告装饰企业。主要从事商铺、办公楼、住宅等场所的整体装修设计和施工。

0661 武威市昊昀工贸有限公司

注　册　地：武威市凉州区

主营业务：广告设计、制作、发布；广告用品、电脑销售。

主要产品：广告、写真、电脑。

从业人员数（人）：4

销售额（万元）：260

资产总额（万元）：560

简　　介：公司成立于2013年9月，是以广告设计、制作、发布；广告用品、电脑销售为主营业务的商贸公司。昊昀是一家致力于快乐营销的文化商贸公司，有着丰富的执行经验和朝气，公司以敏锐的目光，鲜明的个性，力求给客户提供最优质的服务。

0662 甘肃东方图韵文化传播有限公司武威分公司

注　册　地：武威市凉州区

主营业务：LED显示屏户外媒体广告；企业文化形象策划；展览展示活动；舞台艺术策划；广告装饰的设计、发布、代理等。

主要产品：LED显示屏、户外媒体广告。

从业人员数（人）：4

销售额（万元）：10

资产总额（万元）：20

0663 武威影响力广告有限责任公司

注　册　地：武威市凉州区

主营业务：设计、制作、代理及发布各类广告；电子产品、床上用品、化妆品、玩具、工艺品销售；信息技术开发、咨询服务。

主要产品：画册、VI、标志、海报、包装。

从业人员数（人）：2

销售额（万元）：13

资产总额（万元）：20

简　　介：武威影响力广告有限责任公司成立于 2012 年，由怀着共同信念的专业设计师和市场精英分子组成，公司遵循以人为本的原则，倡导积极的团队精神，数年的市场搏击赢得了客户的一致好评。

0664 武威今日文化传媒有限责任公司

注　册　地：武威市凉州区

主营业务：广告代理、制作、发布，平面设计制作，喷绘、雕刻、广告灯箱制作。

主要产品：DM 广告。

从业人员数（人）：2

销售额（万元）：2

资产总额（万元）：3

0665 武威市尚丰文化传媒有限公司

注　册　地：武威市农垦大厦四楼

主营业务：广告设计、制作与发布。

从业人员数（人）：3

销售额（万元）：2

资产总额（万元）：3

0666 武威市曼迪广告有限责任公司

注　册　地：武威市南关东路 27 号

主营业务：广告设计、策划、代理、发布；广告材料零售、批发；LED 单色显示屏、全彩屏；各类发光字、水晶字、钛金字制作；各类门牌、广告牌制作；楼体亮化工程施工；电动遥控幕布制作。

从业人员数（人）：20

销售额（万元）：100

资产总额（万元）：120

简　　介：武威市曼迪广告有限责任公司位

于武威市凉州区南关东路 27 号，营业与加工厂占地面积 600 平方米，拥有专业的设计策划与制作团队和成套的高科技数字广告设备，是专业提供企业形象策划、品牌视觉战略以及各类艺术设计服务的专业机构。公司具有最前瞻性的设计理念和视觉设计表现能力，主张与商业界人士在商业创作中相互交流碰撞，建立互补多赢的人脉关系，促进相互之间的业务合作。公司秉承"以市场为先导的理念"，倡导"超时代化设计"，为企业量身定制全方位的品牌表现规划战略，在产品定位及新品策略、终端形象体系策划等方面都有强大的专业实力。

0667 武威全方广告装饰有限公司

注　册　地：武威市凉州区

主营业务：国内外各类广告的设计、制作；室内外装饰设计。

从业人员数（人）：8

销售额（万元）：38

资产总额（万元）：25

简　　介：武威全方广告装饰有限公司于 2012 年 4 月 12 日成立，是融广告设计、喷绘制作、广告投资为一体的综合性公司，专业从事墙体广告制作，墙体喷绘广告、大型会务策划与执行。公司目前引进了全新高速大型喷绘机、写真机、条幅机等广告制作设备，从事超薄灯箱、拉布灯箱制作与安装。2013 年 10 月投入资金 180 多万元引进了上海、北京等地最先进的小区滚动式灯箱广告机 200 多套，覆盖了武威所有的中高档大型小区，并与小区签订了为期 5 年的广告独家代理合同。

0668 武威市凉州区金典广告材料中心

注　册　地：武威市凉州区南关西路 141 号

主营业务：广告设计、制作、代理、发布；

文化用品、办公用品、建筑材料销售。

主要产品：喷绘、写真展板。

从业人员数（人）：2

销售额（万元）：3

资产总额（万元）：3

简　　介：本中心成立于 2003 年 3 月，2012 年由武威金点广告经营部更名为武威市凉州区金典广告材料中心，位于南关西路天马市场，是以广告设计、制作、代理、发布，广告装饰材料、文化用品、办公用品销售、建筑材料销售为主的广告经营单位，多年来为多家单位设计、制作、代理、发布各类广告，赢得了一致好评。

0669 武威云天文化传媒有限公司

注　册　地：武威市凉州区

主营业务：公交车内广告代理，喷绘写真制作，标识标牌系统制作。

主要产品：公交车内广告

从业人员数（人）：3

销售额（万元）：2

资产总额（万元）：3

0670 武威市超脑广告有限公司

注　册　地：武威市凉州区富阳路 154 号

主营业务：制作各类广告、装饰装潢设计等。

从业人员数（人）：2

销售额（万元）：8

资产总额（万元）：100

简　　介：公司是河西地区最大的集大型数码喷绘、写真于一身的专业广告喷绘中心之一。中心现拥有固定资产 100 多万元，建筑占地面积 600 多平方米，拥有一流设备，其中有上海泰威 3.5 米宽幅数码喷绘机、世界顶级日本产 MIMAKI JV2—860 写真机。

0671 武威金而鑫文化传媒有限责任公司

注　册　地：武威市凉州区公园路 10 号

主营业务：文化活动合作与推广；设计、制作、发布、代理各类广告；广告材料、电子产品、工艺礼品、办公用品的批发零售。

从业人员数（人）：4

销售额（万元）：17

资产总额（万元）：18

0672 武威市凉州区凌风广告设计工作室

注　册　地：武威市凉州区

主营业务：广告制作；礼仪庆典；打字复印；喷绘写真；条幅制作；广告耗材、电脑耗材、广告制品、办公用品零售。

主要产品：广告耗材、电脑耗材、广告制品、办公用品。

从业人员数（人）：2

销售额（万元）：5

资产总额（万元）：6

0673 武威综艺广告装饰有限公司

注　册　地：武威市凉州区东关街世纪小区 8 号楼

主营业务：广告设计、制作；装饰装潢材料销售。

主要产品：青啤大道两边道旗、山煤集团公司整体装修。

从业人员数（人）：4

销售额（万元）：10

资产总额（万元）：20

简　　介：武威综艺广告装饰有限公司成立于 2012 年，是一家融喷绘制作、会场布置、户外广告工程施工、喷绘制作为一体的综合性广告公司。公司有各种型号的喷绘机三台，拥有一批高素质有经验的喷绘工作人员，可以最大程度地满足客户的需求。

0674 武威市凉州区黄羊镇精艺创意广告装饰中心

注 册 地：武威市凉州区黄羊镇新镇路

主营业务：广告牌加工、制作、安装。

从业人员数（人）：2

销售额（万元）：2

资产总额（万元）：12

0675 高扬文化传媒有限公司

注 册 地：武威市凉州区西关中路9号三楼

主营业务：广告设计、制作、发布、代理；电脑图文设计制作；企业形象策划；展览展示；市场调研；摄影；礼仪、婚庆礼仪服务；书刊、简报、DM（摺页）、海报设计、编辑；各类企划书策划、撰写。

从业人员数（人）：3

资产总额（万元）：10

0676 武威智联广告有限责任公司

注 册 地：武威市凉州区兴盛路20号

主营业务：各类广告制作；三面翻广告牌、LED亮化、LED冲孔字、围墙广告、墙体喷绘、墙体彩绘、企业展板制作。

从业人员数（人）：4

销售额（万元）：9

资产总额（万元）：50

简　　介：武威智联广告有限责任公司成立于2012年7月18日，始终坚持"让客户的每一份投入正中目标"的经营理念，凭借创新的思维，精湛的技术和优质的服务深受新老顾客的好评。

0677 武威西汇广告传媒有限责任公司

注 册 地：武威市凉州区北关东路53号

主营业务：广告传媒；广告设计、制作、发布、代理；会场布置；文艺汇演；楼宇亮化设计及安装；视频监控设计及安装；装饰装璜设计。

从业人员数（人）：3

销售额（万元）：2

资产总额（万元）：16

0678 武威风驰文化传媒有限公司

注 册 地：武威市凉州区南关东路63号

主营业务：设计、制作、代理、发布各类广告；文化艺术交流策划；会务服务；展览展示服务；工艺礼品批发零售。

从业人员数（人）：10

销售额（万元）：100

资产总额（万元）：300

简　　介：武威风驰文化传媒有限公司成立于2012年9月，是一家综合性媒体公司。公司主要围绕都市主流消费人群打造无时不在、无处不在的数字化立体媒体平台。公司先后投入200多万建设视频载体，目前此载体已经覆盖190多家商场、超市、宾馆、酒店、餐饮娱乐场所。公司在2013年"五一"小长假期间策划并承办武威第一届汽车嘉年华主题车展取得圆满成功，得到各商家和消费者的一致好评。

0679 武威九鼎建筑装饰设计工程有限责任公司

注 册 地：武威市凉州区北关东路嘉祥大厦1号

主营业务：室内外装饰装璜、园林绿化工程；广告设计、装饰设计、文化宣传服务。

从业人员数（人）：3

销售额（万元）：20

资产总额（万元）：69

0680 武威市鸿源广告装饰有限责任公司

注 册 地：武威市凉州区西关中路 14 号

主营业务：室内外广告设计、制作、发布、装饰装潢服务。

从业人员数（人）：2

销售额（万元）：30.2

资产总额（万元）：29.7

简　　介：武威市鸿源广告装饰有限责任公司成立于 2010 年 7 月，是一家融各类室内外广告设计、制作、发布为一体的综合性广告公司。公司现有大型高精度户外喷绘机、户外高精度写真机、户内高精度写真机、条幅机等专业的生产、制作设备。

0681 武威市凉州区瑞龙广告装饰设计部

注 册 地：武威市凉州区

主营业务：广告制作、装饰设计。

从业人员数（人）：2

销售额（万元）：2

资产总额（万元）：3

0682 武威天马广告传媒有限公司

注 册 地：武威市凉州区崇文街 52 号

主营业务：广告制作、发布，商业信息咨询。

从业人员数（人）：2

销售额（万元）：18

资产总额（万元）：20

简　　介：武威天马广告传媒有限公司前身是武威市世纪天马广告商务信息有限公司，成立于 2002 年，是一融集广告策划、制作、发布与商业信息咨询为一体的现代广告公司，主要服务项目有高速公路户外大型高立柱广告牌的承制及代理发布、专业墙体广告制作、企业形象策划、礼仪庆典等。尤其在高立柱、墙体广告制作及大型庆典的现场布

置方面拥有专业先进设备并积累了丰富的经验，在武威同行业中具有较强实力。

0683 武威市凉州区光线传媒广告中心

注 册 地：武威市凉州区黄羊镇红太阳步行街

主营业务：品牌广告策划，企业形象 CIS 设计，VI 设计，画册设计，店面设计。

主要产品：品牌广告。

从业人员数（人）：2

销售额（万元）：2

资产总额（万元）：10

0684 武威市凉州区东盛装饰装潢中心

注 册 地：武威市凉州区南关中路

主营业务：广告制作、设计服务。

从业人员数（人）：2

销售额（万元）：10

资产总额（万元）：15

0685 武威市强视传媒有限责任公司

注 册 地：武威市凉州区浙江大厦 10 楼

主营业务：家政信息服务；设计、制作、代理、发布各类广告。

主要产品：墙体广告。

从业人员数（人）：8

销售额（万元）：49

资产总额（万元）：17

0686 武威铁轮广告装饰有限公司

注 册 地：武威市凉州区东大街古楼小区

主营业务：设计、制作、代理、发布各类广告。

主要产品：平面设计、展板、条幅、灯箱、印刷品。

从业人员数（人）：3

销售额（万元）：5

资产总额（万元）：4

简　　介：武威铁轮广告装饰有限公司成立

于 2009 年 7 月，公司以设计、制作、代理、发布各类广告为主营业务，秉承"设计经典，传播时尚"经营理念，公司拥有各类广告制作专业设备，更有一批敬业、专业的设计人员，可为客户提供设计精美、制作精细的各类广告产品。

0687 武威宇轩传媒有限责任公司

注　册　地：武威市凉州区西苑小区 B6-201

主营业务：设计、制作、代理、发布各类广告；图文设计制作；电子商务网络。

主要产品：西关街道"指尖上的西关"微信公众平台。

从业人员数（人）：5

资产总额（万元）：100

0688 武威市金艺广告有限责任公司

注　册　地：武威市凉州区糖酒大楼

主营业务：设计、制作三维雕刻、喷绘、灯箱等各类广告。

主要产品：雕刻、广告牌。

从业人员数（人）：3

销售额（万元）：20

资产总额（万元）：150

0689 武威鸿业广告策划公司

注　册　地：武威市凉州区西大街城建大厦 8 楼

主营业务：策划实施开盘庆典、竣工礼仪、会务布展、公关宣传，画册设计、彩印承制，3D 效果图创意设计、VI 设计、整合营销策划，证卡、牌匾设计制作、户内外广告代理、制作、发布，课件、多媒体编辑制作，沙盘模型策划承制，楼宇亮化设计实施。

主要产品：灯箱、LED 显示屏。

从业人员数（人）：5

销售额（万元）：33

资产总额（万元）：41

0690 武威市凉州区旭东喷绘中心

注　册　地：武威市凉州区胜利新村 23 号

主营业务：广告制作及广告材料销售，办公用品零售等。

从业人员数（人）：3

销售额（万元）：36

资产总额（万元）：70

0691 云涛广告制作部

注　册　地：武威市凉州区车管所东侧

主营业务：名片、证卡、广告牌匾制作；电脑软件咨询服务。

主要产品：名片、证卡、菜单、条幅、喷绘、广告牌匾。

从业人员数（人）：1

资产总额（万元）：1

0692 武威市凉州区百创广告经营部

注　册　地：武威市勤俭巷

主营业务：广告制作、设计；LED 制作；名片、证卡、彩页设计制作；画册设计；写真喷绘；工艺标牌、灯箱招牌、光盘制作；楼宇亮化；墙体广告制作等。

主要产品：喷绘、写真、LED 灯。

从业人员数（人）：1

销售额（万元）：5

资产总额（万元）：3

0693 武威简易文化传媒有限公司

注　册　地：武威市凉州区北关西路 149 号

主营业务：平面广告、电脑图文设计、制作；企业形象策划、展示展览服务；婚庆礼仪服务；文化艺术交流、策划；广告设计及制作；会务服务。

主要产品：平面广告。

从业人员数（人）：20

销售额（万元）：30

资产总额（万元）：100

0694 西玉广告设计部

注 册 地：武威市凉州区

主营业务：各类广告设计、策划、发布。

从业人员数（人）：3

销售额（万元）：5

资产总额（万元）：10

0695 武威市凉州区巨洋广告工作室

注 册 地：武威市凉州区西关中路8号

主营业务：广告材料销售、广告牌匾制作。

主要产品：写真、条幅、奖牌、名片、喷绘等。

从业人员数（人）：1

销售额（万元）：3

资产总额（万元）：4

0696 武威微动力网络科技有限公司

注 册 地：武威市凉州区

主营业务：互联网信息服务，网站建设与维护，PC与移动平台的软件开发；企业形象与市场营销策划；广告的设计、制作、发布、代理；电子商务；网络工程等。

主要产品：武威天马网，微动力科技官网。

从业人员数（人）：6

销售额（万元）：2

资产总额（万元）：10

简　　介：武威微动力网络科技有限公司成立于2014年4月17日，是在武威信息化时代，互联网发展空间大的影响和改变企业命运的大趋势下应运而生的一家从事高端专业的互联网信息服务、网站建设、移动平台应用开发等服务的公司。微动力网络科技精心为每一家企事业单位量身定做科学、严谨、符合企业长远利益发展的优秀网络营销策划服务。

0697 武威市凉州区圣泉广告装饰中心

注 册 地：武威市凉州区文庙新路

主营业务：室内外广告设计；吸塑字、水晶字、PVC字、三维雕刻、室内镂空雕花设计、制作。

从业人员数（人）：3

销售额（万元）：40

资产总额（万元）：15

0698 武威凌海博源广告装饰有限公司

注 册 地：武威市凉州区黄羊镇

主营业务：广告、广告字、牌匾、布幅的设计及加工制作服务；装饰装潢材料的批发零售；亮化工程施工。

主要产品：广告牌。

从业人员数（人）：5

资产总额（万元）：20

0699 武威市凉州区科美特广告部

注 册 地：武威市凉州区民族街九中巷口

主营业务：标志、画册、彩页、箱片、LED等设计、制作、印刷。

从业人员数（人）：2

销售额（万元）：6

资产总额（万元）：15

0700 友邻在线（北京）广告传媒有限公司古浪分公司

注 册 地：武威市古浪县大靖镇新城区

主营业务：广告业务。

从业人员数（人）：3

销售额（万元）：10

0701 古浪县蓝色经典广告传媒服务中心

注 册 地：武威市古浪县城上城

主营业务：室内外广告的设计、制作、安装、发布；DM媒体；室内外装饰装潢。

从业人员数（人）：2

销售额（万元）：5

资产总额（万元）：10

0702 民勤县鸿宇广告有限责任公司

注　册　地：武威市民勤县北大街

主营业务：设计、制作各类广告。

从业人员数（人）：7

销售额（万元）：56

资产总额（万元）：525

简　　　介：民勤县鸿宇广告有限责任公司成立于 2003 年，经营场所面积达 400 平方米，是新一代广告策划、品牌形象设计、空间装饰设计、活动庆典搭建、大型广告牌工程及景观亮化工程施工相结合的综合性广告公司。公司秉承"谦诚文明，开拓创新"的企业宗旨，凝聚了一支具有善于管理和施工经验的队伍。公司下设工程部、策划设计部、后期制作部等业务部门。公司与多家省内外广告服务零售商和客户建立了长期稳定的合作关系，品种齐全、价格合理，企业实力雄厚，重信用、守合同、保证产品质量，以多品种经营特色和薄利多销的原则，赢得了广大客户的信任。

0703 民勤县沙城广告装饰有限公司

注　册　地：武威市民勤县城东关

主营业务：设计、制作、发布各类广告。

从业人员数（人）：8

销售额（万元）：60

资产总额（万元）：500

简　　　介：民勤县沙城广告装饰有限公司创立于 1994 年，在社会各界朋友的支持和帮助下，经全体员工多年的自强不息、努力拼搏，使公司迅速的发展和壮大，成为民勤县实力雄厚的广告公司。

0704 民勤县方正广告装饰有限公司

注　册　地：武威市民勤县城南大街

主营业务：旅游接待，广告的设计、制作、发布，工艺美术品的设计、制作；装潢材料销售。

从业人员数（人）：26

销售额（万元）：285

资产总额（万元）：2523

简　　　介：民勤县方正广告装饰有限公司是一家集广告策划、创意、设计、制作、发布，室内外装饰装修，工艺美品制作，宾馆服务、旅游接待于一身的民营企业。公司于 2000 年 3 月成立，在不断积累、不断完善中逐年壮大。公司先后被评为县、市级"文明单位"及"重合同、守信用"企业，曾在全省广告商标设计大奖赛上获得二等奖。公司同时按照"紧盯旅游产品缺口，打造旅游文化精品"的思路，以沙井文化、生态文化产品为主攻方向，适时引进相关的技术人才，配备相应的机器设备，创办"沙井文化旅游产业开发服务公司"，重点开发"大漠灵驼""金牛戏水""红崖石羊""镇藩宝塔"等铜雕以及"沙井陶瓷"、精装书画等文化旅游产品，努力向产品多元化、产业集群化方向发展。

0705 长春弘扬快讯广告传媒有限公司天祝分公司

注　册　地：武威市天祝藏族自治县

主营业务：设计、制作、发布、代理国内各类广告；经营和发布固定形式印刷品广告；信息咨询；包装装潢。

从业人员数（人）：3

销售额（万元）：6

资产总额（万元）：10

0706 天祝华圣广告装饰有限公司

注　册　地：武威市天祝藏族自治县

主营业务：国内外各种广告代理、发布、设计、制作。

从业人员数（人）：12

销售额（万元）：16

资产总额（万元）：10

0707 山东金点子广告传媒有限公司天祝第一分公司

注 册 地：武威市天祝藏族自治县

主营业务：为所隶属企业开展广告经营业务提供服务。

从业人员数（人）：3

销售额（万元）：6

资产总额（万元）：10

0708 山丹县如意装饰广告有限责任公司

注 册 地：张掖市山丹县东大街

主营业务：广告设计、制作、发布、喷绘。

从业人员数（人）：8

销售额（万元）：6

资产总额（万元）：30

0709 山丹县兄弟音画传媒广告有限责任公司

注 册 地：张掖市山丹县北大路

主营业务：广告制作、设计、发布。

从业人员数（人）：3

销售额（万元）：4

资产总额（万元）：10

0710 山丹县金丹蓝广告装饰有限责任公司

注 册 地：张掖市山丹县

主营业务：户外广告，牌匾广告，条幅广告，平面设计，广告喷绘的制作、发布。

从业人员数（人）：6

销售额（万元）：8

资产总额（万元）：50

0711 山丹县金山传媒广告有限责任公司

注 册 地：张掖市山丹县北大路

主营业务：广告设计、制作、发布。

从业人员数（人）：3

销售额（万元）：4

资产总额（万元）：10

0712 山丹县源融文化传媒有限公司

注 册 地：张掖市山丹县青年步行街中段

主营业务：广告设计、代理、发布；室内设计；门头、牌匾、电子屏制作；影视广告代理；企业形象策划；展览展示；婚庆礼仪服务。

从业人员数（人）：6

销售额（万元）：6

资产总额（万元）：20

0713 山丹县皇潮广告传媒有限责任公司

注 册 地：张掖市山丹县金海源文化购物广场

主营业务：广告设计、制作、发布；喷绘、写真、不锈钢、条幅制作；摄影、摄像；庆典服务。

从业人员数（人）：8

销售额（万元）：10

资产总额（万元）：50

0714 山西生活向导广告有限公司山丹分公司

注 册 地：张掖市山丹县

主营业务：代理、发布、制作、设计报纸、电视、路牌广告、印刷品广告。

从业人员数（人）：5
销售额（万元）：8
资产总额（万元）：50

0715 甘肃伊人文化传播有限公司

注 册 地：张掖市民乐县县城东街

主营业务：企业形象策划，商标设计，文化艺术交流活动的策划、咨询，电脑图文设计制作，婚庆服务。

主要产品：企业形象策划。

从业人员数（人）：6

资产总额（万元）：30

简 介：公司成立于2012年2月，2014年重金装修升级改名为甘肃伊人文化传播有限公司，公司下设设计部、庆典部、多媒体部和制作中心等四个部门，是一家集文化视觉展示策划、企业形象策划、歌唱舞蹈演艺、商标广告设计、商业广告摄影、会展庆典承办、舞台美术展现与布置、广告制作发布等服务项目于一身的多元化、综合性文化传播有限公司。

0716 民乐县天新装饰装璜有限责任公司

注 册 地：张掖市民乐县县城东街

主营业务：平面设计，产品推广策划，路牌、橱窗、霓虹灯广告设计、制作、代理。

从业人员数（人）：5

销售额（万元）：60

资产总额（万元）：50

简 介：民乐县天新装饰装璜有限责任公司成立于2009年3月24日，是一家以平面设计、广告策划、展览展示设计、品牌及产品推广策划为主营业务的新一代整合文化服务机构，致力于为客户提供一流的、全方位多领域的创意设计服务。

0717 浩海云天广告部

注 册 地：张掖市临泽县

主营业务：广告制作、文化用品销售。

从业人员数（人）：2

销售额（万元）：6

资产总额（万元）：8

0718 创E无限广告部

注 册 地：张掖市临泽县

主营业务：广告设计、制作，企业形象设计策划。

从业人员数（人）：4

销售额（万元）：30

资产总额（万元）：5

0719 爱尚阳光装饰广告部

注 册 地：张掖市临泽县

主营业务：牌匾制作和广告设计。

主要产品：牌匾。

从业人员数（人）：5

销售额（万元）：50

资产总额（万元）：40

0720 华盛装璜有限责任公司

注 册 地：张掖市临泽县

主营业务：广告策划、包装设计等。

从业人员数（人）：6

销售额（万元）：100

资产总额（万元）：50

0721 卓远广告有限责任公司

注 册 地：张掖市临泽县

主营业务：霓虹灯、户外广告牌匾、条幅广告设计、制作、发布。

从业人员数（人）：4

销售额（万元）：80

资产总额（万元）：25

0722 文博图文工作室

注　册　地：张掖市临泽县

主营业务：广告制作。

主要产品：广告。

从业人员数（人）：3

销售额（万元）：12

资产总额（万元）：8

0723 昊铭广告经营部

注　册　地：张掖市临泽县

主营业务：广告制作。

从业人员数（人）：3

销售额（万元）：19

资产总额（万元）：6

0724 临泽县主创工作室

注　册　地：张掖市临泽县

主营业务：广告设计。

从业人员数（人）：3

销售额（万元）：25

资产总额（万元）：10

0725 高台县共裕装饰装潢经营部

注　册　地：张掖市高台县

主营业务：室内装潢设计服务。

从业人员数（人）：10

销售额（万元）：165.6

资产总额（万元）：728.9

0726 高台县黎明装饰装潢部

注　册　地：张掖市高台县

主营业务：广告设计服务。

从业人员数（人）：7

销售额（万元）：51

资产总额（万元）：560

0727 高台县泰晟工艺美术设计部

注　册　地：张掖市高台县

主营业务：广告设计服务。

从业人员数（人）：4

销售额（万元）：38

资产总额（万元）：123

0728 高台县国安装饰装潢部

注　册　地：张掖市高台县

主营业务：室内装潢设计服务。

从业人员数（人）：6

销售额（万元）：213.4

资产总额（万元）：619

0729 大连星空快讯广告有限公司高台分公司

注　册　地：张掖市高台县

主营业务：广告。

从业人员数（人）：7

销售额（万元）：41.8

资产总额（万元）：1500

0730 高台县鸿睿易翔网络科技有限责任公司

注　册　地：张掖市高台县

主营业务：网络广告设计制作；网络信息及集成服务筹建；网络数据库设计；计算机软件开发。

从业人员数（人）：4

销售额（万元）：56

资产总额（万元）：461

0731 高台县昇宝装饰装潢部

注　册　地：张掖市高台县

主营业务：室内装潢设计服务。

从业人员数（人）：6

销售额（万元）：214

资产总额（万元）：656

0732 高台县安民装饰装璜部

注 册 地：张掖市高台县

主营业务：室内装璜设计。

从业人员数（人）：10

销售额（万元）：213.6

资产总额（万元）：645.6

0733 高台县纪兴装饰装璜经营部

注 册 地：张掖市高台县

主营业务：室内装璜设计服务。

从业人员数（人）：6

销售额（万元）：112.3

资产总额（万元）：452.6

0734 高台县国仕装饰装璜有限责任公司

注 册 地：张掖市高台县

主营业务：室内装璜设计服务。

从业人员数（人）：7

销售额（万元）：172.1

资产总额（万元）：729.2

0735 高台县恒盛装饰装璜经营部

注 册 地：张掖市高台县

主营业务：室内装璜设计服务。

从业人员数（人）：8

销售额（万元）：136.1

资产总额（万元）：567.2

0736 甘肃红柳广告文化传媒有限责任公司白银分公司

注 册 地：白银市白银区

主营业务：设计、制作、代理、发布各类广告。

从业人员数（人）：12

销售额（万元）：68

资产总额（万元）：22

简　　介：甘肃红柳广告文化传媒有限责任公司白银分公司位于白银区公园路751-1-1号，公司成立于2006年6月16日，投资金额为20万，占地面积130多平方米，开展广告制作、发布、代理等业务服务。

0737 山东金点子广告传媒有限公司白银分公司

注 册 地：白银市白银区

主营业务：广告制作、发布、代理。

从业人员数（人）：8

销售额（万元）：67

资产总额（万元）：22

简　　介：山东金点子广告传媒有限公司白银分公司位于白银区公园路348号1-2-1，成立于2010年7月27日，占地面积160多平方米，开展广告制作、发布、代理等业务服务。

0738 白银可利尔广告装饰设计有限公司

注 册 地：白银市白银区

主营业务：设计、制作、发布、代理广告业务服务。

从业人员数（人）：9

销售额（万元）：86

资产总额（万元）：110

0739 白银热盟广告有限公司

注 册 地：白银市白银区

主营业务：广告。

从业人员数（人）：10

销售额（万元）：132.2

资产总额（万元）：166.4

0740 白银金鸽装潢广告有限公司

注　册　地：白银市白银区

主营业务：广告设计。

从业人员数（人）：8

销售额（万元）：84.1

资产总额（万元）：89.2

0741 白银恒星广告有限公司

注　册　地：白银市白银区

主营业务：广告业务服务。

从业人员数（人）：6

销售额（万元）：47

资产总额（万元）：28

0742 白银百丰广告信息有限公司

注　册　地：白银市白银区

主营业务：广告制作。

从业人员数（人）：7

销售额（万元）：87.1

资产总额（万元）：68.4

0743 白银海文广告有限责任公司

注　册　地：白银市白银区

主营业务：广告设计。

从业人员数（人）：6

销售额（万元）：16

资产总额（万元）：25

0744 白银区兴力凡广告电脑设计部

注　册　地：白银市白银区

主营业务：设计、制作、代理广告。

从业人员数（人）：6

销售额（万元）：45

资产总额（万元）：25

0745 白银方诚文化传媒有限公司

注　册　地：白银市白银区

主营业务：文化创意，广告设计、制作、发布、代理。

从业人员数（人）：6

销售额（万元）：68

资产总额（万元）：45

0746 白银博丰装饰工程设计有限公司

注　册　地：白银市白银区

主营业务：室内外装修设计及施工。

从业人员数（人）：10

销售额（万元）：96

资产总额（万元）：50

0747 白银斗图广告传媒有限公司

注　册　地：白银市白银区上海路69号

主营业务：广告服务。

从业人员数（人）：6

销售额（万元）：63

资产总额（万元）：50

0748 白银九鼎建筑装饰工程有限公司

注　册　地：白银市白银区

主营业务：室内外装饰，广告制作、发布、代理。

从业人员数（人）：10

销售额（万元）：150

资产总额（万元）：110

0749 山西生活向导广告有限公司白银分公司

注　册　地：白银市白银区

主营业务：广告业务服务。

从业人员数（人）：6

销售额（万元）：45

资产总额（万元）：68

0750 白银天益广告有限责任公司

注 册 地：白银市白银区

主营业务：广告制作、发布、代理。

从业人员数（人）：4

销售额（万元）：70

资产总额（万元）：50

简　　介：白银天益广告有限责任公司位于白银区上海路 69 号 32 栋（03）18 栋 1-02，成立于 2010 年 7 月 14 日，注册资金为 50 万，占地面积 320 多平方米，开展广告制作、发布、代理等业务服务。

0751 白银龙马科技资讯有限责任公司

注 册 地：白银市白银区

主营业务：广告。

从业人员数（人）：9

销售额（万元）：134

资产总额（万元）：95.3

简　　介：白银龙马科技资讯有限责任公司位于白银区中心街，成立于 1997 年 9 月 18 日，占地面积 110 多平方米。

0752 白银昇泰装饰设计有限公司

注 册 地：白银市白银区

主营业务：广告业务服务。

从业人员数（人）：12

销售额（万元）：269

资产总额（万元）：510

简　　介：白银昇泰装饰设计有限公司位于白银区工农路 2-7 号，成立于 2007 年 10 月 24 日，注册资金为 501 万，占地面积 460 多平方米。

0753 白银科诺影视文化传媒有限责任公司

注 册 地：白银市白银区

主营业务：宣传片拍摄、制作；影视制作；三维立体影像制作；全景漫游。

主要产品：宣传片。

从业人员数（人）：8

销售额（万元）：220

资产总额（万元）：135

0754 白银兴银贵文化发展有限公司

注 册 地：白银市白银区

主营业务：广告设计。

从业人员数（人）：5

销售额（万元）：77.4

资产总额（万元）：72.1

0755 白银子空间广告行销策划有限公司

注 册 地：白银市白银区北京路 269 号

主营业务：广告。

从业人员数（人）：26

销售额（万元）：291.7

资产总额（万元）：463

0756 白银博瑞广告传媒有限公司

注 册 地：白银市白银区

主营业务：广告服务。

从业人员数（人）：4

销售额（万元）：34

资产总额（万元）：5

简　　介：白银博瑞广告传媒有限公司位于白银区兰州路 106 号，成立于 2009 年 9 月 2 日，占地面积 130 多平方米。

0757 白银市平川区慧光文化传媒影视中心

注 册 地：白银市平川区工商局

主营业务：影视制作，宣传片拍摄、制作。

从业人员数（人）：8

销售额（万元）：35

资产总额（万元）：50

0758 白银蓝孔雀广告传媒有限公司

注　册　地：白银市平川区

主营业务：平面设计、广告策划。

从业人员数（人）：10

销售额（万元）：50

资产总额（万元）：60

简　　介：白银蓝孔雀广告传媒有限公司是一家以平面设计、广告策划、展览展示设计、品牌及产品推广策划为主营业务的新一代整合传媒服务机构，致力于为客户提供一流的、全方位多领域的创意设计服务。公司成立于2011年10月，其前身为白银市平川区长征东路蓝孔雀电脑设计工作室，现为白银市广告协会会员单位，白银市平川区广告协会理事单位，并两次获得平川区光彩之星和诚信单位称号。我们始终秉承"为客户创造价值、为员工创造机会、为企业创造效益"的经营理念，已为当地知名企业靖煤集团、忠恒集团等常年提供整合设计制作服务，业务涉及政府机构、家居建材、酒店餐饮、日用品等诸多领域。

0759 白银市平川区万千百绘广告文化服务中心

注　册　地：白银市平川区

主营业务：广告设计服务。

从业人员数（人）：6

销售额（万元）：30

资产总额（万元）：50

0760 白银金艺通圆广告装饰有限责任公司

注　册　地：白银市平川区

主营业务：广告设计、代理、制作、发布；庆典礼仪。

从业人员数（人）：10

销售额（万元）：75

资产总额（万元）：100

简　　介：白银金艺通圆广告装饰有限责任公司位于甘肃省白银市平川区兴平东路，公司经营范围为广告设计、代理、制作与发布（不含DM广告），庆典礼仪，司仪主持，摄影摄像服务，舞台音响租赁；办公用品、家用电器、计算机及辅助设备、文具用品、婚庆用品、工艺美术品零售。

0761 白银惠轩广告装饰有限公司

注　册　地：白银市平川区

主营业务：广告设计制作。

从业人员数（人）：10

销售额（万元）：85

资产总额（万元）：100

简　　介：凭借独特的设计理念和完善的管理体系，白银惠轩广告装饰有限公司已发展成为平川区最大的一家广告公司。其作品多次参展并获奖，积累了大量成功案例，在客户和同行中获得了良好的形象和口碑。公司下设：广告部，装饰部，加工部，工程部，喷绘部，传媒部。公司被区政府评为"发展非公有制经济标兵企业"和广告协会常务会员单位。

0762 会宁县天音文化传播有限责任公司

注　册　地：白银市会宁县

主营业务：文化艺术交流；艺术培训；乐器销售批发；广告设计、制作、发布。

从业人员数（人）：6

销售额（万元）：1

资产总额（万元）：18

简　　介：会宁县天音文化传播有限责任公司成立于2012年，公司秉承"责任、创新"的发展理念，现下设行政部、财务部、策划实施部、教育培训部，旗下拥有会宁县天音琴行、会宁县天音艺术培训中心等众多机构。公司以音乐、美术、舞蹈等各类艺术培训为主体，拥有400平方米专业教室，教师17人，长期在校学生200余人，学校音乐教室7间，小琴房6间，艺术教室4间，另有500平米演出剧院一间。我校将坚持"一年两比赛，一年四演出"的社会实践活动，为每位学员提供展示自己的舞台和机会。

0763 甘肃晨龙文化传媒有限公司

注　册　地：白银市会宁县

主营业务：广告设计，庆典策划、文艺演出。

从业人员数（人）：3

资产总额（万元）：100

简　　介：甘肃晨龙文化传媒有限公司成立于2014年，秉承着"创新传播，互利共赢"的公司理念，以及"传媒新时代，精彩每一天"的企业精神，追求与客户共享高品质、高效率的设计团队。我们有专业的策划、设计、演艺、创意团队，聚集了业内资深人士。我们有跨界整合各种社会资源的手段和快速精确的新型传播理念。公司具有专业的舞台、灯光、音响和艺术精英。本公司策划执行各种广告设计、演出、赛事活动及代理，并拥有自己的文艺团体，公司承接影视广告制作、文艺演出、乔迁新禧、庆典策划、户外广告制作、展览展示、会议服务、设备租赁等业务。

0764 甘肃九点阳光广告文化发展有限公司

注　册　地：白银市会宁县

主营业务：国内各类广告的设计、制作、策划、发布，文化艺术交流策划、文化产品开发、电脑动漫制作、企业管理咨询、企业形象策划、市场营销策划、会展服务、会务服务、文艺汇演、室内外装修装饰设计与施工。

从业人员数（人）：10

销售额（万元）：90

资产总额（万元）：200

简　　介：甘肃九点阳光广告文化发展有限公司前身是成立于2000年的会宁县阳光广告展示设计工作室，现已成为大型广告文化发展企业，注册资金200万元。主要经营代理发布各类广告、文化艺术交流、高精度写真喷绘、安装LED显示屏、包装设计、校园文化创设、室内外装饰设计与施工等多种业务。各种广告设备、庆典设备和室内装饰施工设备齐全。公司具备优秀的设计团队，管理人员具有广告师资格1人、助理广告师资格1人、广告审查员资格1人，能为客户提供策划、创意、设计、制作一条龙服务。2011年公司选送的五件作品荣获甘肃省首届广告节"公益广告评选"入围奖。2012年被会宁县工商行政管理局授予2011年度"守合同、重信用"企业。2013年公司选送的设计作品荣获甘肃省广告创意大奖赛银奖。

0765 会宁县红韵广告文化传媒装饰工程有限公司

注　册　地：白银市会宁县

主营业务：广告发布、代理、策划、制作，组织文化艺术交流活动（不含演出）、会议及展览服务；室内外装饰装修、绘图。

从业人员数（人）：5

销售额（万元）：10

资产总额（万元）：50

0766 甘肃红色时代文化传播有限公司

注　册　地：白银市会宁县

主营业务：广告策划、设计、制作、发布；广告设备、广告材料的批发零售；红色文化传播、红色旅游纪念品研发、制作、销售；钢结构加工。

主要产品：《红色剪纸》。

从业人员数（人）：10

销售额（万元）：100

资产总额（万元）：200

简　　介：甘肃红色时代文化传播有限公司本着"用心服务，优质高效"的经营理念，高位创意策划，精心设计制作，打造文化品牌，赢得了社会各界的广泛赞誉，特别是2006年以来，先后承接了中央电视台"心连心"赴会宁演出舞台搭建及服务工作；中国教育电视台"百万青少年网上重走长征路会宁会师"仪式；中国人民银行生源地助学贷款启动仪式；国家土地整理项目、省计划救助困难家庭等庆典活动100余次。2010年公司开发了一系列旅游产品，其中《红色剪纸》的问世，受到了县内外的好评。《红色剪纸》曾被作为白银市的名片之一，赠予德国专家。甘肃电视台"中国西北角"栏目以《会师儿女的新情怀》做了20分钟的专题报道；甘肃广播电视报以《会师儿女创作出"红色剪纸"》；兰州晨报以《会师儿女钟情"红色剪纸"》；白银日报以《红色情韵》做了专题报道。《红色剪纸》被白银市评为白银旅游特色产品。

0767 甘肃祖厉河文化传媒有限责任公司

注　册　地：白银市会宁县

主营业务：设计、制作、发布、代理各类广告；企业文化艺术交流；展示、展览策划；企业形象设计。

从业人员数（人）：3

销售额（万元）：1

资产总额（万元）：10

0768 甘肃胜利文化发展有限公司

注　册　地：白银市会宁县

主营业务：文化创意、文化会展；会议会展的设计和布置；文艺活动策划；国内外各类广告业务的设计、制作、发布、代理。

从业人员数（人）：25

销售额（万元）：420

资产总额（万元）：1000

简　　介：甘肃胜利文化发展有限公司成立于2000年1月，主要从事广告平面创意设计，大型装饰安装工程，大型户内外文演、商展、庆典、音乐焰火晚会等活动的整体策划；舞台、灯光、音响、舞台特效设备的租赁搭建，科教数字影院展播，LED广场大屏，影片播放片前广告的制作和发布；企事业单位的彩色宣传页、包、杯、牌、旗等广告文化用品的制作。

0769 会宁华源文化发展装饰工程中心

注　册　地：白银市会宁县

主营业务：广告设计、制作、发布；庆典活动策划；室内外装饰装修工程设计与施工；广告牌制作安装；LED亮化工程。

从业人员数（人）：1

销售额（万元）：10

资产总额（万元）：3

0770 会宁会缘文化传媒有限公司

注　册　地：白银市会宁县

主营业务：广告设计、制作、发布。

从业人员数（人）：8

销售额（万元）：10

资产总额（万元）：300

简　　介：会宁会缘文化传媒有限公司位于会宁县会师大道南侧，红军长征胜利景园西北侧，用地面积为2341.50平方米。现有办公楼3842平方米，职工8人，注册资金达300万元。公司贯彻"以人为本，科技创新，用户至上，诚信重诺"的管理理念，依靠过硬的技术和创新精神，不断寻求发展，总产值逐年上升。

0771 甘肃百福浓文化传媒集团有限公司

注 册 地：白银市会宁县

主营业务：广告的设计、制作、策划、发布；企业形象宣传策划、会展服务、文化活动的组织策划、礼仪庆典服务；工艺美术品及收藏品零售；字画、铜瓷器收藏及销售。

从业人员数（人）：7

资产总额（万元）：3000

0772 会宁大自然广告文化发展中心

注 册 地：白银市会宁县

主营业务：广告设计、策划、制作。

从业人员数（人）：10

销售额（万元）：10

资产总额（万元）：100

0773 靖远靖乐广告传媒有限公司

注 册 地：白银市靖远县西大街 2 号

主营业务：户外广告发布；多媒体广告发布；平面设计；多媒体广告策划制作；活动策划服务；摄影服务；展示设计；市场推广；营销策划。

主要产品：单立柱高塔、户外灯箱、路牌。

从业人员数（人）：10

销售额（万元）：130

资产总额（万元）：650

简　　介：靖远靖乐广告传媒有限公司位于靖远县新城区国土资源局一楼，是靖远县城市投资建设有限责任公司的全资子公司。公司成立于 2012 年 12 月 10 日，是一家集平面设计、摄影服务、多媒体广告策划制作、展示设计、户外广告发布以及多媒体广告发布于一身的国有综合性广告传媒公司，也是靖远县唯——家具有城市广告经营权的综合性广告传媒公司。靖远靖乐广告传媒有限公司拥有靖远县最权威最具优势的广告发布平台。在靖远西出白银、兰州的门户（新 207 线）旁选择最佳位置建设高架广告塔 8 座，在京藏高速靖远段黄金位置建设高架广告塔 2 座。拥有靖远县人民广场 144 平方米 LED 大屏幕发布广告和资讯；可在靖远遍布全城的道路指示标牌灯箱 111 个；拥有城区繁华路段公交候车亭广告位 36 面；拥有人民路沿路灯箱 96 个；拥有人民广场周边灯箱 25 个。

0774 靖远艺达光电工艺装璜部

注 册 地：白银市靖远县乌兰镇西大街

主营业务：户内外墙体广告设计、光电工艺装璜服务。

主要产品：广告牌、工艺装饰品。

从业人员数（人）：2

销售额（万元）：5

资产总额（万元）：12

0775 靖远万胜广告策划室

注 册 地：白银市靖远县乌兰镇东大街

主营业务：户外路牌、灯箱制作；装饰材料零售。

从业人员数（人）：1

销售额（万元）：2

资产总额（万元）：4

0776 景泰县金艺演艺广告策划有限公司

注 册 地：白银市景泰县一条山镇东街

主营业务：广告设计、制作、发布；文艺演出；电脑耗材、音响设备销售。

从业人员数（人）：4

销售额（万元）：30

资产总额（万元）：90

0777 甘肃大美装饰设计工程有限公司

注　册　地：白银市景泰县

主营业务：室内外装饰工程、园林景观绿化、旅游产业推广、企业形象设计、广告设计制作代理、书刊包装设计、美术公益设计制作、装饰建材批发。

从业人员数（人）：9

销售额（万元）：135

资产总额（万元）：100

0778 景泰县金河聚众传媒有限责任公司

注　册　地：白银市景泰县

主营业务：计算机与电子产品批发，户外LED 与 LCD 销售等，广告设计、策划、制作。

从业人员数（人）：4

销售额（万元）：8

资产总额（万元）：8

0779 景泰县挚诚广告部

注　册　地：白银市景泰县一条山镇人民路

主营业务：广告设计、制作，喷绘，电脑耗材零售。

从业人员数（人）：2

销售额（万元）：10

资产总额（万元）：60

0780 景泰县天翔广告装潢制作中心

注　册　地：白银市景泰县红水镇泰安村

主营业务：广告设计、制作，字画装裱。

从业人员数（人）：2

销售额（万元）：10

资产总额（万元）：80

简　　介：景泰县天翔广告装潢制作中心于1999 年成立，是一家在景泰县红水镇地域首创的主营广告制作、字画装裱、书画经营、工艺礼品、婚庆用品零售的专业综合性广告

中心。中心一直遵照以人为本的运营理念，获得了长足的发展。中心自 1999 年 1 月创立以来，为景泰县二期滩文化广告业注入了新鲜的血液，备受社会各界人士的关注和支持。

0781 景泰县庆源工艺广告部

注　册　地：白银市景泰县

主营业务：户内外广告，装裱字画、祝寿牌匾、各种门头、LED 显示屏制作，楼梯亮化工程施工，工艺品加工销售等。

从业人员数（人）：1

销售额（万元）：5

资产总额（万元）：10

0782 景泰县东点广告部

注　册　地：白银市景泰县一条山镇人民路

主营业务：广告设计与制作、打字复印、电脑耗材销售。

从业人员数（人）：3

销售额（万元）：8

资产总额（万元）：8

0783 景泰县宏源广告服务部

注　册　地：白银市景泰县

主营业务：广告策划、设计、制作，办公用品销售。

从业人员数（人）：2

销售额（万元）：1

资产总额（万元）：2

简　　介：景泰县宏源广告服务部是融广告设计、制作、代理、发布为一体的专业化广告服务部，专业从事写真、喷绘、户内外广告制作项目。本部拥有 Lecal 高精度写真机、柯美高精度彩色激光打印机等。本部拥有一支专业化的服务团队，从事广告设计制作业十余年，能够高效率的完成工作，提供专业服务，并负责取送安装。

0784 甘肃旭光文化传媒有限公司

注　册　地：白银市景泰县

主营业务：各类形式的传媒广告设计、平面3D设计以及多种平台的广告宣传、制作、代理、发布，承建大型广告平台工程制作，销售、租赁大幅广告宣传牌等。

从业人员数（人）：46

销售额（万元）：20

资产总额（万元）：678

简　　介：甘肃旭光文化传媒有限公司原名"晨光照相馆"，属我县第一家个体照相馆。1984年开创了我县彩照及彩扩的先例，也是全省县级地区彩扩先例，把我县的摄影事业推向了一个新高潮。1987年扩大经营规模，移地又建"旭光照相馆"。1994年再次扩大经营规模，首创我县大幅婚纱、大幅团照的先例，从而更名为"旭光婚纱艺术影楼"。2000年再建规模较大的五层综合营业楼，面积3800平方米，继而成立"甘肃旭光文化传媒有限公司"。甘肃旭光文化传媒有限公司位于景泰县人民文化广场东口。总公司下属传媒策划公司、摄影分公司、数码彩照冲印部、照相器材部、招待所、庆典演艺队、电焊加工部、安装队。

0785 景泰县邮政局信函广告部

注　册　地：白银市景泰县一条山镇

主营业务：邮政业务、设计制作发布广告。

主要产品：账单信函、DM直邮广告（广告信函）、企业广告邮资明信片、广告邮资信封等邮政广告。

从业人员数（人）：3

销售额（万元）：20

资产总额（万元）：3

简　　介：景泰县邮政局信函广告部成立于2008年，是景泰县邮政局设立的为企事业单位提供数据库营销整体策划和邮政广告媒体服务的专业机构，主要从事邮政商函广告媒体的经营，现有从业人数3人（兼职）。

0786 景泰县东翊广告经营部

注　册　地：白银市景泰县

主营业务：广告设计、制作；数码写真；大型雕刻。

从业人员数（人）：4

销售额（万元）：5

资产总额（万元）：10

简　　介：景泰县东翊广告经营部成立于2012年，是一家融广告发布、户外喷绘、数码写真、大型雕刻、工艺字牌等多种服务项目为一体的多元化综合性广告部，现有工作人员4名。东翔广告经营部自成立以来，一直秉承"口碑源于品质，专业炼就品牌"的经营理念，始终坚持"以市场为导向，以客户为中心"的服务理念，从客户需求出发，不断完善服务流程，深化客户服务，与客户共成长，竭诚为客户做最优质的产品和服务，努力做到让客户满意。

0787 景泰县新博睿广告有限公司

注　册　地：白银市景泰县

主营业务：企业营销策划；影视宣传片策划、制作；设计、制作、代理、发布广告；品牌全案代理、新闻公关代理；商标标识设计；各种平面广告策划、制作；新闻传播手段运营、演艺活动、广告运营策划。

从业人员数（人）：4

销售额（万元）：10

资产总额（万元）：10

简　　介：新博睿广告是立足于景泰、致力于品牌传播及广告策划的专业服务机构，其本着"创新的理念、博爱的精神、睿智的思想"在景泰广告业中成长。公司团队充满朝气和自我挑战精神，并具备丰富的市场运作经验。新博睿广告自身定位为一家综合性智能服务提供商，主要从事平面创意、空间创意以及智囊服务。公司自成立以来，在景泰服务过的企业有 300 多家，服务项目包括景泰县电力局宣传片策划、平贵花园广告及营销策划、黄河家园广告策划、花园小区广告策划、民生服装商贸城广告宣传片策划制作、寿鹿山水泥厂标书策划制作等。2008 年 9 月，公司成功策划实施了"景泰县第五届黄河风情旅游节"，得到了社会广泛好评。

0788 白银华欧广告传媒有限公司

注 册 地：白银市景泰县

主营业务：设计、制作、代理、发布国内各类广告；城市亮化工程设计；室内外装饰装修工程设计；户外广告牌制作安装。

从业人员数（人）：2

销售额（万元）：5

资产总额（万元）：10

0789 酒泉红柳广告文化传媒有限责任公司景泰分公司

注 册 地：白银市景泰县

主营业务：DM 广告专刊发行。

主要产品：《红柳广告》。

从业人员数（人）：6

销售额（万元）：1

资产总额（万元）：2

简　　介：酒泉红柳广告文化传媒有限责任公司景泰分公司成立于 2012 年 3 月，主要经营 DM 报纸广告的制作发行。总公司酒泉红柳广告文化传媒有限责任公司始建于 2002 年 6 月，同年 7 月经国家工商行政管理总局审批，在省内创办了首家国内证号的 DM 广告专刊《红柳广告》。景泰分公司是景泰首家以铜版纸发行 DM 报纸广告的广告公司，公司自成立以来，以"增值企业文化，演绎

品牌至尊"为公司信条，坚持秉承"智慧创造价值，卓越成就品牌"的理念，致力于"搭建一流的 DM 广告平台，创建一流的文化产业模式"。在不断努力下，景泰《红柳广告》以版面精美、内容丰富的特点在景泰地区获得了一定的知名度，赢得了诸多客户的信赖。

0790 景泰县七彩虹广告印务部

注 册 地：白银市景泰县一条山镇人民路

主营业务：设计、制作广告，电脑耗材零售。

从业人员数（人）：4

销售额（万元）：30

资产总额（万元）：240

0791 山东金点子广告传媒有限公司景泰分公司

注 册 地：白银市景泰县

主营业务：广告设计、制作、发布、代理。

从业人员数（人）：7

销售额（万元）：10

资产总额（万元）：10

0792 景泰县东晓广告部

注 册 地：白银市景泰县一条山镇中泉路北

主营业务：广告的设计、制作、发布。

从业人员数（人）：2

销售额（万元）：10

资产总额（万元）：20

0793 景泰县方圆广告制作部

注 册 地：白银市景泰县一条山镇人民路

主营业务：广告业。

从业人员数（人）：2

销售额（万元）：8

资产总额（万元）：48

0794 景泰县神光艺术影像广告制作中心

注 册 地：白银市景泰县一条山镇人民路

主营业务：广告业、摄影扩印服务、电子产品专门零售。

从业人员数（人）：3

销售额（万元）：30

资产总额（万元）：300

0795 山西生活向导广告有限公司景泰分公司

注 册 地：白银市景泰县一条山镇黄河路

主营业务：商业广告设计、制作、发布、信息采编。

主要产品：《生活向导》DM 广告发布。

从业人员数（人）：2

销售额（万元）：8

资产总额（万元）：5

0796 景泰县金星广告商行

注 册 地：白银市景泰县一条山镇西街

主营业务：广告设计、发布、制作，安装户外广告牌，电脑耗材零售。

从业人员数（人）：1

销售额（万元）：3

资产总额（万元）：20

0797 景泰县晨阳广告部

注 册 地：白银市景泰县一条山镇中泉路

主营业务：户外广告设计、策划、制作、代理，电脑耗材零售及摄影扩印。

从业人员数（人）：2

销售额（万元）：20

资产总额（万元）：140

0798 泾川县飞速广告传媒部

注 册 地：平凉市泾川县

主营业务：车体广告发布。

从业人员数（人）：1

资产总额（万元）：17

0799 泾川县巴百隆广告艺术装饰标牌中心

注 册 地：平凉市泾川县

主营业务：广告标识设计制作；旅游纪念品开发；装饰画、艺术品销售。

从业人员数（人）：1

资产总额（万元）：20

0800 科源广告有限公司

注 册 地：平凉市崇信县新窑街道

主营业务：喷绘写真、灯牌招牌、展板条幅、宣传彩页、扫描刻录、名片印刷、电脑刻字、字牌定做、资料装订、数码快照、办公用品、纸张、彩色复印、维修打 / 复印机。

从业人员数（人）：2

销售额（万元）：10

资产总额（万元）：20

0801 崇华广告

注 册 地：平凉市崇信县团结西路

主营业务：喷绘、写真、挽幛、条幅、会标。

从业人员数（人）：3

销售额（万元）：17

资产总额（万元）：25

0802 艺坊装饰装潢部

注 册 地：平凉市崇信县青年路

主营业务：室内外设计、装饰、装潢。

从业人员数（人）：2

销售额（万元）：15

资产总额（万元）：10

0803 中天广告

注 册 地：平凉市崇信县新西街

主营业务：打字、复印、广告装饰、照相。

从业人员数（人）：2

销售额（万元）：10

资产总额（万元）：10

0804 灵台县奥莱特文化艺术传媒工作室

注 册 地：平凉市灵台县

主营业务：艺术设计、制作。

从业人员数（人）：2

销售额（万元）：7.5

资产总额（万元）：35

0805 灵台县三诺广告有限责任公司

注 册 地：平凉市灵台县

主营业务：广告策划、设计、制作、发布。

从业人员数（人）：4

销售额（万元）：30

资产总额（万元）：60

0806 灵台县中天广告有限责任公司

注 册 地：平凉市灵台县

主营业务：室内外广告设计制作。

从业人员数（人）：3

销售额（万元）：8

资产总额（万元）：30

0807 灵台县中台镇华美图文设计制作行

注 册 地：平凉市灵台县

主营业务：广告、喷绘、写真设计、制作服务。

从业人员数（人）：3

销售额（万元）：8

资产总额（万元）：20

0808 灵台县大地广告有限责任公司

注 册 地：平凉市灵台县

主营业务：广告制作、设计、发布。

主要产品：广告。

从业人员数（人）：4

销售额（万元）：1

资产总额（万元）：50

0809 灵台县九鼎广告印务部

注 册 地：平凉市灵台县

主营业务：广告设计，条幅、写真、喷绘制作。

从业人员数（人）：1

销售额（万元）：15

资产总额（万元）：20

0810 灵台县双军广告有限责任公司

注 册 地：平凉市灵台县

主营业务：广告设计、制作、发布。

从业人员数（人）：3

销售额（万元）：2

资产总额（万元）：5

0811 灵台县一轩灵艺广告装饰部

注 册 地：平凉市灵台县

主营业务：喷哈、写真、雕刻、条幅、工艺品、LED 亮化零售。

从业人员数（人）：2

销售额（万元）：2

资产总额（万元）：10

0812 灵台县博宇广告部

注 册 地：平凉市灵台县

主营业务：喷绘、写真、条幅、标牌制作。

从业人员数（人）：2

销售额（万元）：6

资产总额（万元）：5

0813 灵台县华泰广告有限责任公司

注 册 地：平凉市灵台县

主营业务：设计、制作、发布、代理、承揽各类广告业务，室内外装修设计、施工。

从业人员数（人）：7

销售额（万元）：23

资产总额（万元）：78

简　　介：本公司成立于 2003 年，位于灵台县溪河商厦三楼，经营面积 100 平方米，从业人员 7 人，主要从事户外广告业务。

0814 灵台县启程广告部

注 册 地：平凉市灵台县

主营业务：室内装潢设计，广告牌、条幅设计制作，广告耗料零售。

从业人员数（人）：2

销售额（万元）：3

资产总额（万元）：5

0815 灵台县博远广告公司

注 册 地：平凉市灵台县

主营业务：写真喷绘、条幅锦旗、户外广告加工制作。

从业人员数（人）：1

销售额（万元）：2

资产总额（万元）：10

0816 灵台县燎原广告有限责任公司

注 册 地：平凉市灵台县

主营业务：户外广告工程，LED 亮化工程，室内外设计、喷绘、写真、彩页、条幅、名片、箱牌、灯箱制作，广告材料销售。

从业人员数（人）：3

销售额（万元）：15

资产总额（万元）：30

0817 华亭县天健广告装饰部

注 册 地：平凉市华亭县皇甫路

主营业务：广告装饰材料、路牌、灯箱、广告牌、标牌制作。

从业人员数（人）：2

销售额（万元）：8

资产总额（万元）：5

0818 甘肃陇东文化产业开发有限责任公司

注 册 地：平凉市华亭县西大街 105 号

主营业务：室内设计及装潢；建筑、园林、景观、绿化设计及施工。

从业人员数（人）：5

销售额（万元）：20

资产总额（万元）：1000

0819 郑州市今好广告传媒有限公司华亭分公司

注 册 地：平凉市华亭县西大街 105 号

主营业务：广告设计、制作、发布、代理。

从业人员数（人）：2

销售额（万元）：20

资产总额（万元）：10

0820 华亭培源安装装饰有限责任公司

注 册 地：平凉市华亭县仪洲大道利民小区

主营业务：建筑装修装饰、环境绿化亮化。

从业人员数（人）：4

销售额（万元）：19

资产总额（万元）：50

0821 华亭中创伟业有限公司

注 册 地：平凉市华亭县东华镇

主营业务：室内外装饰装修工程、园林绿化。

从业人员数（人）：5

销售额（万元）：20

资产总额（万元）：100

0822 华亭县顺洲装饰设计部

注　册　地：平凉市华亭县

主营业务：装饰设计服务。

从业人员数（人）：3

销售额（万元）：6

资产总额（万元）：5

0823 华亭县新力书画艺术有限公司

注　册　地：平凉市华亭县街道

主营业务：文化传媒、广告牌制作、民间民俗工艺品生产销售。

主要产品：广告牌。

从业人员数（人）：5

销售额（万元）：20

资产总额（万元）：1000

0824 华亭县天工文化发展有限责任公司

注　册　地：平凉市华亭县东大街

主营业务：大型广告安装设计；工艺玻璃、旅游工艺礼品、名人字画销售。

从业人员数（人）：3

销售额（万元）：18

资产总额（万元）：200

0825 华亭县蓝巢装饰设计中心

注　册　地：平凉市华亭县西华上亭村李家庄社

主营业务：广告牌、条幅制作服务。

从业人员数（人）：2

销售额（万元）：5

资产总额（万元）：10

0826 华亭添艺广告有限责任公司

注　册　地：平凉市华亭县砚峡小区47号

主营业务：户外广告制作、DM广告刊登。

从业人员数（人）：3

销售额（万元）：20

资产总额（万元）：10

0827 华亭县爱尚你文化传媒有限公司

注　册　地：平凉市华亭县

主营业务：设计、制作、发布、代理各类广告。

从业人员数（人）：5

销售额（万元）：20

资产总额（万元）：50

0828 华亭县雅丽居装饰工作部

注　册　地：平凉市华亭县

主营业务：室内装修服务。

从业人员数（人）：3

销售额（万元）：5

资产总额（万元）：3

0829 华亭旭翔广告传媒有限责任公司

注　册　地：平凉市华亭县

主营业务：广告设计、制作、发布；固定形式印刷品制作。

从业人员数（人）：5

销售额（万元）：20

资产总额（万元）：45

0830 华亭华龙广告有限责任公司

注　册　地：平凉市华亭县

主营业务：广告设计、制作、发布，固定形式印刷品制作，礼仪庆典。

主要产品：广告。

从业人员数（人）：10

销售额（万元）：130

资产总额（万元）：500

0831 诚信家庭装饰装璜部

注　册　地：平凉市华亭县

主营业务：装饰装潢服务。

从业人员数（人）：1

销售额（万元）：3

资产总额（万元）：3.3

0832 华亭县国盛装饰有限责任公司

注 册 地：平凉市华亭县新城区

主营业务：室内设计、装修。

从业人员数（人）：5

销售额（万元）：20

资产总额（万元）：100

0833 华亭县概念广告装饰有限责任公司

注 册 地：平凉市华亭县

主营业务：广告设计、制作、发布，固定形式印刷品制作。

从业人员数（人）：2

销售额（万元）：15

资产总额（万元）：30

0834 华亭县华文中兴广告部

注 册 地：平凉市华亭县西关商贸楼一楼

主营业务：广告装饰，标牌制作，办公用品销售。

从业人员数（人）：2

销售额（万元）：5

资产总额（万元）：2

0835 华亭县戎都广告经销部

注 册 地：平凉市华亭县城广场东路

主营业务：广告、宣传牌制作，办公用品销售。

从业人员数（人）：2

销售额（万元）：8

资产总额（万元）：12

0836 甘肃华美广告传媒有限公司华亭分公司

注 册 地：平凉市华亭县

主营业务：广告设计、制作、发布，固定形式印刷品制作。

从业人员数（人）：5

销售额（万元）：30

资产总额（万元）：56

0837 华亭县鼎盛广告装饰店

注 册 地：平凉市华亭县皇甫路农机站对面

主营业务：广告装饰材料、办公用品销售，宣传牌制作。

从业人员数（人）：2

销售额（万元）：6

资产总额（万元）：5

0838 华亭县城市之家装饰有限责任公司

注 册 地：平凉市华亭县新城区

主营业务：室内外装修装饰设计。

从业人员数（人）：3

销售额（万元）：18

资产总额（万元）：60

0839 华亭县镇玺装饰工程部

注 册 地：平凉市华亭县鸿昊盛府西二路15号

主营业务：室内装修，建材广告效果图设计，卫浴灯饰销售，绿化园林服务。

从业人员数（人）：4

销售额（万元）：15

资产总额（万元）：30

0840 华亭县华美广告装饰中心

注 册 地：平凉市华亭县东大街

主营业务：广告、装潢服务。

从业人员数（人）：3

销售额（万元）：5

资产总额（万元）：8

0841 华亭县汭源创意广告部

注 册 地：平凉市华亭县东大街武装部

主营业务：广告牌、喷绘写真、展板彩车、锦旗、条幅制作服务。

从业人员数（人）：2

销售额（万元）：10

资产总额（万元）：8

0842 华亭县前未广告装饰部

注 册 地：平凉市华亭县农机公司前排7号

主营业务：广告装饰材料销售；标牌、广告牌制作。

从业人员数（人）：2

销售额（万元）：5

资产总额（万元）：3

0843 华亭县创艺广告装饰部

注 册 地：平凉市华亭县西大街

主营业务：广告牌制作、楼体亮化服务。

从业人员数（人）：3

销售额（万元）：13

资产总额（万元）：10

0844 华亭邮政商函广告部

注 册 地：平凉市华亭县

主营业务：广告设计、制作、发布。

从业人员数（人）：2

销售额（万元）：15

资产总额（万元）：30

0845 大连四海传媒广告有限公司静宁分公司

注 册 地：平凉市静宁县城关镇中街

主营业务：广告设计、制作、代理、发布；会议及展览服务；房屋买卖、房屋租赁、楼盘代理；劳务信息咨询，家政服务。

从业人员数（人）：8

销售额（万元）：100

资产总额（万元）：120

0846 庆阳乐道网络传媒有限公司

注 册 地：庆阳市长庆大道

主营业务：网络工程、网站系统建设，软件开发、代理及销售，广告策划设计发布，计算机及数码产品代理销售。

主要产品：网络工程、网站系统、软件、计算机及数码产品。

从业人员数（人）：3

销售额（万元）：10

资产总额（万元）：310

0847 庆阳一品建筑装饰设计工程有限公司

注 册 地：庆阳市朔州东路泰和居小区

主营业务：室内外装饰工程设计、施工；展台设计；展览展示服务；管道安装；设计、制作、代理、发布国内各类广告；企业管理咨询。

从业人员数（人）：5

销售额（万元）：23

资产总额（万元）：200

0848 庆阳金桥网络传媒广告有限公司

注 册 地：庆阳市西峰区解放西路报社巷8号

主营业务：国内各类广告代理、设计、制作、发布；互联网信息服务；网站建设与维护等服务；网络信息传播技术及计算机软硬件开发；多媒体应用软件及系统、相关设备技术开发与销售；图文设计制作；影视网络专题片制作、发布；DM直投印刷、文化艺术交流策划咨询、展会布置策划、企业管理咨询、投资咨询、企业形象策划、市场营销策划。

从业人员数（人）：8

销售额（万元）：139

资产总额（万元）：31

0849 庆阳市美亚霓虹广告装饰有限公司

注 册 地：庆阳市西峰区九龙北路 1 号

主营业务：代理、设计、制作、发布各类广告；城市规划、景观园林、环境设计；制作喷绘、展板、雕刻、广告牌、灯箱、各类广告字；制作 LED 电子显示屏；承揽楼宇亮化、城市亮化、大型彩灯设计制作；承办、策划各类展览及大型节会庆典；装饰材料、工程灯具、展示器材销售。

主要产品：展板、雕刻、广告牌、灯箱、各类广告字、LED 电子显示屏。

从业人员数（人）：16

销售额（万元）：141

资产总额（万元）：206

简　　介：庆阳市美亚霓虹广告装饰有限公司原为庆阳地区美亚霓虹灯厂，成立于 1994 年 9 月，2003 年地改市后重新变更登记，为陇东地区最早的、集大型广告牌制作、广告发布、霓虹灯加工、楼体亮化、工程照明、新型灯饰销售于一身的专业型公司。公司下设：广告部、设计部、加工厂等。广告部现地处西峰区九龙北路 1 号，有专业平面制作的大型进口数码喷绘机、数码写真机、雕刻机等，有专业设计制作人员数名，为本地区大型的专业广告喷绘公司。加工厂设在城北示范园区内，占地面积 7330 余平方米，有专业技术人员十几名，为本地区开办较早、规模大、制作数量多的专业型户外广告加工企业。

0850 庆阳扬杰广告有限公司

注 册 地：庆阳市西峰分局

主营业务：广告装饰。

从业人员数（人）：3

销售额（万元）：15

资产总额（万元）：36

0851 庆阳天门科技有限公司

注 册 地：庆阳市西峰区

主营业务：广告设计。

从业人员数（人）：6

销售额（万元）：17

资产总额（万元）：45

0852 庆阳弘鼎文化传媒有限公司

注 册 地：庆阳市西峰区后官寨南庄住宅小区

主营业务：影视策划，动漫设计，广告设计制作代理及发布，企业形象策划，展览展示活动，商务咨询，舞台设计，演出服装设计开发及销售，电脑图文设计制作。

从业人员数（人）：6

资产总额（万元）：40

0853 庆阳鹏宇广告装饰有限公司

注 册 地：庆阳市西峰分局

主营业务：广告装饰。

从业人员数（人）：4

销售额（万元）：30

资产总额（万元）：36

0854 甘肃银都投资咨询集团荣鑫空中广告有限公司

注 册 地：庆阳市西峰区西大街 18 号

主营业务：户外广告设计、制作、发布、代理；企业宣传策划；庆典广告宣传。

从业人员数（人）：2

资产总额（万元）：3.6

0855 庆阳艾德沃广告装饰有限公司

注　册　地：庆阳市西峰区

主营业务：广告装饰。

从业人员数（人）：3

销售额（万元）：28

资产总额（万元）：46

0856 庆阳市金马广告有限责任公司

注　册　地：庆阳市西峰区九龙北路九龙商场东门

主营业务：户外广告的代理、策划、设计、制作；广告装璜工程施工；园林绿化设计；标识、标牌、广告装饰材料及设备、民俗工艺品、字画、艺术雕塑的销售。

从业人员数（人）：5

销售额（万元）：40

资产总额（万元）：91

0857 庆阳卓鑫广告有限公司

注　册　地：庆阳市西峰区

主营业务：广告设计。

从业人员数（人）：3

销售额（万元）：24

资产总额（万元）：60

0858 庆阳市邮政广告有限公司

注　册　地：庆阳市西峰区北大街 256 号

主营业务：户外广告、印刷品广告、墙体广告的制作发布。

从业人员数（人）：43

销售额（万元）：338

资产总额（万元）：90

0859 庆阳沃德广告有限公司

注　册　地：庆阳市西峰区

主营业务：广告设计。

从业人员数（人）：4

销售额（万元）：25

资产总额（万元）：40

0860 山东岳石文化传播有限公司庆阳分公司

注　册　地：庆阳市西峰区

主营业务：文化传媒广告。

从业人员数（人）：5

销售额（万元）：30

资产总额（万元）：45

0861 庆阳市瑞帝广告装饰工程有限公司

注　册　地：庆阳市西峰区广场南路 20 号

主营业务：广告设计、策划、制作、代理、发布；市场调研；企业营销推广；企业形象策划；文化艺术交流策划与服务；公关、赛事活动策划与服务；舞台艺术造型策划；会务会展策划与服务；礼仪庆典；工艺品设计、加工；标识标牌设计、加工、安装；园林绿化工程设计、施工；环卫设施加工、销售、安装；亮化景观工程设计、施工；灯光设计、LED 照明工程、LED 显示屏工程设计；城市雕塑设计、加工；建筑设计、市政工程建设；3D 设计、室内外装饰装璜。

主要产品：广告、装饰工程。

从业人员数（人）：15

销售额（万元）：45

资产总额（万元）：218

简　　　介：庆阳市瑞帝广告装饰工程有限公司成立于 2011 年 12 月 22 日，位于甘肃省庆阳市西峰区广场南路 20 号（嘉庆得宾馆主楼一楼南厅），经营范围是广告设计、策划、制作、代理、发布；市场调研；企业营销推广；企业形象策划、文化艺术交流策划与服务。

0862 庆阳高峰印务广告有限公司

注 册 地：庆阳市西峰区育才路 93 号

主营业务：印刷品印刷、广告设计制作、工程制图、写真喷绘、条幅制作。

从业人员数（人）：6

销售额（万元）：90

资产总额（万元）：124

0863 庆阳蔚蓝广告有限公司

注 册 地：庆阳市西峰分局

主营业务：广告设计。

从业人员数（人）：4

销售额（万元）：26

资产总额（万元）：60

0864 西峰区海翔广告装饰部

注 册 地：庆阳市西峰区育才西路

主营业务：制作图文广告。

从业人员数（人）：2

销售额（万元）：10

资产总额（万元）：12

0865 西峰区苏格图文设计部

注 册 地：庆阳市西峰区泰和居小区 16、17 号

主营业务：图文设计服务。

从业人员数（人）：3

销售额（万元）：2

资产总额（万元）：3

0866 西峰区润家佳居装饰设计部

注 册 地：庆阳市西峰区长庆大道科教新村 14 号

主营业务：室内装饰设计、广告设计服务。

从业人员数（人）：3

销售额（万元）：7.5

资产总额（万元）：15

0867 西峰区博雅图文设计室

注 册 地：庆阳市西峰区庆州西路

主营业务：图文广告设计、制作，打字、复印，材料装订服务。

从业人员数（人）：2

销售额（万元）：2

资产总额（万元）：5

0868 西峰区木色广告

注 册 地：庆阳市西峰区育才西路

主营业务：广告制作。

从业人员数（人）：2

销售额（万元）：2

资产总额（万元）：5

0869 西峰区升东广告装饰部

注 册 地：庆阳市西峰区育才西路

主营业务：吸塑字、广告牌制作服务。

从业人员数（人）：2

销售额（万元）：10

资产总额（万元）：20

0870 庆阳西峰区艺迪霓虹广告装饰

注 册 地：庆阳市西峰区育才西路

主营业务：铜字、铜牌制作。

从业人员数（人）：3

销售额（万元）：10

资产总额（万元）：20

0871 西峰区百馨广告

注 册 地：庆阳市西峰区育才西路

主营业务：广告牌制作。

从业人员数（人）：2

销售额（万元）：5

资产总额（万元）：8

0872 西峰区三原色广告部

注 册 地：庆阳市西峰区马连河大道

主营业务：广告设计制作。

从业人员数（人）：2

销售额（万元）：8

资产总额（万元）：6

简　　介：西峰区三原色广告部是一家集专业广告市场企划、市场定位研究，广告推广代理、发布于一身的专业广告服务机构，现主要经营运作形象广告及品牌市场终端营销广告服务。

0873 庆阳市三力阳光广告中心有限公司

注 册 地：庆阳市西峰区岐黄大道

主营业务：广告设计、制作、代理、发布。

从业人员数（人）：5

销售额（万元）：8

资产总额（万元）：30

简　　介：庆阳市三力阳光广告中心有限公司成立于 2006 年 9 月 1 日，位于西峰区岐黄大道太一地中海，现有职工 5 名，其中专业技术人员 3 名。公司主要以广告制作、设计、发布为主要内容。

0874 庆阳市西峰区红升广告装饰部

注 册 地：庆阳市西峰区董志镇南街

主营业务：写真、喷绘、广告制作服务。

从业人员数（人）：1

销售额（万元）：6

资产总额（万元）：6

0875 庆阳灵博智点广告有限公司

注 册 地：庆阳市西峰区兰州东路

主营业务：广告设计、制作、代理。

从业人员数（人）：4

销售额（万元）：21

资产总额（万元）：50

0876 西峰区新万兴装饰设计部

注 册 地：庆阳市西峰区朔州东路（贡园小区西排 112 号）

主营业务：室内装饰及平面设计服务。

从业人员数（人）：3

销售额（万元）：2

资产总额（万元）：5

0877 庆阳市名扬广告传媒有限公司

注 册 地：庆阳市西峰区南大街

主营业务：广告策划、设计、制作、代理、发布。

从业人员数（人）：9

销售额（万元）：90

资产总额（万元）：60

简　　介：庆阳市名扬广告传媒有限公司成立于 2008 年 04 月 22 日，主营业务为广告策划、设计、制作、代理、发布；装饰、装修工程设计、施工（凭资质证）；网络工程施工；软件开发、销售。

0878 庆阳梅芳广告有限公司

注 册 地：庆阳市西峰区兰州东路

主营业务：广告制作发布。

从业人员数（人）：5

销售额（万元）：10

资产总额（万元）：80

简　　介：庆阳梅芳广告有限公司成立于 2011 年 1 月 11 日，位于西峰区兰州东路，主要以广告设计、制作、发布等内容为主。公司的经营理念为追求卓越、敬业务实、诚实守信、利益共享，始终坚持质量过硬、服务到位的工作态度，为企业在市场环境中能更好更快的发展而努力。

0879 西峰区晟宇广告设计部

注 册 地：庆阳市西峰区箭道巷

主营业务：广告设计制作。

从业人员数（人）：2

销售额（万元）：8

资产总额（万元）：5

0880 西峰区精意图文设计部

注 册 地：庆阳市西峰区马连河大道

主营业务：广告设计制作。

从业人员数（人）：2

销售额（万元）：8

资产总额（万元）：6

0881 西峰区叁原色广告加工部

注 册 地：庆阳市西峰区永平路

主营业务：广告设计制作。

从业人员数（人）：2

销售额（万元）：9

资产总额（万元）：6

0882 庆阳伙伴文化传媒有限公司

注 册 地：庆阳市西峰区凤凰路

主营业务：广告设计、制作、代理、发布；
企业营销策划；书画装裱；办工用品销售。

从业人员数（人）：1

销售额（万元）：4

资产总额（万元）：12

0883 西峰区宝鑫装饰设计工作室

注 册 地：庆阳市西峰区岐黄大道

主营业务：室内装饰设计及效果图制作服务。

从业人员数（人）：5

销售额（万元）：5

资产总额（万元）：10

简　　介：西峰区宝鑫装饰设计工作室成立
于2011年3月31日，位于庆阳市西峰区岐

黄大道丽景家园小区南门西侧8号，主要从
事室内装饰设计及效果图制作业务。

0884 庆阳百搜时代广告有限公司

注 册 地：庆阳市西峰区凤凰路8号

主营业务：广告设计、制作、代理、发布。

从业人员数（人）：7

销售额（万元）：2

资产总额（万元）：10

简　　介：庆阳百搜时代广告有限公司成立
于2011年8月19日，位于西峰区凤凰路8号，
注册资金10万元，员工7名，主要以广告
设计、制作、代理、发布；商务信息咨询服
务为经营内容。

0885 庆阳蒲公英文化传播有限公司

注 册 地：庆阳市南苑小区

主营业务：广告设计、制作、代理、发布；
承揽各类印刷品的设计、制作。

从业人员数（人）：8

销售额（万元）：50

资产总额（万元）：50

简　　介：庆阳蒲公英文化传播有限公司于
2001年3月成立，是一家经营广告设计、制
作、代理、发布；承揽各类印刷品的设计、
制作的公司。现位于西峰区南苑小区，经营
面积100多平方米。蒲公英文化自成立以来，
成功运作了十多种知名品牌在庆阳市的上市
营销策划广告，以良好的口碑，卓越的创意，
精湛的技术赢得了社会各界的好评。

0886 西峰区博扬广告制作中心

注 册 地：庆阳市西峰区新建巷

主营业务：广告设计制作。

从业人员数（人）：2

销售额（万元）：8

资产总额（万元）：5

0887 庆阳多纳广告装饰有限公司

注　册　地：庆阳市九龙路（锦绣坊北排）

主营业务：广告设计、制作、代理、发布。

从业人员数（人）：8

销售额（万元）：30

资产总额（万元）：25

0888 山东金点子广告传媒有限公司庆阳分公司

注　册　地：庆阳市西峰区南大街

主营业务：广告设计、制作、发布、代理；在公司委托下代理开展固定形式印刷品广告；户外广告、影视广告代理；网络广告、网站制作；企业形象策划；创业项目咨询、房产信息咨询。

从业人员数（人）：15

销售额（万元）：28

资产总额（万元）：100

简　　介：山东金点子广告传媒有限公司庆阳分公司成立于 2008 年 07 月 03 日，资产总额 100 万元，从业人员 15 人，主营业务广告设计、制作、发布、代理；在公司委托下代理开展固定形式印刷品广告。

0889 西峰区天昊白云广告装饰部

注　册　地：庆阳市西峰区南大街

主营业务：广告牌加工、制作。

从业人员数（人）：2

销售额（万元）：6.5

资产总额（万元）：10

0890 庆阳卓雅一品装饰工程有限公司

注　册　地：庆阳市西峰区长庆路

主营业务：室内外装饰设计施工。

从业人员数（人）：110

销售额（万元）：1.57

资产总额（万元）：200

0891 西峰区宏轩广告部

注　册　地：庆阳市西峰区育才西路

主营业务：喷绘，铜字、铜牌制作。

从业人员数（人）：1

销售额（万元）：10

资产总额（万元）：15

0892 西峰区嘉陇数字广告制作中心

注　册　地：庆阳市西峰区庆州西路 14 号

主营业务：数字广告设计制作、喷绘、写真、文件装订、摄影、摄像、光盘刻录、视频编辑、相册制作。

从业人员数（人）：3

销售额（万元）：10

资产总额（万元）：20

0893 西峰区丰泰广告

注　册　地：庆阳市西峰区育才西路

主营业务：广告牌制作。

从业人员数（人）：1

销售额（万元）：5

资产总额（万元）：10

0894 庆阳创意空间装饰有限公司

注　册　地：庆阳市西峰区岐黄大道

主营业务：建筑装饰装璜设计、施工。

从业人员数（人）：6

销售额（万元）：13

资产总额（万元）：200

0895 西峰区鑫大鹏广告装饰部

注　册　地：庆阳市西峰区育才西路

主营业务：室内装修。

从业人员数（人）：2

销售额（万元）：10

资产总额（万元）：15

0896 西峰区富阳广告制作部

注 册 地：庆阳市西峰区西大街

主营业务：广告设计制作。

从业人员数（人）：2

销售额（万元）：8

资产总额（万元）：4

0897 兰州欧易装饰工程有限责任公司庆阳分公司

注 册 地：庆阳市西峰区岐黄大道

主营业务：建筑设计装饰服务。

从业人员数（人）：4

销售额（万元）：19

简　　介：兰州欧易装饰工程有限责任公司庆阳分公司位于庆阳市西峰区岐黄大道丽景家园内，公司现有员工4人，其中专业技术人员2人。公司主要以总公司的经营范围为主开展各项工作，始终坚持诚实守信的工作理念，坚持各项工作在总公司的指导下完美完成，以质量第一，服务到位，价格合理为工作原则。

0898 庆阳馨艺广告传媒有限公司

注 册 地：西峰区西峰巷

主营业务：广告设计、制作、代理、发布。

从业人员数（人）：5

销售额（万元）：20

资产总额（万元）：62

0899 西峰区鼎盛文化传播有限公司

注 册 地：庆阳市西峰区西大街

主营业务：广告设计制作。

从业人员数（人）：4

销售额（万元）：96

资产总额（万元）：40

0900 西峰区艺博广告部

注 册 地：庆阳市西峰区西大街

主营业务：广告设计制作。

从业人员数（人）：2

销售额（万元）：10

资产总额（万元）：6

0901 甘肃亨元文化传媒有限责任公司

注 册 地：庆阳市西峰区长庆北路149号

主营业务：电视频道代理运营、创办频道栏目、代理各类广告。

从业人员数（人）：16

销售额（万元）：60

资产总额（万元）：100

简　　介：甘肃亨元文化传媒有限责任公司自庆阳亨元广告公司发展而来，在10多年的历程中，已经具有电视频道代理运营、创办频道栏目、策划承办大型活动的业绩和经验。公司目前自建楼宇电视电子屏300多台，覆盖了庆阳市80%以上的写字楼、超市、商场、宾馆、机场、医院等。

0902 庆阳正达装饰广告有限公司

注 册 地：庆阳市西峰区育才西路

主营业务：工程设计、广告制作、室内外装修设计。

从业人员数（人）：4

销售额（万元）：15

资产总额（万元）：200

0903 甘肃九天文化传播有限公司

注 册 地：庆阳市西峰区岐黄大道

主营业务：广告设计发布制作。

从业人员数（人）：6

销售额（万元）：21

资产总额（万元）：200

简　　介：甘肃九天文化传播有限公司位于

西峰区岐黄大道南段，注册资金200万元，公司现有员工6名，主要以广告设计、制作服务为主。公司自成立以来，始终以公司的发展为首要任务，以坚实的经济实力和人才强项在市场中占有了一定的发展位置，公司主要以敬业务实的工作作风为抓手，继续为企业的发展努力。

0904 西峰区海源图文设计部

注 册 地：庆阳市西峰区长庆大道
主营业务：广告设计制作。
从业人员数（人）：3
销售额（万元）：8
资产总额（万元）：6

0905 西峰区火鸟设计装饰中心

注 册 地：庆阳市西峰区庆州西路8号
主营业务：室内设计装饰、平面图设计制作。
从业人员数（人）：5
销售额（万元）：10
资产总额（万元）：20
简　　介：西峰区火鸟设计装饰中心成立于2011年8月26日，坐落于庆阳市西峰区庆州西路林业法院楼下8号，现主要从事室内设计装饰、平面图设计制作业务。该设计部自成立以来一直坚持"以人为本、诚实守信、服务至上"的经营理念，坚持"设计创新、严格管理、文明服务"的经营方针，一如继往地珍惜每次服务的机会，真心实意地为广大客户服务。

0906 庆阳兴辉装饰工程有限公司

注 册 地：庆阳市西峰区长庆南路
主营业务：室内外装饰设计。
从业人员数（人）：9
销售额（万元）：200
资产总额（万元）：200

0907 西峰区娅杰广告部

注 册 地：庆阳市西峰区董志镇北街
主营业务：广告、复印、喷绘服务。
从业人员数（人）：1
销售额（万元）：8
资产总额（万元）：6
简　　介：该广告部位于西峰区董志镇北街，经营面积30平方米。店内共有打印机1台、彩印机1台、电脑2台。自2010年7月开业以来，始终秉持"文明经营、诚实守信、顾客至上"的原则开展经营活动。主要从事广告、喷绘、打字、复印服务。

0908 德州任我行广告传媒有限公司庆阳分公司

注 册 地：庆阳市西峰区
主营业务：广告策划、设计、制作、发布；会展服务。
从业人员数（人）：10
销售额（万元）：40
资产总额（万元）：50
简　　介：德州任我行广告传媒有限公司庆阳分公司于2009年7月成立，是一家经营DM广告，广告策划、设计、制作、发布，会展服务等业务的多元化广告公司。现位于西峰区九龙南路天顺祥大厦2号门面，经营面积40平方米。任我行广告自成立以来，成功运作了十多种知名品牌在庆阳市的上市营销策划广告，以良好的口碑，卓越的创意，精湛的技术赢得了社会各界的好评。我公司秉承"鼎力创新，惠泽天下"的价值准则，精心培植企业文化，努力增进企业核心竞争力，实现企业与员工的共同发展。

0909 庆阳众鑫装饰工程有限公司

注 册 地：庆阳市西峰区岐黄大道

主营业务：建筑设计装饰服务。

从业人员数（人）：4

销售额（万元）：14

资产总额（万元）：500

简　　介：庆阳众鑫装饰工程有限公司成立于 2012 年 1 月，位于西峰区岐黄大道，注册资金 500 万元，现有员工 4 名，公司主要以建筑设计、装饰为主要经营内容。公司自成立以来，以优质的服务和可靠的质量在市场上拥有一定的影响力。

0910　庆阳市西峰区通联网媒广告服务部

注　册　地：庆阳市西峰区兰州西路

主营业务：广告制作。

从业人员数（人）：10

销售额（万元）：1

资产总额（万元）：3

简　　介：庆阳市西峰区通联网媒广告服务部成立于 2008 年 12 月 24 日，位于庆阳市西峰区兰州西路供排水公司楼下，主要从事广告制作业务。本部一直以诚信为本，质量为先服务于广大客户。十余年来业务不断壮大，由最初的 2 人模式逐渐发展为 10 人的实力团队，想客户之所想，做行业之精英，真心实意地为广大客户服务。

0911　西峰区蓝艺数码广告部

注　册　地：庆阳市西峰区老西环路

主营业务：广告设计制作、摄影服务。

从业人员数（人）：3

销售额（万元）：10

资产总额（万元）：5

简　　介：该广告部成立于 2012 年，以"高湛视野，承载梦想"为专业基准，为客户创就领导品牌，全方位对接客户需求。自成立至今，始终把"一切只为服务"铭记于心，

提供"管家类"全案服务，帮助企业树立品牌，达成营销战略目标。

0912　西峰区银丰广告部

注　册　地：庆阳市西峰区庆化路

主营业务：广告牌加工、制作。

从业人员数（人）：2

销售额（万元）：17

资产总额（万元）：20

0913　庆阳市鼎一广告有限公司

注　册　地：庆阳市商业街

主营业务：广告设计、制作、代理、发布；展厅、展台设计、制作、安装。

从业人员数（人）：8

销售额（万元）：40

0914　西峰区大通广告印务部

注　册　地：庆阳市西峰区长庆大道

主营业务：广告设计制作。

从业人员数（人）：2

销售额（万元）：9

资产总额（万元）：7

0915　西峰区千圣广告装饰部

注　册　地：庆阳市西峰区育才西路

主营业务：铜字、铜牌制作。

从业人员数（人）：2

销售额（万元）：5

资产总额（万元）：12

0916　庆阳市协力广告有限公司

注　册　地：庆阳市西峰区南大街 24 号

主营业务：广告设计、制作、发布、代理，广告牌制作。

从业人员数（人）：15

销售额（万元）：16

资产总额（万元）：500

0917 庆阳市西峰区方家广告装饰有限公司

注　册　地：庆阳市西峰区兰州东路
主营业务：广告设计，室内装潢施工。
从业人员数（人）：4
销售额（万元）：10
资产总额（万元）：50
简　　　介：庆阳市西峰区方家广告装饰有限公司成立于2011年7月，位于西峰区兰州东路，主要以广告设计、装饰、发布为主要经营范围。

0918 西峰区视界广告装饰部

注　册　地：庆阳市西峰区兰州东路三里庙居民新村西1-6号
主营业务：广告牌制作服务。
从业人员数（人）：2
销售额（万元）：5
资产总额（万元）：10

0919 庆阳盛世朝阳传媒有限责任公司

注　册　地：庆阳市西峰区北大街18号
主营业务：广告设计、制作、代理；图文设计、制作。
从业人员数（人）：6
销售额（万元）：20
资产总额（万元）：50

0920 锦南洋广告装饰

注　册　地：庆阳市西峰区育才西路
主营业务：广告制作。
从业人员数（人）：2
销售额（万元）：10
资产总额（万元）：15

0921 北京新媒时代广告传媒有限公司庆阳分公司

注　册　地：庆阳市九龙南路146号
主营业务：设计、制作、代理、发布广告；承办展览展示；组织文化艺术交流活动。
从业人员数（人）：10
销售额（万元）：50
资产总额（万元）：60

0922 西峰区博盛伟业广告部

注　册　地：庆阳市西峰区老西环路
主营业务：广告设计制作。
从业人员数（人）：2
销售额（万元）：8
资产总额（万元）：5
简　　　介：西峰区博盛伟业广告部拥有高素质，业务精炼的工作人员2名，含1名技术人员，主要经营项目为广告设计制作。该制作中心拥有资产总额5万元，年销售额约8万元。

0923 西峰区三宁壁画广告制作部

注　册　地：庆阳市西峰区兰州东路秦霸岭太阳能城东1-8号
主营业务：壁画广告设计及制作。
从业人员数（人）：3
销售额（万元）：10
资产总额（万元）：20

0924 庆阳市西峰区派度工程装饰设计室

注　册　地：庆阳市西峰区科教新村1号楼8号
主营业务：商业装饰设计服务。
从业人员数（人）：20
销售额（万元）：3
资产总额（万元）：8
简　　　介：该装饰设计室成立于2008年初，

相继在智林大厦 7-8 号商铺，科教新村 8 号商铺两地设立办公场所。公司始终以诚信为本，质量为先的宗旨服务于广大客户。10 余年来业务不断壮大，由最初的 5 人模式逐渐发展为 20 人的实力团队。想客户之所想，做行业之精英。实力打造庆阳酒店、宾馆、娱乐会所、办公大楼等商业装饰新典范。

0925 西峰区锦致装饰设计部

注 册 地：庆阳市西峰区永平小区

主营业务：室内装饰设计。

从业人员数（人）：5

销售额（万元）：30

资产总额（万元）：10

0926 庆阳大方广告装饰有限公司

注 册 地：庆阳市西峰区长庆大道

主营业务：广告设计、制作、发布。

从业人员数（人）：3

销售额（万元）：17

资产总额（万元）：20

简 介：庆阳大方广告装饰有限公司成立于 2011 年 1 月，位于西峰区长庆大道科教新村附近，主要以广告设计、制作为主。公司自成立以来，始终坚持质量第一、服务到位、敬业务实的工作理念，以更好、更快的工作态度和工作质量，服务于社会，为企业更好的发展作出更大的努力。

0927 庆阳华南广告装饰工程有限公司

注 册 地：庆阳市西峰区庆州西路

主营业务：广告装饰制作、发布。

从业人员数（人）：4

销售额（万元）：17

资产总额（万元）：100

简 介：庆阳华南广告装饰工程有限公司成立于 2012 年 7 月 1 日，主要以广告装饰、

设计发布为主要内容。

0928 庆阳愿景文化传媒有限公司

注 册 地：庆阳市西峰区南大街

主营业务：文化艺术交流、策划；广告设计、制作、代理、发布；文化传媒。

从业人员数（人）：4

销售额（万元）：4

资产总额（万元）：5

0929 庆阳建亿建筑装饰工程有限公司

注 册 地：庆阳市西峰区

主营业务：室内外装饰工程设计、施工（凭资质证经营）；铝合金、塑钢材料加工；广告设计、制作。

从业人员数（人）：5

销售额（万元）：10

资产总额（万元）：200

0930 西峰区图腾广告装饰部

注 册 地：庆阳市西峰区陇东大道 6 号

主营业务：广告制作、发布，打字、复印服务。

从业人员数（人）：1

销售额（万元）：6.5

资产总额（万元）：13

0931 西峰区彩之源广告设计制作部

注 册 地：庆阳市西峰区箭道巷

主营业务：广告设计制作。

从业人员数（人）：2

销售额（万元）：8

资产总额（万元）：5

0932 西峰区七彩图文设计部

注 册 地：庆阳市西峰区老西环路

主营业务：广告设计制作。

从业人员数（人）：2

销售额（万元）：8

资产总额（万元）：4

0933 西峰区隆成广告服务部

注　册　地：庆阳市西峰区兰州西路

主营业务：平面设计。

从业人员数（人）：2

销售额（万元）：15

资产总额（万元）：30

0934 西峰区时欣广告部

注　册　地：庆阳市西峰区报社巷

主营业务：广告设计制作。

从业人员数（人）：2

销售额（万元）：7

资产总额（万元）：4

0935 西峰区贰零壹贰广告传媒工作室

注　册　地：庆阳市西峰区报社巷

主营业务：广告设计制作。

从业人员数（人）：4

销售额（万元）：10

资产总额（万元）：6

0936 西峰区全彩广告装饰部

注　册　地：庆阳市西峰区民族南路

主营业务：广告设计制作。

销售额（万元）：9

资产总额（万元）：6

0937 西峰区江楠装饰设计室

注　册　地：庆阳市西峰区岐黄大道东侧

主营业务：室内装饰、装潢平面图、效果图设计制作服务。

从业人员数（人）：1

销售额（万元）：2

资产总额（万元）：4

0938 西峰区演绎广告部

注　册　地：庆阳市西峰区庆化路

主营业务：广告牌加工、制作。

从业人员数（人）：2

销售额（万元）：6

资产总额（万元）：10

0939 西峰区博瑞广告

注　册　地：庆阳市西峰区秦坝岭市场

主营业务：广告设计。

从业人员数（人）：2

销售额（万元）：9

资产总额（万元）：15

0940 甘肃梦阳文化传媒有限公司

注　册　地：庆阳市西峰区北大街60号（民生大楼7层2号）

主营业务：媒体开发；户外广告工程；平面视觉设计；广告设计、制作、代理、发布。

从业人员数（人）：21

销售额（万元）：170

资产总额（万元）：280

简　　　介：甘肃梦阳文化传媒有限公司业务涵盖媒体开发、设计、购买、发布，户外广告工程，数码喷绘写真，LED超强电子媒体，大型数码印刷，影视广告制作，平面视觉设计等。另外，公司还供应各种类型专业舞台、音响、灯光、灯光桁架、背景桁架、高流明投影机、高清晰LED电子大屏、视频编辑、音频录音、庆典气模、舞美特效、礼花礼炮、冷焰彩烟等。

0941 庆阳蓝分红广告装饰有限公司

注　册　地：庆阳市西峰区凤凰路

主营业务：广告设计、制作。

从业人员数（人）：4

销售额（万元）：5

资产总额（万元）：25

0942 山东金点子广告传媒有限公司正宁第一分公司

注 册 地：庆阳市正宁县城新世纪商城西区

主营业务：DM广告运营、网站运营、营销策划、媒体代理、广告创意、平面广告和彩页设计及制作。

主要产品：《金点子》。

从业人员数（人）：10

销售额（万元）：20

资产总额（万元）：10

简　　介：公司创建于2009年，注册资金10万元，现有员工10人，是一家融DM广告运营、网站运营、营销策划、媒体代理、广告创意、平面广告和彩页设计及制作为一体的综合性专业广告公司，目前在正宁县媒体行业占有重要地位。公司的《金点子》以"印量第一、信息量第一、传阅量第一、发行覆盖面第一、影响力第一、效果第一"为宗旨，是商家的财富钥匙、百姓的生活伴侣。公司拥有专业的广告设计人员，以严格的管理制度，新颖独特的创意制作，在当地百姓中获得了良好的口碑。

0943 华池县新视觉装饰部

注 册 地：庆阳市华池县中街

主营业务：室内装潢、装饰服务；广告制作。

从业人员数（人）：5

销售额（万元）：7

资产总额（万元）：5

0944 华池县空间广告装饰部

注 册 地：庆阳市华池县城南街

主营业务：广告装饰、打字、复印服务。

从业人员数（人）：4

销售额（万元）：8

资产总额（万元）：7

0945 华池县盛华广告装饰部

注 册 地：庆阳市华池县城兴盛商场二楼

主营业务：广告设计、策划及制作；办公用品、装饰材料销售。

从业人员数（人）：3

销售额（万元）：6

资产总额（万元）：5

0946 华池县乐群广告装饰部

注 册 地：庆阳市华池县城中街

主营业务：广告设计、制作；喷绘、写真、打字、复印服务；玻璃装潢、铝合金制作。

从业人员数（人）：4

销售额（万元）：7

资产总额（万元）：6

0947 山东金点子广告传媒有限公司华池分公司

注 册 地：庆阳市华池县

主营业务：广告设计、制作、发布、代理；户外广告、影视广告代理；网络广告、网站设计制作；企业形象策划、创业项目咨询；房地产营销策划；楼盘销售代理服务；房地产中介服务。

主要产品：《金点子》。

从业人员数（人）：8

销售额（万元）：76

资产总额（万元）：28

0948 华池县金点广告装饰有限责任公司

注 册 地：庆阳市华池县城中街

主营业务：装潢设计及室内外装修；广告设计、策划、创意及制作；办公用品、装饰材料销售；打字、复印服务。

从业人员数（人）：5
销售额（万元）：37
资产总额（万元）：40

0949 华池县津门广告装饰有限责任公司

注　册　地：庆阳市华池县人武部西侧二楼
主营业务：广告策划、创意及制作；装潢设计及室内外装修；办公用品、装饰材料销售。
从业人员数（人）：10
销售额（万元）：61
资产总额（万元）：73

0950 华池县仲和广告传媒有限公司

注　册　地：庆阳市华池县城南街
主营业务：广告设计、制作、代理；室内外装潢设计；策划展览、展会布置；工艺品、会议礼品、电脑耗材、办公用品销售。
从业人员数（人）：10
销售额（万元）：32
资产总额（万元）：31

0951 华池县恒美华天装饰部

注　册　地：庆阳市华池县中街
主营业务：室内外装饰、装潢服务。
从业人员数（人）：5
销售额（万元）：9
资产总额（万元）：6

0952 陇东古石刻艺术博物馆

注　册　地：庆阳市合水县西华北街乐蟠西路
主营业务：收藏展览文物，弘扬名族精神。
主要产品：旅游产品。
从业人员数（人）：32
资产总额（万元）：960
简　　　介：陇东古石刻艺术博物馆是目前甘肃省首家以古石刻展览为主的特色博物馆。

坐落在合水县城北开发区乐蟠广场西侧。占地40亩，建筑面积2911平方米。建有山门、单檐殿、重檐殿、双层殿、侧展厅及其它附属设施。重檐殿内雕有4.6米的汉白玉佛像，双层殿内雕有3.6米高的汉白玉观音像。馆内共收藏各类文物3000余件。其中历代古石刻造像436件，颇具特色。陇东古石刻艺术博物馆内还珍藏有各个文化时期的陶器、铜器、瓷器、玉器、皮影、化石等文物，可供研究古代宗教、民俗、音乐、美术以及中西方文化交流，提供珍贵的实物资料，是中外游客游览观光、研究考古的最佳场所。

0953 合水县七彩广告制作中心

注　册　地：庆阳市合水县工商局
主营业务：广告设计，LED亮化、不锈钢边框制作。
从业人员数（人）：5
销售额（万元）：11
资产总额（万元）：36
简　　　介：该广告制作中心位于合水县西华北街原印刷厂对面，从业人员5人，资产总额36万元，经营面积90平方米，从事各类广告的制作及LED亮化等经营项目。

0954 合水县卓美广告部

注　册　地：庆阳市合水县工商局
主营业务：广告装饰服务。
从业人员数（人）：1
销售额（万元）：5
资产总额（万元）：7

0955 宁县添艺装饰装潢部

注　册　地：庆阳市宁县和盛镇
主营业务：喷绘写真；室内外装饰装潢设计施工；装饰材料销售。

从业人员数（人）：2

销售额（万元）：10

资产总额（万元）：2

0956 庆城县盛世龙媒广告有限公司

注　册　地：庆阳市庆城县

主营业务：广告设计、写真喷绘、横幅制作。

从业人员数（人）：4

销售额（万元）：40

资产总额（万元）：50

0957 庆城县达顺科技工程有限公司

注　册　地：庆阳市庆城县

主营业务：计算机网络工程安装；室内外装饰设计；办公自动化设备销售；广告设计制作。

从业人员数（人）：5

销售额（万元）：80

资产总额（万元）：100

0958 庆城县恒通世纪装饰工程有限责任公司

注　册　地：庆阳市庆城县

主营业务：室内外装饰装修工程施工。

从业人员数（人）：12

销售额（万元）：20

资产总额（万元）：60

0959 庆城县顺达建筑装饰有限责任公司

注　册　地：庆阳市庆城县

主营业务：室内外装饰装修工程施工。

从业人员数（人）：15

销售额（万元）：24

资产总额（万元）：60

0960 庆城县华艺广告装饰工程有限公司

注　册　地：庆阳市庆城县

主营业务：广告设计、横幅制作、LED 显示屏制作安装、喷绘写真、室内外装修设计等。

从业人员数（人）：5

销售额（万元）：52

资产总额（万元）：100

0961 庆城县印象广告装饰工程有限公司

注　册　地：庆阳市庆城县

主营业务：广告牌设计与制作，横幅、条幅、牌匾制作，写真喷绘等。

从业人员数（人）：6

销售额（万元）：15

资产总额（万元）：60

0962 庆阳市龙辉广告传媒有限公司

注　册　地：庆阳市庆城县

主营业务：广告设计、制作，横幅制作，企业形象策划等。

从业人员数（人）：6

销售额（万元）：20

资产总额（万元）：60

简　　　介：庆阳市龙辉广告传媒有限公司成立于 2012 年 6 月，是集网络安装、广告设计制作、横幅制作、企业形象策划及宣传等于一身的公司。经过多年的努力与发展，已具一定的规模。在为用户创造更多价值的同时，庆阳市龙辉广告传媒有限公司更是致力于为不同群体的用户提供更高的应用需求，在品牌的规划及产品导入中，不断注入新的元素。

0963 庆城县环宇建筑装饰工程有限公司设计装饰分公司

注 册 地：庆阳市庆城县

主营业务：广告设计，写真喷绘、横幅制作，室内外装修设计。

从业人员数（人）：8

销售额（万元）：52

资产总额（万元）：15

0964 庆阳艺源广告文化传媒有限公司

注 册 地：庆阳市庆城县

主营业务：户外广告设计，写真喷绘、横幅、各种 LED 发光字制作。

从业人员数（人）：2

销售额（万元）：24

资产总额（万元）：20

简　　介：庆阳艺源广告文化传媒有限公司成立于 2008 年，经过几年的稳健发展已拥有 7 大部门：设计部、制作部、业务部、工程部、财务部、后勤部、库房等。公司一直以客户需求为核心，为客户提供服务，满足更多的客户需求。

0965 庆城县长辉装饰工贸有限责任公司

注 册 地：庆阳市庆城县

主营业务：广告设计与制作、横幅制作、LED 显示屏制作等。

从业人员数（人）：5

销售额（万元）：18

资产总额（万元）：60

0966 环县慧亮广告装饰部

注 册 地：庆阳市环县环江大道 21 号

主营业务：广告设计、制作与发布兼牌匾制作。

从业人员数（人）：5

销售额（万元）：80

资产总额（万元）：10

0967 庆阳市东宜广告策划装饰有限责任公司

注 册 地：庆阳市镇原县邮政局综合楼二楼二号

主营业务：企业 VI 设计，大型户外广告制作发布，广告灯箱、广告牌设计制作，礼仪庆典策划，标识展板制作，喷绘写真，多彩印刷，室内外装饰装修、店面美化装修等。

主要产品：企业 VI、大型户外广告、灯箱、广告牌。

从业人员数（人）：3

销售额（万元）：4

资产总额（万元）：12.5

0968 镇原县秦人广告传媒有限责任公司

注 册 地：庆阳市镇原县城关镇中街 2 号

主营业务：户外广告制作、安装；广告牌出租。

从业人员数（人）：8

销售额（万元）：6.6

资产总额（万元）：5

0969 镇原县新时代广告装饰有限公司

注 册 地：庆阳市镇原县原州商城三楼

主营业务：广告装饰、室内外装饰设计。

主要产品：广告牌。

从业人员数（人）：8

销售额（万元）：26.4

资产总额（万元）：8.4

0970 环县格调广告传媒有限责任公司

注 册 地：庆阳市环县环城镇中环大道东侧

主营业务：广告制作设备及耗材销售，设计、制作、发布、代理国内各类广告。

从业人员数（人）：7
销售额（万元）：160
资产总额（万元）：30

0971 环县博腾广告制作中心

注 册 地：庆阳市环县县城滨河路5号
主营业务：广告设计、牌匾制作、喷绘写真。
从业人员数（人）：10
销售额（万元）：80
资产总额（万元）：10

0972 环县华亚广告装饰部

注 册 地：庆阳市环县广场路76号
主营业务：广告设计、制作、发布，牌匾制作、销售。
从业人员数（人）：4
销售额（万元）：110
资产总额（万元）：10

0973 环县凯东龙广告装饰工程有限公司

注 册 地：庆阳市环县锦江花园15号楼15号
主营业务：广告策划、设计、制作，牌匾制作，室内装修设计。
从业人员数（人）：8
销售额（万元）：300
资产总额（万元）：100

0974 环县远景广告设计部

注 册 地：庆阳市环县县城环保局
主营业务：喷绘、写真、雕刻、广告设计制作。
从业人员数（人）：7
销售额（万元）：80
资产总额（万元）：5

0975 环县文轩装饰有限责任公司

注 册 地：庆阳市环县环城镇环洲路

主营业务：广告设计、制作、安装；为商务会议提供筹备、策划服务；装裱字画；工艺品、五金建材、装饰材料销售；可承担工程造价1500万元以内的室内装饰工程设计、施工。
从业人员数（人）：12
销售额（万元）：210
资产总额（万元）：36

0976 庆阳津门广告装饰有限责任公司

注 册 地：庆阳市环县县城滨河路24号
主营业务：广告策划、设计、制作、发布，装饰材料及办公用品销售。
从业人员数（人）：8
销售额（万元）：190
资产总额（万元）：100

0977 环县昌达广告有限责任公司

注 册 地：庆阳市环县县城南街
主营业务：广告策划、设计、发布、代理，喷绘、写真、雕刻、吸塑字，广告字、牌匾加工、销售，名片制作。
从业人员数（人）：12
销售额（万元）：70
资产总额（万元）：20

0978 环县新视野广告传媒有限公司

注 册 地：庆阳市环县锦江花园15号楼15号商铺
主营业务：广告策划、设计、制作、发布，喷绘、写真，办公用品耗材、数码电子产品、小家电销售，网络工程安装、维护，电梯维护。
从业人员数（人）：10
销售额（万元）：180
资产总额（万元）：10

0979 庆阳天艺广告装饰有限责任公司

注 册 地：庆阳市环县环城镇中街

主营业务：大型雕刻、平面设计、室内外装饰设计及装饰材料销售。

从业人员数（人）：8

销售额（万元）：125

资产总额（万元）：300

0980 环县三原色广告装饰有限责任公司

注 册 地：庆阳市环县成业路

主营业务：广告策划、设计、制作、发布，喷绘写真、灯箱、牌匾、LED 显示屏制作，电脑图文设计、制作。

从业人员数（人）：5

销售额（万元）：300

资产总额（万元）：500

0981 酒泉红柳广告文化传媒有限责任公司定西分公司

注 册 地：定西市安定区

主营业务：设计、制作、发布、代理各类广告。

从业人员数（人）：10

销售额（万元）：12

资产总额（万元）：3

0982 定西市安定区岩清园林绿化工程有限公司

注 册 地：定西市安定区

主营业务：城市园林绿化工程的设计、施工，园林景观的设计，苗圃、盆景种植。

从业人员数（人）：16

资产总额（万元）：371.35

0983 定西玉鼎装饰部

注 册 地：定西市安定区

主营业务：广告设计、制作、代理、发布，

室内外装饰装潢，打字复印、影印。

从业人员数（人）：2

销售额（万元）：3

资产总额（万元）：3

0984 广西新发现广告有限公司定西分公司

注 册 地：定西市安定区

主营业务：设计、制作、发布、代理国内各类广告，会展服务，公关礼仪服务，文体用品、工艺品销售。

从业人员数（人）：16

销售额（万元）：19

资产总额（万元）：10

0985 定西市创一文化传播有限公司

注 册 地：定西市安定区

主营业务：广告设计、策划、制作、代理，礼仪服务。

从业人员数（人）：4

销售额（万元）：3

资产总额（万元）：4.3

0986 甘肃东方建筑装饰有限责任公司

注 册 地：定西市安定区

主营业务：建筑室内外装饰工程的设计与施工。

从业人员数（人）：12

销售额（万元）：1500

资产总额（万元）：1200

0987 定西陇中文化创意有限公司

注 册 地：定西市安定区

主营业务：动漫设计开发，电脑图文设计与广告设计制作，文化用品的批发、零售，文化艺术交流策划，展览展示服务。

从业人员数（人）：26

资产总额（万元）：50

0988 陇西飞天广告传媒有限公司

注 册 地：定西市陇西县南河桥头三建公司办公楼 207 号

主营业务：广告设计、制作。

从业人员数（人）：5

销售额（万元）：5.6

资产总额（万元）：8.2

0989 齐齐哈尔市都市导航广告有限公司陇西分公司

注 册 地：定西市陇西县巩昌镇长安路南侧中天家园东区

主营业务：户外广告设计、制作、发布；代理固定形式印刷品广告。

从业人员数（人）：5

0990 河北时尚城市资讯广告传播有限公司陇西分公司

注 册 地：定西市陇西县巩昌镇东城路

主营业务：代理、发布国内各类广告。

从业人员数（人）：5

0991 陇西县焦点广告传媒有限责任公司

注 册 地：定西市陇西县人民广场河蒲路 9 号铺面

主营业务：广告代理、发布、制作；庆典礼仪；楼宇亮化。

从业人员数（人）：5

销售额（万元）：36

资产总额（万元）：120

0992 陇西新时空文化传媒有限责任公司

注 册 地：定西市陇西县巩昌镇东环路

主营业务：企业形象设计、企业营销策划；会务会展服务；电脑平面设计；广告的设计、制作、发布。

从业人员数（人）：5

销售额（万元）：20.3

资产总额（万元）：28.9

0993 陇西县华信广告有限责任公司

注 册 地：定西市陇西县巩昌镇红星村蔡家滩 148 号

主营业务：广告策划、发布，广告牌匾制作及相关信息咨询。

从业人员数（人）：10

销售额（万元）：2

资产总额（万元）：28.4

0994 陇西县新彩广告有限公司

注 册 地：定西市陇西县文峰开发区药都路

主营业务：广告发布、代理；证卡、宣传册设计、制作；庆典礼仪策划；装潢材料批发、零售；钢结构焊接及加工制作。

从业人员数（人）：5

销售额（万元）：1880.55

资产总额（万元）：10500

0995 甘肃大夏多彩文化传播有限公司

注 册 地：定西市陇西县龙宫步行街 S4B13

主营业务：广告设计、制作、发布；会展服务。

从业人员数（人）：10

销售额（万元）：120.5

资产总额（万元）：150.2

0996 陇西县园恒广告有限公司

注 册 地：定西市陇西县文峰镇开发区

主营业务：广告设计、制作、代理、发布；商业信息咨询；会展服务；企业营销策划。

从业人员数（人）：5

销售额（万元）：125.3

资产总额（万元）：203.5

0997 陇西声陇广告传媒有限公司

注 册 地：定西市陇西县巩昌镇东大街市政公司家属楼商铺

主营业务：广告牌匾制作。

从业人员数（人）：5

销售额（万元）：6.2

资产总额（万元）：7.5

0998 陇西艺腾达传媒有限公司

注 册 地：定西市陇西县巩昌镇南门

主营业务：广告牌匾制作与发布；亮化工程设计。

从业人员数（人）：10

销售额（万元）：16.16

资产总额（万元）：8

0999 陇西县大地广告装饰有限责任公司

注 册 地：定西市陇西县巩昌镇北环路华盛综合楼 2 号

主营业务：广告制作、发布。

从业人员数（人）：5

销售额（万元）：189.3

资产总额（万元）：127

1000 陇西天运广告装饰有限责任公司

注 册 地：定西市陇西县文峰镇长安路

主营业务：广告牌匾设计、制作；建筑材料、装饰材料零售。

从业人员数（人）：10

销售额（万元）：15.56

资产总额（万元）：10.28

1001 定西众祥传媒广告有限公司陇西分公司

注 册 地：定西市陇西县巩昌镇北关李家龙宫 S1-A25 号

主营业务：广告代理、制作、发布；户外广告、广告空间出租；国内固定印刷品广告发布。

从业人员数（人）：5

1002 陇西亮点广告有限公司

注 册 地：定西市陇西县巩昌镇崇文路昱帆小区

主营业务：广告制作、发布。

从业人员数（人）：5

销售额（万元）：8.5

资产总额（万元）：10.5

1003 漳县方圆广告有限公司

注 册 地：定西市漳县

主营业务：广告设计制作。

从业人员数（人）：2

资产总额（万元）：50

1004 漳县武阳菊慧广告

注 册 地：定西市漳县

主营业务：广告牌制作服务。

从业人员数（人）：1

销售额（万元）：6

资产总额（万元）：2

1005 岷县中天广告部

注 册 地：定西市岷县岷阳镇北门街 58 号

主营业务：装饰设计、广告牌制作。

从业人员数（人）：8

销售额（万元）：3

资产总额（万元）：10

1006 齐齐哈尔捷通文化传媒广告有限公司岷县分公司

注 册 地：定西市岷县岷州中路岷峰市场

主营业务：设计、制作、发布国内外广告。

从业人员数（人）：6

销售额（万元）：10

资产总额（万元）：1

简　　介：齐齐哈尔捷通文化传媒广告有限公司岷县分公司成立于2012年2月，专门设计、制作国内外广告，代理了《都市导航》DM报的固定形式印刷品。

1007 岷县众邦彩印广告装饰部

注 册 地：定西市岷县岷阳镇小门村小康楼8号

主营业务：广告牌制作，户外大型广告喷绘，LDE显示屏、彩屏制作，室内高清写真，广告设计，各单位、学校宣传牌制作，数字化生产加工。

从业人员数（人）：12

销售额（万元）：12

资产总额（万元）：40

1008 甘肃居然设计装饰工程有限公司

注 册 地：定西市临洮县洮阳镇

主营业务：居室的设计、装修；木制产品、铁艺、石料的加工、销售；建筑装修、装饰材料的配送。

从业人员数（人）：10

销售额（万元）：120

资产总额（万元）：100

简　　介：甘肃居然设计装饰有限公司拥有专业的设计师和施工队伍。施工队伍工种齐全，云集了全国各地的专业装修人员。独到的设计理念和完善的管理机制，为公司赢得了良好信誉。

1009 大连四海传媒广告有限公司临洮分公司

注 册 地：定西市临洮县洮阳镇

主营业务：广告设计、制作、代理、发布；会议及展览服务；房屋买卖、房屋租赁、楼盘代理；劳务信息咨询，家政服务。

从业人员数（人）：5

销售额（万元）：8

资产总额（万元）：2

1010 山东金点子广告传媒有限公司临洮分公司

注 册 地：定西市临洮县洮阳镇

主营业务：广告设计、制作、发布、代理；企业形象策划；创业项目咨询，房产信息咨询；产品代理销售。

主要产品：《金点子》。

从业人员数（人）：5

销售额（万元）：30

资产总额（万元）：100

1011 临洮县博艺广告经营有限责任公司

注 册 地：定西市临洮县洮阳镇

主营业务：户外广告的设计、制作、经营。

从业人员数（人）：5

销售额（万元）：30

资产总额（万元）：300

简　　介：临洮县博艺广告经营有限责任公司是经临洮县人民政府批准，由县鑫源国有资产经营公司单独投资设立的国有独资有限责任公司。属县文广局管理。公司作为县政府成立的全县广告经营企业，与县内其他国有广告企业及私营广告公司具有同等的经营自主权，但优先享有县政府授权的全县广告经营权。博艺公司的职能：户外广告的设计、制作与经营，同时受县政府的委托，负责对

文化创意和艺术服务

城区以外授权的广告路段实行有偿使用；负责经县工商局审核登记的各种广告的经营，承接县内外广告规划和制作经营；组织实施权属范围内各类广告项目的招投标代理和工程建设工作。

1012 陇南市伟业霓虹广告有限责任公司

注　册　地：陇南市武都区城关镇北山西路

主营业务：广告设计、制作、代理、发布、策划；媒体宣传、装饰装修；灯光亮化及装饰材料销售。

从业人员数（人）：3

销售额（万元）：14

资产总额（万元）：50

1013 陇南市金都广告有限责任公司

注　册　地：陇南市武都区城关镇北山西路

主营业务：广告制作、发布、代理，机械租赁。

从业人员数（人）：4

销售额（万元）：60

资产总额（万元）：50

1014 陇南武都宏泰广告策划有限公司

注　册　地：陇南市武都区东江新区3号路

主营业务：广告策划、设计、制作、发布；企业策划。

从业人员数（人）：5

销售额（万元）：36

资产总额（万元）：20

1015 陇南市久安广告装饰工程有限公司

注　册　地：陇南市武都区盘旋北路

主营业务：广告设计、制作、发布；润滑油、脂、沥青、建材销售；文化娱乐（分支机构经营）。

从业人员数（人）：7

销售额（万元）：120

资产总额（万元）：30

1016 陇南市向容广告装饰工程有限公司

注　册　地：陇南市武都区城关北山西路

主营业务：广告设计、制作、发布；广告装饰工程施工；水电安装；房屋维修；建筑装饰材料销售；通讯器材销售；广告材料销售。

从业人员数（人）：5

销售额（万元）：50

资产总额（万元）：100

1017 陇南三迪文化传媒有限公司

注　册　地：陇南市武都区城关盘旋路商贸东街1号

主营业务：广告创意、策划、制作、发布；摄像、影视制作，礼仪服务，装饰装修，办公设备、日用百货、土特产品、中药材、五金交电销售，网站网络服务，手机、通讯终端销售、维修。

从业人员数（人）：20

销售额（万元）：300

资产总额（万元）：100

1018 陇南市金思维广告有限责任公司

注　册　地：陇南市武都区城关下教场

主营业务：广告设计、制作、代理、发布。

从业人员数（人）：4

销售额（万元）：5.5

资产总额（万元）：10

1019 成县鑫明广告有限公司

注　册　地：陇南市成县

主营业务：设计、制作、发布、代理国内各类广告；广告装潢材料销售；室内外装修装饰设计。

从业人员数（人）：7
销售额（万元）：75
资产总额（万元）：45

1020 成县东生广告有限责任公司

注 册 地：陇南市成县
主营业务：广告策划、设计、制作、代理；广告材料零售。
从业人员数（人）：6
销售额（万元）：40
资产总额（万元）：100

1021 成县易中广告有限公司

注 册 地：陇南市成县
主营业务：室内装饰工程设计、施工；网络工程、综合布线工程设计、施工；广告设计、制作。
从业人员数（人）：8
销售额（万元）：32
资产总额（万元）：26

1022 成县综艺广告有限责任公司

注 册 地：陇南市成县
主营业务：广告设计、制作、安装，装饰材料销售。
从业人员数（人）：8
销售额（万元）：37
资产总额（万元）：97

1023 陇南市现代广告有限公司

注 册 地：陇南市成县
主营业务：广告策划、设计；大型户外广告设计、制作、发布。
从业人员数（人）：5
销售额（万元）：50
资产总额（万元）：30

1024 成县众彩广告有限公司

注 册 地：陇南市成县
主营业务：广告设计、制作。
从业人员数（人）：8
销售额（万元）：50
资产总额（万元）：20

1025 陇南五瑞文化传媒有限责任公司

注 册 地：陇南市成县
主营业务：广告设计、制作、代理；网络信息咨询；文化艺术品销售。
从业人员数（人）：6
销售额（万元）：70
资产总额（万元）：60

1026 成县化境建筑装饰安装工程有限责任公司

注 册 地：陇南市成县
主营业务：室内外装饰装修工程，会场灯光布置，楼体、景观照明工程及城市亮化工程设计；广告设计制作，广告信息代理、发布，装饰材料及广告材料购销。
从业人员数（人）：8
销售额（万元）：71
资产总额（万元）：30

1027 成县盛雅广告装饰有限公司

注 册 地：陇南市成县
主营业务：广告设计、制作；装饰材料销售。
从业人员数（人）：6
销售额（万元）：86
资产总额（万元）：40

1028 酒泉红柳广告文化传媒有限公司陇南分公司

注 册 地：陇南市成县
主营业务：设计、制作、发布、代理各类广告。

从业人员数（人）：6

销售额（万元）：17

资产总额（万元）：3

1029 成县万通广告有限公司

注 册 地：陇南市成县

主营业务：大型户外广告制作、发布；庆典宣传；室内外设计、装潢。

从业人员数（人）：11

销售额（万元）：60

资产总额（万元）：100

1030 成县博信广告有限公司

注 册 地：陇南市成县

主营业务：广告设计、制作。

从业人员数（人）：4

销售额（万元）：20

资产总额（万元）：40

1031 山东金点子广告传媒有限公司陇南分公司

注 册 地：陇南市成县

主营业务：广告设计、制作、发布、代理。

从业人员数（人）：4

销售额（万元）：10

资产总额（万元）：2

1032 成县今天广告策划设计有限责任公司

注 册 地：陇南市成县

主营业务：各类广告的策划、设计、制作、发布、代理；单位和个人形象宣传推广；各类会展服务；开业庆典；摄影摄像；页面制作；图文编辑，信息采集，媒体代理，行业展牌展板制作。

从业人员数（人）：8

销售额（万元）：18

资产总额（万元）：25

1033 两当振华广告开发有限责任公司

注 册 地：陇南市两当县

主营业务：设计制作各类广告；利用自有场地发布户外广告；打字、复印。

从业人员数（人）：2

销售额（万元）：15

资产总额（万元）：22

1034 两当县君云艺术广告有限责任公司

注 册 地：陇南市两当县

主营业务：广告制作；办公服务；字画装裱；印刷品销售。

从业人员数（人）：6

销售额（万元）：50

资产总额（万元）：100

1035 西和县新天地广告装饰有限公司

注 册 地：陇南市西和县

主营业务：牌匾制作、喷绘写真、展厅布置、开业庆典、企业形象策划、亮化工程、装饰装潢材料及办公用品的零售。

主要作品：全县地震暴洪灾害图册的设计和制作；第二、三、四届乞巧女儿节的大型图片展览的设计与安装、彩门美化；建党90周年会场布置及舞台搭建；历年社火表演彩车设计制作及道具制作；大哥大酒店、西和县林业局的楼体亮化工程；全县公路保洁牌制作安装；鸿泰购物中心外墙巨幅灯箱及室内广告装饰；西和县档案馆展厅布置；西和县电信公司各乡镇墙面绘画。

从业人员数（人）：6

销售额（万元）：72

资产总额（万元）：140

简 介：西和县新天地广告装饰有限公

司是一家融牌匾制作、喷绘写真、开业庆典、企业形象策划、亮化工程、装饰装潢材料及办公用品的零售等为一体的综合性广告公司，公司业务涵盖全县 20 个乡镇、及部分企事业单位。拥有专业的设计团队、优秀的制作团队、精湛的工程团队、一流的硬件设施。

1036 礼县欣艺广告有限责任公司

注　册　地：陇南市礼县

主营业务：广告设计、制作。

主要产品：广告。

从业人员数（人）：5

销售额（万元）：8

资产总额（万元）：12

简　　　介：公司于 2014 年在礼县成立，是一家专业从事广告创意设计制作的综合性公司。欣艺人本着"一点一色、尽显专业"的设计理念，力求高信誉、高品质、高质量、高效率的服务准则，使得客户放心、满意，力求塑造良好的公司形象。公司业务范围涉及：商业广告设计制作、企业形象设计、企业文化宣传，导示标牌工程、LED 亮化工程、室内外装饰工程、不锈钢工程施工，各类金属字牌制作等广告宣传业务。

1037 礼县鑫火传媒有限责任公司

注　册　地：陇南市礼县

主营业务：喷绘、写真，广告制作、设计。

从业人员数（人）：3

销售额（万元）：12

资产总额（万元）：10

简　　　介：礼县鑫火传媒有限责任公司创立于 2013 年，主营项目由媒介推广、广告创意策划组成，形成了针对政府、企业、媒体等不同行业、不同规模、不同应用的针对性解决方案，是业内较有影响力的传媒公司。

公司最有特色的优势是：有礼县最大的高速户外写真喷绘机、室内写真机、高速打印复印机、彩印机、胶装机等机器。有专业的广告团队和实效的广告，通过强大的执行力及专业的服务经验为客户提供卓有成效的、策略性的解决方案，使客户在行业中处于崇高的地位。成功案例：2013 年 7.14 品牌联盟团购会，2014 年天源建材家具展销会。

1038 礼县华宇广告装饰有限责任公司

注　册　地：陇南市礼县

主营业务：户外广告制作、平面设计、3D 设计、园林设计、环境设计、建筑设计、雕刻、广告灯箱及各类广告需要的灯光制作。

主要产品：大小型广告牌、各种字。

从业人员数（人）：4

销售额（万元）：80

资产总额（万元）：60

简　　　介：礼县华宇广告装饰有限责任公司成立于 2013 年，为专业性户外广告、室内广告服务公司，集广告设计、制作、安装、发布、维护于一身。公司拥有专业的设计制作团队、最先进的广告设备、经验丰富的大型广告工程施工团队。公司不仅提供专业的服务，同时还建立了完善的售后服务体系，为客户提供帮助。专长于各种户外广告工程、广告设计、形象设计、标识改造、大小型广告牌制作安装、户外照明亮化、吸塑字、发光字、LED 显示屏、霓虹灯、展览搭建等。

1039 康县创亿广告工程有限公司

注　册　地：陇南市康县

主营业务：广告设计制作。

从业人员数（人）：4

销售额（万元）：20

资产总额（万元）：100

1040 康县恒通广告装饰工程有限责任公司

注 册 地：陇南市康县

主营业务：广告设计制作服务。

从业人员数（人）：6

销售额（万元）：50

资产总额（万元）：50

1041 康县星晨文化传媒有限责任公司

注 册 地：陇南市康县

主营业务：广告设计制作；会议及展览服务。

从业人员数（人）：5

销售额（万元）：10

资产总额（万元）：300

1042 康县联艺广告装饰工程有限责任公司

注 册 地：陇南市康县

主营业务：广告设计制作。

从业人员数（人）：4

销售额（万元）：120

资产总额（万元）：100

1043 康县博采广告工程有限责任公司

注 册 地：陇南市康县

主营业务：广告设计制作。

从业人员数（人）：4

资产总额（万元）：100

1044 康县星星图文广告设计

注 册 地：陇南市康县城关镇南街

主营业务：打字复印、广告设计。

从业人员数（人）：2

销售额（万元）：4.25

资产总额（万元）：8

1045 康县启帆广告工程有限责任公司

注 册 地：陇南市康县

主营业务：广告设计制作。

从业人员数（人）：5

销售额（万元）：5

资产总额（万元）：100

1046 甘肃溯源广告工程有限公司

注 册 地：陇南市康县

主营业务：广告设计制作。

从业人员数（人）：4

销售额（万元）：200

资产总额（万元）：200

1047 康县飞龙广告工程有限公司

注 册 地：陇南市康县

主营业务：广告设计制作。

从业人员数（人）：4

销售额（万元）：75

资产总额（万元）：20

1048 康县新思维广告工程有限责任公司

注 册 地：陇南市康县

主营业务：广告设计制作。

从业人员数（人）：5

销售额（万元）：60

资产总额（万元）：100

1049 文县西北新天视讯制作中心

注 册 地：陇南市文县

主营业务：广告设计、制作，摄像及影视制作服务。

从业人员数（人）：3

资产总额（万元）：10

1050 文县人和博爱广告有限责任公司

注 册 地：陇南市文县

主营业务：广告设计、制作。

从业人员数（人）：2

资产总额（万元）：5

1051 文县拓荒人广告有限公司

注 册 地：陇南市文县

主营业务：广告设计、制作服务。

从业人员数（人）：2

资产总额（万元）：5

1052 宕昌县创艺广告部

注 册 地：陇南市宕昌县

主营业务：广告设计、创意设计、平面设计、园林设计、环境设计、建筑设计，印刷、喷绘、雕刻、名片设计制作、商标设计、创意设计。

从业人员数（人）：6

销售额（万元）：35

资产总额（万元）：65

1053 宕昌县简铭广告有限责任公司

注 册 地：陇南市宕昌县

主营业务：广告设计、制作、安装，广告材料销售。

从业人员数（人）：8

销售额（万元）：40

资产总额（万元）：70

1054 宕昌县欣艺广告部

注 册 地：陇南市宕昌县

主营业务：平面设计、3D 广告设计、建筑设计，印刷，喷绘，彩色名片、证卡制作。

从业人员数（人）：6

销售额（万元）：20

资产总额（万元）：40

1055 宕昌县金利达广告有限公司

注 册 地：陇南市宕昌县

主营业务：平面设计、3D 设计、园林设计、环境设计、建筑设计、创意广告设计，印刷、喷绘、雕刻。

从业人员数（人）：3

销售额（万元）：20

资产总额（万元）：40

1056 宕昌县新民广告部

注 册 地：陇南市宕昌县

主营业务：平面设计、园林设计、环境设计、建筑设计、3D 平面设计，彩印，喷绘，印刷。

从业人员数（人）：6

销售额（万元）：20

资产总额（万元）：40

1057 宕昌县弘扬广告部

注 册 地：陇南市宕昌县

主营业务：平面设计、3D 设计、园林设计、环境设计、建筑设计，印刷、喷绘、雕刻制作。

从业人员数（人）：4

销售额（万元）：20

资产总额（万元）：40

1058 宕昌县智宇广告经营部

注 册 地：陇南市宕昌县

主营业务：广告设计，文字打印，平面设计，印刷、喷绘、户外喷绘、写真展板、海报吊旗制作。

从业人员数（人）：8

销售额（万元）：20

资产总额（万元）：40

1059 宕昌县神鹰广告部

注 册 地：陇南市宕昌县

主营业务：广告设计、制作；照相；印刷；

室内外装饰服务。

从业人员数（人）：7

销售额（万元）：35

资产总额（万元）：60

1060 宕昌县七维广告有限责任公司

注 册 地：陇南市宕昌县

主营业务：广告策划、设计、制作。

从业人员数（人）：6

销售额（万元）：35

资产总额（万元）：60

1061 宕昌县华美广告装饰有限责任公司

注 册 地：陇南市宕昌县

主营业务：室内外装饰装潢；建筑房屋维修工程、水电工程、绿化亮化工程施工；广告设计、制作。

从业人员数（人）：8

销售额（万元）：40

资产总额（万元）：80

1062 宕昌县艺源广告部

注 册 地：陇南市宕昌县

主营业务：平面设计，3D 广告设计，户外喷绘、写真展板、海报、吊旗制作。

从业人员数（人）：5

销售额（万元）：20

资产总额（万元）：40

1063 宕昌县铭远广告部

注 册 地：陇南市宕昌县

主营业务：平面设计、园林设计、环境设计、建筑设计，印刷，喷绘、雕刻、路边广告灯箱、彩色名片证卡制作。

从业人员数（人）：8

销售额（万元）：40

资产总额（万元）：70

1064 宕昌县感叹号广告经营部

注 册 地：陇南市宕昌县

主营业务：广告设计、制作。

从业人员数（人）：8

销售额（万元）：40

资产总额（万元）：80

1065 长河广告

注 册 地：甘南藏族自治州卓尼县

主营业务：打字复印、广告制作、广告材料销售。

主要产品：数码印刷、图文快印、名片、彩色宣传单、商家常用的产品手册、工作证、画册、彩页说明书。

从业人员数（人）：5

销售额（万元）：30

资产总额（万元）：13

简　　　介：长河广告于 2009 年 12 月成立，位于卓尼县滨河东路，使用面积 107 平方米，固定资产 13 万元，个体经营，主营打字复印、广告制作、广告材料销售。店内设施有电脑 6 台，写真机 1 台，喷绘机 1 台，条幅机 1 台，覆膜机 1 台，刻字机 1 台。

1066 艺峰广告印务

注 册 地：甘南藏族自治州卓尼县

主营业务：广告策划、设计、制作。

从业人员数（人）：3

销售额（万元）：28

资产总额（万元）：15

1067 先行广告装饰中心

注 册 地：甘南藏族自治州卓尼县

主营业务：广告设计、制作。

从业人员数（人）：5

销售额（万元）：12

资产总额（万元）：10

简　　介：先行广告装饰中心成立于2012年12月，位于卓尼县柳林镇人民街，使用面积35平方米，固定资产10万元，个体经营。从业人员5人，店内设施有：电脑4台，打印机1台，写真机2台，喷绘机1台，条幅机1台。

1068 精诚广告

注 册 地：甘南藏族自治州卓尼县

主营业务：打字复印、户外广告制作。

从业人员数（人）：5

销售额（万元）：18

资产总额（万元）：7

1069 山西生活向导广告有限公司舟曲分公司

注 册 地：甘南藏族自治州舟曲县

主营业务：代理、设计、制作、发布国内印刷品广告，代理、设计、制作电视、电台、杂志、路牌广告。

主要产品：《生活向导》彩印广告报。

从业人员数（人）：5

销售额（万元）：96

资产总额（万元）：16

简　　介：山西生活向导广告有限公司舟曲分公司是山西省生活向导广告有限公司的一个在舟曲县成立的分公司，成立于2012年11月30日，注册资金50万元，公司经营地址在甘肃省甘南藏族自治州舟曲县城关镇西街，经营面积80平方米。

甘肃省文化资源名录

第三十八卷 文化产业、传媒 III

文化专用设备的生产

0001 兰州银笛琴行有限公司

注 册 地：兰州市城关区民主东路 365 号

主营业务：乐器销售、文化演出、引进名家讲学。

主要产品：乐器、文化演出。

从业人员数（人）：15

销售额（万元）：1622

资产总额（万元）：1622

简　　介：公司自成立以来，已发展成为甘肃乐器行业综合实力最强的乐器专营企业之一，在钢琴、电子琴、电钢琴、民乐、管乐、打击乐等方面，都具有雄厚的竞争实力和高水准的鉴赏进货能力及雄厚的专业维修力量。近年来，随着银笛琴行的不断发展壮大，国内外的许多著名品牌乐器厂家纷纷与银笛琴行牵手合作，共谋发展，从而快速提升了银笛琴行的品牌价值地位，使其在兰州名声大噪，在省内同行业中享有极高的知名度，在消费者中树立了良好的口碑。

0002 陕西康大体育设施有限公司兰州分公司

注 册 地：兰州市城关区东港东路 302 号

主营业务：塑胶跑道、人造天然草坪运动场、室内运动木地板、篮排网球场、运动的场地及配套设备的设计、施工；体育赛事的策划、咨询；体育俱乐部咨询。

主要产品：体育赛事的策划、咨询；体育俱乐部咨询、塑胶跑道。

从业人员数（人）：15

简　　介：陕西康大体育设施有限公司位于西安，成立于 2001 年 3 月 5 日，注册资金 1500 万，是国内第一批从事体育场馆设计、施工及安装的专业化集成供应商，也是西北地区首家获得住建部颁发的"体育场地设施工程专业承包一级"资质证书的场地建造公司。兰州分公司成立于 2011 年 7 月 14 日，依靠总公司的资源，在兰州开展体育场地建设业务。

第三十八卷

甘肃省文化资源名录

文化产业、传媒Ⅲ

传 媒

（一）报纸

0001 甘肃日报

刊　　号：CN62-0001

出版单位：甘肃日报社

语　　种：1

出版周期：周七刊

开版版数：8

发 行 量：5325

数 字 版：无

简　　介：创始于1949年，是甘肃省委机关报，是甘肃省内唯一一份覆盖全省的综合性党报。

0002 甘肃广播电视报

刊　　号：CN62-0023

出版单位：甘肃广电报业传媒有限责任公司

语　　种：1

出版周期：周一刊

开版版数：44

发 行 量：520

数 字 版：无

简　　介：1981年创刊，由甘肃省广播电影电视总台（集团）主管。

0003 甘肃科技报

刊　　号：CN62-0071

出版单位：甘肃科技报编辑部

语　　种：1

出版周期：周五刊

开版版数：8

发 行 量：720

数 字 版：无

简　　介：1958年创刊，由甘肃省科学技术协会主管主办。

0004 科技鑫报

刊　　号：CN62-0024

出版单位：科技鑫报社

语　　种：1

出版周期：周七刊

开版版数：32

发 行 量：2768

数 字 版：无

简　　介：2002年创刊，是兰州地区零售量最大的报纸。

0005 西部商报

刊　　号：CN62-0019

出版单位：西部商报社

语　　种：1

出版周期：周七刊

开版版数：36

发 行 量：3074

数 字 版：无

简　　介：《西部商报》创刊于2000年1

月1日，由甘肃日报报业集团主管主办。

向全省的综合性都市生活报，于1997年1月1日创刊，日平均出版40个版面，发行覆盖全省14个市州。

0006 甘肃经济日报

刊　　号：CN62-0025

出版单位：甘肃经济日报社

语　　种：1

出版周期：周六刊

开版版数：12

发 行 量：2304

数字版：无

简　　介：创刊于1982年4月，前身为《甘肃经济报》。

0007 兰州晨报

刊　　号：CN62-0017

出版单位：甘肃日报报业集团有限责任公司

语　　种：1

出版周期：周七刊

开版版数：40

发 行 量：4057

数字版：无

简　　介：《兰州晨报》是甘肃日报报业集团报系当中的骨干报纸，是甘肃省第一张面

0008 甘肃法制报

刊　　号：CN62-0031

出版单位：甘肃法制报社

语　　种：1

出版周期：周三刊

开版版数：8

发 行 量：321

数字版：无

简　　介：是全省唯一的权威法制类媒体。

0009 民主协商报

刊　　号：CN62-0027

出版单位：民主协商报社

语　　种：1

出版周期：周一刊

开版版数：4

发 行 量：52

数字版：无

简　　介：1986年1月11日试刊，《民主协商报》是全省唯一一家统战政协性质的报纸。

0010 甘肃农民报

刊　　号：CN62-0015

出版单位：甘肃农民报社

语　　种：1

出版周期：周二刊

开版版数：4

发 行 量：800

数字版：无

简　　介：1951年创刊，主办单位为中共甘肃省委，目前是甘肃省面向农村、服务农民的唯一一份党报。

0011 读友报

刊　　号：CN62-0047/Z

出版单位：读友报社

语　　种：1

出版周期：周一刊

开版版数：16

发 行 量：286

数字版：无

简　　介：2003年12月创刊，是甘肃日报报业集团主办的专刊。

0012 新世纪小学生报

刊　　号：CN62-0067

出版单位：兰州日报社

语　　种：1

出版周期：周报

开版版数：4

发 行 量：200000

数字版：无

简　　介：《新世纪小学生报》由兰州日报主管主办，创刊于2000年，是一份分年级、分学科的学习辅导性报纸。

0013 都市天地报

刊　　号：CN62-0018

出版单位：兰州日报社

语　　种：1

出版周期：周二刊

开版版数：32

发 行 量：30000

数字版：无

简　　介：《都市天地报》的前身是原兰州市环保局主办的《生活环境报》，2000年国家对报刊整顿调整后，该报纸归并入兰州日报社。经重新定位改造，于2000年9月9日出版《都市天地报》，出版周期为日报，报纸定位为都市类报纸。2004年，兰州日报社为适应市场经济，对下属子报实行战略性调整，《都市天地报》改刊为周二刊，定位为生活服务类报纸。

0014 中学生导报

刊　　号：CN62-0021

出版单位：兰州日报社

语　　种：1

出版周期：周报

开版版数：4

发 行 量：150000

数字版：无

简　　介：《中学生导报》创刊于1980年，由兰州市委宣传部主管，兰州日报社主办。在20多年的发展历程中，始终坚持思想引导、学习辅导、生活指导的办报宗旨，力争在第一时间给中学生全面传递教育教学最新信息，为师生们搭建相互沟通，施展才华的平台。

0015 兰州日报

刊　　号：CN62-0059

出版单位：兰州日报社

语　　种：1

出版周期：日报

开版版数：12-16

发行量：50000

数字版：有

简　　介：《兰州日报》创刊于1993年7月1日，是兰州晚报社为了解决兰州市没有机关报这一问题而自筹资金创办的，报纸出版出版周期为日报，以"主流声音、权威报道、服务经济、关注民生"为办报宗旨。创刊以来逐步发展壮大，到2012年报纸版面扩大至12个版。

0016　兰州晚报

刊　　号：CN62-0002

出版单位：兰州日报社

语　　种：1

出版周期：日报

开版版数：48

发行量：120000

数字版：有

简　　介：《兰州晚报》是中共兰州市委主办的党报，创刊于1980年7月1日，原名《兰州报》。1985年1月，《兰州报》改名为《兰

州晚报》。2000年8月5日，为适应社会发展形势，编辑部决定将报纸归纳为四个版块，即新闻类版块、情感类版块、专副刊版块、周末版块，并从8月21日起出版彩色报纸。

0017　少年文摘报

刊　　号：CN62-0057

出版单位：甘肃日报报业集团有限责任公司

语　　种：1

出版周期：周刊

开版版数：16

发行量：18000

数字版：无

简　　介：《少年文摘报》的前身是《少年文史报》，创刊于1981年8月6日。

0018　兰州鑫报

刊　　号：CN62-0019

出版单位：甘肃日报集团

语　　种：1

出版周期：日刊

开版版数：28

发行量：300000

数字版：有

简　　介：《兰州鑫报》由《成都商报》与《甘肃日报》合作，共同编辑经营。在兰州地区率先引进了高度市场化的报业运营模式和管理经验，全面创新了报业管理体制和经营机制。

0019　武威日报

刊　　号：CN62-0007

出版单位：武威日报社

语　　种：1

出版周期：周七刊

开版版数：对开

发行量：22000

数字版：无

简　　介：《武威日报》于1985年5月创刊，是中共武威市委主管、主办，武威日报社承办的一份地市州级党报，国内统一刊号CN62-0007，现为对开四版日报。1997年该报被甘肃省新闻出版局确定为质量达标报纸。

0020　新民乐

刊　　号：CN62-0009

出版单位：中共民乐县委宣传部

语　　种：1

出版周期：日报

开版版数：4

发 行 量：2000

数字版：无

简　　介：《新民乐》是由中共民乐县委宣传部主办，新民乐编辑部出版，是民乐县唯一一份发行的党报，该报纸重点展现民乐县经济社会发展的各个领域，是全县干部职工了解民乐政治经济的重要载体。

0021　敦煌文化旅游报

刊　　号：CN62-0055

出版单位：敦煌市广播电视台

语　　种：1

出版周期：周刊

开版版数：8

发 行 量：5000

数字版：无

简　　介：《敦煌文化旅游报》是2006年4月28日在市委、市政府的关心、支持下创办的一份报纸，作为市委、市政府的机关报，它以"科学跨域、富民强市"为主题，积极宣传党的路线、方针、政策，及时准确地报道全市各条战线、各行各业在改革开放和经济建设中的新成就、新动态、新经验、新典型。为打造宜游、宜业、宜居的魅力国际明星城和敦煌国际文化旅游名城做出积极地贡献，得到了社会各界的广泛认可和好评。报纸的一版为要闻时评，二版为综合新闻，三版为社会经纬，四版为特别关注、飞天时评，五版为文化时空，六版为生活百科、百姓生活，七版为旅游天地、人文地理，八版为信息资讯、广告专版。

0022　定西日报

刊　　号：CN62-0050

出版单位：定西日报社

语　　种：1

出版周期：周七刊

开版版数：对开

发 行 量：35000

数 字 版：有

简　　介：《定西日报》是定西市唯一的国家正式报刊，创刊于1958年7月，2000年1月改为周五刊后更名为《定西日报》，2011年7月1日《定西日报》由周六刊增刊为周七刊。2006年12月，创办开通了《定西日报（手机版）》、《定西日报（电子网络版）》，2009年起正式将《定西日报》由原有的黑白版印刷改为彩版印刷，并于2008年6月30日起开始试运行。同年，开通了《定西日报（数字报）》，2010年8月又开通了《定西手机报（彩信版）》，顺利实现了"一报多版（印刷版、手机版、电子网络版、数字版、彩信版）"。目前，报纸期发行量3.5万多份，全市订阅手机报纸的用户达数万户，电子版的日点击量接近1.8万次。

（二）电影制片厂

0023 兰州电影制片厂有限责任公司

从业人员数：60

电影制作数：1

电影发行数：1

电视剧制作数：40

简　　介：兰州电影制片厂成立于 1958 年 8 月，隶属于甘肃省文化厅。1996 年 6 月，兰州电影制片厂由省文化厅划归省广播电视厅管理，事业编制，县级建制。2004 年 6 月，在甘肃广播电影电视集团化改革中，兰州电影制片厂和原甘肃电视台电视剧制作中心合并成立了甘肃敦煌影视文化中心（兰州电影制片厂），其事业性质，县级建制均不改变。核定差额补贴事业编制 60 名，领导职位数 4 名。内设机构 7 个：综合管理部、电影部、电视剧部、纪录片部、策划营销部、器材管理部、产业管理部。2010 年 4 月，原甘肃敦煌影视文化中心（兰州电影制片厂）按照国家和省上文化体制改革的要求，根据省委文改发 [2009]11 号《关于甘肃敦煌影视文化中心转企改制方案的批复》精神，转企改制成兰州电影制片厂有限责任公司。

（三）广播电视台

0024 民勤广播电视台

从业人员数：52

语　　种：1

节目套数：63

年度节目制作小时：610

年度节目播出小时：5840

综合人口覆盖率：99%

收 视 率：98%

2012 年度总收入（万元）：15

获奖情况：无

责任单位：民勤县广电局

简　　介：民勤广播电视台成立于 1998 年，从业人员 52 人，其中副高级职称编辑 1 人，中级职称 14 人，初级 13 人。目前，构架以新闻为主、兼顾综合的理念，开播《民勤新闻》《奋进的民勤》《科技服务》等主要栏目，为民勤发展增光添彩。

0025 临泽县广播电视台

从业人员数：20

语　　种：1

节目套数：1

年度节目制作小时：106

年度节目播出小时：4320

综合人口覆盖率：100%

收 视 率：80%

2012 年度总收入（万元）：115

获奖情况：被中央电视台财经频道评为"2012年度县域经济报道优秀团队"。

责任单位：临泽县广播电视台

简　　介：临泽县广播电视台现有电视台一个，全年节目制作 106 小时，节目播出时间 4320 小时。

0026 民勤人民广播电台

从业人员数：43

语　　种：1

节目套数：43

年度节目制作小时：151

年度节目播出小时：6205

综合人口覆盖率：99%

收 视 率：98%

获奖情况：1991 年，获广播电影电视部全国广播系统先进集体奖。

责任单位：民勤县广电局

简　　介：1991 年 10 月，民勤人民广播电台经国家广电总局批准成立，正式开播。电台用 1000 瓦调频发射机发射无线信号，中心频率 91.8 兆赫，每天工作 5 小时 10 分钟，主要转播中央人民广播电台、甘肃人民广播电台的节目，民勤新闻、为民服务栏目、天气预报、对农村广播、广告等节目。电台始终坚持为社会主义服务、为人民服务的方向，坚持正确舆论导向，弘扬主旋律。围绕党和政府的中心工作开展宣传，及时、准确 地把党和政府的声音传遍沙乡大地。以"把握时代脉搏，传递新闻资讯，倡导科学文明，服务大众生活"为宗旨，努力做到"贴近实际、贴近生活、贴近群众"。

0027 山丹县广播电视台（广播电台）

从业人员数：28

语　　种：1

节目套数：1

年度节目制作小时：198

年度节目播出小时：1665

综合人口覆盖率：95%

收 视 率：95%

2012 年度总收入（万元）：25

获奖情况：《巧招雄鹰灭鼠害》2010 年获中国广播电视协会、中国国际影视文化协会"全国 DV 影像"新闻专题类节目二等奖；《山丹"的哥"拉萨创富路》2010 年获中国广播电视协会、中国国际影视协会"全国 DV 影像"新闻专题类节目评析金牌节目；《年到中河》2010 年获中国广播电视协会、中国国际影视文化协会"全国 DV 影像"新闻专题类节目评析铜牌节目；《大地的渴望》2010 年获中国广播电视协会、首届中国农业电视节目评估专题类三等奖；《上敦煌》2013 年获第四届中国农业广播电视协会节目评估专题类三等奖。

责任单位：山丹县广播电视台

简　　介：山丹县广播电视台于 1997 年开通试播。现开设有《新闻聚焦》《魅力山丹》《百姓生活》等 3 个固定栏目，节目播出时长每天达 6 小时。

0028 甘州区广播电视台

从业人员数：62

语　　种：1

节目套数：2

年度节目制作小时：5421

年度节目播出小时：7908

综合人口覆盖率：90%

收 视 率：75%

获奖情况：先后被国家文化部和省、市区委授予"农村数字电影放映先进集体"、全省"通联工作先进集体"、全省"卫星广播电视传播秩序整治先进单位"、全市"语言文字先进集体"等荣誉称号，电台、电视台等 5 个部门被市区团委评为"青年文明号"。

责任单位：甘州区广播电视台

简　　介：甘州区广播电视台前身是甘州区广播电影电视局，始建于 1956 年，事业性质，科级建制，实行"局、台、站合一"的管理体制。主要承担着以区委、区政府决策和部署为中心的各项新闻宣传任务，肩负着传播先进文化、引导正确舆论导向的使命。现有完整的制作、播出、发射系统，拥有广播电视发射台 2 座、业务用房近 2 万平方米、广播电视传输机房 2 个、节目直播间 2 个、新闻演播室 1 个、虚拟演播室 1 个、编辑线 4 套、节目上载站 1 个，广播电视采、编、播实现了数字化。开办广播自办节目 1 套，播出时间为 24 小时（含重播），开设时政类栏目《新闻播报》、直播类栏目《政风行风热线》、农村类栏目《金色乡村》、旅游文化类栏目《多彩张掖》、法制类栏目《法制经纬》等12个栏目，每年开设各类专栏30多个，在中央和省电台播出稿件100多件，在本台播出稿件4000多件。

0030 正宁县广播电视台

从业人员数：33

语　　种：1

节目套数：1

年度节目制作小时：820

年度节目播出小时：1640

综合人口覆盖率：45%

收 视 率：40%

获奖情况：2012年获省级优秀节目13个，市级优秀节目21个。

责任单位：正宁县广播电视台

简　　介：正宁县广播电视台始于1951年成立的县委宣传部收音站，几经更名于2000年成立了正宁县广播电视台。目前，开设《正宁新闻》等8个电视栏目，《法治在线》等10个广播栏目，配合县委、县政府开设了8个临时栏目。

0031 甘肃人民广播电台农村广播

从业人员数：25

语　　种：1

节目套数：1

年度节目制作小时：6578

年度节目播出小时：6578

2012年度总收入（万元）：500

获奖情况：《土地流转、转出富民新路子》获中国广播影视大奖广播专题提名奖；《12316"三农"热线》获中国广播影视大

0029 环县电视台

从业人员数：50

语　　种：1

节目套数：1

年度节目制作小时：5370

年度节目播出小时：8592

获奖情况：2008年获市级"青年文明号"称号、2012—2013"联村联户为民富民行动先进单位"。

责任单位：环县电视台

简　　介：环县电视台前身是环县有线电视台，成立于1996年6月1日。环县电视台自办节目开播于1997年10月1日，现有工作人员50人，其中管理人员2人（台长、副台长各一名）、新闻部21人（记者12人、编辑、制作和播音人员9人）、文艺部5人、专题部5人、播出部4人、办公室2人、东山调频台1人、会计1人、文广局借调4人、市交警支队借调1人、工勤人员4人。共开设《环县新闻》《关注》《文化视野》《要闻回顾》《天气预报》《商讯速递》《梨园之窗》《电视剧场》《少儿天地》九个栏目。

奖广播栏目提名奖。

责任单位：甘肃省广播电影电视总台

简　　介：这是甘肃广播电影电视总台下属的第六套广播频率，于 2007 年 1 月 1 日正式开播，呼号为"甘肃人民广播电台农村广播"。作为省委、省政府对农宣传的重要阵地，是目前全省唯一对农的专业化广播频率，农村广播以服务"三农"、沟通城乡为宗旨，努力"为农民说话、让农民说话、说农民的话"。开设的主要栏目有《12316"三农"热线》《乡村大喇叭》《食品药品话安全》《双联直通车》等。目前农村广播在全省共有 80 个频点，覆盖 86 个县市区，是总台 6 套广播中覆盖最好的一套广播频率。

0032 甘肃省广电总台青少广播

从业人员数：19

语　　种：1

节目套数：14

年度节目制作小时：5021

年度节目播出小时：6265

2012 年度总收入（万元）：300

获奖情况：《淘气城堡》获全省优秀少儿广播栏目二等奖；《超级小学生》获全省优秀少儿广播栏目二等奖；《嘉峪关长城的小翻译》获甘肃广播影视奖三等奖；《纪念辛亥革命百年特别节目——百年情书》获甘肃播音与主持作品奖一等奖；《音乐种子—低苦艾》获甘肃广播文艺奖三等奖。

责任单位：甘肃省广播电影电视总台

简　　介：这是甘肃省目前唯一一家类型化音乐广播。主要受众是青少年、大学生群体。其宣传语"甘肃上空最美的声音"深入人心。全天播出 17 小时 30 分钟，从 6:30—24:00，播出频点是调频 104.8。

0033 甘肃省广电总台交通广播

从业人员数：23

语　　种：1

节目套数：1

年度节目制作小时：6935

年度节目播出小时：6935

综合人口覆盖率：64%

2012 年度总收入（万元）：1050

获奖情况：《9·14 山体滑坡事故特别报道》获得"中国广播影视大奖""广播现场直播提名奖"；《治堵，关键在于文明出行》获 2011 年度"甘肃广播影视奖广播新闻一等奖"；《"世界无车日"公益广告——让天空做个深呼吸》获 2011 年度"国家影视专业奖广告类一等奖"；《校车停了，孩子咋办？》获 2011 年度"国家影视专业奖评论类二等奖"。

责任单位：甘肃省广播电影电视总台

0034 甘肃经济广播

从业人员数：30

语　　种：1

节目套数：4

年度节目制作小时：6840

年度节目播出小时：6840

综合人口覆盖率：20%

收 视 率：12%

2012 年度总收入（万元）：400

获奖情况：《有理站着说话》获"2012 年度甘肃广播影视奖（专栏）一等奖"；《问题当归背后的问号》获"2012 年度甘肃广播影视奖（短消息）一等奖"。

责任单位：甘肃省广播电影电视总台

简　　介：甘肃经济广播成立于 2001 年 1 月 1 日，原名"黄河之声"。节目通过"亚太 -6 号"卫星，以全新数字化发射，有效覆盖甘肃省 14 个地州市。

0035 甘肃省广电总台电视公共频道

从业人员数：175

语　　种：1

节目套数：1

年度节目制作小时：567

年度节目播出小时：6660

获奖情况：《天天一壶茶》栏目获得"2011年度中国广播影视大奖"；《抢险109》获"2008年度全国广电系统抗震救灾优秀广播电视节目（新闻专题）优秀奖"；《直面—无声的火炬手》获"2009年度中国广播影视大奖"电视栏目提名奖。

责任单位：甘肃省广播电影电视总台

简　　介：其信号有效覆盖全省14个市州、86个县区全境，是历史悠久、覆盖广、影响深远的电视频道。最具品牌影响力的精品民生节目有《百姓有话说》《天天一壶茶》《百姓俱乐部》等。

0036 甘肃省广电总台电视新闻综合频道

从业人员数：64

语　　种：1

节目套数：1

年度节目制作小时：172

年度节目播出小时：671

获奖情况：2012年，频道共有16件各类作品获奖。其中，《梯田上的故事》等4件作品获"国家广播影视专业奖"；《夺命的判决》等2件作品获"国家行业奖"；《解密说蜡》等4件作品获省级二等奖；《工会主席从商记》等3件作品获"省级三等奖"。

责任单位：甘肃省广播电影电视总台

0037 甘肃省广电总台电视少儿频道

从业人员数：45

语　　种：1

节目套数：1

年度节目制作小时：286

年度节目播出小时：6570

综合人口覆盖率：73%

获奖情况：《七彩空间》获"全省优秀少儿电视栏目一等奖"；《乐淘动漫》获"全省优秀少儿电视栏目二等奖"；少儿节目《成长》获"甘肃省广播影视奖电视社教节目一等奖"；电视专题《留守儿童的呼唤》获"甘肃省广播影视奖三等奖"；频道选送的论文《"新闻立台"的理性回归与甘肃卫视的现实对策探究》获"甘肃省广播电视学术论文一等奖"；论文《新机遇、新战略、新影响》获"甘肃新闻奖新闻论文二等奖"。

责任单位：甘肃省广播电影电视总台

简　　介：甘肃省广电总台电视少儿频道是甘肃省唯一一个反映本地儿童学习生活、表现青少年学生的心态与愿望，提供少儿观众需求的知识、信息、娱乐及表达窗口的专业化少儿电视频道。频道以"成长快乐、益智有趣、健康活力、多彩和谐"为基本理念。

0038 兰州市广播电视总台

从业人员数：687

语　　种：1

节目套数：7

年度节目制作小时：11740

年度节目播出小时：48545

综合人口覆盖率：86%

2012年度总收入（万元）：7000

获奖情况：获"全国广播电影电视系统先进集体"荣誉称号，同时荣获"地面频道二十强"栏目和"全国城市台十大名栏目"称号；新闻综合频道在中国广播电视媒体民生影响力调查活动中，荣获"电视媒体10强"称号；《行风阳光热线》和《警花说交通》栏目分获广播栏目民生影响力十强、全国城市台电视栏目二十强。

责任单位：兰州市文化局

简　　介：2007 年 9 月，按照市委、市政府关于全市文化体制改革的总体部署，在原兰州人民广播电台、兰州电视台的基础上成立兰州市广播电视总台，是市委的直属事业单位。总台目前内设 8 个职能中心（室）：党政办公室、总编室、人力资源管理中心、技术中心、经营管理中心、卫星节目落地办公室、财务核算中心、物业管理中心（保卫处）；有三套广播频率（新闻综合频率、交通音乐频率、生活文艺频率）；四个电视频道（新闻综合频道、生活经济频道、综艺体育频道、公共频道）；一个广电网站；一张报纸。

0039　永登县广播电视台

从业人员数：30

语　　种：1

节目套数：2

年度节目制作小时：195

年度节目播出小时：4380

综合人口覆盖率：65%

收 视 率：30%

2012 年度总收入（万元）：20

责任单位：永登县广播电视台

简　　介：永登县广播电视台成立于 1998 年，下设永登人民广播电台、永登电视台，现有正式职工 30 人。2003 年建成 7500 平方米的广电大厦，内有 400 平方米的演播大厅，可容纳 260 多人。电视台设新闻综合频道，每天播出 15—20 分钟的新闻节目，开设《今日永登》《关注》《走进百姓》《科技致富》《玫瑰园》等栏目。曾连续五年获得中国广播奖，被省广播电视学会评为全省广播节目创优先进单位。

0040　皋兰县广播电视台

从业人员数：15

语　　种：1

节目套数：1

年度节目制作小时：720

年度节目播出小时：1080

综合人口覆盖率：36%

收 视 率：46%

责任单位：皋兰县广电局

简　　介：皋兰县广播电视台于 2004 年设立，目前，实行局、台合一的管理体制，持有广播电视播出机构和频道许可证，台名为皋兰广播电视台，有台标和呼号。目前，设置 1 个频道，频道运行规范，实行行政业务管理。自办节目每天播出时间为 14 小时，设有《皋兰新闻》《天天剧场》《聚焦政情》《少儿栏目》《天气预报》《农业科技》6 个栏目。

0041　榆中县广播电视台

从业人员数：28

语　　种：1

节目套数：1

年度节目制作小时：1000

年度节目播出小时：4745

综合人口覆盖率：100%

2012 年度总收入（万元）：19

获奖情况：2009—2013 年获"全省广电设施安全保护工作先进集体"奖。

责任单位：榆中县电视台

简　　介：榆中县广播电视台设办公室、新

闻部、"户户通"办公室、外宣部、编辑部、专题广告部、播音制作部、白虎山转播台等8个部（室）。广播自办节目开设并精办《榆中新闻》《金话筒》《周末文艺》《四季风》等4个栏目。电视栏目围绕社会关注的热点、难点、亮点，开设并精办《榆中新闻》《聚焦》《七嘴八舌说变化》《美丽乡村》《百味坛》《创建文明城市—我们在行动》《金县中医》《身边科学》《奇趣大自然》等9个栏目。广播、电视自办栏目定位明确，富有地方特色，每年上送中央、省、市电台、电视台播出新闻稿件180余篇。

0042 嘉峪关广播电视台

从业人员数：122

语　　种：1

节目套数：10

年度节目制作小时：5598

年度节目播出小时：7300

综合人口覆盖率：99%

收　视　率：99%

2012年度总收入（万元）：819

责任单位：嘉峪关市文化局

简　　介：嘉峪关广播电视台于1986年成立，为全额财政拨款事业单位。2011年嘉峪关市广播电台、嘉峪关市电视台及嘉峪关市电视微波站合并为嘉峪关广播电视台。台内下设办公室、总编室、新闻中心、技术中心、播控中心、专题文艺中心、广播节目中心、广告经营中心、综合频道、公共频道10个内设机构。

0043 金昌广播电视台

从业人员数：122

语　　种：1

节目套数：3

年度节目制作小时：750

年度节目播出小时：14400

综合人口覆盖率：85%

收　视　率：80%

2012年度总收入（万元）：200

获奖情况：《奉献——在矿井深处延伸》获甘肃省"走基层、转作风、改文风"一等奖；《张海迪与残疾兄弟姐妹面对面》获"甘肃广播影视奖新闻专题一等奖"；《微笑的海迪》获"甘肃广播影视奖广播播音一等奖"。

责任单位：金昌市文广局

简　　介：金昌广播电视台筹建于1987年1月。1988年9月1日开始试播。1993年4月，甘肃省广播电视厅下发通知批准金昌市人民政府建立金昌电视台。2012年5月，金昌人民广播电台和金昌电视台组建成立金昌广播电视台。金昌广播电视台系正县级事业单位，现有从业人员122人，有高级职称13人，中级职称40人。现开设综合、公共两个频道和一套综合广播，无线转播发射中央一套、中央七套和本台自办的综合频道、公共频道共四套节目，同时转播两套调频广播，覆盖人口约60万；自办栏目主要有《金昌新闻》《纪录》《文化金昌》《金昌周刊》《今日聚焦》《品尚生活》《小红花》《夕阳情》《戏曲大观园》《文学印象》等10余个广播电视栏目。建台以来，金昌广播电视台先后有310多部（条）专题片、纪录片、新闻在全省、全国获奖。

0044 白银市广播电视台

从业人员数：117

语　　种：1

节目套数：3

年度节目制作小时：3765

年度节目播出小时：17702

综合人口覆盖率：50%

收 视 率：40%

2012年度总收入（万元）：313

获奖情况：2012年新闻中心被人力资源社会保障部和国家广播电影电视总局共同授予"全国广播电影电视系统先进集体"荣誉称号。

责任单位：白银市广播电视台

简　　介：白银市广播电视台前身为白银电视台，于1992年正式建台开播。2013年6月，经省市有关部门批准，白银人民广播电台和白银电视台合并组建成立白银市广播电视台，为正县级事业单位，隶属白银市文化广播影视新闻出版局管理。台内共设18个部门科室，现有在编人员117人，开设新闻综合频道和公共频道两套电视节目，一套广播节目，一个视频网站。信号覆盖全市三县两区及部分乡镇。自办节目主要有《白银新闻》《今日关注》《跨越报告》《现在开庭》《交通红绿灯》《铜城119》《教育视窗》《走近电力》《红蜻蜓青草地》《新闻大搜索》等。共有140余件作品在全国和省级以上评选中获奖；有20多部电视文艺晚会在省台、中央台播出。

0045 白银市平川区有线广播电视台

从业人员数：36

语　　种：1

节目套数：1

年度节目制作小时：2920

年度节目播出小时：2920

综合人口覆盖率：99%

收 视 率：23%

2012年度总收入（万元）：15

责任单位：白银市平川区有线广播电视台

简　　介：电视台成立于1995年12月，由最初的只有两台摄像机，两台录像机，一台编辑机，两名记者和两名主持人发展到现在的三十多人，队伍不断壮大，设备不断更新，近几年实现了采编播设备数字化。电视节目从一星期只有一次新闻栏目发展到现在每天15分钟的新闻，开设了《我的家园》《七彩社区》等栏目。平川有线广播电视台下设新闻专题中心、广告中心、制作中心、播音中心、技术中心、播出中心。

0046 靖远县广播电视台

从业人员数：80

语　　种：1

节目套数：1

年度节目制作小时：260

年度节目播出小时：6205

综合人口覆盖率：60%

收 视 率：20%

获奖情况：2008 年《成长日记》栏目获"优秀少儿电视栏目三等奖"；2008 年《七色彩虹》获"优秀广播栏目鼓励奖"。

责任单位：靖远县文广局

简　　介：靖远县广播电视台坚持团结、鼓劲、稳定的宣传主导思想，紧紧围绕县委、县政府的中心工作，把握脉搏，突出重点，开设《靖远新闻》《印象靖远》《蔬菜与生活》《电视剧场》《天气预报》《乌兰大视野》《健康与生活》《读书时间》《少儿天地》《七色彩虹》《快乐驿站》《畅听音乐吧》《戏曲百花园》等十多个固定栏目。

0047 会宁县广播电视台

从业人员数：74

语　　种：1

节目套数：2

年度节目制作小时：1440

年度节目播出小时：4320

综合人口覆盖率：30%

2012 年度总收入（万元）：8

获奖情况：2008 年《创建卫生城市》获"甘肃省广告作品评选优秀奖"；2013 年《教育梦助推中国梦》、《东方风来满眼春》被分别评为"宣传白银好新闻"二、三等奖；2013 年《红色旅游迎朝阳》荣获"第六届中国旅游电视周红色之旅优秀作品"二等奖；《红军长征胜利纪念馆》荣获"第六届中国旅游电视周景点景区类好作品"三等奖；2014 年《流光溢彩新会宁》荣获"白银市第三届凤凰文艺奖广播影视类"三等奖；电视专题《走基层——寻找即将消失的村庄》荣获"2013 年度'白银广播影视奖'电视社教"一等奖。

责任单位：会宁县文体影视局

简　　介：会宁县广播电视台成立于 1998 年 3 月，按照"新闻立台、栏目治台、创发兴台，管理强台"的办台宗旨，开展工作。频道有《综合频道》《教育频道》，下设 35 个栏目。

0048 景泰县广播电视台

从业人员数：45

语　　种：1

节目套数：7

年度节目制作小时：370

年度节目播出小时：8090

综合人口覆盖率：70%

站成立，2005年1月，更名为天水市秦州区广播站。自成立以来，天水市秦州区广播站秉承"源于生活、服务听众"的办台理念，以"都市、品味、流行"为主旨，形成新闻类节目与流行类节目相结合、文学性节目和音乐类节目相补充的办台特色，主要栏目有《秦州新闻》《心目影院》《音乐不塞车》《故事人生》《评书大舞台》《健康慢生活》《百家讲坛》《开心时刻》。

收视率：65%
2012年度总收入（万元）：220
责任单位：景泰县电视台
简　　介：景泰人民广播电台成立于1990年10月，主要收转中央、省人民广播电台部分节目，少量插播当地新闻。1998年，景泰县广播电台与景泰县电视台合并，统称景泰县广播电视台。现开设的节目有《景泰新闻》《每周新闻看点》《百姓生活》《天气预报》，引进节目有《农村普法》《少儿节目》《希望的田野》；广播自办节目有《景泰新闻》《每周新闻看点》《农家话语》《百姓纪事》《音乐随心听》。

0049　秦州区广播电视台

从业人员数：32
语　　种：1
节目套数：1
年度节目制作小时：821
年度节目播出小时：4380
综合人口覆盖率：90%
收视率：60%
责任单位：天水市秦州区文广局
简　　介：电视台主要栏目有《秦州新闻》《秦州剧场》《印象秦州》《秦声秦韵》《公益短片展播》《远教时空》《卡通剧场》。

0050　天水市秦州区广播站

从业人员数：8
语　　种：1
节目套数：1
年度节目制作小时：121
年度节目播出小时：4380
综合人口覆盖率：90%
收视率：70%
责任单位：天水市秦州区文广局
简　　介：1990年4月，天水市秦城区广播

0051　天水市麦积区广播站

从业人员数：101
语　　种：1
节目套数：2
年度节目制作小时：578
年度节目播出小时：6935
综合人口覆盖率：50%
收视率：20%
获奖情况：《雨天行路难、吃水九道弯》、《土地流转"转"出新生活》、《解惑"抢盐"》荣获2012年"甘肃省广播影视奖"广播新闻二等奖；《温明生：用爱守护绿色》《三夏忙生产、农机显身手》荣获2012年"甘肃省广播影视奖"广播新闻三等奖。
责任单位：天水市麦积区广播站
简　　介：天水市麦积区广播站成立于1953年9月，承担着面向全区的广播电视宣传工作，自办广播、电视节目各一套。麦积区广播站在广播节目中转播中央人民广播电台《新闻联播》《新闻报摘》共312小时，转播甘肃人民广播电台《甘肃新闻》《金色田野》《音乐星空》《健康伴你行》共1052小时。播出自办节目《麦积新闻》158组2068条，播送《渭水之声》158组，《卫生与健康》52组，定期开设《快乐妈妈》《七彩之花》《音乐百分百》《麦积史话》等节目。同时，广播站还承担着天水电视台麦积记者站的工

作，自办电视节目一套，设有《麦积新闻》《承诺面对面》《远教时空》《电视剧场》等栏目。2009年、2011年，麦积区广播站两次荣获"全市优秀通联单位"称号。

0052 清水县广播电视台

从业人员数：36

语　　种：1

节目套数：2

年度节目制作小时：1460

年度节目播出小时：6440

综合人口覆盖率：93%

收 视 率：65%

2012年度总收入（万元）：22

获奖情况：播音主持人刘建忠获得"全国县级广播电视台'十佳'电视播音员"奖；记者王小红获得2012全省"走基层、转作风、改文风"活动先进个人奖；《文化新气象系列报道》获得全省"走基层、转作风、改文风"新闻节目一等奖；《文化新气象系列报道》获得全省县级广播电视台电视节目奖电视新闻专题二等奖；《山里人的新生活》获得全省"走基层、转作风、改文风"社教节目三等奖。

责任单位：清水县文广局

简　　介：清水县广播电视台于2009年正式批复立台，属正科级事业单位，为清水县文广局下属单位，下设总编室、新闻中心、专题部、广告部、制播部和监管办六个业务部门。目前，广播电视台开办1套广播频率和1个电视频道，其中电视台为新闻综合频道，按批复指定4频道播出，播出频率为77.25MHZ，广播电台播出频率为调频106MHZ。电视台有《新闻播报》《走进清水》《请您欣赏》3个自办栏目和《致富故事会》《少儿天地》《农村法治》《健康面对面》4个引进栏目。开设阳

光剧场、午间剧场、黄金剧场、秦腔剧场四个电视剧场，日播出时长19小时。清水新闻综合广播由转播和自办节目两部分组成，日播出3次4.5小时，自办节目有《清水新闻》《综艺喜乐会》《话说清水》。

0053 秦安县广播站

从业人员数：77

语　　种：1

节目套数：1

年度节目制作小时：700

年度节目播出小时：2008

综合人口覆盖率：85%

收 视 率：26%

获奖情况：《叶莲公路发生大面积山体滑坡连续报道》荣获2012年度全市广播影视奖广播类三等奖；《走基层、话民生》荣获2012年度全市广播影视奖广播类三等奖；《晓园山庄》荣获2012年度全市广播影视奖播音主持类二等奖；《平凡的世界（第一期、二期）》荣获2012年度全市广播影视奖播音主持类三等奖。

责任单位：天水市秦安县广播电影电视局

简　　介：秦安县广播站始建于1956年6月，目前共有5档自办节目，分别是《新闻播报》《米粒生活馆》《耳朵去旅行》《音乐年代秀》《大秦腔》。

0054 秦安县广播电视台

从业人员数：88

语　　种：1

节目套数：1

年度节目制作小时：1095

年度节目播出小时：5110

综合人口覆盖率：98%

收 视 率：36%

2012 年度总收入（万元）：36

获奖情况：在 2012 年举办的全省首届县级台电视优秀节目评选活动中，电视台选送的电视新闻消息《小书记的大梦想》《凝聚的爱》《秦安县和王尹乡分别荣获"中国民间文化艺术之乡"称号》分别荣获一、二、三等奖。

责任单位：天水市秦安县广播电影电视局

简　　介：秦安县广播电视台于 1998 年建台，为正科级事业单位。目前，全台共有干部职工 88 人（其中干部 63 人，工人 25 人），内设办公室、总编室、新闻部、专题部、栏目部、文艺部、技术部、广告部 8 个部室，是全县唯一的新闻播出机构。自 2011 年以来，全台上下在办好《秦安新闻》等栏目的基础上，对《成纪大地》栏目进行了全新改版，推出了一档文化旅游民俗类纪录片栏目《映像秦安》；对《天气预报》栏目进行了全新改版和包装；先后又增设了《早、午、晚间剧场》《星光影院》《陪您去逛街》《综艺欣赏》《政务信息》《信息专递》《农业科技》《秦安风光》等 13 个栏目，节目每天播出时间 14 小时。

0055 甘谷县广播电视台

从业人员数：65

语　　种：1

节目套数：1

年度节目制作小时：183

年度节目播出小时：4785

综合人口覆盖率：10%

收 视 率：60%

责任单位：甘谷县文化馆

简　　介：甘谷县广播电视台于 1998 年 2 月 18 日经广电部批准成立，隶属甘谷县广播电视局，呼号为"甘谷县电视台"和"甘谷人民广播电台"。现有从业人员 65 人，设台长 1 人，副台长 1 人，年总收入 24 万。

0056 甘谷电视台

从业人员数：40

语　　种：1

节目套数：1

年度节目制作小时：182

年度节目播出小时：6570

综合人口覆盖率：96%

收 视 率：12%

2012 年度总收入（万元）：21

责任单位：甘谷县文化广播影视局

简　　介：甘谷电视台成立于 1985 年 12 月 30 日，隶属于甘谷县文化广播影视局，现有职工 40 人，开办《甘谷新闻》《渭水风情》《今日甘谷》《甘谷在线》《晚间剧场》等栏目，年播出稿件 2300 多条，年制作节目 360 小时，综合人口覆盖率达到 96%。

0057 武山县广播电视台

从业人员数：31

语　　种：1

节目套数：2

年度节目制作小时：2450

年度节目播出小时：3650

综合人口覆盖率：75%

收 视 率：70%

2012 年度总收入（万元）：25

获奖情况：在天水市文化广播影视新闻出版

局举办的 2012 年度全市广播影视奖评奖活动中，有 5 件作品获奖，分别为：电视社教专栏《宁远纪事》之《点高山》和《渐次远去的祭祀活动——攒神》；电视长消息《徐西仓为 12 户穷亲戚盖新房》；电视社教专题片《春暖花开——马力镇北顺村开展联村联户 为民富民行动纪实》；广播长消息《"双联"行动解决了包召子的难题》；广播播音《水帘洞抒怀》。

责任单位：武山县广播局

简　　介：武山县广播电视台是武山县唯一一家大众新闻媒体，开办有广播、电视两套自办节目，对外呼号分别为"武山县广播站"和"武山电视台"。电视新闻综合频道开设《武山新闻》《天气预报》《宁远纪事》等固定栏目。每天播出 10 小时，分别在 9:55—16:00；18:45—23:00 播出。广播节目开设《本县新闻》等栏目，每天播出三次，总计 5 小时 30 分钟，分别在 6:25—8:00；11:55—13:00；18:25—21:30 播出。节目信号分两路同时传送，一路通过微波设备点对点传送到武朝梁转播台，再通过 12 频道开路发射；另一路直接进入有线电视网络，为县城、洛门、山丹、滩歌、四门有线网提供信号，用户达到 12000 多户。节目覆盖全县 12 个乡镇及邻县甘谷、通渭等部分乡镇。

0058 张家川回族自治县广播电视台

从业人员数：25
语　　种：1
节目套数：1
年度节目制作小时：3276
年度节目播出小时：7098
综合人口覆盖率：70%
收视率：60%
2012 年度总收入（万元）：12

获奖情况：在省、市优秀新闻评选活动中，张家川电视台记者采写的《清真寺里的读书声》《大棚蔬菜成气候订单农业解民忧》和《农家书屋富了农民的脑袋和口袋》等十余篇作品分别获得省、市广播电视新闻奖；撰写的《关于办好县级广播电视节目的思考》《浅谈做一名合格的基层广播节目主持人》《县级电视台舆论监督有效性探析》以及《关于县级电视台会议报道改进之思考》等论文分别获得省广播电视学术论文奖；在 2008 年度全县十佳优秀新闻工作者评选活动中，张家川电视台共有 6 人受到县委、县政府的表彰奖励。

责任单位：天水市张家川回族自治县文广局

简　　介：张家川回族自治县广播电视台自 2007 年 7 月 3 日成立以来，始终坚持"围绕中心，服务大局"的宗旨，把培养一专多能，适应时代发展需要的优秀新闻工作者作为目标，务实创新，扎实工作，按照新时期对新闻工作者的要求，坚持正确的舆论导向和"三贴近"原则，开展有计划、有重点、有深度的宣传报道工作。为提高节目质量和收视率，张家川电视台领导积极转变观念，开拓思路，创新载体，对台里自办节目《今日张家川》进行系统的包装改版，该栏目内设《政务报道》《贴近》《亮点》三个子版块，突出了新闻的快捷、真实，总体包装气势宏大、色彩典雅，表现元素鲜明。《今日张家川》及时、迅速地报道了全县各行各业认真开展本职工作的先进典型，用镜头和文字记录时代的步伐。

0059 武威市广播电视台

从业人员数：151
语　　种：1
节目套数：6
年度节目制作小时：760
年度节目播出小时：33827
综合人口覆盖率：98%
收 视 率：95%
2012 年度总收入（万元）：396
获奖情况：2012 年，武威市广播电视台共获得国家级、省级新闻奖项 22 件，市级奖项 39 件，是获奖数量和等次最好的一年。其中，城市宣传片《武威》获全国第五届电视旅游周优秀作品二等奖；新闻专稿《留守妇女的快乐家园》获全国农业电视节目三等奖；《民勤县夹河乡黄案滩封育区出现 7 眼白流井》获全省电视新闻一等奖；《体验大豆新品种——张豆一号》获全省电视社教一等奖；《以虔诚的心守望我们的家园——创作电视系列片〈2010 春在民勤〉的几点感受》获电视优秀论文二等奖；《武威市：扶贫开发泽后世下山入川惠民生》获全省新闻战线"走转改"活动优秀新闻作品。
责任单位：武威市广播电视台
简　　介：武威市广播电视台是承担市委、市政府广播电视宣传职能的市级主流媒体。其前身是 1988 年成立的武威电视台和 1989 年成立的武威人民广播电台。2012 年 6 月，按照国家、省、市文化体制改革精神，经市委、市政府批准，武威市广播电视台挂牌成立，为正处级事业单位，隶属市文化广播影视新闻出版局管理。武威市广播电视台现开办有新闻综合频道、凉州频道、公共频道、CMMB"晴彩武威"四个电视频道和新闻综合广播、天马之声广播两个广播频率。武威市广播电视台现有内设机构 16 个，分别为办公室、总编室、计划财务部、人事教育部、安全保卫部、新闻中心、制作中心、经营中心、播控中心、新闻综合频道、凉州频道、公共频道、数字频道、CMMB 频道、广播频率、技术维护部。

0060 古浪县广播电视台

从业人员数：55
语　　种：1
节目套数：1
年度节目制作小时：739
年度节目播出小时：4376
综合人口覆盖率：93%
收 视 率：96%
2012 年度总收入（万元）：629
获奖情况：2010、2011 年连续两年获得市广电局"全市广播电视通联工作先进集体"；连续 3 年被县委、县政府评为"宣传古浪先进单位"；2012 年被县委、县政府评为"造林绿化先进单位"，2012 年被市文化影视新闻出版局评为"全市广电工作目标责任考核二等奖"、被县委、县政府评为"社会管理综合治理工作先进单位"。
责任单位：古浪县广电局
简　　介：1994 年 10 月，经古浪县人民政府批准，成立古浪县有线电视台。1997 年 6 月 12 日，经古浪县人民政府批准，建立"古浪县广播电台"，隶属县广播电视局。2004 年 7 月，经国家广电总局批准，设立古浪县广播电视台。

0061 天祝藏族自治县广播电视台

从业人员数：64
语　　种：2

节目套数：2

年度节目制作小时：1020

年度节目播出小时：680

综合人口覆盖率：40%

收 视 率：95%

2012 年度总收入（万元）：450

获奖情况：被中共天祝县委授予"2012 年度宣传天祝先进集体"；被中共天祝县委、县政府授予"2012 年度防范和处理邪教工作先进单位""2012 年度纪检监察工作先进集体"。

责任单位：天祝藏族自治县广电局

简 介：天祝藏族自治县于 1956 年成立县广播站，1979 年开办藏语广播。1985 年成立县广播电视局，1992 年开办电视节目，1995 年建成全省第一家少数民族县人民广播电台，1998 由原广电部批复成立"天祝藏族自治县广播电视台"，分别以"天祝藏族自治县人民广播电台"和"天祝藏族自治县电视台"藏汉双语呼号播出。全县现有广播电台 1 座，电视台 1 座，毛毛山电视调频发射台 1 座，县城电视调频发射台 1 座。县广播电视台紧紧围绕自治县"1342"发展战略，宣传天祝藏族自治县的节目有《天祝新闻》《一周要闻》，汉语电视专栏有《今日华锐》《百姓生活》《共同关注》《科普之窗》《小康路上》，汉语广播专栏有《华锐之声》《生活风景线》《花样年华》《星期吧》；开办藏语电视专栏有《华锐风情》《雪域风》《跟我学藏语》，藏语广播专栏有《雪域文化大观》《生活指南》《和谐之声》《教育园地》《综艺大观园》《聊天》等 18 个栏目，其中《天祝新闻》用藏、汉双语播出。广播节目每天播出 12 小时 35 分钟（其中：汉语 3 小时 35 分钟，藏语 9 小时），电视节目每天播出 15 小时 46 分钟。

0062 肃南裕固族自治县广播电视台

从业人员数：15

语 种：1

节目套数：1

年度节目制作小时：330

年度节目播出小时：330

综合人口覆盖率：54%

收 视 率：78%

2012 年度总收入（万元）：3

责任单位：肃南裕固族自治县广播电视台

简 介：肃南裕固族自治县广播电视台成立于 2012 年 6 月。负责贯彻执行党和国家在新闻宣传、广播电视方面的方针、研究制定全县广播电视宣传工作计划、组织实施广播电视的重大宣传和报道工作，负责对广播电视节目审查把关，把握正确的舆论导向，发挥舆论监督作用，不断提高节目质量。

0063 民乐县广播电视台

从业人员数：24

语 种：1

节目套数：2

年度节目制作小时：6825

年度节目播出小时：6825

综合人口覆盖率：100%

收 视 率：100%

2012 年度总收入（万元）：5

责任单位：民乐县广播电视台

简 介：民乐县广播电视台共有广播电台
1 个，电视台 1 个。县广播电视台共有人员
26 名，其中新闻记者 5 名，新闻编辑 3 名，
播音员、主持人 3 名，技术播控人员 8 名；
2012 年度，县广播电视台共收入广告费用 5
万元。

0064 临泽县广播电视台新闻综合广播

从业人员数：20

语 种：1

节目套数：1

年度节目制作小时：137

年度节目播出小时：4745

综合人口覆盖率：100%

收 视 率：80%

2012 年度总收入（万元）：115

责任单位：临泽县广播电视台

简 介：现有广播电台一个，全年节目制
作时间为 137 小时，节目播出时间 4745 小时。

0065 高台县广播电视台

从业人员数：20

语 种：1

节目套数：3

年度节目制作小时：260

年度节目播出小时：2085

综合人口覆盖率：100%

收 视 率：100%

2012 年度总收入（万元）：102

获奖情况：获 2009 年度全省广播影视信息
工作先进集体、2009 年度全市电视宣传通联
工作先进集体一等奖、张掖市语言文字规范
化示范单位、2009 年度社会治安综合治理工
作先进集体、全省拥军优属工作先进集体。

责任单位：高台县新闻出版局

简 介：高台县广播电视台成立于 2006
年 1 月，共设编制 20 人，现有采、编、制、
播人员 17 人，其中专业技术人员 10 人。内
设新闻部、专题部、广告部。在内容上开设
新闻节目两档：《高台新闻》和《一周要闻》。
《高台新闻》为当日新闻，星期一至星期五
播出，每期时长 15 分钟左右；《一周要闻》
每周六、周日播出。开设专题节目一档：《高
台纪事》，每月四期，每期时长 15 分钟左右；
外宣工作上，每年向省市台送稿 600 多条，
播出 300 条左右，连续多年在张掖电视台、
甘肃电视台新闻上稿量位居六县区第一。

0066 山丹县广播电视台

从业人员数：4

语 种：1

节目套数：1

年度节目制作小时：182

年度节目播出小时：1939

综合人口覆盖率：93%

收 视 率：93%

获奖情况：《山丹五成农民开着小车去打工》获 2012 年度全市广播新闻二等奖。

责任单位：山丹县广播电视台

简 介：电视台开设有《山丹新闻》《天气预报》《新闻纵横》《健康之声》《乡村视野》《音乐之声》《走遍山丹》《百姓生活》《与爱同行》等一批适合老、中、青各层次人群喜闻爱听的栏目。

0067 泾川县广播电台

从业人员数：51

语 种：1

节目套数：4

年度节目制作小时：265

年度节目播出小时：2697

综合人口覆盖率：99%

收 视 率：99%

2012 年度总收入（万元）：181

责任单位：泾川县电视台

简 介：泾川县广播电台自建立以来，坚持正确的舆论导向，紧紧围绕县委、县政府的中心工作开展宣传报道。电台全天播出三次，包括转播甘肃、中央人民广播电台节目，播出自办节目。自办文字节目设有《泾川新闻》《法制园地》《经典诵读》《故事空间》《广阔田野》《生后》《乡村大戏院》《少儿节目》等八个专题节目，另外，还有《泾川天气预报》等。其中，《少儿节目》成为全市名牌节目。电台播出稿件质量和数量都有所提高，有 38 篇稿件获得国家、省、市优秀稿件评选一、二、三等奖。

0068 泾川县电视台

从业人员数：42

语 种：1

节目套数：2

年度节目制作小时：4989

年度节目播出小时：4989

综合人口覆盖率：97%

收 视 率：97%

2012 年度总收入（万元）：12

获奖情况：多次获得全市新闻通联工作一等奖。

责任单位：泾川县电视台

简 介：1992 年 3 月，经国家广播电影电视部批准成立泾川县广播电视台，对外呼号"泾川县电视台"，开办了二套电视节目。泾川县电视台自成立以来，不断加强新闻宣传力度，努力克服人员、设备、资金等困难，在电视新闻制播方面实现了质和量的跨越。电视台每周制作节目三次，日播出三次，时间 1 小时 45 分钟。节目除《泾川新闻》外，还设置了《十分关注》《民声视角》《文艺生活》《三农服务台》等栏目。近年来，泾川县电视台进一步加大基础设施建设力度，在保证人员工资发放和事业运转的前提下，采取向上争一点，自己挤一点，职工集一点的办法，多次投入资金更新设备。2002 年 11 月，投入资金 11.2 万元购回非线性编辑系统、硬盘播出系统、音频工作站等数字化设备，极大地提高了广播电视节目制作编辑及播出系统的数字化程度，电视台自办节目的质量有了较大幅度的提升。2003 年 5 月，投入资金 23 万元，对办公楼一楼进行改造装修，建成 80 平方米演播厅一个，记者室一个，录音室及制作播出室四间，为电视台创设了良好的工作环境。2003 年以来，陆续购置数字化摄像机 7 台，从而实现了电视节目摄、录、编、播全程数字化。通过不断努力，泾川县电视台事业取得了长足的发展，自办节目的影响力进一步扩大，节目内容进一步丰富，平均每年制作专题片 20 多部。县电视台自办节目由原来每天在其他省台插播 3 小时左右发展为现在拥有专用频道，日播出节目 13 小时 30 分钟的规模，新闻宣传的影响力和报道质量明显提升。

0069 灵台人民广播电台

从业人员数：5

语　种：1

节目套数：1

年度节目制作小时：960

年度节目播出小时：2008

综合人口覆盖率：98%

收视率：21%

2012 年度总收入（万元）：11

获奖情况：获 2005 年度全市电视新闻宣传通联单位先进单位；获 2008 年省广播电影电视局党的"十七大"广播电视安全播出先进集体；2008 年获全市广播通联工作先进集体二等奖；2008 年获平凉十佳新闻集体；获 2010 年度全市广播电视宣传通联工作二等奖；获 2011 年度外宣工作优秀奖。

责任单位：灵台县广播电视台

简　介：1990 年 4 月，灵台人民广播电台成立，截止 1999 年底，全县共建成乡级调频广播发射台 10 座，调频广播信号覆盖全县 75% 的村社。此后，全县农村广播电影电视事业的发展重点逐渐转向了电视。2012 年 8 月 17 日，电台的节目信号可覆盖全县 13 个乡镇。

0070 崇信县广播电视台

从业人员数：32

语　种：1

节目套数：1

年度节目制作小时：1561

年度节目播出小时：2920

2012 年度总收入（万元）：190

获奖情况：2011 年被平凉市广播电视台评为全市广播电视新闻宣传通联工作先进集体二等奖；2012 年被中共崇信县委、崇信县人民政府评为 2012 年度防范和处理邪教问题工作先进单位；2013 年被中共崇信县委宣传部评为模范职工小家；2013 年被平凉市委宣传部、平凉市新闻工作者协会评为平凉市十佳新闻集体。

责任单位：崇信县广播电视台

简　介：崇信县广播电视台 2007 年 12 月由原县电视台和县广播站整合成立。为正科级建制事业单位，现有各类工作人员 32 人，专业技术人员 10 人，其中，中级专业技术人员 5 人，初级 5 人，设总编室、办公室、记者部、制作部、播出部、广播中心和技术部。目前，电视自办节目开办有《崇信新闻》《党员教育》《电视剧场》《百姓生活》《芮水金果》《农业科技之窗》《综艺一刻钟》等栏目；《崇信新闻》每年播出稿件 1500 篇条左右。同时加大对外宣传力度，年均向省电视台、广播电台投送采用稿件 10 篇条左右，向市级电视台、广播电台投送稿件 600 条以上，连续多年通联稿件位居全市区前列。

0071 华亭县广播电视台

从业人员数：59

语　　种：1

节目套数：2

年度节目制作小时：1165

年度节目播出小时：920

综合人口覆盖率：100%

收 视 率：100%

2012 年度总收入（万元）：474

获奖情况：先后被评为全市广播新闻宣传通联工作一等奖、全市电视新闻宣传先进集体二等奖，荣获"全市十佳新闻集体"称号。被县妇联、县总工会、共青团评为先进基层妇女组织、"十佳"服务窗口、青年文明岗等称号。有 4 件广播电视作品和 2 篇广播电视论文获得全国县级广播电视作品评析活动二、三等奖；有 1 件广播作品和 2 篇论文获得"甘肃广播影视奖"；有 19 件广播电视作品在市上获奖。有 1 名个人在全省广播影视系统第四届现场采访电视拍摄技能大赛中获二等奖；有 16 人（次）荣获全县十佳新闻工作者、思想政治工作先进个人、优秀共产党员等荣誉称号。

责任单位：华亭县文广局

简　　介：华亭县广播电视台前身为 1986年 4 月经原国家广电部批准成立的华亭人民广播电台，现隶属于县文广局。全台现有干

部职工 59 人，其中党员 32 人，本科以上文凭 15 人，专业技术人员副高 1 名，中初级21 名。现有管理干部 4 人（台长 1 名，总编辑 1 名，副台长 2 名）。全台设一室四部：综合办公室、新闻部、专题部、广播部、播音部。电视节目日播出 14 个小时，除转播中央台《新闻联播》外，自办《华亭新闻》《关注》《百姓话题》《关山汭水》《人物》《道德讲堂》《时尚生活》《请您欣赏》等 10个固定栏目；广播节目日播出 6 小时 35 分钟，广播节目除转播上级台新闻节目外，自办《华亭新闻》《农村话题》《科技节目》《文艺节目》等 4 个固定栏目。2008 年初被授予"全国广播电影电视系统先进集体"称号。

0072 庄浪县广播电视台

从业人员数：37

语　　种：1

节目套数：2

年度节目制作小时：92

年度节目播出小时：7337

综合人口覆盖率：87%

收 视 率：92%

2012 年度总收入（万元）：10

获奖情况：2008 年、2010 年、2012 年被市委宣传部评为全市十佳新闻集体；2008—2012 年获全市广播电视新闻宣传通联先进单位；2012 年获全市广播电视新闻宣传通联先进单位。

责任单位：平凉市庄浪县文广局

简　　介：庄浪县广播电视台成立于 1992 年，隶属于庄浪县文体广电局。单位下设办公室、新闻中心、节目中心、制作室、技术播出部、文湾电视转播台等六个部门。台内开办一套广播节目，一套电视节目。广播开设《庄浪新闻》《生活顾问》《农村天地》《文艺小百花》等栏目，每天分早、中、晚三次播音，

全天累计播出时间 6 小时 10 分钟。电视开设一档《庄浪新闻》节目和《今日庄浪》《相约健康》《自然传奇》《儿童乐园》《周末文艺》等五档专题节目，《天气预报》《经济信息》二档服务类栏目以及《早间剧场》《好剧连连看》《晚间剧场》等三档娱乐类节目，每天安排播出电视节目和电视剧 14 小时。近年来，庄浪县广播电视台树立"新闻立台""专题活台""广告养台"的办台理念，坚持"内宣""外宣"两手抓，实施"精品工程"，提升宣传质量，为全县经济社会全面快速发展营造了很好的舆论氛围。

0073 静宁县广播电视台

从业人员数：33

语　　种：1

节目套数：2

年度节目制作小时：929

年度节目播出小时：2277

综合人口覆盖率：96%

收 视 率：71%

2012 年度总收入（万元）：200

获奖情况：平凉市优秀通讯员单位。

责任单位：静宁县广电局

简　　介：静宁县广播电视台是 1998 年成立的正科级事业单位，现隶属于静宁县文体广电局，是静宁县唯一的新闻舆论机构，是县委、县政府的重要喉舌，是全县人民获取信息的主要渠道，担负着全县广播电视自办节目采、编、传、播和对外宣传的重任，也

是向外推介静宁的重要窗口。静宁县广播电视台现有办公室、新闻中心、采编室、外宣办、专题部、广告文艺部、播音组、技术播控部等 8 个内设机构和寺山、雷大 2 个广播电视转播台。县电视台开办了《静宁新闻》及《关注》《直通生活》等 7 个专题栏目（其中《静宁新闻》每周三期每期 15 分钟，《关注》《直通生活》《法治时空》等每两周一期每期 10 分钟，《成纪秦韵》每两周一期每期 30 分钟）。《静宁新闻》节目在全市属中等偏上水平，《直通生活》《关注》在全市属名牌栏目，每年拍摄播放稿件和专题 3000 多件。广播电视台宣传工作既有特色、又有亮点，取得了较好成绩，对外宣传和新闻创优工作连续十几年名列全市前茅。2012 年继续位居全市第一。

0074 肃州区广播电视台

从业人员数：70

语　　种：1

节目套数：2

年度节目制作小时：2118

年度节目播出小时：10281

综合人口覆盖率：100%

收 视 率：100%

2012 年度总收入（万元）：160

获奖情况：每年获得省、市优秀广播电视节目 21 项，其中省级优秀节目 6 项，市级优秀节目 15 项。

责任单位：酒泉市肃州区广电局

简　　介：肃州区广播电视台始建于 1956 年 5 月 1 日，其前身为原酒泉县广播站，该台于 2004 年 7 月 1 日经国家广播电影电视总局批准为正式的播出机构，是酒泉人民广播电台和肃州电视台的总称，与肃州区广播电影电视局实行局台合一的领导管理体制。肃州电视台拥有一个自办综合节目频道，每天播出为 15 小时 30 分钟，自办栏目有《肃州新闻》《法庭内外》《走进肃州》《百姓纪事》《真情生活》和《欢乐梦天堂》等。酒泉人民广播电台是酒泉城区唯一一座千瓦级发射台，承担着市、区两级党委、政府的宣传任务，发射频率为 106.6MHZ，传输方式为无线传输，播出方式为分段播出，每天播出时间为 15 小时 30 分钟，年播出时间为 4623 小时。主要节目形式：一是完整转播中央人民广播电台和甘肃人民广播电台时政新闻类节目；二是按照审批要求精办了地方新闻节目；三是适量开办了一些时政、经济、科技、农业、教育、文艺、娱乐、信息节目。自办栏目有《酒泉新闻》《周末关注》《爱广播爱生活》《祁连乡村》等 20 个，广播电视节目已成为广大观众、听众了解政策信息、掌握发展动态、学习法律知识、关注百姓生活的重要平台和途径，深受广大群众的欢迎和好评。

0075 金塔县广播电视台

从业人员数：106

语　　种：1

节目套数：1

年度节目制作小时：70

年度节目播出小时：2007

综合人口覆盖率：98%

收视率：90%

2012 年度总收入（万元）：300

获奖情况：专题片《神舟升起的地方——金塔》获三门峡杯全国县市形象电视宣传片推选活动优秀作品奖；荣获 2012 年市级"文明单位"称号；女工委荣获 2012 年酒泉市五一巾帼奖；新闻中心荣获县级巾帼文明示范岗。杨社春获全省文明交通先进个人。杨晓燕创作的长消息《我县实现养老保险全覆盖》被评为全省首届县级电视台新闻节目三等奖。李玉锋、王卫东创作的长消息《戈壁滩上崛起"光电城"》被评为全市广播电视节目一等奖。裴吉军、王晶晶创作的电视专题《"黑心"的种子》被评为全市广播电视节目二等奖。王卫东创作的电视播音《乡村狼影》被评为全市广播电视节目二等奖。杨晓燕、王金刚创作的长消息《福利院里的幸福生活》被评为全市广播电视节目三等奖。李鹏创作的长消息《祁乘善的根雕情缘》被评为全市广播电视节目二等奖。王存国创作的短消息《地膜捡拾机给农民"减负"》被评为全市广播电视节目三等奖。裴吉军、王晶晶创作的纪录片《乡村狼影》被评为全市广播电视节目三等奖。苗婷、王枫创作的电视广告《交通违法"五大杀手"》被评为全市广播电视节目三等奖。王存国、何龙创作的长消息《废旧地膜不再"飘"了》被评为全市广播新闻作品三等奖。

责任单位：金塔县广电局

简　　介：金塔县广播站于 1998 年 9 月经县政府批准成立。2002 年 4 月金塔县广播站更名为金塔县广播电视台。更名后的"金塔县广播电视台"与"金塔县广播电视局"实行局台合一，一套人马、两块牌子。2005 年 3 月，金塔县广播电视局更名为金塔县广播电影电视局至今。目前，局（台）下辖 1 个副科级建制事业单位（鼎新中心广播电视站）、10 个广播电视管理站；内设 13 个职能部室。办公大楼占地面积 1000 多平方米，各类发射设备17台（件），无线覆盖设备6台，光前端设备7台，播控设备7套（台），摄像机共计13台。

0076 瓜州县广播电视台

从业人员数：46

语　　种：1

节目套数：3

年度节目制作小时：877

年度节目播出小时：13140

综合人口覆盖率：100%

收　视　率：100%

2012年度总收入（万元）：567

获奖情况：《最后的山泉》获省新闻协会的首届县市影视奖一等奖，《被遗忘的村庄》获省新闻协会的首届县市影视奖二等奖，《农民尚德文的艺术人生》获省新闻协会的首届县市影视奖三等奖。还有多部新闻稿件获酒泉市新闻优秀一、二、三等奖。

责任单位：瓜州县广电局

简　　介：瓜州县广播电视台是瓜州县唯一的主流媒体，为财政全额拨款正科级事业单位，下设新闻中心、节目制作中心、播控中心3个内设机构，包括：总编室、广播新闻部、电视新闻部、专题部、信息资讯管理部、媒体资源管理部、技术部、播出部、节目监测部9个股级机构。全年广播电视节目制作时间达877小时（广播节目制作时间407小时，电视节目制作时间470小时）。电视自办节目：

《瓜州新闻》《瓜州百姓零距离》《县长信箱》《媒体看瓜州》等。广播自办节目：《纪实60分》《生活百事通》等。有线广播电视传输网络总长度2192公里，光纤653公里，电缆1539公里，有线电视用户数30000多户，入户率达80%，全面实现有线电视数字化，高清晰数字电视节目达120多套；2012年度有线网络总收入567万元。广播综合覆盖人口14.8万人，覆盖率达100%。电视综合覆盖人口14.06万人，覆盖率达95%。

0077 肃北蒙古族自治县广播电影电视局

从业人员数：46

语　　种：1

节目套数：122

年度节目制作小时：3460

年度节目播出小时：14600

综合人口覆盖率：98%

收　视　率：98%

2012年度总收入（万元）：313

获奖情况：县广播电影电视局（台）先后被命名为县级文明单位、市级文明单位、省级文明单位、甘肃省职工职业道德建设先进单位、酒泉市"全市思想政治工作先进集体"、酒泉市诚信单位示范点、爱国主义教育基地、"四五"普法宣传先进单位、酒泉市广播电影电视工作先进集体、全国县（市、区）级广播电视系统百家先进台等多种荣誉称号。今年4月，被肃北蒙古族自治县委、县政府授予"抗雪救灾先进集体"。先后被酒泉市委、市政府授予"全市思想政治工作先进集体"、"酒泉市诚信单位示范点"，县委、县政府授予"新闻宣传先进单位"、"社会治安综合治理平安单位"、省委宣传部、省总工会、省精神文明办公室等部门授予"甘肃省职工职业道德先进单位"。2009年，肃北广电局被中国广播电视协会评为"全国县级广播电视系统百家先进局台"。

责任单位：酒泉市肃北蒙古族自治县广电局

简　　介：肃北蒙古族自治县广播电影电视局从文化体育局分设，成立广播电影电视局，并将广播站、电视台合为广播电视台，实行局台合署办公。广播电影电视局位于肃北蒙古族自治县党城湾镇东街14号，属正科级政府直属事业单位。2003年将电影工作从文化局划归广播电视局管理，称广播电影电视局，管理体制不变。现有领导职数7名：局长1名，党支部书记1名，副局长1名，副台长2名；电影放映发行管理站长1名，副站长1名。全局干部职工共46名，局（台）内设：办公室、总编室、新闻部、技术部。2006年，县光纤城域网和省市主干网联通，市上的电视节目信号接通下传。2007年至2008年，投入资金226.65万元，实施了数字电视项目，目前传输数字电视节目122套。全县有线电视用户由过去不足1000户增加到现在的约3000户。2007年、2008年又争取到省广电局支持，投资124万元实施无线覆盖工程，装修县台和马鬃山电视台无线电视发射机房，进行铁塔维修及避雷处理，线路改造等，节目收视质量明显提高。2009年又为713户无法收听收看广播电视的牧民免费发放了直播卫星接收设施，解决了流动放牧的牧民看电视、听广播难的问题。之后，完成了城区光纤主干线路入地改造工程。数字电视的开通进一步推动了县广播电视信息

化、数字化建设的步伐，极大地改善了人民群众的精神文化生活，充分发挥了广播电视在精神文明建设中的重要作用。

0078 阿克塞哈萨克族自治县广播电视台

从业人员数：41

语　　种：2

节目套数：2

年度节目制作小时：300

年度节目播出小时：2100

综合人口覆盖率：98%

收 视 率：98%

2012年度总收入（万元）：156

获奖情况：被酒泉市广电局评为事业建设先进集体，安全播出先进集体。3件新闻作品获得第十四届全国维哈柯语广播影视作品评析会三等奖，9篇稿件获得酒泉市好新闻奖。

责任单位：阿克塞哈萨克族自治县文化体育和广播影视局

简　　介：阿克塞哈萨克族自治县广播电视台为参照公务员管理的正科级单位，现有职工41人。单位内设办公室、新闻部、专题广告部、制作编译部、播控室、电影放映室共三部三室。现有自办频道两个（《阿克塞综合频道》《党员干部教育频道》），电视开办有《阿克塞新闻》《点击与透视政策法规视窗》《他山之石》等自办新闻、专题、文艺栏目。广播节目有《新闻10分》以及广播综艺节目《歌曲世界》等。《党员干部

教育频道》目前共设五大版块栏目，日首播节目达到 17 小时。目前固定自办节目《阿克塞新闻》《点击与透视》均实现汉、哈"双语"制作播出。同时，对部分专题片等也进行译制后播出，哈语节目译制工作在探索中日趋成熟。自治县广播电视台年均发稿达到 2200 条，市以上媒体年发稿近 400 条，每年都有优秀作品获奖。

0079 玉门广播电视台

从业人员数：41

语　种：1

节目套数：3

年度节目制作小时：817

年度节目播出小时：2606

综合人口覆盖率：100%

收视率：96%

2012 年度总收入（万元）：314

获奖情况：获得酒泉市 2012 年度新闻宣传先进单位、酒泉市 2012 年广播电视事业改革工作先进单位、酒泉市 2012 年度广播电视户户通工程建设工作先进单位。

责任单位：玉门市广电局

简　介：玉门广播电视台全年转播中央台节目 595 小时；转播省台节目 22 小时；自制节目 955 小时；购买交流节目 122 小时。电视台全年自制节目 871 小时；购买交流节目 4487 小时。广播电台全年节目播出 1854 小时，电视台全年节目播出 6206 小时。

0080 敦煌人民广播电台

从业人员数：28

语　种：1

节目套数：1

年度节目制作小时：1980

年度节目播出小时：5600

综合人口覆盖率：98%

收视率：60%

2012 年度总收入（万元）：30

获奖情况：2011 年《欢乐的小飞天》获全国少儿精品广播节目二等奖；2012 年敦煌人民广播电台被人社部和广电总局评为全国广播电视先进集体；新闻作品《走乡村》《方便不方便》《你是我的太阳》等八件获甘肃省广播影视一、二、三等奖。

责任单位：敦煌市广播电视台

简　介：敦煌人民广播电台成立于 1987 年 7 月，播出频率为调频 97.1 兆赫，播出功率 1000 瓦，全天播音 16 小时 30 分钟。冬季 6:50 开机，23:00 结束，夏季 6:20 开机，23:00 结束。共开办 22 个节目，主要转播节目有《新闻和报纸摘要》《全省新闻联播》。自办节目分新闻类和服务类及综艺类三大类。新闻类主要是《敦煌新闻》，每天播出；服务类主要有《空中信息桥》《今日新农村》《电力连万家》《医药信箱》等；综艺节目主要有《故事时间》《听网时间》《金曲时间》《生活时间》等。少儿节目有《快乐的小飞天》。

0081 敦煌市广播电视台

从业人员数：61

语　　种：1

年度节目制作小时：50

年度节目播出小时：157000

综合人口覆盖率：99%

收 视 率：99%

2012年度总收入（万元）：299

获奖情况：获得酒泉电视台通联工作先进集体。

责任单位：敦煌市广播电视台

简　　介：电视台地处敦煌市阳关北路付7号，占地面积720平方米，建筑面积2513平方米（具体办公位置为敦煌市网络中心大楼一、三、五、六层），发射机房位于敦七公路办公区，占地面积为7841.62平方米，建筑面积为2022.34平方米。电视台成立于1982年，现由无线发射台办公区和电视台办公区两部分构成。内设办公室、新闻部、制作部、播出部、专题部、广告部、报社编辑部、技术部等8个部门，现有职工61人，其中正式在编人员38人，临聘人员23人。建台初期开通1KW10CH电视频道；1986—1987年，陆续开通12CH、13CH电视频道，转播中央、省、地电视节目并开播自办节目；1992年安装了音频工作站和40套电视非线性编辑系统，建成了多媒体采编播数字化网络；2008年，完成中央广播电视无线覆盖"村村通"一、二期工程。近年来，陆续购置数字摄像机、非编系统、多画面音视频监控系统等采编播设备，建成虚拟演播室，新购现场转播车，进一步提高了新闻宣传的硬件条件和安全播出的保障水平。目前，转播中央人民广播节目一套，中央电视台电视节目两套，自办的综合性电视节目一套，CMMB手机电视节目7套、广播节目2套及数据节目。现有1000瓦调频发射机一台，利用调频FM93.8MHZ转播中央人民广播电台第一套广播节目；1000瓦电视发射机2台，一台用于自办的综合性电视节目的发射，一台转播中央电视台第一套电视节目；3000瓦电视发射机一台，转播中央电视台第七套电视节目，电视节目覆盖率已达100%。现自办电视节目一套，开办《敦煌新闻》《社会报道》《行风聚焦》《党河两岸》《媒体上的敦煌》《敦煌旅游》《生活新干线》等常设栏目。同时，紧紧围绕市委、市政府各阶段中心工作和宣传重点，适时新开栏目和节目。自办《敦煌文化旅游报》，为8版面周报，年发行4000余份。

0082 庆阳广播电视台

从业人员数：198

语　　种：1

节目套数：3

年度节目制作小时：472

年度节目播出小时：5010

综合人口覆盖率：80%

收 视 率：5%

2012年度总收入（万元）：386

获奖情况：与银川等四省八市电视台联合举办的《龙腾西北风——2012春节电视联欢晚会》获中国广播电视协会主办的"2012年全国春节电视文艺晚会优秀节目评选"二等奖。

责任单位：庆阳市文广局

简　　介：2006年7月8日，原庆阳电视台、庆阳人民广播电台合并成立庆阳广播电视台。庆阳广播电视台提出了"新闻立台、质量强台、科技兴台、产业壮台"的办台方针，牢牢把握正确舆论导向，紧紧围绕市委、市政府中心工作，抓住节目改革这个主要矛盾，求新、求变、求实，多措并举，对《庆阳新闻》全新改版，提质扩容，有力提升了《庆阳新闻》的美誉度和公信力；精心打造"多彩庆阳"系列栏目，广播电视收听收视率显著提高；与之相关的质量评估体系、用人机制创新、技术装备升级改造等工作和制度建设全面推进，庆阳广播电视台焕发出勃勃生机，初步形成了广播、电视、报纸、网络共同发力、融合发展的宣传新格局。目前，庆阳广播电视台内设办公室、总编室、新闻部、专题部、广播节目部、文艺部、技术制作部、播出部、广告中心、电视转播部、微波台等11个科级部室，有工会、妇委会2个群团组织。拥有1套新闻综合广播频率和新闻、公共2个电视频道，开办了《庆阳新闻》《透视庆阳》《文明庆阳》《民生庆阳》《平安庆阳》《健康庆阳》《文化庆阳》《欢乐嘀哒嘀》《阳光庆阳》《魅力庆阳》等30多个广播电视栏目，极大地丰富了荧屏声频。同时，负责无线转播中央电视台一套、七套；甘肃电视台一套；庆阳电视台一套、二套以及中央人民广播电台中国之声、甘肃人民广播电台节目。

0083 西峰新闻网络中心

从业人员数：155

语　　种：1

节目套数：1

年度节目制作小时：720

年度节目播出小时：2190

综合人口覆盖率：80%

获奖情况："十一五"以来，在国家、省、市、区历届优秀电视节目评选中，先后有100多件作品获奖，有50多人（次）被省、市、区授予"优秀新闻工作者""优秀记者""先进工作者"等荣誉称号。单位先后40多次在省、市、区获奖。

责任单位：庆阳市西峰区网络中心

简　　介：西峰新闻网络中心成立于2007年12月，其前身为庆阳市西峰区广播电视台，为区直正科级事业单位，核定全额供给事业编制22个，其中领导职数3名。单位现有行政办公楼一栋、电视播控楼一栋、电视演播大厅一栋，总面积3509.97平方米，拥有新闻采访车7辆。主要负责各类电视新闻、专题片的采访、拍摄、编辑、配音、制作、初审和报送工作；根据工作职责以及开展业务需要，目前单位内设综合办公室、社会管理部、电视总编室、电视新闻部、新闻评论部、社会专题部、电视技术管理部、网络新闻采编部、网络新闻技术部、安全保卫部10个部（室）。现有干部职工155人，其中正式职工54人、抽调1人、就业援助8人、借调15人、招聘72人、退休5人。正式职工中：科级干部4人、一般干部43人、工人7人。单位党、政、工、青、妇等组织机构健全。

0084 庆城县广播电视台

从业人员数：43

语　　种：1

节目套数：4

年度节目制作小时：220

年度节目播出小时：482

综合人口覆盖率: 100%

收 视 率: 90%

2012 年度总收入（万元）: 47

获奖情况: 长消息《新闻特写: 解放沟里再"解放", "双联"带来新希望》获 2012 年度甘肃广播影视奖三等奖; 新闻专题《午夜凶案（上、下）》获 2012 年度甘肃广播影视奖二等奖; 新闻专题《狱后重生的苍麻大王》获 2012 年度甘肃广播影视奖三等奖。

责任单位: 庆城县文广局

简　　介: 庆城县广播电视台成立于 1995 年 1 月 1 日, 它的前身是庆阳人民广播电台和庆阳有线电视台, 1996 年 10 月, 根据广电部的批复, 更名为庆阳县广播电视台, 2003 年 7 月, 更名为庆城县广播台。2013 年 1 月 1 日, 县广播电视台与县文化广播影视局正式分设, 为文广局正科级二级单位。目前下设总编室、办公室、广播节目部、新闻部、专题部、编辑部、播音组、播控部、文艺部、广告部。

0085　华池县广播电视台

从业人员数: 62

语　　种: 1

节目套数: 6

年度节目制作小时: 960

年度节目播出小时: 740

综合人口覆盖率: 93%

收 视 率: 88%

2012 年度总收入（万元）: 3

获奖情况: 2012 年, 在省、市优秀广播电视节目评选中, 县电视台有 18 件作品获奖, 其中一等奖 2 件, 二等奖 6 件。

责任单位: 华池县文化广播影视局

简　　介: 华池县广播站始建于 1962 年, 1980 年成立华池县广播电视局, 1996 年 12 月成立华池县广播电视台, 属正科级事业单位。2012 年 5 月, 文化体制改革后, 电视台下设办公室、新闻部、制作部、专题部、广播部、技术部、白露山差转台等 7 个职能部室。广播电视台自办节目现开设广播、电视节目各 1 套。广播自办节目开设有《华池新闻和报纸摘要》《对农村广播》等栏目, 每天早晚播出 2 次。电视自办节目开设有《华池新闻》《民生》《警坛十分》《教育之窗》《联村联户 为民富民》等栏目, 周一至周六播出 6 天, 每天播出 2 次, 节目延长后, 由原来每天 12:30—15:00、18:30—23:30 播出, 调整为每天 10:00—16:00、18:30—23:30 播出, 全天延长播出时间 3.5 小时。至 6 月中旬, 共播出稿件 568 条, 其中群众路线教育 275 条, 在市电视台播出稿件 134 条, 其中群众路线教育 71 条, 名列全市第一。

0086　合水县广播电视台

从业人员数: 37

语　　种: 1

节目套数: 1

年度节目制作小时: 242

年度节目播出小时: 3042

综合人口覆盖率: 90%

收 视 率: 50%

2012 年度总收入（万元）: 7

责任单位: 合水县文广局

简　　介: 1956 年 5 月合水县广播站成立, 1987 年 10 月建立合水县广播电视转播台,

1995年12月，组建合水县有线电视台。2002年按照上级关于县级播出机构合并的相关文件精神，将原县广播站和待批的有线电视台合并为"合水县广播电视台"，隶属合水县广播电视局，2004年7月经国家广电总局批准，合水县广播电视播出机构正式确立，对外播出呼号分别为"合水县人民广播电台"和"合水县电视台"。2006年5月全县事业单位机构改革，"合水县人民广播电台"和"合水县电视台"改称为合水县广播电视台，正科级事业单位。主要承担全县各行各业广播电视新闻宣传，电视自办节目制作播出及无线转播发射等工作。

0087 宁县电视台

从业人员数：16

语　　种：1

节目套数：2

年度节目制作小时：425

年度节目播出小时：2570

综合人口覆盖率：100%

收 视 率：100%

2012年度总收入（万元）：877

责任单位：庆阳市宁县广电局

简　　介：宁县电视台（加挂宁县广播站牌子）为正科级事业单位，属于宁县广播电视局下属单位，隶属县政府管理，经费为县财政全额供给。1995年6月，随着宁县有线电视网建成，宁县电视新闻开始试播，电视新闻呼号为"宁县电视台"。2002年，县政府批准成立宁县电视台。2004年7月，经国家广电总局批准，宁县电视新闻正式播出。内设总编室、新闻部、专题部、制作部、播控部、技术部6个职能股室。主要承担着贯彻落实党和国家新闻宣传的路线、方针、政策和县委、县政府的工作部署；转播好中央、省、市台电视节目；坚持正确的舆论导向，负责抓好对内、对外宣传及县委、县政府交办的其他工作。

0088 宁县广播电台

从业人员数：19

语　　种：1

节目套数：2

年度节目制作小时：240

年度节目播出小时：1811

综合人口覆盖率：100%

收 视 率：100%

责任单位：庆阳市宁县广电局

简　　介：1985年12月，经省广播电视厅批准同意建立宁县调频广播发射台。1986年3月，宁县广播电视局在原电视差转台机房安装50W调频发射机，6日开始试播。主要承担着贯彻落实党和国家新闻宣传的路线、方针、政策和县委、县政府的工作部署；转播好中央、省台广播节目；坚持正确的舆论导向，负责抓好对内、对外宣传及县委、县政府交办的其他工作。目前，广播宣传每天播出3次，共5小时10分钟，其中自办节目1小时50分钟，《宁县新闻》（每天播出三次，每次10分钟）；专题类节目分别为《对农村广播》（周一首播，周三重播，每天两次）；《城乡服务台》（周二首播，周四重播，每天两次）；《法制园地》（周六播出两次）；周日为《计划生育》或《周末文艺》（每天均播出两次）。上述专题类节目每次播出均为20分钟。

0089 镇原县广播电视台

从业人员数：51

语　　种：1

节目套数：2

年度节目制作小时：480

年度节目播出小时：11600

综合人口覆盖率：95%

收 视 率：62%

2012 年度总收入（万元）：758

责任单位：镇原县文化广播影视局

简　介：镇原县广播电视台是经国家广播
电影电视总局批准成立的专门播出机构。电
视台设有《镇原新闻》《广告文艺》《娃
娃剧场》《戏曲园地》《天天剧场》等栏
目，《镇原新闻》实行周六节目制，每天播
出 14.5 小时。电视台摄录制播设备已经全
部实现数字化。广播电台设有《镇原新闻》
《对农村广播》《专题（支部生活、法制园
地、镇原文苑、妇女之友、校园之声）》等
栏目，自办节目每天播 6 次，全天播出 17
个多小时。台内设办公室、后勤股、技术
管理股、总编室、新闻部、广播部、专题
广告文艺部、播控部等股室，有工作人员
51 人。

0090　安定区广播电视台

从业人员数：44

语　　种：1

节目套数：2

年度节目制作小时：2920

年度节目播出小时：2620

综合人口覆盖率：91%

收 视 率：76%

2012 年度总收入（万元）：344

获奖情况：《传承》获全省首届摄影摄像大

赛二等奖，《最美交警》获新华社举办献礼
"十八大"率先奔小康摄影大赛摄影奖三等
奖，《老人看戏突发心脏病　现场人员紧急
接力救援》获电视新闻节目奖二等奖，《新
春走基层：大年除夕走大坪》获电视播音与
主持二等奖。

责任单位：安定区广电局

简　介：安定区广播电视台属二级科级事
业单位，现有职工 44 人（正式职工 41 人，
借调 3 人），其中大专以上文化程度 28 人，
专业技术人员 24 人（中级职称 10 人、初级
职称及以下 14 人），其中技术工人 12 人，
中共党员 18 人。内设新闻部、制作部、专
题部、技术部和办公室，外设岳家山、高峰、
葛家岔三个转播站。开设广播节目一套（呼
号：安定人民广播电台）、电视节目一套（呼
号：安定电视台）。全区 306 个行政村全部
建有村级广播室，主要形式是高音喇叭覆盖，
收转本乡镇小调频广播和中央、省台的广播
节目。全区广播、电视综合人口覆盖率分别
为 88.17% 和 92.74%。安定人民广播电台覆
盖率为 78.95%，覆盖人口 35.9 万人，安定
电视台覆盖率为 41.40%，覆盖人口为 18.82
万人。

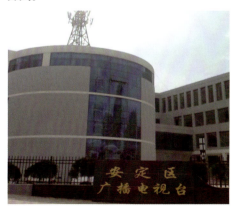

0091　陇西县广播影视服务中心

从业人员数：60

语　　种：1

节目套数：2

年度节目制作小时：4563

年度节目播出小时：4563

综合人口覆盖率：98%

收 视 率：98%

2012年度总收入（万元）：35

获奖情况：2013.02获得全省广播电视"户户通"工程建设先进集体；2014.02获得市级精神文明先进单位。

责任单位：陇西县广播影视服务中心

简　　介：陇西县广播影视服务中心是在2010年县政府机构改革中撤销原县广播电影电视局之后设立的机构，与县广播电视台实行"两块牌子一套人员"的管理体制。承担着协调指导全县广播影视事业发展的职能，负责全县广播影视宣传和行业监管服务。中心设有办公室、总编室、新闻部、专题部、广播部、广告部、行业技术部、财务部等内设机构，下属电影发行放映公司（与电影发行放映部合署）、高台山转播台。县广播电视台以"陇西人民广播电台"和"陇西电视台"呼号(台标)播出广播、电视自办节目各一套，共设置《陇西新闻》《今日陇西》《教育视窗》《文化广角》《每周一歌》《政策法规》《科技十分》《电视剧场》《周末大戏台》9个电视栏目，以及《陇西新闻和报纸摘要》《广播七彩桥》《对农村广播》《伴你成长》《广播剧场》《流行风》《戏曲园地》等9个广播栏目，丰富了广大人民群众精神文化生活。

0092 临洮县广播电视台

从业人员数：47

语　　种：1

节目套数：2

年度节目制作小时：506

年度节目播出小时：6136

综合人口覆盖率：97%

收 视 率：17%

2012年度总收入（万元）：840

获奖情况：全市广播电视新闻宣传先进单位，电视专题片《千古通衢——狄道》被中国广播电视协会评为电视专题类三等奖。

责任单位：临洮县电视台

简　　介：临洮县广播电视台成立于1998年12月，现有职工47人，有电视节目1套，广播节目1套。

0093 漳县广播电视台

从业人员数：18

语　　种：1

节目套数：1

年度节目制作小时：390

年度节目播出小时：2920

综合人口覆盖率：15%

收 视 率：10%

2012年度总收入（万元）：10

责任单位：漳县广播电视台

简　　介：漳县广播电视台为漳县文化广播影视局下属事业单位，是县级广播电视综合性传媒机构。目前，局台合署办公，一套班子，两块牌子。开班节目有《漳县新闻》《文化漳县》《魅力漳县》等，不定期或阶段性开办社教、文体和新闻性栏目。

0094 岷县广播电视台

从业人员数：33

语　　种：1

节目套数：1

年度节目制作小时：730

年度节目播出小时：5475

综合人口覆盖率：96%

收视率：96%

2012年度总收入（万元）：20

获奖情况：每年在全市广播电视节目评奖中分别获得一、二、三等奖。位于全市前列。

责任单位：岷县广播电视台

简　　介：岷县广播电视台成立于1995年，担负全县的新闻宣传工作，现有工作人员33人，其中副高职称1人，中级职称2人，初级职称16人。

0095 武都区广播电视台

从业人员数：50

语　　种：1

节目套数：1

年度节目制作小时：122

年度节目播出小时：5293

综合人口覆盖率：63%

收视率：95%

2012年度总收入（万元）：126

获奖情况：《魅力武都》获CCTV中国最美丽乡村优秀电视旅游节目一等奖。

责任单位：武都区广播电视台

简　　介：武都区广播电视台是宣传武都、推介武都的窗口。自1994年开播以来，走过了20多年的风雨历程，现已发展成拥有

广播站、新闻部、广告部、专题部等6个部室，专业技术人员30多人，6套非线性编辑系统、技术设备数字化率100%的综合性传播媒体。

0096 文县广播电影电视局

从业人员数：65

语　　种：1

节目套数：1

年度节目制作小时：962

年度节目播出小时：3500

综合人口覆盖率：96%

收视率：91%

2012年度总收入（万元）：9

获奖情况：近年来，文县广播电影电视局做了大量卓有成效的工作，受到上级业务部门和县委、县政府的肯定和表彰。2010年至2013年连续多年获全市广播影视工作综合考核第一名至第三名。2011年至2013年历年都被市文广新局评为全市宣传工作先进单位。2011年至2013年历年都被县委、县政府评为党风廉政建设、农村基层组织建设、精神文明建设、维护社会稳定、营造投资环境、人口与计划生育、安全生产等方面先进单位。县电视台制作的新闻作品《60年阴平印象》《亚姆的婚礼》《心灵的桥梁》及6集纪录片《摩天岭》等近年来分别获得全省电视社教类一等奖、二等奖、电视新闻二等奖、电视纪录片二等奖。

责任单位：文县广播电影电视局

简　　介：文县广播事业是从1956年成立的收音站的基础上发展起来的，70年代设立广播站，广播业务除按时转播中央省台节目外，还开办了当时紧贴时代脉搏的自办节目。80年代开办了本县新闻栏目，自办节目每天20分钟。90年代自办节目每天延长至30分钟，每天播出三次，各类稿件量随之增加，专题栏目增至15个，发展至今，办站质量

不断提升。

0097 宕昌县广播电影电视局

从业人员数：45

语　　种：1

节目套数：2

年度节目制作小时：160

年度节目播出小时：3600

综合人口覆盖率：95%

收 视 率：100%

2012 年度总收入（万元）：50

责任单位：宕昌县广播电影电视局

简　　介：宕昌县目前广播影视覆盖 25 个乡镇 336 个行政村，覆盖率达 95 %。

0098 康县广电局

从业人员数：45

语　　种：1

节目套数：1

年度节目制作小时：360

年度节目播出小时：2950

综合人口覆盖率：98%

收 视 率：30%

2012 年度总收入（万元）：6

责任单位：康县广电局

简　　介：康县广播电视局成立于 1985 年 4 月，事业单位，科级建制，2002 年更名为康县广播电影电视局，承担全县广播电视宣传、事业产业建设和行业管理工作，经营场所主要在位于县城中街一幢 5 层 1500 平方米的广电业务大楼内，截止 2011 年，县上核定康县广电局事业编制 45 名，其中广电局局机关 13 名，广播电视台（副科级建制）32 名；广电局领导职数核定为一正三副，广播电视台领导职数核定为一正两副。广播电视台下设编辑部、新闻通联部、专题部、广告部、播控部 5 个部室，承担着全县电视节目采访、编辑、制作和播出工作任务，是全县宣传工作的重要窗口和平台。

0099 西和县有线电视台

从业人员数：60

语　　种：1

节目套数：2

年度节目制作小时：210

年度节目播出小时：210

综合人口覆盖率：92%

收 视 率：90%

2012年度总收入（万元）：8

获奖情况：荣获市委宣传部 2011 年全市"走基层 转作风 改文风"活动先进单位。

责任单位：西和县广电局

简　　介：西和县有线电视台成立于 1995 年 12 月 20 日。担负着全县广播影视宣传、事业产业建设和社会管理职能，属正科级建制（内设 17 个职能部室）、两个股级建制的高山无线发射台站。电视新闻队伍有 60 人，具备初级专业技术职务 14 人，中级专业技术职务 6 人，技师 2 人，高技能工人 14 人。2013 年，县电视台共采编制作播出新闻 1580 条，选送省台播出 17 条，市电台、电视台播出 217 条。制作播出集中反映全县工业、农业、经贸、文化教育、项目建设等领域工作业绩的专题片 20 部。拍摄反映西和乞巧文化的纪录片 2 部，在第五届《西和乞巧中国女儿节》北京乞巧高峰论坛期间展播。开办《西和新闻》《一周视点》《我在一线》《普法在线》《文明交通伴我行》《药品食品安全知识讲座》《乡间故事》《记忆》《仇池古国好儿女》等具有本土化、特色化、品牌化的栏目。安装户户通 75000 户，村村通 19742 户，有线电视信号通达 2499 户，实施了市、县地方台节目进"户户通"工程，建设 2 个 1000W 地面数字全向发射基站，2 个 200W，5 个 50W 和 5 个 20W 地面数字发射中转直放站，实现省、市、县等 6 套地方节目发射信号县境内全覆盖。

0100　礼县电视台

从业人员数：32

语　　种：1

节目套数：2

年度节目制作小时：472

年度节目播出小时：4496

综合人口覆盖率：98%

收 视 率：50%

2012年度总收入（万元）：132

责任单位：礼县广电局

简　　介：礼县电视台成立于 1994 年，隶属礼县广播电影电视局科级建制的自收自支事业单位。现有各类专业技术人员 32 人，其中中级职称 3 人，本科文凭 27 人，持有编辑、记者、播音员技术资格证上岗的有 18 人。内设机构有新闻部、专题部、社教部、外宣办、播控部、广告中心。频道部门（室）有新闻综合频道、文化影视频道和礼县广播电视网等机构。已初步形成以电视传播为主业，互联网、音像出版等相互支撑的多媒体宣传、广告经营和产业拓展的多元化经营格局。目前全台栏目总数近 20 个，日播出量达 26 小时，其中自制节目量约占总播出量的 40%。节目制作、播出传输、新闻回传全面实现数字化，有线网络覆盖全县 29 个乡镇，四阁山千瓦发射台覆盖全县近 20 万人，基本形成了广播电视竞相发展，有线与无线相结合的传输覆盖网；多媒体联网系统部分实现资源共享，初步形成办公自动化和智能化的管理体系。器材方面，全台现有高清非线编辑，现场直播切换设备、音视频无线传输设备和摇臂、轨道等，具备影视创作的条件。近几年来，由本台策划制作的《魅力礼县》《水墨礼县》《印象洮坪》《滩坪扇鼓》《诗窖王仁裕》等 30 多部电视专题片（纪录电影）获国家、省、市奖励。其中《魅力礼县》于 2008 年在甘肃卫视播出，《水墨礼县》于 2011 年在央视书画频道播出，《诗窖王仁裕》在近期央视《探索与发现》栏目播出。

0101　礼县人民广播电台

从业人员数：20

语　　种：1

节目套数：1

年度节目制作小时：326

年度节目播出小时：2249

综合人口覆盖率：91%

收 视 率：50%

2012年度总收入（万元）：72

责任单位：礼县广电局

简　　介：礼县人民广播电台成立于1992年，隶属礼县广播电影电视局科级建制的全额拨款事业单位。现有各类专业技术人员20人，其中中级职称1人，本科文凭5人。全年自制节目时间326小时，转播中央、省、市节目达2249小时。信号覆盖了全县40万人。

0102　徽县电视台

从业人员数：13

语　　种：1

节目套数：1

年度节目制作小时：1062

年度节目播出小时：1062

综合人口覆盖率：98%

收 视 率：90%

2012年度总收入（万元）：220

责任单位：徽县广播电影电视局

简　　介：徽县广播电视电影局作为党和政府的喉舌，在舆论宣传中发挥着十分重要的作用，在丰富广大人民群众的文化生活方面做出了突出的贡献。徽县广播电影电视局是徽县人民政府直属的正科级建制参照公务员管理的事业单位，主管全县广播电影电视行业管理、新闻宣传、事业建设、产业发展、安全播出等工作。下辖徽县电视台（副科级建制事业单位）、徽县广播电视转播站（股级建制事业单位）。内设局办公室、科技股、后勤股、播出机房等机构。现有领导4人，副台长2人、副科级干部2人、副主任科员1人，现有职工60名。徽县电视台是对内宣传的重要载体和窗口，开设有《徽县新闻》

《天气预报》《经济信息》《农业科技》《法制园地》《卫生天地》《人口与计划生育》《电视剧场》8个栏目。全县近几年累计实施"村村通"工程23013户，"户户通"工程12000户，全县受益农户达到了35013户，再加上数字电视用户15000余户和转播站无线覆盖，全县广播电视综合覆盖率已达到98%以上。

0103　两当县广播电视台

从业人员数：17

语　　种：1

节目套数：1

年度节目制作小时：568

年度节目播出小时：1261

综合人口覆盖率：98%

收 视 率：90%

获奖情况：荣获2012年度"甘肃广播影视奖"电视新闻三等奖。荣获全省首届县区台电视优秀节目奖电视新闻三等奖。

责任单位：陇南市两当县广电局

简　　介：两当县广播电视台为科级建制事业单位，设台长1人（由县广播电影电视局副局长兼任），专职副台长1人（兼编辑），现有编制15人，在编13人（缺编2人），从事新闻工作人员8人，其中有专业技术职称1人，3人为参照公务员身份，其余均为工人身份。另有临时记者4人。两当县广播电视台设备有摄像机8台，非线性编辑机3套，硬盘播2套（主备播），音频工作站1套，提词器1台，存储服务器1套。电视台现有栏目以《两当新闻》、《晚间剧场》为主，其余栏目因人员缺少的原因不定期播出。节目以有线形式转播，每天播出时间约6个小时。

0104 临夏市广播电视台

从业人员数：51

语　　种：1

节目套数：1

年度节目制作小时：1680

年度节目播出小时：5040

综合人口覆盖率：100%

收 视 率：95%

责任单位：临夏市电视台

简　　介：发展提升中的临夏市广播电视台是临夏市唯一一家公办的以视频传播为主要传播手段的新闻媒体，于2011年6月20日在临夏市委、市政府的主导下正式建台开播。是由市机构编制委员会核定的正科级事业单位，正式在册干部职工51人，下设办公室、记者部、制作部、播音部、播控部、广告部等股室。自开台以来，临夏市广播电视台以新闻立台、人才兴台、品牌强台、特色活台为办台思路，坚持正确的舆论导向和"三贴近"原则，以服务于市委、市政府中心工作和重点工作为宗旨，充分发挥广播电视台作为党和政府的喉舌作用，及时、准确、全面地向社会大众传达和传播市委、市政府的各项方针政策和重大会议精神，以及新闻信息、生活资讯等积极、健康、文明的精神文化产品。2014年6月1日，临夏市广播电视台新闻节目实现日播，节目信号全面覆盖临夏回族自治州七县一市。目前，市电视台除开设拳头性栏目《临夏市新闻》和《一周要闻》外，还开设专题栏目《社会记录》。每日9:30开播，23:00结束，全天播出13个半小时。新闻节目全面、准确地向社会播报市委、市政府的各项方针政策和重大会议精神，以及各镇、街道、各部门、各单位的工作动态，和百姓生活中的大事、小事、民生问题进行及时报道。每日18:45首播，20:00、22:00，以及次日9:30、12:30、15:30重播。周日播出《一周要闻》。《社会记录》栏目分阶段、分层次对全市的中心工作和重点工作进行集中、深入、多层次、全方位、立体式分析报道。此外，还播出其他引进类节目，如旅游类节目、电视剧等娱乐节目。

0105 临夏县广播调频转播台

从业人员数：10

语　　种：1

节目套数：6

综合人口覆盖率：80%

收 视 率：30%

责任单位：临夏县广播电影电视局

简　　介：转播台位于马集镇寨子村，始建于1984年10月。占地4亩，现有职工10人，承担着中央一台、中央七台、临夏州综合频道、临夏县电视节目、中央人民广播电台新闻节目和甘肃农村广播《乡村之音》的转播任务。2007年11月，由省广电局给我县配发了100万元的中央广播电视覆盖工程设备，对原有广播电视转播台机房进行了维修、改造，更换了原发射塔，更新安装了各1000瓦（功率）的中央一套、七套发射机和中央一套广播的调频播控设备，建成了现代化的广播电视转播台。该工程覆盖西南片近8个乡镇，70多个行政村，让40000多户老百姓收听收看到6套高质量的广播电视节目。

0106 临夏县电视台

从业人员数：22

语　　种：1

节目套数：1

年度节目制作小时：800

年度节目播出小时：5840

综合人口覆盖率：75%

收 视 率：8%

2012 年度总收入（万元）：822

责任单位：临夏县广播电影电视局

简　　介：临夏县电视台是临夏县目前唯一一家电视新闻主流媒体。现内设新闻部、制作部、广告专题部和办公室四个部门。共有干部职工 22 人，其中，采、编、播专业技术人员 14 人。临夏县电视台是在广播电影电视局大力发展有线电视，于 2006 年 6 月以临夏县广播电视台立名，开播《临夏新闻》节目的基础上，按照省上机构设置的政策规定，县政府于 2012 年 12 月正式批准将临夏县电视台从县广电局分离出来升格为正科级事业单位，隶属于县广电局。2013 年 9 月，临夏县电视台整体搬迁至县统办楼。目前，县电视台在坚持新闻立台，不断提高新闻报道质量和水平，全力办好十分钟的《临夏县新闻》和各类新闻专题片拍摄制作的前提下加大向上级台投送新闻稿件力度。截止 2014 年通联稿件播出量居全州八县、市第二。同时，联合县上职能部门，已开播了一档专业性访谈节目《健康之窗》和专题栏目《小康路上》。目前，本台自办节目每天播出时长 128 分钟，其他节目播出时长 54 分钟。

0107 康乐县文化广播影视局

从业人员数：40

语　　种：1

节目套数：1

年度节目制作小时：1304

年度节目播出小时：574

综合人口覆盖率：75%

收 视 率：75%

责任单位：康乐县文化广播影视局

简　　介：康乐县广电局 2010 年更名为康乐县文化广播影视局至今。主要开展广播电视新闻宣传，广播电视安全播出，无线发射等工作。现有干部职工 62 人，其中少数民族 14 人（回族 5 人，东乡族 8 人，保安族 1 人）；专业技术人员 12 名。下设有康乐电视台、广播站、农村电影放映队、龙头山转播台 4 个内设机构。

0108 永靖县广播电台

从业人员数：6

语　　种：1

节目套数：1

年度节目制作小时：7655

年度节目播出小时：1277

综合人口覆盖率：40%

收 视 率：50%

2012 年度总收入（万元）：1

获奖情况：司旭华、孔令洲、姬玉玉、刘峰创作的长消息《果香飘满岘塬镇》获全州第二十六届优秀广播节目评选一等奖。

责任单位：永靖县文化广播影视局

简　　介：永靖县广播电台——黄河三峡之声成立于 2005 年 5 月，已经有九年的时间，中途有一年半的时间因故停播，2014 年 4 月再次播出，目前有人员 6 名（播音 2 名、编辑 4 名），其中一名编辑兼顾设备维修。目前拥有一套较先进的与气象局互通的重大灾害预警与预报结合的非线编辑系统。

0109　永靖县广播电视台

从业人员数：38

语　　种：1

节目套数：1

年度节目制作小时：20160

年度节目播出小时：2520

综合人口覆盖率：30%

收 视 率：40%

2012 年度总收入（万元）：3

获奖情况：本台选送的《果香飘满岘塬镇》《黄河防汛"龙头水库"持续泄洪保护黄河流域安全》《永靖县黑台台缘发生山体滑坡一人死亡三人失踪》《环卫工人：清扫人生之路》《永靖县太极镇实施农村环境综合治理项目建设》《联村联户"联"出山区群众新生活》《好节点链活老企业》获得了省州奖项。在 2013 年度新闻宣传传媒发展实践学术成果交流评析活动中专题类节目《黄河丹霞炳灵石林》被评为二等奖。

责任单位：永靖县文化广播影视局

简　　介：永靖县广播电视台成立于 2012 年 11 月 3 日，隶属永靖县文化广播影视局，是科级事业单位。永靖县广播电视台的主要栏目有《永靖新闻》《天气预报》《动画城》《电视剧场》《广告》《请您欣赏》《周末影院》《科教栏目》《夜间剧场》《音乐时空》《永靖视点》《关爱》《法制中国、平安永靖》

《微电影》等。

0110　广河县广播电视台

从业人员数：32

语　　种：1

节目套数：2

年度节目制作小时：175

年度节目播出小时：4524

综合人口覆盖率：98%

收 视 率：35%

2012 年度总收入（万元）：168

责任单位：广河县广播电视台

简　　介：广河县广播电视台最早为建于 1953 年 6 月的一人收音站，1955 年 4 月成立广河县广播站，1983 年成立广河县广播电视局，成为局、站、台合一的一套班子体制，2014 年改名为广河县广播电视台。截止 2014 年 6 月，广河县广播电视台拥有职工 32 人，内设办公室、新闻部、广告部、差转台、行管办、财务部六个股室。广河县广播电视台在本县范围内组织开展广播电视新闻宣传和广播电视节目、专题片制作，监督管理全县广播电视广告节目经营、制作、播放，对播出的节目进行严格把关。电视台转播中央一台、中央七台电视节目。广河县广播电视台贯彻党的路线、方针、政策，把握正确的舆论导向，发挥着电视台的"喉舌"作用。

0111 东乡族自治县文化广播电影电视局

从业人员数: 25

语　　种: 1

节目套数: 1

年度节目制作小时: 300

年度节目播出小时: 149

综合人口覆盖率: 93%

收 视 率: 2%

2012 年度总收入（万元）: 10

获奖情况: 获得全县先进单位。

责任单位: 东乡族自治县文化广播电影电视局

简　　介: 该电视局成立于 1984 年 12 月，下设差转台、新闻部、网络中心、机务股、"户户通"办公室、财务股、电影放映站等机构。1998 年 7 月东乡广播自办电视节目成立。

0112 临潭县电视台

从业人员数: 19

语　　种: 1

节目套数: 1

年度节目制作小时: 2920

年度节目播出小时: 4380

综合人口覆盖率: 45%

收 视 率: 89%

2012 年度总收入（万元）: 6

获奖情况: 2012 年获得甘南州优秀节目二等奖。

责任单位: 临潭县文广局

简　　介: 临潭县电视台成立于 1996 年，主要承担全县新闻宣传，现有新闻工作者 19 名，其中记者 11 名，播音员 3 名，有虚拟播音室一处，非线性编辑机 3 台，摄像机 7 台。主要栏目《临潭新闻》《乡村法制》《乡村文化》《人口与计生》《教育视窗》《城建聚焦》。专项栏目有《多彩临潭》《临视点》。播放类栏目有电视剧，动画片，风光片等。电视台广告费年收入 6 万元左右。

0113 卓尼县电视台

从业人员数: 12

语　　种: 3

节目套数: 1

年度节目制作小时: 156

年度节目播出小时: 936

综合人口覆盖率: 93%

收 视 率: 93%

责任单位: 甘南藏族自治州卓尼县文广局

简　　介: 该电视台成立于 2004 年 7 月。在九年多的时间里，经过四任局长和干部职工的共同努力，从业人员从开始的 4 人发展到目前的 12 人，电视、电台宣传栏目由以前的转播中央电视台《新闻联播》和甘肃电视台《甘肃新闻》《卓尼新闻》《娃娃天地》《每周一歌》《天天剧场》《晚间剧场》等发展到现在的《卓尼新闻》《历史上的今天》《红歌天天唱》《柳林新枝》《卓尼印象》

《星火科技》《天天剧场》《晚间剧场》等栏目。在省、州展开重大活动时，在《卓尼新闻》栏目中随时开辟相应的专题栏目，加强重大活动的宣传力度。自2007年8月1日，自办台藏语节目开播。从此卓尼县电视台用藏、汉双语播出，每周一、三、五为汉语节目，二、四、六为藏语节目，《卓尼新闻》在当日20:00首播，当日22:00和次日9:00、15:00重播，周日为《一周要闻回顾》《周末剧场》。电视台全年制作节目156小时，每天播出节目为6小时，全年播出节目时间为936小时。

0114 舟曲县广播电视台

从业人员数：14

语　　种：1

节目套数：1

年度节目制作小时：95

年度节目播出小时：2396

综合人口覆盖率：100%

收 视 率：100%

责任单位：舟曲县文化体育广播影视局

简　　介：1995年9月为了加强舟曲县有线电视事业的建设和发展，经舟政知【1995】57号文件决定成立舟曲县有线电视台，隶属县广播电视局，为副科级事业单位，2012年根据甘肃省有线电视网路整合领导小组的相关文件和精神，要将全省地县级有线电视资源整合，成立有线电视网路公司，全省统一垂直管理，于2012年6月完成资产移交任务，舟曲县有线电视网络有限公司正式运营。2013年7月国家新闻出版广电总局颁发了广播电视播出机构许可证，机构名称为舟曲县广播电视台，隶属舟曲县文化体育广播影视局，业务范围为自办广播和电视节目，传输方式为无线和有线。

0115 玛曲县广播电视台

从业人员数：16

语　　种：2

节目套数：1

年度节目制作小时：60

年度节目播出小时：540

综合人口覆盖率：20%

收 视 率：18%

责任单位：玛曲县广播局

简　　介：玛曲县广播电视台自办电视节目频道自2001年1月起正式开播。目前，从事新闻采编播人员共有16人，设备有非线性编辑系统2套，音频工作站2套，磁带储存系统1套，播音员提词器1套，硬盘播出系统1套，数码摄像机6台。开办栏目有《玛曲新闻》《每周一歌》《有线影院》等，日自办节目时长约20分钟，其中每周一、三、五、七为汉语节目首播，二、四、六为藏语节目首播，播出节目覆盖面为县城所在地干部群众。2013年，在有线电视自办节目频道《玛曲新闻》栏目中播发藏汉双语新闻1600余条，制作《中国九色甘南香巴拉玛曲第七届格萨尔赛马大会实况录像》等藏汉专题片10余部；上报州电视台、州电台各200余条，是全州上报州上"两台"新闻稿件数量最多的县局。

0116 碌曲县广播电视台

从业人员数：20

语　　种：1

节目套数：2

年度节目制作小时：1400

年度节目播出小时：700

综合人口覆盖率：80.5%

收 视 率：96%

获奖情况：全国广播电影电视系统先进集体荣誉称号。

责任单位：碌曲县广播电视台

简　　介：碌曲县广播电视台的中波广播转播台目前收转四套节目，分别为：中国之声、甘肃人民广播电台－综合、甘南人民广播电台、甘肃人民广播电台－乡村之音，收转频率分别为107MHZ、93.8MHZ、100.2MHZ、90.2MHZ、发射机均为300瓦，除乡村之音建于2009年外，其他3套转播设备建于1998年。无线电视转播台目前收转CCTV-1、CCTV-7、和甘肃卫视三套电视节目，其中CCTV-1和甘肃卫视转播频道为DS-6和DS-12，发射功率为300瓦，建于2003年；CCTV-7转播频道为DS-8，发射功率为300瓦，建于1998年。目前转播数字电视140套、模拟电视40套、线路总长6.5公里、用户1270多户；2012年网络总收入10万；入户率90%。截止2012年底，广播综合人口覆盖率为80.5%。

0117 夏河县电视台

从业人员数：18

语　　种：2

节目套数：1

年度节目制作小时：2190

年度节目播出小时：4380

综合人口覆盖率：33%

收 视 率：80%

获奖情况：甘南电视台优秀节目评选活动二、三等奖。

责任单位：甘南藏族自治州夏河县文广局

简　　介：1997年夏河县电视台沐浴着党的阳光雨露，诞生在素有世界藏学府、中国拉卜楞之称的夏河县，是宣传夏河的窗口。目前全台共有新闻工作人员18名，经过十四年的艰苦努力，现拥有非线性编辑系统4套，摄像机6台，专门演播室一套，自办节目全天播出十小时，每天播出自制节目达60分钟。2004年7月1日，开播了藏语节目。特别是《夏河新闻》节目，分藏、汉双语播出。另外，还开播了《夏河大地》《法规之窗》《文化多棱镜》《祝您平安》《他山之石》《娃娃天地》《天天剧场》《信息窗》《每日一歌》《诗情画意》《七彩桥》《健康与卫生》《综合栏目》等24个栏目，每年送省、州以上电视台播出新闻、专题、文艺等节目三百多件。夏河县电视台内设有责任编辑、新闻部、专题部、广告部、技术部、播出中心等，已发展成为功能较为齐全、有较强节目制作能力的电视台。

（四）期刊

0118 党的建设

刊　　号：CN62-1001/D

出版单位：中共甘肃省委《党的建设》杂志社

语　　种：1

出版周期：月刊

刊物类别：政治、法律

发 行 量：366

数 字 版：无

简　　介：中共甘肃省委主管、主办的党刊。

0119 甘肃高师学报

刊　　号：CN62-1139/G4

出版单位：《甘肃高师学报》编辑部

语　　种：1

出版周期：双月刊

刊物类别：文化、科学、教育、体育

数 字 版：无

简　　介：主管单位为甘肃省教育厅，主办单位为甘肃民族师范学院、定西师范高等专科学院、陇南师范高等专科学校、兰州城市学院。

0120 社科纵横

刊　　号：CN62-1110/C

出版单位：《社科纵横》编辑部

语　　种：1

出版周期：月刊

刊物类别：社会科学总论

数 字 版：无

简　　介：1985 年创刊。甘肃省委宣传部主管、甘肃省社会科学界联合会主办。

0121 读者欣赏

刊　　号：CN62-1163/Z

出版单位：《读者欣赏》编辑部

语　　种：1

出版周期：月刊

刊物类别：综合

数 字 版：无

简　　介：2001 年创刊，《读者》杂志社主办的子刊。

0122 西部法学评论

刊　　号：CN62-1198/D

出版单位：《西部法学评论》编辑部

语　　种：1

出版周期：双月刊

刊物类别：政治、法律

数 字 版：无

简　　介：前身为甘肃政法成人教育学院学报，主管单位为甘肃省教育厅，主办单位甘肃政法学院。

0123 科学经济社会

刊　　号：CN62-1020/G3

出版单位：《科学·经济·社会》编辑部

语　　种：1

出版周期：季刊

刊物类别：文化、科学、教育、体育

数 字 版：无

简　　介：主管单位为中华人民共和国教育部，主办单位为兰州大学。

0124 西北人口

刊　　号：CN62-1019/C

出版单位：《西北人口》编辑部

语　　种：1

出版周期：双月刊

刊物类别：社会科学总论

数 字 版：无

简　　介：本刊为社会科学人口学刊物。主管单位为中华人民共和国教育部，主办单位为甘肃省计划生育委员会、兰州大学、甘肃省统计局、甘肃省人口学会。

0125 兰州商学院学报

刊　　号：CN62-1101/F

出版单位：《兰州商学院学报》编辑部

语　　种：1

出版周期：双月刊

刊物类别：经济

数 字 版：无

简　　介：主管单位为甘肃省教育厅，主办单位为兰州商学院。

0126 读者（乡土人文版）

刊　　号：CN62-1193/Z

出版单位：《读者（乡土人文版）》编辑部

语　　种：1

出版周期：月刊

刊物类别：综合

数 字 版：无

简　　介：2000年创刊，是《读者》旗下的第一份系列刊。

0127 甘肃广播电视大学学报

刊　　号：CN62-1140/G4

出版单位：《甘肃广播电视大学学报》编辑部

语　　种：1

出版周期：季刊

刊物类别：文化、科学、教育、体育

数字版：无

简　　介：主管单位为甘肃省教育厅，主办单位为甘肃广播电视大学。

0128 甘肃省人民政府公报

刊　　号：CN62-1205/D

出版单位：《甘肃省人民政府公报》编辑部

语　　种：1

出版周期：半月刊

刊物类别：专业

数字版：无

简　　介：是省政府主管、省政府办公厅主办的政务公开专刊。

0129 现代妇女

刊　　号：CN62-1004/C

出版单位：甘肃现代妇女出版传媒有限公司

语　　种：1

出版周期：双月刊

刊物类别：社会科学总论

数字版：无

简　　介：1985年创刊，由甘肃省妇女联合会主管主办。

0130 甘肃行政学院学报

刊　　号：CN62-1143/D

出版单位：《甘肃行政学院学报》编辑部

语　　种：1

出版周期：双月刊

刊物类别：政治、法律

数字版：无

简　　介：曾用名现代行政（1992—1998），主管单位为甘肃省人事厅，主办单位为甘肃行政学院。

0131 人大研究

刊　　号：CN62-1107/D

出版单位：《人大研究》杂志社

语　　种：1

出版周期：月刊

刊物类别：政治、法律

数字版：无

简　　介：1992年创刊，全国唯一的人民代表大会理论学术期刊。主管主办单位是甘肃省人大常委会。

0132 甘肃理论学刊

刊　　号：CN62-1002/D

出版单位：《甘肃理论学刊》编辑部

语　　种：1

出版周期：双月刊

刊物类别：政治、法律

数字版：无

简　　介：综合性社会科学理论刊物。主管单位为中共甘肃省委党校，主办单位为中共甘肃省委党校。

0133 老年博览

刊　　号：CN62-1174/C

出版单位：《老年博览》编辑部

语　　种：1

出版周期：半月刊

刊物类别：社会科学总论

数字版：无

简　　介：1982年创办，原刊名为《老人》，是全国创刊较早的老年刊物之一。

0134 兰州教育学院学报

刊　　号：CN62-1145/G4

出版单位：兰州教育学院学报

语　　种：1

出版周期：双月刊

刊物类别：文化、科学、教育、体育

数字版：无

简　　介：主管单位为甘肃省教育厅，主办单位为兰州教育学院、兰州职业技术学院。

0135 天水行政学院学报

刊　　号：CN62-1162/G

出版单位：《天水师范学院学报》编辑部

语　　种：1

出版周期：双月刊

刊物类别：文化、科学、教育、体育

数字版：无

简　　介：主管单位为中共天水市委员会、天水市人民政府，主办单位为天水市行政学院。

0136 甘肃政法学院学报

刊　　号：CN62-1129/D

出版单位：《甘肃政法学院学报》编辑部

语　　种：1

出版周期：双月刊

刊物类别：政治、法律

数字版：无

简　　介：前身为《政法学刊》（1985—1993），主管单位为甘肃省教育厅，主办单位为甘肃政法学院。

0137 陇东学院学报

刊　　号：CN62-1197/G4

出版单位：《陇东学院学报》编辑部

语　　种：1

出版周期：双月刊

刊物类别：文化、科学、教育、体育

数 字 版：无

简　　介：主管单位为甘肃省教育厅，主办单位为陇东学院。

0138 兰州文理学院学报

刊　　号：CN62-1211/C

出版单位：《兰州文理学院学报》编辑部

语　　种：1

出版周期：双月刊

刊物类别：社会科学总论

数 字 版：无

简　　介：前身为《甘肃教育学院学报（社会科学报）》，主管单位为甘肃省教育厅，主办单位为甘肃联合大学。现更名为兰州文理学院学报。

0139 敦煌研究

刊　　号：CN62-1007/K

出版单位：敦煌研究院编辑部

语　　种：1

出版周期：双月刊

刊物类别：历史

数 字 版：无

简　　介：敦煌学专业的学术刊物，主管单位为甘肃省文化厅，主办单位为敦煌研究院。

0140 档案

刊　　号：CN62-1025/G2

出版单位：《档案》杂志编辑部

语　　种：1

出版周期：双月刊

刊物类别：文化、科学、教育、体育

数 字 版：无

简　　介：前身为《甘肃档案简讯》（1979—1982 季刊），《甘肃档案》（1982—1984 双月刊）。主管单位为甘肃省档案局（馆），甘肃省档案学会；主办单位为甘肃省档案局（馆），甘肃省档案学会。

0141　河西学院学报

刊　　号：CN62-1171/G4

出版单位：《河西学院学报》编辑部

语　　种：1

出版周期：双月刊

刊物类别：文化、科学、教育、体育

数 字 版：无

简　　介：主管单位为甘肃省教育厅，主办单位为河西学院。

0142　甘肃社会科学

刊　　号：CN62-1093/C

出版单位：甘肃省社会科学院杂志社

语　　种：1

出版周期：双月刊

刊物类别：社会科学总论

数 字 版：无

简　　介：前身是《社会科学》，主管主办单位为甘肃省社会科学院。

0143　西北民族大学学报

刊　　号：CN62-1186/C

出版单位：《西北民族大学学报》编辑部

语　　种：1

出版周期：半年刊

刊物类别：社会科学总论

数 字 版：无

简　　介：前身为《西北民族学院学报（哲学社会科学版）》。主管单位为国家民族事务委员会，主办单位为西北民族大学。

0144　当代教育与文化

刊　　号：CN62-1202/G4

出版单位：《当代教育与文化》杂志社

语　　种：1

出版周期：双月刊

刊物类别：文化、科学、教育、体育

数 字 版：无

简　　介：前身是《甘肃省经济管理干部学院学报》，主管单位为甘肃省教育厅，主办单位为西北师范大学。

0145 秘书之友

刊　　号：CN62-1018/C

出版单位：兰州大学《秘书之友》编辑部

语　　种：1

出版周期：月刊

刊物类别：社会科学总论

数 字 版：无

简　　介：主管单位为国家教育部，主办单位为兰州大学。

0146 读者（原创版）

刊　　号：CN62-1190/Z

出版单位：《读者（原创版）》编辑部

语　　种：1

出版周期：月刊

刊物类别：综合

数 字 版：无

简　　介：2004 年创刊，是以读者品质、原创精神、内泽心灵、外观万物为宗旨的综合性新锐原创杂志。

0147 兰州学刊

刊　　号：CN62-1015/C

出版单位：兰州市社科院，兰州市社科联

语　　种：1

出版周期：月刊

刊物类别：社会科学

印 刷 量：2000

发 行 量：800

数 字 版：13

简　　介：《兰州学刊》1980 年 3 月创刊，是兰州市社会科学院、兰州市社会科学界联合会主办的综合性人文社会科学学术理论刊物，是一家综合性学术理论期刊。《兰州学刊》以科学性、思想性、前沿性为指导，坚持"原则性、学术性、探索性、时代性"的办刊方针，在社会科学的许多领域开展了研究工作。我刊主要刊登哲学、政治学、经济学、法学、文学、历史学、管理学、社会学、伦理学、教育学等领域的论文。紧紧围绕学术性、应用性、地方性的办刊宗旨，根据改革开放和社会主义现代化建设的热点、难点问题设有一定的研究专栏。推出原则性、创新性的学术理论成果，为繁荣发展哲学社会科学，推进物质文明、政治文明、精神文明建设做出了重要贡献，也为各高校、社会科学研究机构的广大社科研究工作者提供了广阔的学术研讨阵地。

0148 飞碟探索

刊　　号：CN62-1011/V

出版单位：读者出版传媒股份有限公司

语　　种：1

出版周期：月刊

刊物类别：科普

数 字 版：无

简　　介：《飞碟探索》创刊于 1981 年，创刊 30 余年来本着严谨的态度吸引了不少读者。是全国发行量最大的科普杂志之一，也是全世界发行量最大的 UFO 杂志。自 2007 年第 1 期开始，《飞碟探索》杂志启用李政道的题词作为正式刊名。2009 年改为全彩印刷。2013 年 12 月，《飞碟探索》再次改版，增加更多页码，在关注不明飞行物探索的同时，更多地关注自然科学领域的研究成果，尤其是天文、地理、生命科学和考古学。以科学的态度对待未知世界，关注最新的科学探索，启发青少年建立在科技知识基础上的奇思妙想。

0149 兰州大学学报（社会科学版）

刊　　号：CN62-1029/C

出版单位：兰州大学

语　　种：1

出版周期：双月刊

刊物类别：社会科学

数字版：有

简　　介：《兰州大学学报（社会科学版）》高举中国特色社会主义伟大旗帜，以邓小平理论和"三个代表"重要思想为指导，深入贯彻落实科学发展观，坚持"二为"方向和"双百"方针，立足西部，面向全国，关注学术发展前沿，注重理论探索和创新。以兰州大学"做西部文章，创一流大学"的办学理念为指导，遵循"有所为有所不为"和"有限目标，重点突破，整体推进"的原则，通过定位思考和理清发展思路，确定以兰州大学的优势学科和所处的地域特色为突破口，精心设计和打造了"学术时空""西北开发""敦煌学""西北少数民族""中国现当代文学

研究"等一批有影响的特色栏目，发表哲学、经济学、史学、社会学、语言文学等方面的学术论文。努力做到"一流大学的品牌意识和办刊的精品意识的结合，优良的学术传统和现代办刊理念的结合"。学术个性日趋鲜明，学术质量稳步上升。先后获得"第三届全国三十佳社科学报"（中国人文社会科学学报学会，2006），"第二届北方优秀期刊"（北方期刊奖评选委员会，2007）等荣誉称号。

0150 兰州大学学报（医学版）

刊　　号：CN62-1194/R

出版单位：兰州大学

语　　种：1

出版周期：双月刊

刊物类别：医学

数字版：有

简　　介：《兰州大学学报（医学版）》为"中国科技论文统计源期刊"（中国科技核心期刊，证书编号为200941），被美国《化学文摘(CA)》等数据库和国内《中国科技论文与引文数据库(CSTPCD)》《中国期刊全文数据库CNKI》《中文期刊全文数据库》、中国生物医学文献数据库、中文生物医学期刊数据库、中国生物学文摘、中国药学文摘等多家大型数据库和检索系统作为来源期刊，具有西北地区特色，在国内具有一定的影响。

0151 视野

刊　　号：CN62-1117/G2

出版单位：《视野》杂志社

语　　种：1

出版周期：半月刊

刊物类别：文摘

数字版：有

简　　介：《视野》杂志是由兰州大学主办、

《视野》杂志社编辑出版的文摘类综合文化期刊。它始终坚持"新锐、人文、生活"的办刊理念，注重用生动活泼、引人入胜的文字体现具有深度和广度的文化底蕴和人文关怀；个性飞扬、年轻新锐成为《视野》的主要特点。创刊十余年来，得到了广大读者尤其是青年读者的认同和喜爱，迅速成长为中国文摘类期刊中的佼佼者。《视野》于2001年入选"中国期刊方阵"，被国家新闻出版总署命名为"双效期刊"；2005年荣膺第三届国家期刊奖"百种重点社科期刊奖"；2008年入选中央电视台"读者首选期刊"展播；2005—2011年连续荣获年度中文期刊网络传播国内阅读排行前100名。一流的编辑实力加上大中学生这一目标读者群定位精准，形成了《视野》非常突出的表现。《视野》刊载文章多次命准高考作文题目，并入选香港高中语文教科书，是大中学校园里最有公信力和号召力的读物之一。

0152 妈妈画刊

刊　　号：CN62-1026/C
出版单位：甘肃省少年儿童出版社
语　　种：1

出版周期：　月刊
刊物类别：　亲子
数 字 版：　有
简　　介：《妈妈画刊》是专门为3—6岁孩子们设计的亲子画刊，孩子们可进入他们自己的开心乐园，将家长的指导融入阅读的过程中，从而增进亲子间的交流和互动。2012年，引进了德国 Klett 教育集团的期刊内容，将欧洲先进的幼教理念与国内学前教育理论相融合，形成了这本集阅读、学习、游戏、艺术等各种体验于一身，适合3—6岁孩子阅读的"陪伴式"育儿材料。通过丰富精彩的内容，让妈妈和孩子一起从阅读、认知与游戏中找到快乐，从而成为妈妈的家教好帮手，是《妈妈画刊》的初衷与宗旨。

0153 故事作文

刊　　号：CN62-1164/H
出版单位：读者出版传媒股份有限公司
语　　种：1
出版周期：月刊
刊物类别：教育
数 字 版：无
简　　介：1971年，甘肃《红小兵》创刊，这是《故事作文》月刊的最早前身。1978年，《红小兵》改名为《甘肃儿童》，1980年又改名为《小白杨》，1986年改为现在的《故事作文》。2004年下半年，《故事作文》分为低年级版和高年级版。《故事作文》以小学生及初一学生为读者对象，其中低版为1—3年级，高版为3—7年级。内容包括故事和作文两部分，其思路是将故事阅读和作文训练结合在一起，提倡"开心阅读"和"快乐作文"，力图做到真正的寓教于乐。《故事作文》力求贴近读者，在历届"中国少儿报刊奖"的评选中，《故事作文》多次获奖。1990 年获得"甘肃省优秀期刊奖"，1994 年被评为"甘肃省一级期刊"。由《故事作文》的栏目《绝境自救故事》派生出的《少年绝境自救故事》还获得了第三届国家图书奖提名奖和第六届"五个一工程奖"。开开心心读故事，轻轻松松写作文，内容丰富生动，立意深刻，值得一读。

0154 读者

刊　　号：CN62-1118/Z

出版单位：读者出版传媒股份有限公司

语　　种：4

出版周期：半月刊

刊物类别：文摘

数字版：有

简　　介：《读者》为中国大陆发行量最大的杂志之一，由甘肃人民出版社出版发行。1981 年于兰州创刊，原名为《读者文摘》，但因与美国的《读者文摘》发生商标权纠纷，于 1993 年 7 月改为现在的《读者》。《读者》月发行量达 800 万份、刊物发行量居中国大陆第一、世界综合类期刊第四。并同时发行盲文版、少数民族文字版及繁体中文版。有子刊物《读者欣赏》《读者（原创版）》《读者（乡土人文版）》，并于 2007 年开办"读者网"。2010 年 8 月，《读者》在台湾发行。

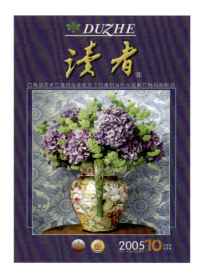

0155 兰州大学学报（自然科学版）

刊　　号：CN62-1075/N

出版单位：兰州大学

语　　种：1

出版周期：双月刊

刊物类别：自然科学

数字版：有

简　　介：《兰州大学学报（自然科学版）》为全国自然科学综合类核心期刊，中国高校精品科技期刊，甘肃省优秀科技期刊，已被世界重要检索系统如美国《CA》《MR》，英国《ZR》，俄罗斯《ZJ》和德国《ZM》及国内《中国科学引文数据库(CSCD)》、《中国期刊全文数据库》、《中国科技论文与引文数据库（CSTPCD）》、《中文期刊全文数据库》、中国各学科文摘等收录。

（五）特色栏目

0156 环县新闻

频　　道：环县电视台

首播时间：1997-07-01

语　　种：1

类　　别：新闻

获得荣誉：《师魂》获全省首届县级台优秀节目评选一等奖、获甘肃省广电新闻三等奖；《环县道情皮影进入世界非遗》获甘肃省广电新闻奖二等奖、获庆阳市广电新闻奖一等奖；《环县修饭碗田 走小康路》获庆阳市广电新闻二等奖；《山城堡洋芋合作社使洋芋变成金蛋蛋》获庆阳市广电新闻二等奖；《计生智：土地流转让万亩荒塬创造千万收入》获庆阳市广电新闻二等奖；《环县倾力打造全省最大羔羊生产基地县》获全省第二届县级电视台优秀节目评选一等奖；获庆阳市广电新闻一等奖；《救命支书－道清贤》获庆阳市广电新闻奖一等奖；《背街小巷是"里子"更是"面子"》获庆阳市广电新闻三等奖；《张彩花：用孝心和爱心温暖一个家》获全市广播新闻社教节目三等奖。

备　　注：该栏目主要围绕县委、县政府中心工作和阶段性工作为重点宣传内容，其中重点对社会新闻、民生新闻等进行关注。

责 任 人：环县电视台

责任单位：环县广播电影电视局

简　　介：《环县新闻》主要围绕县委、县政府中心工作和阶段性工作为重点宣传内容，其中重点对社会新闻、民生新闻等进行关注。时长 10 分钟，每周五期，周一至周五每晚 07:50 首播，当晚 9:30 为第一次重播，次日中午 12:00 为第二次重播。

0157 关注

频　　道：环县电视台

首播时间：2012-03-01

语　　种：1

类　　别：综合类专题性栏目

获得荣誉：《黄继龙：党的好干部 群众的主心骨》获全省第一届县级台优秀节目新闻专题三等奖、全市优秀广播电视节目三等奖；《三个农民与运动会的故事》获全省第二届县级台优秀节目电视新闻一等奖、全市优秀广播电视节目二等奖、甘肃广播影视奖电视社教二等奖；《谁说"久病床前无孝子"》获全市广播新闻社教节目二等奖；《黄土塬上的生命救援》获全市广播新闻三等奖、社教专题节目一等奖；《御风而行正当时》获全市优秀广播电视节目二等奖；《不朽的丰碑》获全市优秀广播电视节目三等奖。

备　　注：该栏目以环县县委、县政府重点工作为主要报道内容，同时兼顾社会民生方面的报道，侧重深度和广度展开报道。

责 任 人：环县电视台

责任单位：环县广播电影电视局

简　　介：该栏目于 2012 年 3 月份开办，为综合类专题性栏目，时长 10 分钟，栏目以我县县委、县政府重点工作为主要报道内容，同时兼顾社会民生方面的报道，侧重深度和广度展开报道。栏目为每周一期，首播：周一 20:05，重播：周二 12:10、20:05，周三 12:10，周五 20:05，周六 12:10。

0158 文化视野

频　　道：环县电视台

首播时间：2012-03-01

语　　种：1

类　　别：文化主题性节目

获得荣誉：《道情影人—敬家班》全省第二届县级台优秀节目评选一等奖、全省第二届县级电视台社教类专题一等奖、庆阳市广电社教专题一等奖；《柔柔的一天》获全省首届县级电视台社教类专题一等奖及全市优秀广播节目二等奖。

备　　注：重点宣传我县地方民俗文化、风土人情、地方曲艺、文化名人、旅游胜地、历史古迹等。

责 任 人：环县电视台

责任单位：环县广播电影电视局

简　　介：该栏目于 2012 年 3 月开办，为文化类专题性栏目。栏目重点宣传我县地方民俗文化、风土人情、地方曲艺、文化名人、旅游胜地、历史古迹等，每周一期。首播：周三 20:05，重播：周一 12:10，周四 12:10、20:05，周五 12:10，周六 20:05，周日 12:10。

0159 12316 三农服务热线

频　　道：甘肃省广电总台农村广播

首播时间：2011-01-01

语　　种：1

类　　别：服务类

获得荣誉：2011 年度中国广播影视大奖广播栏目提名奖、2012 年度中国广播影视大奖广播栏目提名奖。

备　　注：无

责 任 人：甘肃省广播电影电视总台（集团）

责任单位：甘肃省新闻出版社

简　　介：该节目是在甘肃省委、省政府领导的关心下，由省农牧厅、甘肃移动公司和农村广播共同开办的一档对农服务类的直播节目，于 2008 年 4 月正式开播。目前，节目每天 13:00—13:40 通过甘肃农村广播频率（Fm92.2）播出。节目目前共开设"专家答疑"和"乡村大市场"两个版块，全省各地的农民朋友使用移动电话、小灵通以及固定电话，直接拨打"12316"专用号码，就可以实现专家、农民、主持人的三方实时通话，为全省农民朋友解疑答惑、排忧解难的节目宗旨，开辟了农民与专家、农民与市场之间一条新的便捷通道。到目前，接入节目的热线超过 8000 条，绝大部分问题得到现场解答，另一部分通过转接场外专家解答以及专门回复等多种渠道得到及时、有效的解决。受到农民朋友热烈欢迎，被他们称为"致富线""连心线""解忧线"。12316 三农服务热线正在以电话、电视、电台为一体的多媒体农业信息综合服务平台，为农民提供全方位的信息服务，使信息服务真正走进千家万户。

0160 天天一壶茶

频　　道：甘肃省广电总台电视公共频道

首播时间：2005-02-01

语　　种：1

类　　别：电视栏目

获得荣誉：2011 年度中国广播影视大奖电视栏目提名奖；2012 年度中国广播影视大奖电视栏目提名奖。

备　　注：无

责 任 人：甘肃省广播电影电视总台（集团）

责任单位：甘肃省新闻出版社

简　　介：《天天一壶茶》是甘肃公共频道开办的一档"读报"类节目，创办于 2005 年，近九年来，业已成为一档成熟的节目，拥有一批较为稳定的收视群体。该节目搜罗当天或最近一段时间本省及全国主要报刊、网站的新闻评论之精品，内容以与公共生活密切相关的时政评论、社会评论为主，用适于电视的表达方式，向观众提供社会各界对新闻事件和社会现象的"态度"及"言论"，与观众共同分享，以唤起公众对公共问题的关注。《天天一壶茶》在传播新闻资讯的同时注重评论，弥补了电视节目"言论"不足的缺陷。主持人亦"播"亦"评"的主持风格，让观众轻松收看。

0161　今日聚焦

频　　道：甘肃电视台都市频道

首播时间：1995-01-01

语　　种：1

类　　别：新闻评论专题

获得荣誉：2007 年青年文明号；2009 年度中国广播影视大奖电视栏目提名奖；1997—1998 首届中国新闻名专栏奖。

0162　934 民生热线

频　　道：甘肃经济广播

首播时间：2012-01-01

语　　种：1

类　　别：新闻监督

获得荣誉：2012 年度甘肃广播影视奖（专栏）一等奖。

备　　注：此栏目几经更名，原名《厉莉有话说》及《有理站着说话》，现为《934 民生热线》。

责 任 人：甘肃广播电影电视总台

责任单位：甘肃省新闻出版社

简　　介：节目立足百姓经济生活，热线受理民生投诉，通过对个体问题的协调、解决，帮助听众建立与相关机构沟通渠道，力求化解矛盾，舒缓情绪。

0163　抗震救灾，我们万众一心

频　　道：甘肃新闻综合广播

首播时间：2008-05-12

语　　种：1

类　　别：广播

获得荣誉：2008 年度全国广电系统抗震救灾优秀广播电视节目（广播栏目）。

责 任 人：甘肃省广播电影电视总台（集团）

责任单位：甘肃省新闻出版社

0164　直面——无声的火炬手

频　　道：甘肃省广电总台电视公共频道

首播时间：2009-02-01

语　　种：1

类　　别：电视栏目

获得荣誉：2009 年度中国广播影视大奖电视栏目提名奖。

责 任 人：甘肃省广播电影电视总台（集团）

责任单位：甘肃省新闻出版社

0165　今日聚焦

频　　道：甘肃卫视

首播时间：2007-02-01

语　　种：1

类　　别：电视栏目

获得荣誉：2009 年度中国广播影视大奖电视栏目提名奖。

责 任 人：甘肃省广播电影电视总台（集团）

责任单位：甘肃省新闻出版社

简 介：甘肃卫视《今日聚焦》栏目。

0166 梦雪剧场

频 道：兰州生活文艺广播

首播时间：2010-06-01

语 种：1

类 别：长篇连播、广播剧

获得荣誉：该栏目作品获奖颇丰。广播剧《鼓乐太平》获甘肃广播影视奖广播剧奖一等奖和第七届敦煌文艺奖三等奖。微广播剧《神秘电波》《爱与希望》分获首届中国微广播剧大赛金奖、银奖。中国广播剧研究会秘书长对《神秘电波》给予了高度赞誉，其赞词与剧本一并刊登在《中国广播报》上。栏目录制的长书《白鹿原》《丰乳肥臀》等先后获得了省市广播影视奖广播文艺奖二、三等奖。

责任单位：兰州市文化局

简 介：《梦雪剧场》是省内唯一一档全部采用自制内容播出的长书、广播剧日播栏目，被省广电协会专家誉为"广播文艺的净土"。为启动我台长书、广播剧录制工作提供了平台。栏目开播以来，全部使用频率自制长书、广播剧，选材贴近地方、反映现实，颇受听众欢迎。栏目开播当月节目收听率就跻身兰州地区50强第19名，之后迅速攀升，最高达到第3名。截至2014年5月，该栏目累计录制播出约30部1400多集，广播剧7部13集（含4部微广播剧）。该栏目主创人员以资深主持人梦雪为核心，近年来已经形成一个创作团队，演播、制作水平逐步提高，不断奉献更多更好的作品。

0167 警花说交通

频 道：兰州市广播电视总台公共频道

首播时间：2008-05-12

语 种：1

类 别：新闻资讯

获得荣誉：《警花说交通》2009、2010、2011连续三年蝉联全国交通类电视新闻栏目优秀奖，并于2012年荣获全国城市台电视栏目年度20强称号。

责 任 人：兰州市文化局

责任单位：兰州市文化局

简 介：《警花说交通》开播于2008年5月12号，该栏目由兰州市广播电视总台与兰州市公安局交警支队联办。《警花说交通》以最权威的交通信息、最快捷的实时路况、最周到的出行帮助、最关心的交通话题为节目诉求，全力打造甘肃省第一档交通民生电视新闻栏目。通过几年时间的努力，栏目在社会认知度、节目影响力、收视率调查等方面都取得了不俗的成绩，尤其知性、亲和、靓丽的"警花"形象成为该栏目一大亮点，也是为社会迅速认可和接受的一个栏目品牌形象。

0168 汽车零距离

频 道：兰州交通音乐广播

首播时间：2013-01-01

语 种：1

类 别：服务监督类

获得荣誉：获得2013年度兰州市优秀栏目，2013年度听众最喜欢的节目。

备 注：《汽车零距离》节目在2014年3月3日为顺应大环境的变化进行了微调改版，其中节目名称不变，节目侧重点略有调整。

责 任 人：兰州市文化局

责任单位：兰州市文化局

简 介：《汽车零距离》栏目是兰州交通音乐广播调频99.5电台在2013年1月推出

并重点打造的一档汽车投诉＋汽车资讯的省内首个广播汽车维权栏目。《汽车零距离》自从2013年1月1日正式开播，2013年全年共接待车辆相关投诉628起，因为特殊原因除一起未能处理之外，所有投诉全部得到解决，受到广大车主的一致认可及社会好评，并且栏目通过2013年、2014年四次大型车展及汽车拉力赛的介入，在本土汽车界和赛车圈也体现出节目的专业性与广泛性，得到业内相关人员的认可。

0169 平安兰州

频　　道：兰州市广播电视总台公共频道

首播时间：2013-04-24

语　　种：1

类　　别：新闻资讯

获得荣誉：2013年度获得中广协十佳创新栏目提名奖。

备　　注：根治政法，关注民生

责 任 人：兰州市文化局

责任单位：兰州市文化局

简　　介：播出时间：首播18:35，重播23:20、13:00（次日）。《平安兰州》是由兰州市广播电视总台联合兰州市政法委打造的法制民生电视栏目，栏目以"根治政法，关注民生"为宗旨。直击案件第一线，抽丝剥茧探悬疑。栏目以案说法，解析人情冷暖；扶危济困，服务为民解忧。倡导"在理性中建言，在思考中前行"，共建法治社会。

0170 行风阳光热线

频　　道：兰州市广播电视总台

首播时间：2006-06-26

语　　种：1

类　　别：监督服务类

获得荣誉：全国民生影响力十强栏目；全省十大优秀栏目；兰州市广播电视总台优秀品

牌栏目。

备　　注：周日10:05—11:30（直播版）；周一10:05—10:30（直播版精编剪辑）；周二10:05—10:30（政策解读）；周三10:05—10:30（政策解读）；周四10:05—10:30（热点关注）；周五10:05—11:00（回复版）。

责 任 人：兰州市文化局

责任单位：兰州市文化局

简　　介：《行风阳光热线》节目，自2006年开办以来，以推进政务公开、强化政风行风监督建设、解决百姓关心的热点问题为主要宗旨，每周邀请我市各职能部门或行业的主要领导及相关业务的负责人走进直播间，通过电波与市民直接对话沟通，已经成为密切干群关系的"连心桥"和反映社情民意的"晴雨表"。

0171 雪飞帮帮忙

频　　道：兰州交通音乐广播

首播时间：2011-01-06

语　　种：1

类　　别：专题服务类

获得荣誉：节目中的稿件多次获得国家级和省级的优秀节目评选一、二、三等奖。

备　　注：节目播出时间：周一至周五9:00—10:00。

责 任 人：兰州市文化局

责任单位：兰州市文化局

简　　介：《雪飞帮帮忙》是兰州交通音乐广播开办的一档集天气、交通出行、便民服务信息为主的交通服务类节目，主要服务于广大的驾车人士。节目中权威发布交管部门最新的交通法规、政策措施；公布电子警察公告信息、违章车辆信息等内容。除了及时发布路况信息外，还帮助驾车人士解决驾驶机动车出行中遇到的自己无法解决的难题，同时在节目中为听众提供发布求职、招聘、二手车交易等供求信息平台，指导其交通出行、丰富驾车生活。

0172 金城快活人

频　　道：兰州交通音乐广播

首播时间：2013-01-01

语　　种：1

类　　别：综艺益智

获得荣誉：获得甘肃省新闻出版广电局、甘肃省广播电视协会年度"广播播音主持节目"二等奖、兰州市年度广播文艺类节目三等奖。

备　　注：播出时间 17:00—19:00。

责 任 人：兰州市文化局

责任单位：兰州市文化局

简　　介：《金城快活人》栏目是兰州交通音乐广播·调频 99.5 在 2013 年 1 月份推出并重点打造的一档吃喝玩乐推荐＋音乐的陪伴类栏目。

0173 兰州新区新闻

频　　道：兰州市广电总台生活经济频道

首播时间：2013-04-10

语　　种：1

类　　别：新闻资讯

获得荣誉：消息《中马铁路今日正式贯通》荣获 2013 年度甘肃省新闻学会二等奖。

备　　注：每日首播时间 21:10。

责 任 人：兰州市文化局

责任单位：兰州市文化局

简　　介：《兰州新区新闻》报道兰州新区建设、服务兰州新区发展、展现兰州新区新貌、倾听兰州新区新声。《兰州新区新闻》的《新区要闻》及时报道新区动态、权威发布新区要闻；《新区新事》发现新区新容新貌、发掘新区新人新事；《新区声音》倾听新区各方声音、广纳新区各方观点；《新区链接》汇集国内新区要闻、交流新区建设经验。《兰州新区新闻》是报道兰州新区建设的主窗口，服务兰州新区宣传的主阵地。《兰州新区新闻》播出时间：每天 21:10（首播）次日 08:00、12:30（重播）。

0174 蓝色月光

频　　道：兰州生活文艺广播

首播时间：1998-01-01

语　　种：1

类　　别：情感谈话节目

获得荣誉：主持人梦雪业务功底深厚，热心公益事业，连年被评为"听众最喜爱的主持人"，受到总台嘉奖，并在市、省、全国各级各类优秀节目评比中屡获奖项。

责任单位：兰州市文化局

简　　介：是每天 22:00 播出的王牌谈话节目。多年的声音陈酿，成为无数人的心灵港湾。《蓝色月光》已成为兰州这个移民众多的城市的一种文化符号，给心灵疲惫的人们以慰藉和生活路上的警示与借鉴。

0175 第一百姓

频　　道：兰州市广播电视总台生活经济频道

首播时间：2004-10-11

语　　种：1

类　　别：新闻资讯

获得荣誉：2007 年被评为兰州市"政治思想教育先进集体"；2008 年被评为"甘肃省十大优秀栏目"；曾先后获得甘肃省"青年文明号"和兰州市"青年文明号"等荣誉称号。

备　　注：私定生活，经济人生。每日首播时间：20:00；重播时间：23:45；次日重播时间：12:20。

责 任 人：兰州市文化局

责任单位：兰州市文化局

简　　介：《第一百姓》2004 年 10 月 11 日

正式开播，2014 年 4 月 8 日全新改版，设有 "维权到家" "货比三家" "主播秒杀" "金融行家" 等十大栏目。

0176 兰州零距离

频　　道：兰州市广播电视总台新闻综合频道

首播时间：2004-05-24

语　　种：1

类　　别：新闻资讯

获得荣誉：2004 年被评为全国城市台十佳栏目；2005、2006 年获省级、市级优秀栏目一等奖；2007 年被评为省级青年文明号；2008 年元月，被评为 "全国广播影视系统先进集体"；2010 年荣膺 "中国广播电视媒体民生影响力调查" 电视栏目六十强；2013 年和 2014 年连续获得全国最具影响力品牌节目荣誉称号。

备　　注：首播时间：21:30 重播时间：12:30（次日）。

责 任 人：兰州市文化局

责任单位：兰州市文化局

简　　介：2014 年 6 月 9 日兰州广电总台新闻综合频道全新改版。基于《兰州新闻》《新闻联播》（转播）及《兰州零距离》三档节目原有播出时间不变的总原则，对原有的《大家谈》《记者调查》及《兰州零距离》子版块《姚岚资讯》《非说不可》进行撤并或分立，打造以《兰州零距离》为龙头的民生节目群（带），形成特色浓郁、贴近实际、群众乐见的晚间节目收视群体，力争打造出频道晚间 18:00 至次日凌晨节目收视的 "爆发线、连续线和上扬线。

0177 天天向上

频　　道：兰州生活文艺广播

首播时间：2008-06-01

语　　种：1

类　　别：社教专题

获得荣誉：名牌教育专题节目。开播以来多次获得省市国家级优秀栏目奖，频率荣获 2009 年全国少年儿童 "双有" 主题教育活动优秀集体，主持人获 2009 年兰州市未成年人思想道德建设 "先进工作者" 称号。

责任单位：兰州市文化局

简　　介：19:00—20:00 播出。节目由 "小儿好养" "宝贝听我说" "说文解字" "麻辣课堂" "青春正飞扬" "光影青春" "NLP 心理课堂" "青春榜样" 等栏目组成。节目着眼于家庭教育及青少年心理成长、收听人群涵盖从青少年到儿童家长，教师等多个人群。2013 年 12 月 26 日由品牌节目《校园内外》改版脱胎。节目内外结合，举办多样的社会活动。收听调查显示，节目收听率稳居各节目前列，产生了良好的社会效益。

0178 健康生活·名医访谈

频　　道：兰州市广播电视总台生活经济频道

首播时间：2012-12-10

语　　种：1

类　　别：社教科普

获得荣誉：2013 年获兰州市广播电视新闻社教节目奖二等奖，2014 年获兰州市广播电视科普节目季度二等奖。

备　　注：栏目为日播节目，每天 21:25 分首播，次日 01:15 分，13:10 分重播。

责任单位：兰州市文化局

简　　介：《健康生活·名医访谈》栏目是一档纯公益性的健康类栏目。主要介绍兰州名医名家、普及医学常识、为老百姓就医提供方便。栏目不做任何药品广告，目的就是把兰州以及甘肃的名医介绍给百姓，介绍给观众。使他们在看病上有信息源，知道兰州有哪些好医生，知道哪些医生的哪些医术对自己有用。在节目中，会特别提供专家们供职单位和他们的门诊时间，搭建医患沟通平台。栏目由两大版块构成，主版块为"名医访谈"，次版块为"医疗资讯"。主版块"名医访谈"时长25分钟，演播室录制。要求被访者把自己最熟悉的知识用最普通、直白的话语介绍给观众，其中穿插实际的例子。次版块"医疗资讯"时长5分钟，内容为最新的医疗资讯、所请嘉宾（专家）门诊时间，根据季节变化常用的非处方药的国家指导价，医疗小常识以及名医精湛手术等的实况播出。

0179 零距离·正在直播

频　　道：兰州市广播电视总台新闻综合频道
首播时间：2014-06-09
语　　种：1
类　　别：新闻资讯
获得荣誉：兰州市广播电视总台2014年度创新型栏目。
备　　注：周一至周五18:10—18:35播出，周六、周日同时段将播出节目的精编版。
责 任 人：兰州市文化局
责任单位：兰州市文化局
简　　介：该档节目，在省内电视节目中首次实现演播厅直播加外景现场直播的节目形态，以本地突发新闻事件、新闻现场及策划类内容为主打。

0180 快乐江湖

频　　道：兰州市广播电视总台交通音乐广播
首播时间：2010-06-03
语　　种：1
类　　别：综艺益智
获得荣誉：2010年获得甘肃省播音主持作品一等奖、2011年获得全国文艺节目二等奖、2010—2013年获得兰州市十佳栏目。
备　　注：《快乐江湖》是兰州广播电视总台交通音乐广播开办于2010年的全新娱乐节目，也是省内迄今为止唯一一档广播直播类脱口秀节目。节目时长90分钟，每天19:30—21:00播出，开办至今均保持稳定播出。节目由"新鲜出炉的可乐新闻""大家推荐的精品笑话""出个问题难倒我们有奖竞猜"三部分组成。
责 任 人：兰州市文化局
责任单位：兰州市文化局
简　　介：《快乐江湖》是省内迄今为止唯一一档广播直播类脱口秀节目。节目由"新鲜出炉的可乐新闻""大家推荐的精品笑话""出个问题难倒我们有奖竞猜"三部分组成。同时开通网络平台和直拨热线让听众参与，每月坚持制作新鲜报头和爆笑插报，形成特有娱乐氛围。每期节目都设定了特定的主题让节目更有可听性，结合当下新闻，发掘笑点，尽量让听众笑中有悟，杜绝娱乐节目肤浅化。节目开通热线和网络参与方式，邀请听众参与节目互动。主持人在直播节目中用演绎的方式表述，增强节目可听性，反响较好。同时开通热线，让大家出问题难倒主持人。听众参与踊跃，热线供不应求。节目现已推出600多个主题，分享70000余条笑话，接通听众热线2000余部。《快乐江湖》已经逐步成为听众心中娱乐和放松的代名词，得到了听众的广泛喜爱。

0181 听众接待室

频　　道：兰州市广播电视总台新闻综合广播

首播时间：1999-01-01

语　　种：1

类　　别：监督服务类

获得荣誉：2008年获"甘肃省名栏目"奖；《听众接待室》志愿者服务队2011年、2012年连续两年获得"全国精神文明建设创新案例"；2013、2014年连续两年获得兰州市广播电视总台"品牌栏目"称号。

备　　注：《听众接待室》节目每天7:30—7:50播出；每天13:00—13:20重播。播出频率为中波954千赫，调频97.3兆赫。

责　任　人：兰州市文化局

责任单位：兰州市文化局

简　　介：兰州市广播电视总台新闻综合广播《听众接待室》节目创办于1999年，这个节目以"道百姓心声，架政通桥梁"为宗旨，开办十多年来，每年接到听众的来电、来访上万人次，为听众解决了大量的烦心事、疑难事，成为兰州市广播电视总台的品牌节目。2014年4月频率对《听众接待室》节目进行了改版，将原来30分钟的《听众接待室》节目压缩为20分钟，改版后内容更精练，时效性增强，同时播出条数不减，收听数据显示自改版以来这档老牌节目收听率不断攀升。

0182 直播兰州

频　　道：兰州新闻广播

首播时间：1984-01-01

语　　种：1

类　　别：新闻资讯

获得荣誉：节目开播30多年来多次获得省市好新闻新闻编排类一、二、三等奖，以及全国各城市台好新闻评选优秀节目奖项，2012年度、2013年度《直播兰州》节目编排均获得了甘肃省好新闻编排类别的二等奖。目前，此栏目为兰州市广电总台的优秀栏目。

责　任　人：兰州市文化局

责任单位：兰州市文化局

简　　介：《直播兰州》节目开办于1984年，至今已走过了30多个年头，从最初的10人不到的团队发展到今天近30人的采编播团队，节目名称也由以前的《金城早讯》更名为《直播兰州》。《直播兰州》节目每天7:00—7:30播出，全年不停播，每天都是最新鲜的新闻资讯，从不做内容回顾之类的旧闻节目。节目内容涵盖了省市重大的时政要闻，各委办局重要的政策调整等，为市民及时传递最新的时政信息，做好政策宣传，起到了党的喉舌的作用。另外，此节目还重点报道市民关注热点，诸如冬季大气污染防治、冬季供暖、职工工资调整等社会关注热点都能在这个节目中有所体现。节目中还加入新闻评论，增加了节目的分量和可听性。国内国际最新发生的事件在每天的节目中都会及时加入，增加节目信息量，也就是说，在一组《直播兰州》节目中，家事、国事、天下事，事事都有。

0183 阳光资讯

频　　道：兰州市广播电视总台兰州生活文艺广播

首播时间：2005-05-01

语　　种：1

类　　别：新闻资讯

获得荣誉：兰州地区收听率排名第一的资讯节目。

备　　注：每天7:00—8:00播出。

责　任　人：兰州市文化局

责任单位：兰州市文化局

简　　介：内容包括天气预报、要闻回报、

交通路况、市场信息、文体新闻、逸闻趣事等。连线气象、交通、民航、供电等部门，权威可信、及时实用，是市民每天安排工作生活的好参谋和小助手。

0184 空中交易厅

频　　道：兰州市广播电视总台兰州新闻广播

首播时间：1994-01-01

语　　种：1

类　　别：专题服务

获得荣誉：曾获中广协会优秀节目评选三等奖。

备　　注：播出时间：11:05—12:00。

责 任 人：兰州市文化局

责任单位：兰州市文化局

简　　介：《空中交易厅》是兰州市广播电视总台兰州新闻广播于1994年1月1日开办的一档经济服务类直播节目，它主要以群众、商家热线电话广泛参与发布信息的形式，为听众提供房产、人才、汽车、运输、餐饮、娱乐等各类求供信息，用无线电波架起了一座互通有无的桥梁，服务于社会和百姓，深受听众的欢迎。节目宗旨是传递市场有用信息，关注百姓经济生活，活跃广播交易空间，促进兰州经济发展。

0185 兰州新闻

频　　道：兰州市广播电视总台新闻综合频道

首播时间：1985-01-01

语　　种：1

类　　别：新闻资讯

获得荣誉：兰州市优秀新闻栏目

责 任 人：兰州市文化局

责任单位：兰州市文化局

简　　介：是兰州市广播电视总台设立最早、历史最长的一档时政新闻栏目之一，聚焦时事热点，关注热点新闻事件，传达政声。《兰州新闻》已开播30多年，这档时政新闻栏目已经成为市民了解兰州政治、经济生活的一个窗口。《兰州新闻》注重了对信息的过滤、提炼，凝练领导活动报道，注重将会议有用信息结合百姓关注点进行深入报道，同时将话语权交给了群众，让市民对兰州建设、环境、未来发展谈自己的看法，百姓关注的焦点、想说的话都呈现在屏幕上，新闻生动，节目也达到了倾听百姓的心声，传达政府惠民政策的作用。

0186 零距离·大家谈

频　　道：兰州市广播电视总台新闻综合频道

首播时间：2015-01-04

语　　种：1

类　　别：新闻资讯

获得荣誉：甘肃省新闻出版广电局、甘肃省广播电视协会年度"甘肃广播影视奖"电视新闻一等奖。

备　　注：《零距离·大家谈》（周日22:00首播，30分钟）。

责 任 人：兰州市文化局

责任单位：兰州市文化局

简　　介：《零距离·大家谈》邀请新闻当事人、学者和评论员走进演播厅，就当周及近期重点新闻事件进行回顾、讨论、争鸣，形成"观点致胜"的有深度、有广度、有热度的新闻访谈。

0187 红蜻蜓青草地

频　　道：白银市广播电视台新闻综合频率

首播时间：1997-03-28

语　　种：1

类　　别：专题社教

获得荣誉：获2008年全省广播电视十大优秀品牌栏目等多项奖项。

责 任 人：白银市广播电视台

责任单位：白银市广播电影电视局

简　　介：《红蜻蜓青草地》自 1997 年开办以来，围绕青少年的思想、学习和生活实际寓教于乐，成为广大青少年的良师益友，受到了广大家长的肯定和青少年的广泛好评。节目全年不间断播出，首播时段在每天的 12:30—13:00。

0188　纪录白银

频　　道：白银市广播电视台
首播时间：2007-05-28
语　　种：1
类　　别：新闻资讯
获得荣誉：2008 年被评为甘肃省广播电视十大优秀栏目。
责 任 人：白银市广播电视台
责任单位：白银市广播电影电视局
简　　介：2007 年 5 月 28 日正式开播的新闻类综合性节目《纪录白银》坚持关心时政、关注民生、聚焦热点、服务生活的栏目定位，以"听白银人说话、为白银人说话"为宗旨，引导社会舆论、弘扬社会正气，通达社情民意、关注弱势群体，疏导公众情绪、实施舆论监督，替政府分忧、为百姓解愁。栏目开播以来，得到了各级领导的充分肯定和广大观众的普遍好评。

0189　我的家园

频　　道：白银市平川区有限广播电视台
首播时间：2004-05-10
语　　种：1
类　　别：新闻类
责任单位：平川区广播电影电视局
简　　介：《我的家园》是一档民生新闻栏目，主要内容以发生在百姓身边的小事为主，感受百姓的喜怒哀乐，倾听百姓的呼声，以小见大，传递社会的正能量。

0190　靖远新闻

频　　道：靖远县电视台
首播时间：1996-10-01
语　　种：1
类　　别：靖闻资讯
获得荣誉：《大山里的养殖能手——杨继承借力"双联惠农贷款"赶着土鸡奔小康》荣获白银市 2013 年度"联扶行动好新闻"二等奖；《靖远县蔬菜产业的"三驾马车"拉着农民奔富路》等三篇稿件荣获 2013 年度"白银广播影视奖"广播新闻三等奖。
责 任 人：靖远县文广局
责任单位：靖远县文化局
简　　介：《靖远新闻》自 1996 年开播以来，围绕县上中心工作和重点工作，努力克服记者缺乏和设备更新不到位等因素，全力宣传好党的政策和方针，较好地完成了各项宣传任务。

0191　家在靖远

频　　道：靖远综合频道
首播时间：2013-02-05
语　　种：1
类　　别：专题服务
获得荣誉：《家在靖远》栏目荣获全省第二届县区电视优秀节目三等奖。
备　　注：始终根据"政府重视，百姓关心，社会焦点"的选题原则进行选题策划。每期策划5至6个小话题，播出时长控制在20至25分钟。全年共播出45期。

责 任 人：靖远县文广局

责任单位：靖远县文化局

简　　介：该栏目展示小城无限美，聚焦百姓身边事。每期制播节目涉及靖远人物故事、自然风景、靖远特色、城市建设、新农村建设、精神文明建设等方方面面，彰显魅力靖远发生的故事。栏目开办以来，通过民生问计，协调和解决了一些群众的热点、焦点问题。采写的《鹿鸣园 伤不起》《解下大树的捆绕着装》《爱心午餐》《城市文明 从爱护垃圾桶开始》《涨声四起》等报道，引起领导和市民的高度重视。和靖远县交警大队联合开设的交通平安行版块，采编的《还原交通事故真相敲响市民安全警钟》《红灯停、绿灯行》等报道，传播了交通知识，提高了市民交通安全意识。通过乡音提问版块，搭建市民言论平台，让更多市民参与电视，有话直说，表达市民对靖远跨越发展的意见建议，受到社会各界及县域内外靖远人士的一致好评。

0192 秦声秦韵

频　　道：秦州区广播电视台

首播时间：2014-03-26

语　　种：1

类　　别：综艺益智

获得荣誉：无

责 任 人：天水市秦州区文广局

责任单位：秦州区广播电影电视局

简　　介：秦州区广播电视站自2014年3月开办了《秦声秦韵》栏目，每日14:30首播，次日10:30，重播每集播出60分钟，此栏目是一档戏曲节目，播出具有浓郁的地方特色和精彩的戏曲节目、名家名段以及当地秦腔票友的唱段，深受广大戏迷观众喜爱。

0193 印象秦州

频　　道：秦州区广播电视台

首播时间：2014-03-26

语　　种：1

类　　别：专题服务

备　　注：每天12:00首播

责 任 人：天水市秦州区文广局

责任单位：秦州区广播电影电视局

简　　介：秦州区广播电视台自2013年4月起，开办了自创栏目——《印象秦州》，每天12:00首播，每集时长0.5小时。此栏目开展以来，我台记者深入基层，拍摄专题二十余部，以人文视角关注了秦州区风土人情、历史人物、物质文化遗产，及浓郁的地方特色，并反映当代秦州人思想观念和精神追求。

0194 秦州新闻

频　　道：秦州区广播电视台

首播时间：2014-03-26

语　　种：1

类　　别：新闻资讯

获得荣誉：无

备　　注：19:40首播，21:00、22:30、次日10:01、12:15重播。

责 任 人：天水市秦州区文广局

责任单位：秦州区广播电影电视局

简　　介：《秦州新闻》主要围绕区委、区政府的中心工作，报道秦州区重大新闻事件，反映各方面建设成就及动态，并关注发生在老百姓身边的民生新闻，营造团结、向上、和谐的社会氛围，做党和群众的桥梁和纽带。

0195 麦积新闻

频　　道：甘肃有线电视网络县区频道
首播时间：1995-08-01
语　　种：1
类　　别：新闻资讯
获得荣誉：无
责 任 人：天水市麦积区广播站
责任单位：麦积区广播电影电视局
简　　介：《麦积新闻》以区委、区政府的中心工作为重点，以麦积区当地新闻事件为主要播出内容。每期20分钟，每周五期，周一至周五19:40首播，22:00为第一次重播，次日7:00、中午12:40为第二次重播。

0196 远教时空

频　　道：天水市麦积区广播站
首播时间：2012-11
语　　种：1
类　　别：电教版块
获得荣誉：无
责 任 人：天水市麦积区广播站
责任单位：麦积区广播电影电视局
简　　介：《远教时空》栏目，是麦积区为扩大农村远程教育覆盖面，增加远程教育受益群体，探索开展的远程教育工作新模式，

让远程教育节目通过有线电视网络进入千家万户，被群众亲切地称为"炕头的科普课堂，身边的生活顾问"。

0197 清水新闻

频　　道：清水县广播电视台新闻综合广播
首播时间：2007-01-01
语　　种：1
类　　别：新闻资讯
获得荣誉：无
备　　注：双日播型
责 任 人：清水县广播电视台
责任单位：清水县广播电影电视局
简　　介：《清水新闻》关注县内重大新闻事件，发布最新舆情讯息，2007年1月1日开办，播出（频率）频道为清水新闻综合广播调频106MHZ，播出时间为19:00（首播），重播为次日7:25，播出时长20分钟。节目信息量大、内容播发及时，以清新自然的播报风格赢得广大观众喜爱，日播出2次。主创人员为李国桢、尚晔萍、王芳兰及全体采编人员。

0198 走进清水

频　　道：清水县广播电视台新闻频道
首播时间：2006-01-01
语　　种：1
类　　别：专题服务类
备　　注：电视专题类节目，年摄制播出专题片60部左右。

责　任　人：清水县广播电视台

责任单位：清水县广播电影电视局

简　　介：《走进清水》是一档周播型专题类栏目，于 2006 年开办，主要反映全县社会经济及各行各业发展成就，展现清水深厚的历史文化底蕴和优美的自然风光。经过两次包装改版后的《走进清水》分设《印象清水》和《魅力十分》两个小版块，形成了比较合理的版块化栏目布局，成为宣传和推介清水的一扇窗口。栏目时长 20 分钟，日播出 4 次，首播时间为 18:30 分、20:10，次日 8:30、12:40 重播。

0199　新闻播报

频　　道：清水县广播电视台新闻频道

首播时间：2000-01-01

语　　种：1

类　　别：新闻资讯

责　任　人：清水县广播电视台

责任单位：清水县广播电影电视局

简　　介：《新闻播报》报道县内重大新闻事件，反映社情民意大众舆情，发布国际国内热点资讯，打造本土信息发布平台。播出时间：19:40（首播）；重播：22:00，次日 8:00—12:10；播出时长：20 分钟；播出类型：双日播型。

0200　星光影院

频　　道：秦安县广播电视台

首播时间：2011-01-01

语　　种：1

类　　别：影视剧

责　任　人：秦安县广播电影电视局

责任单位：秦安县广播电影电视局

简　　介：《星光影院》是一档国内外优秀影片展播类节目。时长 90 分钟。

0201　秦安新闻

频　　道：秦安县广播电视台

首播时间：2010-07-08

语　　种：1

类　　别：新闻资讯

获得荣誉：自 2010 年 7 月 8 日以来，先后有 38 篇新闻稿件获得省市广电系统组织评比的二、三等奖。

责　任　人：秦安县广播电影电视局

责任单位：秦安县广播电影电视局

简　　介：《秦安新闻》是一档地方新闻杂志类节目，时长 20 分钟，由"时政""民生""专栏"三大版块组成。其中时政以报道领导活动，各种会议和时政新闻为主。民生版块以民生话题和民生生活为主，反应民生领域的新闻事件。专栏由档案、特写、调查、故事、人物六个小版块组成，汇聚新闻资讯，开展深度报道。

0202　记录中国

频　　道：秦安县广播电视台

首播时间：2012-05-01

语　　种：1

类　　别：影视剧

责　任　人：秦安县广播电影电视局

责任单位：秦安县广播电影电视局

简　　介：《记录中国》是一档纪录片播放类引进节目。时长 60 分钟。该节目主要引进国内外各种类型的优秀纪录片。播出时间为 14:00。

0203 华新视野

频　　道：秦安县广播电视台
首播时间：2013-07-01
语　　种：1
类　　别：专题服务
获得荣誉：2013年被县委宣传部评为服务类优秀栏目。
责 任 人：秦安县广播电影电视局
责任单位：秦安县广播电影电视局
简　　介：《华新视野》是一档生活消费资讯栏目，主要介绍秦安当地各行各业最新的消费信息，为广大受众提供最新、最准确的消费信息。

0204 声手不凡

频　　道：秦安县广播电视台
首播时间：2013-07-01
语　　种：1
类　　别：综艺娱乐
获得荣誉：2014年获市级综艺类文艺节目二等奖。
责 任 人：秦安县广播电影电视局
责任单位：秦安县广播电影电视局
简　　介：《声手不凡》是一档大型综艺娱乐性节目。时长90分钟，该节目以歌曲、戏曲等文艺元素为载体，通过选手比赛晋级的形式制造收视点，努力打造综艺娱乐平台。

0205 农业科技

频　　道：秦安县广播电视台
首播时间：2010-01-01
语　　种：1
类　　别：专题服务
获得荣誉：2012年、2013年两次被县委、县政府评为科技兴县优秀栏目。
责 任 人：秦安县广播电影电视局
责任单位：秦安县广播电影电视局

简　　介：《农业科技》是一档农业科技推广、新信息共享为主要内容，农业技术知识推广类引进节目。时长20分钟。

0206 甘谷新闻

频　　道：甘谷电视台新闻综合
首播时间：1998-02-02
语　　种：1
类　　别：新闻
获得荣誉：2012年之前共有6件作品获天水市优秀新闻评选二等奖，18件获三等奖。
责 任 人：甘谷县文广局
责任单位：甘谷县文广局
简　　介：《甘谷新闻》栏目每期时长15分钟。共有2个子栏目，分别是《甘谷时政》和《甘谷在线》。19:40首播，22:00和次日10:00、12:30重播。

0207 宁远纪事

频　　道：武山县广播电视台新闻综合频道
首播时间：2010-04-08
语　　种：1
类　　别：专题
获得荣誉：《宁远纪事》荣获2010年度天水市优秀电视节目二等奖。
责 任 人：武山县广播电影电视局
责任单位：武山县广播电影电视局
简　　介：《宁远纪事》是武山县广播电视台开办的一档文化类节目，目前有栏目编辑记者4人，采集素材5000多个小时，在武山县广播电视台综合频道播出1000余小时。该栏目自2010年开播，截至目前已播出152期，分为七辑，第一辑《岁月留痕》，第二辑《红色记忆》，第三辑《人物选萃》，第四辑《乡土集锦》，第五辑《名胜古迹》，第六辑《乡风民俗》，第七辑《神话传说》。《宁远纪事》以"感受武山风情 品味宁远文化"为宗旨，以展现武山风土人情、民俗文化为内容。该栏目定位于武山悠久的历史、深厚的文化、丰富的民俗、迷人的风情等内容，整理发掘武山悠久厚重的历史文化资源，突出展示武山独特迷人的民俗风情，以全新的节目定位和文化纪录片的形式，开创了全新的收视领域，用电视艺术的手法将武山厚重的人文历史通俗化、具体化，以诗意的提升，终极的人文关怀，让观众真切的感知，获得全新的视听感受。

0208 武山新闻

频　　道：武山县广播电视台新闻综合频道

首播时间：1989-03-10

语　　种：1

类　　别：新闻资讯

获得荣誉：新闻《我县农民能刷卡看病了》《我县1.2亿元妇女小额贷款"给力"》《文化大院：小乡村里的大舞台》获省、市广播电视节目二等奖。

责 任 人：武山县广播电影电视局

责任单位：武山县广播电影电视局

简　　介：《武山新闻》是武山县广播电视台开办的一档新闻类节目，现有编辑记者31人，以武山当地新闻事件为播出主要内容，每期15分钟，每天分四个时段播出，20:00首播，重播时间为9:00、12:00、22:00。武山新闻栏目紧紧围绕县委、县政府的中心工作、中心任务，牢牢把握贯彻和落实科学发展观，把握正确的舆论导向，对全县经济建设和社会各项事业的健康发展进行了重点报道，收到了良好的效果，在服务上，从单一型向综合服务型转变。为民众提供专题片制作、品牌形象系列宣传、歌曲点播、商业信息发布。拓展服务深度，增加服务内容，创造核心竞争优势。

0209 今日张家川

频　　道：张家川回族自治县广播电视台

首播时间：2007-01-01

语　　种：1

类　　别：新闻资讯

责 任 人：张家川回族自治县文广局

责任单位：张家川回族自治县文广局

简　　介：《今日张家川》是张家川回族自治县广播电视台推出的新闻资讯栏目，包括《政务报道》《亮点》《贴近》《画说家园》等几个版块，报道内容围绕县委、县政府的中心工作展开，全方位、多角度地展现全县政治、经济、文化等各项社会事业的发展与进步以及党的各项优惠政策下群众生活的发展变化。

0210 古浪新闻

频　　道：古浪县广播电视台

首播时间：1990-10-22

语　　种：1

类　　别：新闻资讯

获得荣誉：2012年获得甘肃省第二届县级（区）台广播电视优秀节目"电视播音与主持作品"一等奖。

备　　注：每晚8:30开播。

责 任 人：古浪县广播电影电视局

责任单位：古浪县广播电影电视局

简　　介：《古浪新闻》是古浪县广播电视

台自办的时政新闻节目，一直担当着古浪县改革开放、经济发展、社会进步的重要窗口。《古浪新闻》报道及时，内容新颖，提供的信息量丰富全面，报道的角度新颖巧妙。改进时政新闻报道，精简一般意义的会议新闻，加大资讯新闻的报道量，彻底改造现有新闻叙述方式。在追求时政新闻的严谨性、经济新闻的生动性、社会新闻的思想性的同时，在不断扩大报道范围、丰富报道内容上，让观众在最短的时间里了解最丰富的内容。

0211 美丽甘州

频　　道：甘州区广播电视台

首播时间：2014-06-03

语　　种：1

类　　别：专题服务

备　　注：栏目下设子栏目有音画甘州、行游甘州、诗词甘州、甘州名家、品味甘州、唱响甘州、光与音、人文甘州。

责　任　人：甘州区广播电视台

责任单位：甘州区广播电影电视局

简　　介：《美丽甘州》是在《魅力甘州》的基础上，整合优质资源进行了全新的定位与包装，是一档宣传本地优质旅游资源与文化资源为主，兼顾城市文化亮点的栏目。目前已创作并播出节目共80多期，较好地完成了宣传甘州，推介甘州的任务。栏目创作宗旨是传承甘州文化，彰显甘州魅力。

0212 金色乡村

频　　道：甘州区广播电视台

首播时间：1990-10-01

语　　种：1

类　　别：对农专题节目

获得荣誉：2009年被评为"全省优秀广播栏目"。

备　　注：《金色乡村》下设五个子栏目。

责　任　人：甘州区广播电视台

责任单位：甘州区广播电视台

简　　介：《金色乡村》立足于"好听""实用"，兼顾服务性与趣味性，力求贴近农民与农村社会生活，以富裕的新农村为背景，农村典型人物为对象，充分利用广播的声音优势，采取灵活多样的报道方式，精心策划、精心采访、精心编播、精心制作，及时传递农村新科技，致富金点子，全面展示新农村、新农民的精神风貌和新农村建设成果。

0213 民乐新闻

频　　道：民乐县广播电视台

首播时间：2004-09-07

语　　种：1

类　　别：新闻资讯

获得荣誉：张掖市"十佳"栏目。

责任单位：民乐县广播电影电视局

简　　介：《民乐新闻》面向的是全县人民，面向地方群众的服务的栏目，观众可以从中获得一些有价值的信息，及时了解到县委、县政府开展工作的动态，对政府政务起到一定的公示作用；从社会新闻那些群众喜闻乐见、好人好事、奇闻轶事中传达给受众一些与生活息息相关的信息。

0214 政法在线

频　　道：临泽县广播电视台

首播时间：2010-04-06

语　　种：1

类　　别：民生

备 注：播出时间：每周一期，于每周三晚9:00播出。

责 任 人：临泽县广播电视台

责任单位：临泽县广播电影电视局

简 介：《政法在线》栏目共分为政法快报、以案说法和法律小常识三个版块。该栏目以围绕创建平安临泽，构建和谐社会为目标，用普及法律知识的视角，宣传涉及人民群众生活、生产、工作相关的法律法规常识，介绍政法系统各单位最新动态及新法规、新知识；报道各类执法现场，事故处理现场，案件侦破现场，庭审实录，民调现场；以案例剖析，现场说法为方式，介绍案件始末。形成全社会知法、懂法、守法的良好氛围。

0215 科普之声

频 道：临泽县广播电视台

首播时间：2013-06-08

语 种：1

类 别：民生类

备 注：播出时间：每周一期，于每周二晚9：00播出。

责 任 人：临泽县广播电视台

责任单位：临泽县广播电影电视局

简 介：《科普之声》自2013年开办以来，以"科技改变世界，科普成就未来"为指导，内容涉及农业、科技、文化、教育等知识，以群众易于接受的形式，通过现场讲解、嘉宾做客演播室访谈、科教片演示等方式，宣传和普及科普知识。

0216 临泽人文

频 道：临泽县广播电视台

首播时间：2012-08-06

语 种：1

类 别：民生类

备 注：每周一期，播出时间为每周一晚

9:00。

责 任 人：临泽县广播电视台

责任单位：临泽县广播电影电视局

简 介：《临泽人文》栏目以贴近实际、贴近群众、贴近生活为原则，立足于全县广大百姓生活，力求多层次、多角度，用最完美、最有意境的镜头，展现出平凡人与众不同的人生经历和感人至深的内心世界，刻画出大背景下每个人物的真实情感和社会价值，从他们身上可以体现出全县经济社会发展中的巨大变化。

0217 高台纪事

频 道：高台县广播电视台自办频道

首播时间：2011-01-05

语 种：1

类 别：专题服务

获得荣誉：2011年《斩断电信诈骗背后的黑手》获甘肃省影视奖三等奖、市上二等奖；2012年《老段和他微缩农具展览馆》获甘肃省影视奖二等奖、市二等奖，《猎鹰行动》获全市三等奖；2013年《冷血十三鹰警示》获甘肃省影视奖二等奖、市上一等奖

责 任 人：高台县广播电视台

责任单位：高台县广播电影电视局

简 介：本节目自开播以来，一直以"宣传党和政府的声音"为宗旨，把宣传功能放在首位，当好"党和政府的喉舌"，被公认是一个代表政府的媒介。同时也以服务百姓生活为重点，传递最新资讯，做好民生新闻，

服务百姓生活。

0218 高台新闻

频　　道：高台县广播电视台自办频道

首播时间：2006-02-01

语　　种：1

类　　别：新闻资讯

获得荣誉：2009 年荣获全市首届十大名栏目奖。

备　　注：无

责 任 人：高台县广播电视台

责任单位：高台县广播电影电视局

0219 经典诵读

频　　道：泾川县电视台

首播时间：2013-10-29

语　　种：1

类　　别：音频

获得荣誉：获得市级广播电视节目评选二等奖。

责 任 人：泾川县电视台

责任单位：泾川县广播电影电视局

简　　介：《经典诵读》诵读国学经典、古典诗词、散文、美文等好文章。

0220 民生视角

频　　道：泾川县电视台

首播时间：2013-04-01

语　　种：1

类　　别：电视栏目

备　　注：目前已播出 19 期。

责 任 人：泾川县电视台

责任单位：泾川县广播电影电视局

简　　介：《民生视角》栏目是泾川县电视台精心策划的一档民生类新闻栏目，节目旨在关注民生，反映民意，用镜头纪录老百姓自己的故事，做大家的贴心人。栏目采用主持人播报讲解加新闻现场采访视频加片花的方式，营造一种别样的新闻播报方式，主持人采用亲近自然、清新脱俗的主持风格，用"说新闻"的方式呈现新闻内容，在说的过程中多采用大白话，平和流畅的言语让栏目气氛轻松活跃，具有接近性和地方特色，较好地体现了该栏目贴近生活、服务百姓的宗旨。栏目自 2013 年 4 月开播以来，截止 2014 年 10 月份已播出 19 期，每月一期，社会反响比较好。

0221 广阔田野

频　　道：泾川县电视台

首播时间：1990-10-29

语　　种：1

类　　别：音频

责 任 人：泾川县电视台

责任单位：泾川县广播电影电视局

简　　介：《广阔田野》栏目性质上来说，是一个面向广大农民群众的广播节目，从各个方面为农民朋友带来最新的政策导向，提供适时生产所需要注意的事项。

0222 十分关注

频　　道：泾川县电视台

首播时间：2013-04-28

语　　种：1

类　　别：电视栏目

责 任 人：泾川县电视台

责任单位：泾川县广播电影电视局

简　　介：该栏目自 2013 年创办以来，先后播出《关注城市综合管理　共建文明和谐家园》《关注双联　助农增收》《平和心态笑对高考》《夏秋季征兵进行时》《揭秘千年陶棺　佛舍利惊现于世》《第五届海峡两岸西王母（华夏母亲）女性文化研讨会综述》《泾川苹果何缘不愁卖》《选好当家人　建设新农村》《跃马扬鞭启新程》等 10 多期。

0223 音乐星空

频　　道：泾川县电视台

首播时间：2013-09-29

语　　种：1

类　　别：音频

责　任　人：泾川县电视台

责任单位：泾川县广播电影电视局

简　　介：《音乐星空》由朱丹主持，是音乐类栏目。节目播出时段：周四、六。

0224 泾川新闻

频　　道：泾川县电视台

首播时间：1992-03-10

语　　种：1

类　　别：电视图像

获得荣誉：多次获得省市通联工作一、二、三等奖。

责　任　人：泾川县电视台

责任单位：泾川县广播电影电视局

简　　介：《泾川新闻》节目，每周制作三次，每天首播在 7：40，主要对全县经济，社会发展的情况进行及时报道。

0225 百姓天地

频　　道：灵台县广播电视台新闻综合频道

首播时间：2005-09-02

语　　种：1

类　　别：电视社教类专题

获得荣誉：《百姓天地》获 2012 年度全国县级广播电视奖电视栏目类一等奖，其作品《老姊妹夸灵台》分别获得"甘肃广播影视奖"和"平凉新闻奖"，并在 CCTV4 播出。2013 年，以《百姓天地》为牵头栏目的灵台县广播电视台专题部荣获"平凉市十佳新闻集体"的称号。作品《只有一个学生的学校》获平凉市 2011 年度"电视社教类"节目二等奖；《永不遗弃的角落》获平凉市 2011 年度"广播社教类"节目二等奖。

责　任　人：灵台县广播电视台

责任单位：灵台县广播电影电视局

简　　介：《百姓天地》于周二 18：10 播出，时长 20 分钟。自 2005 年底开办以来，以"贴近实际""贴近生活""贴近百姓"的现实风格深受广大观众喜爱。节目宣传和谐正气之风、弘扬普通百姓生活中的真善美、讴歌时代楷模的新风尚、反映百姓生活中的现实问题。采用叙述与访谈相结合的方式讲述老百姓自己的故事。目前已形成"自然质朴，亲和大气"的鲜明特色，被誉为"百姓知音"。

0226 畜牧资讯

频　　道：灵台县广播电视台新闻综合频道

首播时间：2014-01-30

语　　种：1

类　　别：电视三农专题类

获得荣誉：获中广协 2013 年度全国县级广播电视节目栏目电视三农类栏目三等奖。

备　　注：电视三农类节目，以介绍县域牛产业的发展动态、肉牛养殖技术和养殖业发展现状为主。

责　任　人：灵台县广播电视台

责任单位：灵台县广播电影电视局

简　　介：《畜牧资讯》体现了农民、农村、农业特色。目前栏目每个版块都是为农民朋友量身定做的，充分考虑农民朋友的理解力和接受力。在《致富明星》版块，通过农民现身说法，报道农民身边的致富典型的致富故事，给农民以启示，重在突出故事性和趣味性，深受农民喜爱。《致富顾问》版块，在节目中为农民请来专家解决养殖中的难题。在《畜牧快讯》中向农民传递最新的农业科技、行业动态。在《权威发布》中，为农民发布农产品市场走向，方便农民朋友根据市场调整产业结构。在后期制作上，通过对字幕、音乐等电视元素的配合使用，大大增强了节目的可视性和感染力。为了方便农民朋友收看，该台还根据农民的作息时间，在黄金时段安排《畜牧资讯》的播出。每周五晚上8:35首播，次日同一时间重播，周二周三上午10:45再进行重播。栏目播出后，反响强烈，求助信件纷至沓来，咨询电话接连不断，有反映问题的，有咨询科技的，有了解政策的，有倾诉苦恼的。

0227 大戏台

频　　道：灵台县广播电视台新闻综合频道
首播时间：2008-01-10
语　　种：1
类　　别：电视戏曲文艺类
备　　注：每周日晚播出，拥有固定的观众群。
责 任 人：灵台县广播电视台
责任单位：灵台县广播电影电视局
简　　介：《大戏台》是以传统秦腔戏为主的纯戏曲节目，采用主持人、嘉宾、戏迷多方参与评戏的灵活手法，以传统正剧为主，辅以适量地方剧种，既有正版影像成品亦有本台摄制的现场演出剧目，每周日晚播出，拥有固定的观众群。

0228 谈文说物话灵台

频　　道：灵台县广播电视台新闻综合频道
首播时间：2008-05-20
语　　种：1
类　　别：电视社教专题类
获得荣誉：无
责 任 人：灵台县广播电视台
责任单位：灵台县广播电影电视局
简　　介：《谈文说物话灵台》介绍灵台本土发现的文物，以图片、讲述、解说等方式传播悠久灿烂文化。既为专业人士、收藏爱好者提供一个观赏、学习、交流的平台，又为观众提供一个了解灵台人文历史发展的窗口。融知识性、信息性、文化性和宣传性为一体。主题鲜明，形式新颖，内容深刻，深受观众喜爱。

0229 农村新天地

频　　道：灵台县广播电视台
首播时间：2012-07-13
语　　种：1
类　　别：广播三农类节目
责 任 人：灵台县广播电视台
责任单位：灵台县广播电影电视局
简　　介：《农村新天地》立足我县农业农村发展实际，提供农业新闻资讯，宣传惠农富民政策，推广农业生产技术，讲述农民身边故事，宣扬典型文明风尚，传送致富发展信息，全面反映全县新农村建设、产业发展的新成果新亮点。

0230 邂逅时光

频　　道：灵台县广播电视台

首播时间：2012-11-20

语　　种：1

类　　别：文学艺术

责 任 人：灵台县广播电视台

责任单位：灵台县广播电影电视局

简　　介：《邂逅时光》是一档文学艺术类节目，以清新温暖的风格，打造音乐文学爱好者交流的平台，节目具有浓郁的抒情色彩和较高的文化品位，栏目特色鲜明，制作精美，通过电台语言为听众带来了一场心灵盛宴。

0231 电视散文

频　　道：灵台县广播电视台新闻综合频道

首播时间：2009-05-04

语　　种：1

类　　别：电视专题文艺类

获得荣誉：作品《荆山健身行》获全省首届县区台电视优秀节目奖电视社教三等奖；

责 任 人：灵台县广播电视台

责任单位：灵台县广播电影电视局

简　　介：《电视散文》以"诗意的空间，心灵的家园"为主旨，是地方文学文化交流的空间。节目具有浓郁的抒情色彩和较高的文化品位，以舒缓、淡雅、优美的艺术形式，用散文的角度表现灵台人文特色、自然风景、民风民俗，通过电视语言和文学语言的双重表达和有机结合，再现以至升华文学作品中真情、意境，心灵。节目选材独到、个性鲜明、制作精良，通过电视艺术手段达到实现地方人文关怀、思想文化交流目的。

0232 相约歌声里

频　　道：灵台县广播电视台

首播时间：2013-01-22

语　　种：1

类　　别：广播娱乐类节目

责 任 人：灵台县广播电视台

责任单位：灵台县广播电影电视局

简　　介：《相约歌声里》是一档互动点歌节目，通过听众参与、互动的方式，在歌声中送出祝福、分享心情故事、传递温暖和感动。

0233 十分关注

频　　道：灵台县广播电视台新闻综合频道

首播时间：2012-03-01

语　　种：1

类　　别：电视民生新闻类

获得荣誉：《10分关注》栏目作品《灵台"网"事》获2012年度全国县级广播电视奖电视社教类二等奖。

责 任 人：灵台县广播电视台

责任单位：灵台县广播电影电视局

简　　介：《十分关注》秉承"站在新闻的前面，关注新闻的背后"这一宗旨，肩负着重要的舆论监督责任，对群众关心的热点问题、切身问题，社会的重大、突发事件进行深度报道。节目力求贴近群众生活，反映社情民意，关注民生疾苦，为百姓排忧解难。同时，解读政府的决策、政策，和观众一起感受、见证这些决策、政策所带来的变化。被群众誉为"灵台的焦点访谈"。

0234 欢乐喜相逢

频　　道：灵台县广播电视台

首播时间：2012-11-12

语　　种：1

类　　别：广播综艺类

获得荣誉：作品《一起过大年之故乡情深》荣获 2012 年度"平凉市广播电视新闻－社教奖"广播社教类三等奖。

责 任 人：灵台县广播电视台

责任单位：灵台县广播电影电视局

简　　介：《欢乐喜相逢》是一档娱乐综艺节目，以经典相声、小品、戏曲等为主，轻松活泼，风趣幽默，为听众排解压力、带去欢乐。

0235 金苹果

频　　道：灵台县广播电视台新闻综合频道

首播时间：2012-02-13

语　　种：1

类　　别：电视农业专题类

获得荣誉：《金苹果》获第四届中国农业电视节目电视栏目类二等奖。

责 任 人：灵台县广播电视台

责任单位：灵台县广播电影电视局

简　　介：《金苹果》紧贴县情实际，立足主导产业，反映林果动态，开展技术培训，提供市场信息，为林果产业发展鼓劲造势。

0236 儿童乐园

频　　道：庄浪县广播电视台

首播时间：2004

语　　种：1

类　　别：综艺益智

获得荣誉：《儿童乐园》节目荣获 2011 年度"全省优秀少儿电视栏目。

责 任 人：平凉市庄浪县文广局

责任单位：庄浪县广播电影电视局

简　　介：《儿童乐园》栏目创办于 2004 年，是庄浪电视台节目中心的重点自办栏目之一，该栏目以每周一期自办节目和每天更新动画片整合而成，每天 19：00 播出，时长 15—20 分钟。栏目以"尊重儿童、支持儿童、引导儿童、快乐儿童"为使命，与全县儿童相伴成长，把欢乐播种在每一个孩子的心田。栏目经数次改版发展至今，已播出《学说三字经》《学说弟子规》《论语小故事》《快乐小喇叭》《快乐童话》《小小梦想家》《小小观察体验团》等系列节目，深受小朋友及家长的喜爱，已成为我县具有影响力的儿童电视栏目。该栏目不仅在播出上一直保持较高的收视率，而且在社会上也一直具有良好的知名度，并在省、市优秀节目评选中多次获得优秀栏目一、二、三等奖。

0237 直通生活

频　　道：静宁县广播电视台新闻综合频道

首播时间：2008-08-01

语　　种：1

类　　别：专题服务

获得荣誉：节目多次获得省、市、县新闻奖项。

备　　注：直通生活节目成为静宁县广播电视台的一个名片。

责 任 人：静宁县广电局

责任单位：静宁县广播电影电视局

简　　介：《直通生活》栏目创办于 2008 年 8 月，是一档贴近百姓生活，服务大众，记录百姓原生态生活的栏目。栏目采用暖色调、圆滑的几何图形运动变化，配以时尚、生活化的音乐，使其深入百姓生活，贴近实际。栏目承载着大众传媒应有的社会责任感和公众良知。时长 15 分钟。每周二、周日 20:10 播出，周三、周一 13:00 重播。

0238 卫生与健康

频　　道：静宁县广播电视台新闻综合频道

首播时间：2011-03-01

语　　种：1

类　　别：专题服务

责 任 人：静宁县广电局

责任单位：静宁县广播电影电视局

简　　介：《卫生与健康》是一档科普类节目。自2010年3月开播以来，利用卫生系统的人力、技术资源，开设为民服务的窗口，进行卫生科普知识的宣传与普及，为广大市民提供卫生技术服务的新选择。卫生与健康栏目始终秉承"把握健康，拥有健康"这一宗旨，通过电视媒体向广大观众传播基本卫生保健知识，倡导科学健康的生活方式，弘扬良好的社会卫生公德，提高居民自我保健技能和群众健康水平。

0239 关注

频　　道：静宁县广播电视台新闻综合频道

首播时间：2010-07-06

语　　种：1

类　　别：专题服务

获得荣誉：稿件多次获得省市奖励。

备　　注：是反映社会政治热点的时政专题节目。

责 任 人：静宁县广电局

责任单位：静宁县广播电影电视局

简　　介：《关注》是以聚焦县内热点时政新闻和社会问题为主的专题栏目。栏目以纯报道式、访谈式或综合形式等多种形式表现。传递政府信息，反映百姓心声；分析新闻背景，关注社会问题。以服务全县工作大局，围绕推动科学发展、实现率先发展、建设人民满意县城这个主题，大力宣传加快科学发展的新理念、新思路，大力宣传建设人民满意县城的新进展、新成就。节目时长12分钟，每周一18:45首播，周二中午12:00重播。

0240 走街串巷

频　　道：静宁县广播电视台新闻综合频道

首播时间：2013-08-06

语　　种：1

类　　别：专题服务

责 任 人：静宁县广电局

责任单位：静宁县广播电影电视局

简　　介：《走街串巷》是由静宁县广播电视台全新打造的娱乐节目。支持人走街串巷，寻找全新美味、经典文化、自然风光、休闲娱乐，网罗静宁各大街小巷的时尚。

0241 文化旅游

频　　道：敦煌市广播电视台综合频道

首播时间：2011-01-01

语　　种：1

类　　别：旅游资讯

责 任 人：敦煌市广播电视台

责任单位：敦煌市广播电影电视局

简　　介：《文化旅游》栏目是一档以宣传敦煌文化，服务敦煌旅游为主的综合性文化旅游栏目，栏目风格轻松休闲并具有一定的文化内涵。旨在让观众通过该栏目，更形象、直观地了解敦煌，从而达到对内打造旅游品牌，对外树立良好形象的目的。《文化旅游》栏目下设《文化视点》《细说敦煌》《文化人物》《快乐出发》《幸运属于你》《旅途故事》《精彩连连看》《旅游大家谈》8 个小版块，根据每期的节目需要，安排二到三个版块。栏目为周播节目，每周日 7:40 和 10:00 两个时间段播出，隔日转入旅游频道重播。

0242　为农服务

频　　道：敦煌市广播电视台综合频道

首播时间：2014-08-01

语　　种：1

类　　别：专题服务

责　任　人：敦煌市广播电视台

责任单位：敦煌市广播电影电视局

简　　介：《为农服务》是敦煌电视台开办的一档以服务"三农"为宗旨的名牌电视栏目。自开办以来，该栏目始终坚持"三贴近"的原则与"三下乡"要求，全力服务农村、农业、农民，赢得了当地农村观众的盛赞。《为农服务》将随着敦煌农业发展再次提升到一个新的高度，打造一个集新奇性、观赏性、知识性、趣味性、服务性于一身的全新

农业类节目。本栏目本着立足敦煌、宣传敦煌、辐射周边，引领农民致富，关注农资市场需求，提供农资服务的理念，旨在向敦煌百姓提供多样化、对象化、个性化的综合服务栏目，为业内人士与农民之间架起一座交流沟通的桥梁，达到贴近百姓生产生活、传经致富、宣讲政策法规、引领农民增收致富的目的。受众通过观看该栏目，可以了解敦煌最新的农业资讯、生活休闲、消费水平等，选择适合自己的致富之路，解决平时生产生活中各方面的问题。

0243　社会报道

频　　道：敦煌市广播电视台综合频道

首播时间：2005-06-01

语　　种：1

类　　别：民生类

获得荣誉：无

责　任　人：敦煌市广播电视台

责任单位：敦煌市广播电影电视局

简　　介：《社会报道》栏目创办于 2005 年 6 月 1 日，栏目以"聚焦社会热点、关注百姓生活，倾听基层声音，透视社会现象，彰显监督功能，折射生活哲理"为宗旨，通过平民化的视角，以人文叙事的方式，记录敦煌的发展变迁，反映老百姓的喜怒哀乐，促进各项工作进步。栏目开办以来，共播出社会报道 1300 余期，播出的《他把皮尔卡丹"领"进敦煌》《段子老汉张海寿》《文

明的距离》《雕刻敦煌故事》等节目在观众中引起强烈反响，受到了广大观众的肯定和好评。播出时间：每周一、三、五《敦煌新闻》结束后。

0244 快乐的小飞天

频　　道：敦煌市广播电视台综合频道

首播时间：2007-07-29

语　　种：1

类　　别：综艺益智

获得荣誉：2011年度获全国少儿精品广播节目二等奖。

备　　注：每周2期，每周六10:00时播出，每期50分钟，周日重播。

责 任 人：敦煌市广播电视台

责任单位：敦煌市广播电影电视局

简　　介：《快乐的小飞天》节目自2007年创办以来，深受广大少年儿童的喜爱，节目定位于面对全市少年儿童，主持人精心策划，采取小朋友感兴趣的小游戏、小故事、童话等形式，寓教于乐、乐在其中，每周选定部分小学生来台参与节目，在节目的制作中，小学生亲身体会做演员的感觉，并从中受益，语言表达能力得到了锻炼，增长了许多课外知识，普通话的水平有一定提高，由于是同学们自己参与制作的节目，广播节目的收听率有很大程度提高。

0245 生活新干线

频　　道：敦煌市广播电视台综合频道

首播时间：2014-08-01

语　　种：1

类　　别：专题服务

责 任 人：敦煌市广播电视台

责任单位：敦煌市广播电影电视局

简　　介：《生活新干线》是我台推出的第一档生活类栏目。其下设子栏目有：《企业之窗》《搜索时尚》《美容流行线》《吃在敦煌》《DV我来秀》等。可根据客户不同要求特别开设子栏目。

0246 走街串乡

频　　道：西峰新闻网络中心

首播时间：2011-09-23

语　　种：1

类　　别：新闻资讯

获得荣誉：《农家书屋：农民的文化粮仓》获全省广电系统"走转改"优秀节目一等奖。

责 任 人：西峰新闻网络中心

责任单位：西峰区文化局

简　　介：该栏目坚持以"正面报道促工作、舆论监督促和谐"的原则，对西峰辖区内与老百姓息息相关的大小事件进行报道，通过新闻媒体反映民众心声。

0247 倾听

频　　道：西峰新闻网络中心

首播时间：2012-09-10

语　　种：1

类　　别：专题服务

获得荣誉：《最美乡村女教师》全省第二届县区台电视优秀节目奖电视社教二等奖。

责 任 人：西峰新闻网络中心

责任单位：西峰区文化局

简　　介：该栏目关注社会与普通人的生活，讲述平凡而生动的人生故事，在倾听与倾诉的过程中弘扬社会正能量。

0248 陇东情

频　　道：西峰新闻网络中心

首播时间：2012-09-28

语　　种：1

类　　别：专题服务

获得荣誉：《塬颂（上下）》甘肃广播影视奖电视社教三等奖。

责 任 人：西峰新闻网络中心

责任单位：西峰区文化局

简　　介：该节目立足西峰，放眼大陇东，以纪录的方式还原生态纪录陇东人的社会生活，演绎陇东丰富多彩的历史文化、风土人情。

0249 西峰新闻

频　　道：西峰新闻网络中心

首播时间：2012-07-07

语　　种：1

类　　别：新闻资讯

获得荣誉：《记者观察：暑期辅导班"围攻"学校》获全省第二届县区台电视优秀节目一等奖。

责 任 人：西峰新闻网络中心

责任单位：西峰区文化局

简　　介：该栏目以区委、区政府的中心工作为重点，以正面宣传报道为主，及时反映西峰区的经济政治文化动态，达到对外宣传、推介、展示西峰的目的。

0250 民生

频　　道：华池县广播电视台

首播时间：2008-02-12

语　　种：1

类　　别：电视

备　　注：2008年以前本栏目名称叫《百姓》，其后改为《民生》。

责 任 人：华池县文化广播影视局

责任单位：华池县文广局

简　　介：《民生》是一档百姓节目，贴近百姓，贴近生活，讲述华池百姓社会生活百态，自开播以来，赢得广大民众的一致好评。

0251 社会视角

频　　道：合水县广播电视台

首播时间：2004-05-01

语　　种：1

类　　别：新闻资讯

责 任 人：合水县广播电影电视局

责任单位：合水县广播电影电视局

简　　介：《社会视角》栏目从正反面集中报道全县各行各业的热点、焦点及难点问题。

0252 合水新闻

频　　道：合水县广播电视台

首播时间：1995-12-01

语　　种：1

类　　别：新闻资讯

责 任 人：合水县文广局

责任单位：合水县广播电影电视局

简　　介：《合水新闻》时长 10 分钟，其中时政新闻不超过 5 分钟，剩余时段加强对重点项目建设、阶段性重点工作及民生等新闻的宣传报道。

0253　城乡零距离

频　　道：正宁县广播电视台

首播时间：2012-03-01

语　　种：1

类　　别：新闻资讯

获得荣誉：栏目自开办以来，采写《春潮奔涌小康道》《陇蜜果香富万民》《大葱飘香宫河塬》《提着菜篮奔小康》《春催桃李百花艳》《林海深处播绿人》等在全县有影响力的电视专题片 60 多部。《回族村里的当家人马会印》《传播乡村文明的使者姚牛》《菜农的贴心人——张建峰》等 20 篇作品获省市优秀广播电视节目奖励。

备　　注：以报道民生、社会新闻为主要内容。

责任单位：正宁县广播电影电视局

简　　介：《城乡零距离》突出电视媒体的服务性、指导性和引导性，通过关注民生、反映民生、服务民生，推动社会和谐。主要宣传报道县委、县政府中心工作，诠释政策，传达政声、沟通民意，构架政府与群众间的沟通桥梁；强化舆论监督，关注老百姓最关心的话题；宣传县内先进人物事迹、人文历史等；身边故事。栏目播出时间：每两周一期，一期栏目为 8—10 分钟。

0254　曝光台

频　　道：安定区广播电视台

首播时间：2013-06-01

语　　种：1

类　　别：新闻资讯

责　任　人：安定区广电局

责任单位：安定区广播电影电视局

简　　介：为了丰富我们新闻内容，我台开设了《曝光台》栏目，曝光身边发生的不文明行为与不合情理的社会现状。

0255　专题访谈

频　　道：安定区广播电视台

首播时间：2012-01-01

语　　种：1

类　　别：专题服务

责　任　人：安定区广电局

责任单位：安定区广播电影电视局

简　　介：节目针对具体的问题，采访具体的负责人与相关的民众，把民众所反映的问题通过我们的记者去与相关的单位进行衔接。

0256　道德讲堂

频　　道：安定区广播电视台

首播时间：2014-01-01

语　　种：1

类　　别：专题服务

责　任　人：安定区广电局

责任单位：安定区广播电影电视局

简　　介：该栏目将我们身边的典型事例进行报道，宣传我们生活中道德良好的人。

0257 关注——曝光台

频　　道：陇西电视台
首播时间：2013-08-12
语　　种：1
类　　别：新闻资讯
获得荣誉：2014年3月被中共陇西县委授予新闻宣传工作先进单位。
责 任 人：陇西县广播影视服务中心
责任单位：陇西县广播电影电视局
简　　介：《关注——曝光台》栏目配合县城市治理工作责任单位，组织新闻记者深入报道310国道沿线商家乱停乱放、河道采砂治理、城区污水排放、餐厨垃圾处理、城市"牛皮癣"治理情况，为城市治理工作的有效开展营造了良好的舆论氛围，得到了群众的一致认可。

0258 文化漳县

频　　道：漳县广播电视台
首播时间：2013-05-01
语　　种：1
类　　别：电视专题
获得荣誉：获2013年度定西市广播影视奖二等奖。
备　　注：该节目反映了漳县悠久的历史和灿烂的漳盐文化、汪氏文化、红色文化、旅游文化等。
责 任 人：漳县广播电视台
责任单位：漳县广播电影电视局
简　　介：《文化漳县》为漳县广播电视台于2013年开设的一档系列专题节目，该节目以漳县沿革、立县文化、井盐文化、汪氏文化、民俗文化等为主线，全面反映漳县的文化资源、文化建设和发展进程。节目播出以来一直深受广大电视观众好评，部分节目获得全市广播影视节目奖。

0259 岷州大地

频　　道：岷县广播电视台
首播时间：2014-10-30
语　　种：1
类　　别：新闻资讯
责 任 人：岷县广播电视台
责任单位：岷县广播电影电视局
简　　介：《岷州大地》栏目是岷县广播电视台新闻栏目中的一个品牌栏目，创办于2000年，栏目安排在黄金时段，每周一常年播出，周一首播，周四重播。栏目主要介绍典型人物事迹，弘扬地域文化，反映时代变迁，展现岷州风貌，以"三切近"而备受受众欢迎。

0260 少儿节目

频　　道：岷县广播电视台
首播时间：2014-11-03
语　　种：1
类　　别：少儿
责 任 人：岷县广播电视台
责任单位：岷县广播电影电视局
简　　介：《少儿节目》节目时长为10分钟左右。每周二首播，周五重播。

0261 岷县新闻

频　　道：岷县广播电视台
首播时间：2014-11-03

语　　种：1

类　　别：新闻

责 任 人：岷县广播电视台

责任单位：岷县广播电影电视局

简　　介：《岷县新闻》是岷县广播电视台的自办节目，每次播出时长为15分钟，每天19:00为首播，次日7:20、12:00为重播。

0262　文学欣赏

频　　道：岷县广播电视台

首播时间：2014-11-03

语　　种：1

类　　别：文学

责 任 人：岷县广播电视台

责任单位：岷县广播电影电视局

简　　介：《文学欣赏》节目时长为10分钟左右。每周三首播，周六重播。

0263　乡村故事

频　　道：成县电视台

首播时间：2010-10-03

语　　种：1

类　　别：民生专题

获得荣誉：《一对跟会的老联手》获得甘肃省2011年度广播电视节目二等奖。

责 任 人：成县广电局

责任单位：成县广播电影电视局

简　　介：成县电视台《乡村故事》栏目自2010年10月开播以来，以"立足底层，服务百姓"为宗旨，共拍摄、制作、播出节目九十余期，深受上级领导赞扬和广大观众喜爱。在丰富群众文化生活的同时，给大家送去了来自山野幽谷的明月清风。

0264　临夏市新闻

频　　道：临夏市广播电视台

首播时间：2011-06-20

语　　种：1

类　　别：新闻资讯

责 任 人：临夏市广播电视台

责任单位：临夏市广播电影电视局

简　　介：《临夏市新闻》全面、准确地向社会播报市委、市政府的各项方针政策和重大会议精神，以及各镇、街道，各部门、各单位的工作动态，和百姓生活中的大事、小事、民生问题进行及时报道。

0265　社会记录

频　　道：临夏市广播电视台

首播时间：2011-11-10

语　　种：1

类　　别：专题服务

责 任 人：临夏市广播电视台

责任单位：临夏市广播电影电视局

简　　介：《社会记录》栏目分阶段、分层次对全市的中心工作和重点工作（如"双联"行动、"破解难题年"活动、"基层党组织建设"、"两个共同"示范市建设和党的群众教育路线等）以及百姓生活中的大事（如冬季供暖、污水处理、交通拥挤等问题）进行集中、深入、多层次、全方位、立体式分析报道。

0266　永靖视点

频　　道：永靖县电视台

首播时间：2013-01-06

语　　种：1

类　　别：专题服务

责 任 人：永靖县文化广播影视局

责任单位：永靖县文化广播影视局

简　　介：《永靖视点》是永靖县电视台新开办的一档新闻专题节目。旨在关注全县工作、关注民计民生、关注经济发展、关注永靖人物，推出永靖亮点、焦点、难点、热点事件及人物。2013年永靖县电视台按照"走基层、转作风、改文风"的要求，对新闻主档栏目《永靖新闻》逐步进行调整，加大公共及民生新闻量，丰富新闻内容，提高可看性。通过精心策划，将每周周日的《一周要闻》改设为一周一期的《永靖视点》栏目，深度报道全县工作中的亮点、焦点、难点、热点问题，促进各项工作和解决问题，提升节目档次和品位，进一步活跃电视荧屏，丰富人民群众文化生活，提升节目档次和影响力。《永靖视点》围绕全县工作"亮点、焦点、难点、热点"深入采访报道事件和人物，时长为20分钟。首播时间：每周日 20:00 至 20:20，并在永靖在线网站开设栏目，让广大网民随时观看。

0267 舟曲新闻

频　　道：舟曲县广播电视台
首播时间：1997-08-01
语　　种：1
类　　别：新闻资讯
责　任　人：舟曲县广播电影电视局
责任单位：舟曲县广播电影电视局
简　　介：《舟曲新闻》是舟曲县广播电视台唯一的自办新闻资讯类节目，自1997年开播以来为广大群众及时播报本地新闻资讯，深受全县群众欢迎。

（六）主要网站

0268 中国兰州网

域　　名：www.lanzhou.cn

主办单位：兰州互联网新闻中心

创建时间：2006 年 9 月

日点击量：100 万次

简　　介：中国兰州网是甘肃省三家重点新闻网站之一。网站于 2006 年 9 月开通，2006 年 12 月获得国家登载时政类新闻资源。2012 年中国兰州网进行全新改版。改版后，网站页面大气美观，布局搭配合理，突出新闻立站的宗旨。网站设有一级栏目（频道）约 17 个，二级子栏目约 85 个。网站先后联合重点新闻网如中国网、央视网、腾讯网、联盟中国和省会城市新闻网站等制作了 20 多个大型专题网页。网站每天转载、刊发各类新闻消息 1000 多篇（条），图片 300 多幅，其中西部新闻 200 多篇。网站日均独立访问 IP 约 5 万。2008 年参与央视网联合全国网络媒体开展的奥运会和残奥会报道活动，中国兰州网获得全国网络媒体联盟和中国互联网品牌大会颁发的"全国奥运报道博览会最佳专题报道奖"，网站与国内著名网站中关村在线确立长期合作关系，成为中关村在线在兰州地区的唯一合作网站。

0269 兰州广播电视网

域　　名：www.lztv.tv

主办单位：兰州市广播电视总台

创建时间：2015-01-05

日点击量：3 万次

简　　介：2008 年底由兰州广播网和兰州电视网合并，2011 年加入 CUTV 全国城市联合网络电视台，成为 CUTV 兰州台。经过多年的发展，兰州广播电视网已经容纳了新闻、图片、美食、小说等诸多元素，实现了传统广播电视节目的网上直播、点播及电脑屏、手机屏等多屏浏览，具备了网络视频、图文直播、专版推介、网络报名、点赞、投票等诸多功能，访问量稳步攀升。

0270 兰州新闻网

域　　名：www.lzbs.com.cn

主办单位：兰州日报社

创建时间：2005-04-01

日点击量：5 万次

简　　介：兰州新闻网担负着正确引导网络新闻舆论导向，介绍兰州经济和社会发展基本情况的重任。在秉承兰州日报社权威性的同时，兰州新闻网充分发挥精彩丰富的新闻资源优势和迅速快捷的互联网特性，突出专业新闻网站特色，体现权威、快捷、精彩的特点。兰州新闻网高标准规划、高起点建设。网站全面准确发布《兰州日报》《兰州晚报》新闻，及时反映兰州地区以及当前国内外重大热点、焦点问题。本站开设了新闻、政府要闻、晚报西部、兰州房产、人物专访、奇石书画、兰州视窗、明星企业、饮食文化、兰州旅游等多个频道，子页总栏目过百。

0271 每日甘肃网

域　　名：www.gansudaily.com.cn

主办单位：甘肃日报社

创建时间：1999-01-09

简　　介：每日甘肃网由甘肃日报社主办，于1999年1月正式运行，是甘肃规模最大、最具影响力的门户网站。作为全省第一家综合性新闻信息传播平台，已设21家报纸电子版，26个特色频道，14个市州频道，每天平均更新发布甘肃及全国新闻信息2200条，约100万字。每日甘肃网汇集甘肃新闻，发布权威信息，提供信息服务，以服务甘肃、向世界传播甘肃声音为己任，在重大宣传报道中发挥主流网络媒体的作用，已成为甘肃省重要的网上舆论阵地，全省各类信息的网上集散港。

www.gansudaily.com.cn

0272 古浪县政府网

域　　名：www.gulang.gov.cn

主办单位：古浪县人民政府办公室

创建时间：2001-08-13

简　　介：古浪县政府网建于2001年8月，由县政府办公室主办、县网络信息中心承办、政府各部门协同建设。经过多年来的不断改版完善，网站在时事、政务、经济、互动四个方面设置了8个主栏目，120多个子栏目，22个专题栏目，建成了集政务公开、政府应用、公众信息发布、政府面向社会服务和接受社会监督为一体，具有视频、图文多种服务功能的政府门户网站，已成为外界了解古浪的重要平台。

0273 天祝藏族自治县政府网

域　　名：www.gstianzhu.gov.cn

主办单位：天祝藏族自治县人民政府办公室

创建时间：2012-10-19

日点击量：0.2万次

简　　介：天祝藏族自治县政府网核定编制8人，其中专职副主任1名，藏文版编制2名。现有机房1间，30平方米。主要设备有IBM服务器2台、入侵检测与流量控制1台、网神防火墙1台、核心交换机5台和计算机5台。

0274 肃南裕固族自治县公众信息网

域　　名：www.gssn.gov.cn

主办单位：肃南裕固族自治县人民政府

创建时间：2008-10-09

日点击量：1万次

简　　介：肃南裕固族自治县公众信息网是由肃南裕固族自治县人民政府主办的政府新闻类门户网站，主要承担县上各部门单位党务、政务公开、新闻发布、文化旅游交流和招商引资等工作。日均访问量1万人。

0275 "甘肃·崇信"门户网

域　　名：www.chongxin.gov.cn

主办单位：崇信县委、县政府

创建时间：2001-01-01

日点击量：0.5 万次

简　　介：该网站创建于 2001 年，由崇信县委、崇信县人民政府联合主办。网站本着"公开、公正、高效、便民"的宗旨，成为崇信县对外宣传、政务公开、网上办事、政民互动的服务平台，并经过多次改版升级，现已成为崇信县电子政务的特色品牌，也是崇信县面向公众服务的网络窗口，并多次获得全国、省、市优秀政务网站的荣誉称号。网站内容日渐丰富，影响日益扩大。网站采用站群管理模式，有独立的服务器和防火墙等网络设备，由专人负责管理，对数据库及整站群每月进行备份及运行维护管理。确保网站安全运行。目前，站群下开设部门子站 40 多个，专题网站 19 个，社会企事业类网站 9 个。由新闻中心、信息公开、网上办事、政民互动、便民服务五大版块组成，设置栏目 30 多个，加载信息 1 万余条，年信息更新量近 3000 条，日访问量 5000 余次，为广大人民群众了解时政、参与时政提供了一个方便快捷的平台。

0276　庄浪门户网

域　　名：www.gszhuanglang.gov.cn

主办单位：中共庄浪县委、庄浪县人大、庄浪县人民政府、庄浪县政协

创建时间：2012

日点击量：1 万次

简　　介：庄浪门户网是以庄浪县委、县人大、县政府、县政协四大家名义，在互联网上发布政务信息和为公众提供在线服务及收集网民建议留言的权威性网络平台。庄浪门户网 2005 年被市信息办评为全市优秀政府网站，被收录在全国优秀政府网站大全之中，2006 年被市精神文明指导委员会授予"平凉市文明示范窗口单位"。2007 年被国家互联网服务中心评为全国电子政务示范网站，

2008、2009、2010 年被市信息化领导小组评为全市优秀政务网站。

0277　金塔县人民政府公众信息网

域　　名：www.jtzw.com/Index.htm

主办单位：金塔县人民政府

创建时间：2006-05-19

简　　介：金塔县人民政府公众信息网是金塔县人民政府的门户网站。

0278　金塔县政府信息公开网

域　　名：www.ytzfxxgk.cn

主办单位：金塔县人民政府办公室

创建时间：2012-05-20

简　　介：金塔县政府信息公开网是金塔县人民政府办公室的门户网站。

0279　玉门市国土资源局门户网

域　　名：gtj.yumen.gov.cn

主办单位：玉门市国土资源局

创建时间：2010-11-17

日点击量：0.05 万次

简　　介：玉门市国土资源局门户网由甘肃省国土资源厅信息中心承建，网站分为政务公开、网上办事、公众参与、机关建设、工作动态、要闻播报、在线办事等七大部分，并实现了网上土地信息法律、法规查询、网上举报、表格下载、电子信访、公示公告等政务公开工作。玉门市国土资源局信息中心的成立，将更好地为外界宣传土地供求、招拍挂出让信息、矿产资源储量等国土信息，并提供了更方便快捷的电子信访、网上查询、举报等服务，使玉门市国土资源工作真正达到家喻户晓，人人皆知。

0280　玉门市人民政府公众信息网

域　　名：www.yumen.gov.cn

主办单位：中共玉门市委、玉门市人民政府

创建时间：2008-07-03

日点击量：0.01 万次

简　　介：玉门市人民政府公众信息网分为玉门概况、招商引资、文化旅游、政策法规、政务公开、信息公开、政府文件、便民服务、进入论坛等九大部分。

0281　玉门市司法局网

域　　名：sfj.yumen.gov.cn

主办单位：中共玉门市委、玉门市人民政府

创建时间：2014-01-15

日点击量：0.01 万次

简　　介：该网以"忠诚、为民、公证、廉洁"为宗旨，设有网站首页、工作动态、法治宣传、人民调解、法律援助等专栏。

0282　玉门市卫生与计划生育局网

域　　名：wjj.ymsrkw.gov.cn

主办单位：玉门市卫生和计划生育局

创建时间：2010-05-27

日点击量：0.07 万次

简　　介：玉门市卫生与计划生育局网设有网站首页、机构职能、新闻中等专栏。

0283　玉门党建网

域　　名：www.ymdj.gov.cn

主办单位：玉门市委组织部

创建时间：2007-06-24

日点击量：0.02 万次

简　　介：玉门党建网由中共玉门市委组织部主办，于 2007 年 6 月 24 日正式开通。玉门党建网由组织机构、干部工作、人才工作、基层党建、机关党建、规章制度、组工信息、新闻中心、图片中心、创先争优、远程教育、联村联户等栏目组成。

0284　玉门市赤金镇人民政府网

域　　名：www.ymcjz.com

主办单位：玉门市赤金镇人民政府

创建时间：2008-02-14

日点击量：0.01 万次

简　　介：玉门市赤金镇人民政府网分为赤金概况、组织机构、政务公开、特色产业、群众路线教育、政策法规、联村联户为民富民、社会发展、最新动态、招商引资、文化旅游、廉政建设、基层风采、冬季集中教育、弘扬铁人精神等部分。

0285 玉门市民政局网

域　　名：mzj.yumen.gov.cn

主办单位：玉门市民政局

创建时间：2009-03-05

日点击量：0.03 万次

简　　介：玉门市民政局网旨在对外进行相关政策法规宣传、发布相关方面信息、为社会公众提供一个在线服务的窗口。

0286 玉门廉政网

域　　名：www.ymjw.gov.cn

主办单位：玉门市纪委、玉门市监察委

创建时间：2010-03-26

日点击量：0.01 万次

简　　介：玉门廉政网分为单位介绍、玉门纪检、廉政要闻、政策法规、警钟长鸣、基层纪委、政务公开、清廉玉门等八大部分。

0287 西峰网

域　　名：www.gsxf.gov.cn

主办单位：西峰区委、区政府

创建时间：2008-09-01

日点击量：1 万次

简　　介：西峰网是由西峰区委、区政府主办、西峰新闻网络中心建设的西峰区门户网站。"西峰网" 2008 年 9 月正式开通，在西峰区委、区政府的大力支持下，于 2011 年进行了全面升级改版和网络整合，建立了以 "西峰网" 为主站的全区网群集中统一管理平台。"西峰网" 开设新闻、政务、民生服务三大版块，含新闻、党建、三农、廉政、政法、科教、建设、招商、民生等 40 多个栏目，补建各单位子站 60 多个，2011 年组建了独立的新闻采访报道团队，成为西峰区委、区政府对外宣传的重要窗口，彻底改变了全区网络宣传乱、杂、信息不对称的局面。及时有效地引导社会敏感热点问题，扩大网上正面舆论声音，果断处置网上重大突发事件，减少危害、消除影响，主动抢占网络舆论阵地的制高点，提高全网安全防范能力。

0288 西峰区党建网

域　　名：www.xfqdj.gov.cn

主办单位：西峰区委组织部

创建时间：2008-07-01

日点击量：1 万次

简　　介：西峰区党建网创建于 2008 年 7 月，由中共西峰区委组织部主办，西峰区委党员电化教育办公室承办，是目前西峰区最具权威性的党建信息网站。网站设有党建动态、基层党建、干部工作、人才工作等 10 余个子栏目，主要发布西峰区有关党建工作的信息。

0289 庆城广播电视网

域　　名：www.gsqcgd.com

主办单位：庆城县广播电视台

创建时间：2009-01-01

日点击量：1 万次

简　　介：庆城广播电视网由庆城县广播电视台主办，充分运用网络技术全方位提供电视节目网络播出的视频技术服务，率先实现台网互动，让网站成为庆城开发新媒体的中坚力量。网站主要由走进庆城、领导之窗、新闻中心（庆城要闻、工作动态、媒体热点、图片新闻、电视新闻、在线访谈、新闻视点、法制新时空、金色田野、专题视频）、投资庆城、旅游观光、公示公告、政务之窗、政策法规、乡镇导航、新农村建设、风采展示、精神文明建设、建言献策、书记信箱、县长信箱、经济社会发展、图说庆城、决策参考、市场信息、供求信息、城市生活、公众服务（包括服务市民、服务企业、服务三农和便民查询）、公众论坛等多个栏目组成。

0290 环县人民政府网

域　　名：www.huanxian.gov.cn

主办单位：环县人民政府

创建时间：2009-01-01

简　　介：该网站主要公布国家最近新闻、政策，介绍环县情况，设有政务公开、党务公开、最美环县人、领导言论、重要文件等专栏。

0291 东乡族自治县人民政府网

域　　名：www.dxzzzx.gov.cn

主办单位：东乡族自治县人民政府办公室

创建时间：2010-10-08

日点击量：0.1万次

简　　介：东乡族自治县人民政府网设有网站首页、走进东乡、新闻中心、工作动态、政务公开、特色产业、投资指南、公共服务、应急管理、专题报道、文件下载等栏目，对外宣传东乡民族文化、习俗及每天的动态。

0292 合水县人民政府网

域　　名：www.hsxzf.gov.cn

主办单位：合水县政府办

创建时间：2008-07-01

简　　介：合水县人民政府网始建于2008年7月，下设"党的群众路线""学习习近平讲话精神""联村联户"等13个专栏，目前累计访问量已经超过240万人次，上传文章信息4128片，合水视频新闻261部。

0293 正宁党建网

域　　名：www.zndj.gov.cn

主办单位：中共正宁县委组织部

创建时间：2008-09-01

日点击量：1万次

简　　介：正宁党建网创建于2008年9月，由中共正宁县委组织部主办，是正宁县的党建信息网站。主要发布正宁县有关党建工作信息，及时发布全国、全省、全市的党建政策，大力宣传各级先进基层党组织和优秀共产党员典型。

0294　正宁县委网

域　　名：www.znxw.gov.cn

主办单位：中共正宁县委

创建时间：2013-01-01

日点击量：1万次

简　　介：正宁县委网创建于2013年1月，6月正式开通。共设22个栏目，主要对外宣传报道正宁经济社会发展状况，开通领导信箱，便于群众来信反映问题。

0295　正宁县人民政府网

域　　名：www.zninfo.gov.cn

主办单位：正宁县人民政府

创建时间：2005-07-28

日点击量：1万次

简　　介：正宁县人民政府网是正宁县政府在国际互联网上建立的对外发布信息、为公众提供综合服务的平台，是政府信息化建设的窗口。网站的主要任务是：以"宣传正宁、构筑桥梁、公开政务、服务社会"为宗旨，宣传党和政府的方针、政策，及时准确地公开县委、县政府有关规章和政策措施，为社会各界提供各种政务信息和公益性信息服务，逐步建立网上行政审批和市民投诉受理机制，为公众营造一个公开、透明、高效的政务服务环境。

0296　宁县人民政府网

域　　名：www.ningxian.gov.cn

主办单位：中共宁县县委宣传部

创建时间：2010-08-09

日点击量：1万次

简　　介：该网站目前开设了印象宁县、今日宁县、党务动态、政务公开、纪检监察、

联村联户、投资宁县、旅游宁县、网站导航等9个栏目，以其丰富的网络资源、便捷的浏览方式、开放的格局，构建起了宣传推介宁县的一扇窗口。

0297　康乐县人民政府网

域　　名：www.gskanglexian.gov.cn

主办单位：康乐县人民政府

创建时间：2010-01-06

简　　介：该网站是由康乐县人民政府主办、市政府各部门及各县区承办的市政府门户网站。网站主要侧重于政府信息公开、提供办事服务、与公众开展交流互动，现有走进康乐、政务公开、政民互动、网上服务等一级栏目。

0298　"甘肃永靖·黄河三峡"门户网

域　　名：www.gsyongjing.gov.cn

主办单位：永靖县人民政府

创建时间：2008-04-01

日点击量：0.09万次

简　　介：2008年初，永靖县网络信息中心成立，并将"永靖县政府网"和"永靖党建网"整合为"甘肃永靖·黄河三峡"门户网。目前网民浏览量突破20万人次，"甘肃永靖·黄河三峡"网逐渐成为树立党政形象的重要载体，宣传推介黄河三峡旅游的重要窗口，党政群互动交流的"连心桥"，广大游客黄河三峡之旅的"活地图"。

0299 广河党建网

域　　名：www.ghdj.gov.cn

主办单位：中共广河县委组织部

创建时间：2008-08-10

简　　介：广河党建网由中共广河县委组织部主办，主要有时政要闻、领导讲话、基层党建、干部工作、人才工作、远程教育、组工信息、党务知识、走进广河、重点活动等版块。

0300 广河县人民政府网

域　　名：www.ghx.gov.cn

主办单位：广河县人民政府

创建时间：2005-10-10

简　　介：广河县人民政府网由广河县人民政府主办，是广河县人民政府门户网站，主要有走进广河、新闻中心、政务公开、政策法规、招商引资、主题专栏、文化旅游、互动交流等版块。

（七）图书期刊报纸出版单位

0301 兰州日报社

成立年份：1980

从业人数：960

出版物语种：1

种　　类：5

总 印 量：22 万册

年 产 值：10000 万元

销售收入：9500 万元

获奖情况：截止 2012 年获得过中国新闻奖、甘肃新闻奖、中国地市报新闻奖。

0302 武威日报社

成立年份：1985

从业人数：85

出版物语种：1

种　　类：1

总 印 量：702 万册

年 产 值：636 万元

销售收入：363 万元

获奖情况：1997 年 9 月本报长篇通讯《两代愚公，写在八步沙的诗行》获第八届中国新闻奖。

简　　介：武威日报社成立于 1985 年 5 月，县级事业单位、独立事业法人，现出版市委机关报《武威日报》。《武威日报》每天一期，对开四版。报社核定编制数 84 人，现有在编职工 85 人，下设办公室、记者部、编辑部、专刊部、广告部、印刷室、摄影部、通联部、理论部等 9 个部室。现有采编人员 45 名，其中主任记者 3 名，记者 13 名，助理记者 26 名。

0303 新民乐编辑部

成立年份：2010

从业人数：20

出版物语种：2

种　　类：3

总 印 量：10 万册

年 产 值：2 万元

销售收入：5 万元

0304 定西日报社

成立年份：1958

从业人数：40

出版物语种：1

种　　类：1

总 印 量：3 万册

年 产 值：694 万元

销售收入：100 万元

获奖情况：2012 年《定西日报》荣膺"全国十佳优秀报纸"。

简 介：定西日报社属市财政全额拨款事业单位，主要职责是编辑、出版、发行中共定西市委机关报《定西日报》，发行《定西手机报》及定西日报社新闻网站（一点定西网）的建设维护。内设要闻部、经济部、副刊部、通联部、记者部、广告部、编辑部、网络技术部、办公室等八部一室。领导班子配备中，社长、总编辑1名，党支部书记1名，副总编辑3名，工会主席1名。《定西日报》是定西市唯一的国家正式报刊，创刊于1958年7月。目前，报纸期发行量3.5万多份，全市订阅手机报纸的用户达数万户，电子版的日点击量接近1.8万次。

0305 甘南日报社

成立年份：2012

从业人数：40

出版物语种：2

种 类：2

总 印 量： 292 万册

年 产 值：227 万元

销售收入：120 万元

获奖情况：荣获"2011—2012 年中国品牌媒体百强地市党报品牌影响力十强荣誉称号"。

0306 兰州市社会科学院

成立年份：1980

从业人数：7

出版物语种：1

种 类：1

0307 甘南藏族自治州达赛尔杂志社

成立年份：2012

从业人数：4

出版物语种：2

种 类：1

总 印 量：30 万册

年 产 值：12 万元

销售收入：5 万元

0308 甘肃人民美术出版社

成立年份：1951

从业人数：14

出版物语种：1

种 类：155

总 印 量：409 万册

年 产 值：2048 万元

销售收入：855 万元

获奖情况：《淳化阁帖（上、下）》获甘肃省第二届优秀图书奖；《敦煌艺术丛书（16册）》获甘肃省第二届优秀图书奖；《敦煌》获甘肃省第二届优秀图书奖；《敦煌艺术之最》获1994年中宣部"五个一工程"奖；《丝绸之路古遗址图集——河西走廊段》获甘肃省第四届优秀图书奖特别优秀奖；《何鄂雕塑艺术》获甘肃省第四届优秀图书奖特别优秀奖；《中国粮票宝鉴》获甘肃省第四届优秀图书奖三等奖；《程大利水墨》获甘肃省第六届优秀图书奖三等奖；《通渭书画选》获甘肃省"五个一工程"奖；《马家窑彩陶鉴识》获甘肃省第七届优秀图书奖二等奖；《文殊菩萨图像学研究》获新闻出版总署第二届"三个一百"原创出版工程奖;《中国书法思想史》获新闻出版总署第二届"三个一百"原创出版工程奖;《中国色彩论》获第十七届优秀美术图书"金牛杯"银奖;《铭记5·12——甘肃省抗震救灾纪实》获第十八届优秀美术图书"金牛杯"银奖;《天山南北·古道遗珍》获第十八届优秀美术图书"金牛杯"银奖;《中国文学原型论》获第十八届优秀美术图书"金牛杯"铜奖;《中国西部艺术论》获第十八届优秀美术图书"金牛杯"铜奖;《今日交流丛书(4册)》获第十八届优秀美术"金牛杯"铜奖。

简　　介:甘肃人民美术出版社本着"集艺术之美,扬人文之善,传承,创新,追求卓越"的办社宗旨,长期致力于画册、连环画、年画、挂历、宣传画、图片、书法、美术摄影、旅游读物以及美术理论、技法读物的出版。敦煌丝路文化和民俗、民间艺术类图书为主要出版特色。年出书100余种,共出版各类图书1000余种,总印数达600万册。

0309　甘肃少年儿童出版社

成立年份:1985
从业人数:21
出版物语种:1
种　　类:7738
总　印　量:1036万册
年　产　值:7796万元
销售收入:1939万元
获奖情况:《少年绝境自救故事》系列荣获第三届国家图书提名奖;《少年绝境自救——天地无情》荣获第六届五个一工程"一本好书奖";《陇原好少年》荣获第一届中华优秀出版物特别奖;《田园童话》《幸福夹心糖》《中/英甘肃基础教育项目小学补充读物》荣获甘肃省优秀图书奖;《在地球两端——告诉你一个正在变化的南极和北

极》《宝贝快乐童谣》入选"三个一百"原创出版工程奖。

简　　介:甘肃少年儿童出版社于1985年正式挂牌成立,为甘肃人民出版社所属的出版社。2005年,以甘肃人民出版社为基础组建读者出版集团有限公司,甘肃少年儿童出版社成为读者出版集团下属独立核算的二级经营单位。2010年,甘肃少年儿童出版社成为读者出版传媒股份有限公司旗下的分公司。

0310　甘肃民族出版社

成立年份:1957
从业人数:23
出版物语种:2
种　　类:304
总　印　量:994万册
年　产　值:2443万元
销售收入:1432万元
获奖情况:第四届中华优秀出版物奖;第三届甘肃省优秀图书奖;第四届甘肃省优秀图书奖;北方十五省市自治区哲学社会科学优秀图书奖;甘肃省第二届"五个一工程"奖;第五届甘肃省优秀图书奖三等奖;甘肃省第八次社会科学优秀成果三等奖;甘肃省第五届社会科学优秀成果奖;甘肃省第六届社会科学优秀成果奖;甘肃省第七届社会科学优秀成果奖;甘肃省第八届社会科学优秀成果奖;全国党校系统第三届优秀科研成果二等奖;上海市中共党史学会(1997—2001年度)优秀学术成果著作奖;甘肃省高校1992—1993年度哲学社会科学优秀成果二等奖;第十四届中国西部优秀科技图书一等奖;第九届甘肃省优秀图书奖;第十八届中国西部优秀科技图书奖;第十二届社会科学优秀成果奖。

简　　介:甘肃民族出版社成立于1957年,

成立之初设有藏文和蒙文两个编译室。1979年因甘肃省阿拉善右旗和额济纳旗两个蒙古族自治地区划归内蒙古自治区,甘肃民族出版社不再出版蒙文图书。1990年起,成为甘肃人民出版社领导下的专业出版社。2006年1月,成为读者出版集团有限公司下属的一家出版社。2010年12月,划归读者出版传媒股份有限公司。2013年9月,独立为甘肃民族出版社有限责任公司,具有独立法人资格。

0311 甘肃科学技术出版社

成立年份:1985

从业人数:15

出版物语种:1

种　　类:292

总 印 量:876万册

年 产 值:456万元

销售收入:819万元

获奖情况:《人口承载力与人口迁移》1994年获中国首届人口科学优秀成果奖;《气源岩和天然气地球化学特征及成气机理研究》《中国冰川水资源》《甘南树木图志》《高效节能日光温室蔬菜栽培》《甘肃土种志》《针灸补泻疗法》《软投入与产出数量分析》《胆道外科学》《中西医结合实用内科学》《柴达木盆地的油形成与寻找油气田方向》《糖尿病保健手册》《黄河黑山峡大柳树松动岩体工程地质研究》《准格尔盆地油气地质综合研究》《冰雪遥感》获1996年甘肃省优秀图书奖;《沙棘属植物生物学和化学》《实用流行性出血热防治手册》《兰州瓜菜品种》《甘肃造林种草技术》《甘肃土地资源》《甘肃省综合自然区划》获2002年甘肃省优秀图书奖;《英汉神经科学词典》获第五届甘肃省优秀图书一等奖;《马铃薯优质高产栽培技术》《甘肃农村小康建设丛

书》获总署全国服务"三农"优秀图书奖;《甘肃中草药资源志(上册)》获第六届甘肃省优秀图书一等奖,《关节镜检查与镜下治疗》《俄汉缩略语大词典》获第六届甘肃省优秀图书三等奖;《云杉病害综合治理》获第七届甘肃省优秀图书一等奖。

简　　介:甘肃科学技术出版社成立于1985年。甘肃科学技术出版社主要以出版工业技术、农业技术、医药卫生科普读物、应用技术读物和工具书,基础理论读物和科研著作,有关学科和各类专业技术培训教材,科技挂图、历史、生活类科技读物,反映世界新技术观点、理论、成就的翻译读物,各新兴学科、边缘学科、交叉学科的科普读物为主。自建社以来共出版各类图书2000余种,有200余种次图书获全国、省部级及大区优秀图书奖。

0312 甘肃人民出版社有限责任公司

成立年份:1951

从业人数:20

出版物语种:1

种　　类:182

总 印 量:1319万册

年 产 值:3383万元

销售收入:1228万元

获奖情况:1990年以来获得国家图书奖、中国图书奖、精神文明建设"五个一工程"奖、中华优秀出版物奖、"三个一百"原创出版工程奖等国家级奖项21次,甘肃省历届优秀图书奖等省部级奖励100多种。

简　　介:甘肃人民出版社创建于1951年,2012年7月改制为甘肃人民出版社有限责任公司。甘肃人民出版社坚持以邓小平理论、"三个代表"重要思想与科学发展观为指导方针,出精品,出人才,出效益,实现经济效益与社会效益的有机结合,形成专业出版优势，已成为甘肃省时政类读物出版基地与学术成果出版中心。

0313 甘肃省音像出版社有限责任公司

成立年份：1984

从业人数：23

出版物语种：1

种　　类：4

总 印 量：1200 万册

年 产 值：457 万元

销售收入：457 万元

获奖情况：1999 年《甘肃歌舞戏剧集粹》《脊梁》，荣获全国优秀文艺音像制品一等奖，专题片《丝绸之路上的甘肃》获全国优秀文艺音像制品二等奖，《敦煌宝藏》获全国优秀文艺音像制品三等奖，2006 年《中国花儿之花儿正宗》CD 合辑荣获第六届中国"金唱片"奖。2008 年《中国花儿之花儿正宗》CD 合辑荣获第二届中华优秀出版物音像奖。2012 年《黄河 258》荣获甘肃省第九届优秀音像制品二等奖；《刘巧儿家飞来个小洋妞》荣获甘肃省第九届优秀音像制品三等奖。2013 年戏曲电影《锁麟囊》荣获第十五届中国电影华表奖优秀戏曲片奖，荣获甘肃省第七届敦煌文艺奖二等奖，荣获"第十届甘肃省优秀图书、音像制品及电子出版物奖"三等奖。2013 年《中国花儿之花儿正红》荣获由中国出版协会举办的第四届中华优秀出版物奖音像提名奖。

简　　介：甘肃省音像出版社有限责任公司成立于 1984 年 8 月。公司成立以来，坚持社会效益和经济效益共赢的宗旨，先后出版了 1500 多个种类的音像制品，发行总量达到 2000 余万盒（张）。形成了以甘肃地方戏剧、歌舞、音乐、丝路文化、敦煌文化为特点的陇原文化主导的系列产品。策划实施和出版发行的许多重点音像出版物，先后 30

多次获得国家和省、部委的奖项，在中国音像的百花园中独树一帜，为宣传甘肃，弘扬民族优秀文化做出了贡献，赢得了社会的赞誉。

0314 甘肃飞天电子音像出版社有限责任公司

成立年份：2002

从业人数：10

出版物语种：1

种　　类：100

总 印 量：50 万册

年 产 值：100 万元

销售收入：80 万元

获奖情况：2012 年动画连续剧《少年霍元甲》DVD 出版物荣获第九届甘肃省优秀音像制品奖二等奖（最高奖）。

简　　介：甘肃飞天电子音像出版社成立于 2002 年，2011 年改制为甘肃飞天电子音像出版社有限责任公司，是读者出版传媒股份有限公司全资子公司，拥有电子与音像出版双重资质，近年来业务多元发展、涉及全媒体领域。

0315 甘肃文化出版社有限责任公司

成立年份：1993

从业人数：45

出版物语种：2

种　　类：277

总 印 量：520 万册

年 产 值：2741 万元

销售收入：2411 万元

获奖情况：《回族典藏全书》荣获第三届中华优秀出版物（图书），荣获首届中国回族学研究优秀成果荣誉奖；《甘肃宕昌藏族家藏古藏文苯教文献》荣获第四届中华优秀出版物（提名）奖，荣获第三届中国藏学研究珠峰奖基础资料成果类三等奖；《为禽兽喝彩》入选首届"中国科普作家协会优秀科普作品奖提名奖"；《重刊甘镇志》《甘肃文学作品选粹·诗歌卷》《历代经略西北边疆研究》《当代甘肃社会犯罪问题研究》《古代西北屯田开发史》《各民族共创中华·东北内蒙古卷（上）》《九十春秋——敦煌五十年》《甘肃省志·水利志》《学论语》获得第四届甘肃省优秀图书奖；《赤胆播火者——陇上英烈王孝锡》《书香闺秀》获得第六届甘肃省优秀图书奖三等奖。

简　　介：甘肃文化出版社创建于 1993 年 6 月，系甘肃省新闻出版广电局主管主办的综合性国有出版单位。2009 年 12 月完成转企改制，挂牌成立甘肃文化出版社有限责任公司。建社二十余年来，践行"以严求精、以变求新"的出版作风，探索形成了"专、精、特、新"的出版模式。

0316　甘肃教育出版社

成立年份：1985

从业人数：27

出版物语种：2

种　　类：1140

总 印 量：1946 万册

年 产 值：1820 万元

销售收入：5335 万元

获奖情况：《教育学原理》1999 年获第四届国家图书奖提名奖；"陇文化丛书"（10 册）2000 年获第十二届中国图书奖；《藏族文化发展史》（上、下册）2001 年获中宣部"五个一工程"奖；《三礼研究论著提要》2002年获第十三届中国图书奖；"敦煌学研究丛书"（12 种）2004 年获第十四届中国图书奖；"国际敦煌学丛书"（2 册）、"走近敦煌丛书"（12 册）、《北魏政治史》（9册）、《甘肃石窟志》分获第一、二、三、

四届中华优秀出版物奖；有 2 种图书入选新闻出版总署"三个一百"原创出版工程；有14 种图书分获历届甘肃省社会科学优秀图书奖；有 30 多种（套）图书分获历届甘肃省优秀图书奖。

简　　介：甘肃教育出版社自成立以来，坚持服务教育，传承文化，追求特色，出版精品的理念，经过几代员工坚持不懈的努力，逐步在大中学校教材、教辅和教育理论研究以及甘肃地方文化、民族文化、中华优秀传统文化、敦煌学等领域形成了专业的出书范围和风格特色，出版了一大批在甘肃乃至全国有影响的优秀作品。社会效益稳步提升，经济效益快速增长。

0317　敦煌文艺出版社

成立年份：1958

从业人数：18

出版物语种：1

种　　类：243

总 印 量：30 万册

年 产 值：510 万元

销售收入：500 万元

获奖情况：《人文甘肃》（6 册）获第九届甘肃省优秀图书、音像制品及电子出版物奖二等奖；《黑土豆诗丛》（5 册）获第九届甘肃省优秀图书、音像制品及电子出版物奖二等奖；《叶舟小说选（上、下）》获第九届甘肃省优秀图书、音像制品及电子出版物奖二等奖；《若有人兮》获第九届甘肃省优秀图书、音像制品及电子出版物奖三等奖；《跛足之年》获第九届甘肃省优秀图书、音像制品及电子出版物奖三等奖；《字纸》获甘肃省第七届敦煌文艺奖一等奖；《山庄记忆》获甘肃省第七届敦煌文艺奖二等奖。

简　　介：1958 年 5 月，甘肃人民出版社经省文化局报文化部出版事业管理局核准，成

立了敦煌文艺出版社，对内为文艺编辑室。敦煌文艺出版社以出版现当代各类文学、艺术图书及富有甘肃地方特色文化图书和敦煌类艺术图书为主，兼及部分外国文艺、文化人类学、社会科学、时尚文化等相关图书，并根据市场需求及时调整出书范围和方向。经过数十年的发展和几代人的传承与积累，在图书市场竞争中形成了一些较有影响力的图书品牌和特色图书，有多种图书分别获得国家级、省级大奖。

（八）影视作品

0318 将爱洒向陇原

类　　别：广播专题

制作单位：甘肃省广电总台新闻综合广播

发行时间：2007-06-16

获得荣誉：2009 年度中国广播影视大奖对外提名奖。

简　　介：2007 年 7 月 1 日，香港回归祖国整整 10 周年。为了纪念这一特殊日子，也为了宣传香港同胞对祖国西北甘肃陇原儿女的帮助和关爱，本篇报道以香港镇泰集团向甘肃捐赠复明手术车为由头，通过香港同胞关心祖国建设和贫穷地区发展以及关爱残疾人的一个个事例，反映了香港爱国人士在"一国两制"的方针指引下，积极促进祖国繁荣富强所做出的贡献。本篇报道全部采用现场录音，现场感强，采访内容丰富。此篇报道曾在中国国际广播电台《中国之窗》节目里播出，收到了良好的对外宣传效果。

0319 丑小鸭

类　　别：少儿广播剧

制作单位：甘肃省广电总台青少广播

发行时间：2008-01-01

获得荣誉：甘肃广播影视奖三等奖。

简　　介：少儿广播剧《丑小鸭》是以童话故事为蓝本创作的，该作品通过主持人生动传神的演绎，后期精良的制作，完美展现了广播剧的特色。

0320 历史兰州

类　　别：电视播音

制作单位：甘肃电视台文化影视频道

发行时间：2007-03-01

获得荣誉：获得 2008 年中国播音主持"金话筒奖"提名奖。获得 2007 年度"甘肃播音主持作品奖"电视播音一等奖。

简　　介：二十二集电视纪录片《历史兰州》首次全景式展现了兰州的历史、文化、民俗、建筑以及兰州作为一座历史悠久的古城，对中国古代文明的发展起到的作用。讲述了兰州城与兰州人、兰州人与兰州城的和谐故事，以及兰州这座历史文化名城对整个西北乃至中国的意义。可以说，兰州不仅是古丝绸之路的重镇，更是各种人类文明的交汇点。本片解说用平实厚重的语气，朴实自然的流露，使得该片张弛有度，充满文学的张力，很好地诠释了兰州作为一座历史文化名城的独特魅力。

0321 荞麦花开了

类　　别：广播剧

制作单位：甘肃省广电总台青少广播

发行时间：2010-01-01

获得荣誉：甘肃广播影视奖一等奖。

简　　介：广播剧《荞麦花开了》是甘肃省著名编剧王振英执笔的一部力作，该剧反映留守儿童现状，通过广播剧的升华，呼吁全社会关心、爱护留守儿童，改善他们的生活现状，使留守儿童能够和同龄的孩子们在同一片蓝天下成长

0322 "童心中国"2009年十二省市少儿春节晚会

类　　别：电视晚会

制作单位：甘肃电视台少儿频道等十二省市电视台少儿频道联合录制

发行时间：2009-01-28

获得荣誉：获得中国广播影视大奖；广播电视节目奖（第21届"星光奖"）少儿电视节目大奖。

简　　介："童心中国"2009年十二省市少儿春节晚会兼备了时尚和传统艺术形式，并创造性地将动漫、街舞、极限运动、魔幻表演、京剧、杂技等多重艺术表现形式加以融合，为青少年族群带来了一场充满动感和活力的精彩演出。

0323 环保天使祁国红

类　　别：电视专题

制作单位：甘肃电视台经济频道

发行时间：2008-03-01

获得荣誉：在2007—2008年度中国广播影视大奖广播电视节目评选中，荣获电视专题提名奖。荣获2007年度"甘肃广播影视"电视社交一等奖。

简　　介：本片讲述的是在2008年，当国家推行"限塑令"时，甘肃省的一个普通的打工女祁国红，她自制环保宣传牌和布袋，在兰州的几个蔬菜市场里免费发放上几千个，坚持不懈地义务向市民宣传环保理念的故事。

0324 祸起三鹿奶粉

类　　别：电视新闻评论

制作单位：甘肃广电总台电视新闻中心

发行时间：2008-09-13

获得荣誉：中国新闻奖一等奖；甘肃新闻奖一等奖。

简　　介：2008年9月，甘肃多名婴儿同患"肾结石"，患儿同食三鹿配方奶粉。记者通过深入采访调查，掌握第一手资料，播出了新闻评论《祸起三鹿奶粉》。节目充分运用电视元素，发挥电视的特点，通过画面、同期声、记者出镜、字幕等多种形式集中地、有选择地还原事实，起到了对事实进行强调的作用，让人一目了然；通过一些细节的捕捉，透视人物内心世界的变化，达到既叙事又说理的目的。节目的及时播出是新闻自身价值的体现，满足了人们渴望通过媒体真实报道看到真相的需求。《祸起三鹿奶粉》也是"三鹿奶粉事件"中的第一个电视新闻评论作品。

0325 程序控制的孩子

类　　别：广播剧

制作单位：甘肃省广电总台青少广播

发行时间：2011-01-01

获得荣誉：首届中国微广播剧大赛提名奖（2011年度）

简　　介：微广播剧是近年来较为流行的广播剧播出形式，因为它短小、精悍，矛盾冲突激烈，更适合广播线性播出。《程序控制的孩子》作品展现了现代父母对孩子教育的严苛，用录音软件控制孩子的饮食住行和学习生活，反映出孩子在繁重的学业之下，没有自己生活成长的空间。

0326 红色送行

类　　别：社教专题

制作单位：兰州广播电视传播中心

发行时间：2011-01-25

获得荣誉：第四届中国旅游电视周红色之旅类一等奖。

简　　介：这是一部快乐的体验式红色纪行。多彩的迭部号称神仙的宠儿，红军当年在这里得到了休整，找到了北上抗日的正确方向。腊子口战役，为红军开辟了北上陕甘地区的通道，对中国革命具有转折意义。选择在这样一个地方去追寻革命圣迹，引人入胜。

0327 东乡诗画人

类　　别：纪录片

制作单位：兰州广播电视传播中心

发行时间：2008-12-30

获得荣誉：甘肃省广播电视节目三等奖，兰州市广播电视节目一等奖。

简　　介：该片以东乡族诗人、画家汪玉良2008年的故乡行为线索，跳出了电视纪录片创作的传统模式，在主题的开掘与深化、表现手法多样化及结构故事化等方面都有所创新，用真实记录的手法为观众展示了汪玉良作为东乡族书面文学的开拓者和奠基人，用旺盛的生命坚守民族文化的阵地，用创造性的艺术弥补文化人生的缺憾，撑起民族的理想与信念的精神境界。

0328 窑洞人家过大年

类　　别：纪录片

制作单位：兰州广播电视传播中心

发行时间：2006-12-12

获得荣誉：第六届金城文艺奖三等奖、甘肃省影视政府奖、兰州市影视政府奖。

简　　介：本片深入甘肃庆阳市镇原县太平镇的一户农家进行实地拍摄和深度采访，用影像和声音诠释了身处窑洞这一古老民居中人们的春节习俗。全片通过普通农家过年的历程，为保留和研究中国的春节文化提供了资源和借鉴。以一户人家为线索，在多层面上遴选具有代表性的素材，以影视语言生动而深刻地展现生活。力求使观众对甘肃庆阳古老的地域风俗有一个全面的了解。使春节中所包含的文化遗产得以引起更多人的关注，扩大甘肃历史文化遗产在国内、国际的影响力。

0329 上去高山望平川

类　　别：电影

制作单位：兰州广播电视传播中心

发行时间：2013-01-28

获得荣誉：获第五届新农村电视艺术节农村题材电视电影二等奖。

简　　介：电影故事片《上去高山望平川》以大学生支教和秦王川开发为背景，通过城里的车祸事件和村里的打井争端两条叙事线索并行的电影蒙太奇手法，展示了一幅西部干旱缺水农村的现实图景，以及面对灾祸和误解，艰难与困惑，人们的道德和人生选择及美好愿景。

0330 万一有一天

类　　别：电影

制作单位：兰州广播电视传播中心

发行时间：2008-06-30

简　　介：《万一有一天》以发生在兰州的真人真事改编。该剧由生活中的原型扮演，用亲身的经历为观众演绎现代兰州人的真实生活，以普通兰州人家生活的一个截断面为反映对象，讲述一个关于生命与亲情的故事。该剧讲述的是主人公（即电影中的"小关"）的父亲老关脑溢血以后家里发生的彩票风波，中间穿插了曾经在兰州服刑的人员小阿哥的故事，这样两条相互穿插、平行的线索，既表现了普通家庭之间的矛盾和亲情，并由此延伸至社会之间和谐相处、共奔小康的精神风貌。

0331 高跷上的舞者

类　　别：形象片

制作单位：兰州广播电视传播中心

发行时间：2012-04-13

获得荣誉：2010年甘肃省广播电视节目奖二等奖。

简　　介：来自中国玫瑰之乡永登苦水的"高高跷"2006年6月2日出现在国务院公布的首批国家级非物质文化遗产名录中。流传于永登苦水街的高跷属于文跷，在长期的发展演变过程中，尤其在南北街社火的竞争中，高跷腿子逐年拔高，加上表演者的身高，达5米之多，后民俗专家称之为"高高跷"，被誉为全国高跷之冠。在高高跷的世界里，人人都是杂技高手，一绑，一蹬，潇洒走来，扬长而去。该片并没有停留在再现苦水高高跷这一现实层次上，而是巧妙设置悬念，将高高跷的高度、踩高跷的人、高高跷的制作等地域文化、历史、人文精神的因素，融入高高跷这一看似比较枯燥的文化活动中，并将这一文化遗产以一种审美的方式艺术地呈现给观众。

0332 兰州鼓子

类　　别：社教专题

制作单位：兰州广播电视传播中心

发行时间：2011-09-28

获得荣誉：2011年度甘肃广播影视奖电视社教二等奖。

简　　介：兰州，作为古代丝绸之路的重镇，这里曾经是中西方文化的交汇点，留下过许多历史文化遗迹。而对于土生土长的老兰州人，让他们魂牵梦萦的还有一个兰州鼓子。2006年5月20日，兰州鼓子经国务院批准

列入第一批国家级非物质文化遗产名录，也是从这一年开始，沉寂已久的兰州鼓子脱离了小众，慢慢进入了大众的视野。该片以兰州鼓子是什么开片发问，将一段段鼓子唱曲巧妙地与人物访谈结合起来，全片幽默、诙谐，并给人以理性的启迪和回味。

0333 中山桥的言说

类　　别：纪录片

制作单位：兰州广播电视传播中心

发行时间：2009-08-26

获得荣誉：2010年度中国优秀纪录片一等奖，第六届金城文艺奖一等奖，第三届中国优秀旅游专题三等奖，甘肃省影视政府奖、兰州市影视政府奖。

简　　介："中山桥"，这座厚重壮观的铁桥，是兰州的标志性建筑，2006年定为国家级文物保护单位。从1908年初春动工，到1909年夏秋之间竣工，到如今已度过了百年的岁月。本片以黄河铁桥的历史为主要线索，以赴德国寻找铁桥资料为副线，交错表现，深度挖掘铁桥的历史故事，全景展现了黄河铁桥作为国家级文物和兰州市著名文化景点的历史与文化意义。

0334 兰州 1949

类　　别：电影

制作单位：兰州广播电视传播中心

发行时间：2009-08-26

获得荣誉：新中国成立六十周年献礼影片，第六届金城文艺奖一等奖。

简　　介：《兰州1949》是第一部以兰州命名的电影作品，也是第一部反映兰州解放的影片。作为兰州影视精品项目，被确定为国庆六十周年和兰州解放六十周年重点献礼影片，2009年8月26日在兰州解放纪念大会上首映，11月24日晋京公映，12月23日

在中央电视台电影频道黄金时段播出。影片放映后，省内外专家学者撰文发表影评20余篇，认为"该片是近几年我省创作的最好的一部电影"，"在甘肃影视史上具有里程碑的意义"。在进京公映专家座谈会上，仲呈祥等十多位影视界、文艺界的国内顶尖级权威专家学者盛赞该片"比较成功地塑造了1949年兰州这场解放历史中的人物形象，是可以让当代的观众从电视电影的鉴赏当中获取历史评价、具有历史唯物主义态度的优秀影片，体现了兰州市委、市政府及兰州广电人具有政治智慧和艺术智慧的远见卓识"。《人民日报》、中央电视台等20多家媒体都从不同角度对《兰州1949》进行了报道，引起了广泛反响。

0335 大美阳刚——兰州太平鼓

类　　别：纪录片

制作单位：兰州广播电视传播中心

发行时间：2010-10-26

获得荣誉：第四届中国旅游电视周优秀旅游专题二等奖；第18届中国电视纪录片盛典年度"短片十优"作品。

简　　介：兰州太平鼓是流传于兰州地区的一种两面可击的大鼓，鼓型大而沉重，鼓声低沉。旧时多在正月闹社火时击打，多名男子每人肩挎一只鼓，一路击打表演。兰州太平鼓2006年登上第一批国家非物质文化遗产名录。兰州太平鼓就是西部汉子的精神所在。该片的大致结构框架主要分为：太平鼓的历史传说真伪；太平鼓在历史中起到的作用；太平鼓在近年来的发展。该片是一部用影像资料以及相关的文献档案和实物作为素材，加上采访当事人或知情者进行客观叙述和记录的电视专题片，全片给人以历史的记忆，理性的启迪和回味。

0336 羊皮筏子的记忆

类　　别：纪录片

制作单位：兰州广播电视传播中心

发行时间：2010-11-15

获得荣誉：2010年度中国优秀纪录片三等奖，第三届中国旅游电视艺术周优秀旅游专题二等奖，2010年甘肃省广播电视节目奖一等奖，第二届青海国际山地纪录片节优秀纪录短片提名奖。

简　　介：在兰州穿城而过的古老黄河上，现代大都市的喧嚣中还保留着一幅令人心醉神迷的古老图画，它就是至今还保留在黄河上游地区的古老渡河工具——羊皮筏子。旧时，黄河河道既无水文资料又无导航设备，羊皮筏子能否将乘客与货物安全送达，全凭筏客子的经验与胆识，因此形成这个行当很多禁忌风俗。在筏客子运输货物的时候，常将多只羊皮筏子连接在一起，形成一只大筏子，这种由十几只或几十只筏子组成的超大筏子，就是享誉黄河两岸的"羊皮筏子赛军舰"了。该片体现出宏观与微观结合、求真与求美结合，纪实与诗意结合以及纪录与思辩结合的艺术特色，是反映兰州历史文化特色的又一部力作。

0337 儿娃子

类　　别：电影

制作单位：兰州广播电视传播中心

发行时间：2008-08-18

获得荣誉：甘肃省重点影视制作项目，甘肃省第二届电视金鹰奖二等奖、最佳摄影奖，第六届金城文艺奖二等奖。

简　　介：在偏僻的大西北，在大山深处的一个山村学校，有这样一位普普通通的教师，有这样一群活泼可爱的学生，还有众多可敬可佩的家长，为了一个共同的梦想，以朴素的体育热情，以博爱、团结、拼搏的奥运精神激励自己，拼搏向上，记录了奥运精神在中国大地生根开花的真实瞬间，阐释了人文奥运的生命真谛，真实再现了当代兰州人积极进取，健康向上的精神风貌。本片由兰州市委、市政府总监制，市委宣传部统筹，是一部具有鲜明的时代气息，融体育题材、少儿题材和农村题材为一体的主旋律影片。

0338 葫芦·福禄

类　　别：纪录片

制作单位：兰州广播电视传播中心

发行时间：2009-01-30

获得荣誉：兰州市广播电视节目奖三等奖

简　　介：《葫芦·福禄》以兰州刻葫芦大师陈唯一、阮文辉、陈红、陈兵、阮琳对刻葫芦的讲述为线索，展示了兰州刻葫芦这一兰州独有的特种工艺品的价值和发展传承。该片选取的材料是葫芦雕刻专家们的点滴生活，很琐碎，但很真实。通过对比的手法来表现主题，这种对比既有现代与传统的对比，也有艺术价值与社会需求之间的对比。该片采访了众多人物，包括工艺大师、商人等，生动地展现了围绕兰州刻葫芦这一传统工艺而出现的故事。

0339 把"花儿"推向世界的人——怀念"花儿王"朱仲禄

类　　别：纪录片

制作单位：兰州广播电视传播中心

发行时间：2009-12-22

获得荣誉：2010年度中国优秀纪录片一等奖，第六届金城文艺奖三等奖，兰州市广播电视节目奖三等奖。

简　　介：朱仲禄，一个从西北高原上走出来的汉子，他的人生代表了花儿这种民间艺术的一个时代，他的作品影响了整整一个世纪，是他将花儿这个长期生长于穷乡僻壤的民间艺术推向了全国，进而推向了世界。作为演唱者，他将"花儿"唱出了西北，唱到了北京，唱响了全中国。本片展示了一代"花儿王"朱仲禄在新中国民歌史上的地位和做出的贡献。同时，该片选取了朱仲禄最有代表性的四首"花儿"作品进行了艺术表现，充分展现了"花儿"这一民族音乐种类的独特魅力。该片主人公已去世，影像、图片、文字资料由其家人提供。

0340 月圆凉州

类　　别：电影

制作单位：甘肃敦煌影视文化中心（兰州电影制片厂）

发行时间：2005-05-01

获得荣誉：中国第一部在联合国总部首映的影片。

简　　介：《月圆凉州》是一部反映1247年发生在中国西部凉州（今甘肃武威），关于西藏纳入中国版图完成祖国和平统一真实历史的故事片。

0341 太平使命

类　　别：献礼片

制作单位：甘肃敦煌影视文化中心（兰州电影制片厂）

发行时间：2002-11-22

获得荣誉：无

简　　介：该片描写了乡司法助理员侯鉴英几十年如一日全心全意为人民群众服务，身在基层、顾全大局、不计个人得失、不顾个人安危、尽职尽责，保护百姓的安全，维护社会稳定，含辛茹苦、呕心沥血、千方百计为群众排忧解难，以真心、真情和真正的模范进行法治与德治的宣传教育，宣传"三个代表"重要思想，为经济建设和西部大开发做出了重大贡献，塑造了一个中国西部基层干部的光辉形象。

0342 骊轩情

类　　别：电影

制作单位：中央电视台电影频道与金昌市人民政府联合拍摄

发行时间：2014-02-20

获得荣誉：《环球时报》总评榜最受国际关注的中国文化产品奖。

简　　介：《骊轩情》是由中央电视台电影频道与金昌市人民政府联合拍摄的金昌首部实景电影。电影讲述的是意大利姑娘莫妮卡曾与男友相约到中国丝绸之路度蜜月，但因与男友情变，悲愤之下只身来到丝绸之路，与沉迷于"寻找消失的古罗马军团"的金昌绿洲旅行社导游罗西相遇。莫妮卡意大利人的身份吸引了罗西，罗西愿意为她当导游，两人便开始了骊轩之旅。机缘巧合下，莫妮卡了解了骊轩鲜为人知的历史，并对曾经的古罗马军团故事产生浓厚的兴趣。莫妮卡在罗西的带领下领略了白雪皑皑的祁连雪山和雪山哺育的绿洲美景，经历了神秘而又惊险的沙漠探险之旅，共同寻找"消失的古罗马军团"。

0343 罗马军团消失之谜

类　　别：长篇新编历史评书

制作单位：金昌市人民政府、金昌市旅游局

发行时间：2013-08-02

简　　介：本部作品以骊轩文化展现古罗马军团纵跨欧亚大陆，风云变幻的岁月，揭示国际史学界的史海钩沉，让广大听众感受两河流域、丝绸之路、河西走廊、塞外大漠上的战争风云，如画风光，以及两千多年前中外人民鲜血凝成的可贵友谊。

0344 山那边

类　　别：纪实纪录片

制作单位：会宁县广播电视台

发行时间：2012-09-06

获得荣誉：《山那边》2013年9月获由中国电视艺术家协会主办的"全国市县电视台推优活动"三等奖。

简　　介：会宁代课老师王建林的事迹经报道后感动了无数人。以王建林为原型的电视纪录片《山那边》出版发行，该纪录片由会宁县广播电视台记者王富箱历经两年拍摄完成，生动再现了王建林不计报酬、忍受赤贫，常年坚守在三尺讲台的点点滴滴。

0345 有话好好说

类　　别：微电影

制作单位：中国西北文化网

发行时间：2014-12-30

简　　介：《有话好好说》是一部反映甘谷县农村新变化、新气象的微电影。

0346 陇坂纪事

类　　别：系列专题

制作单位：张家川回族自治县广播电视台

发行时间：2013-08-06

获得荣誉：获2013年甘肃广播影视社教类节目二等奖。

简　　介：《陇坂纪事》是张家川回族自治县广播电视台倾情打造的一档人文类专题栏目，该系列文化专题共有八集，包括《艺术人生的至高境界》《青铜碎片上的涅槃》《泥巴的记忆》《古道关驿颂德碑》《张骞走过的路》《奇特的文史密码——小儿锦》《回族美食"连五蒸土鸡"》《张家川清真美食——十三花》，每集时长10分钟。该节目拍摄视角独特，立意全县文化特色，以"高关注度的内容、高雅的风格"为宗旨，以纪录片的表现手法，聘请市内专业技术人员拍摄制作，系列节目以文化视觉全方位解读张家川回族自治县辉煌的古代历史、纵深的社会文明、淳朴的民俗文化传统和优美的自然风光。

0347 摩天岭

类　　别：纪录片

制作单位：文县电视台

发行时间：2011-07-15

获得荣誉：获得 2011 年省纪录片二等奖。

0348 小麦条锈病防止

类　　别：广播主持作品

制作单位：甘肃省广电总台农村广播

发行时间：2009-03-03

获得荣誉：2010 年播音主持"金话筒奖"广播主持作品提名奖。

简　　介：该节目是一档为农服务的专题节目，采用一对一访谈为主体，辅助有听众参与的方式实现。它的对象感体现在为农的服务性上，通过对象感使节目有一种"为您服务"的热情和亲切。在这种情景下，主持人和嘉宾交流过程中的语言通俗易懂，意识到受众心理，与受众之间互相形成无形的"默契"。主持人清晰的对象感，思想感情一直处于极其活跃的双向流动之中，体验对象的反应，捕捉对象的心理，及时调整、处理、发送信息，最终把握整个节目的本意、气氛、走势，节目可听性强，实现了宣传的预期效果。

0349 9.14 山体滑坡事故特别报道

类　　别：现场直播

制作单位：甘肃省广电总台交通广播

发行时间：2009-09-14

获得荣誉：2009—2010 年度中国广播影视大

奖广播现场直播提名奖；2011 年度中国广播影视大奖广播现场直播提名奖；2012 年度中国广播影视大奖广播现场直播提名奖。

简　　介：2009 年 9 月 14 日上午 6 点 15 分，兰州市小达子坪发生山体滑坡事故，甘肃省广电总台交通广播从 7 点 37 分接到听众爆料，到 8 点 09 分开始时长近四小时的第一组现场直播。本组节目"即时传真"的报道特点突出了强烈的现场感，清晰地向广大听众展示了事件的全貌。在满足了听众的好奇心理后，也大大激发了听众的参与热情，满足了受众迅速获得信息的需要。

0350 惠农政策"惠"了谁

类　　别：电视新闻评论

制作单位：甘肃省广电总台电视新闻中心

发行时间：2007-08-24

获得荣誉：2009 年度中国广播影视大奖电视评论提名奖；"甘肃广播影视奖"电视新闻一等奖。

简　　介：由于国家一系列惠农政策的出台，农民的支出少了，负担轻了，算账的时候脸上的笑容也自然就多了。但是天水、定西、武威等地农民投诉，反映国家惠农政策被地方政府当成了"唐僧肉"，通过各种手段进行截留、抵扣，将减下来的负担又重新加在了农民身上。记者深入调查，将事件真相曝光，引起了重大反响。

0351 老柿子树

类　　别：电视剧

制作单位：兰州电影制片厂有限责任公司

发行时间：2009-01-01

获得荣誉：2009 年度中宣部"五个一工程"奖，获国家"五个一工程"奖、第二十四届电视剧"金鹰奖"优秀电视剧奖，获西部商报颁发的 2009 年度"绚彩兰州"封面人物大赛奖。

简　　介：26集电视连续剧《老柿子树》根据同名话剧改编而成，由谷锦云执导，张明、杨晓文编剧，斯琴高娃、韩福利等主演的革命战争剧。该剧讲述了在抗日战争时期，黄河边上一户李姓人家，在全国人民保卫黄河的大合唱中挺身而出，走进了不平静的岁月的故事。

0352　人大代表殷曦梅

类　　别：消息

制作单位：甘肃省广电总台广播新闻中心

发行时间：2008-01-01

获得荣誉：2008年度第十九届中国新闻奖长消息二等奖。

简　　介：讲述了人大代表殷曦梅奔走呼吁三年，促成全国统一停止征收"工商两费"，全国个体工商户和农民因此减负170亿元。

（九）重点图书

0353 甘肃石窟志

作　　者：敦煌研究院、甘肃省文物局

语　　种：1

印 刷 量：2000

出版时间：2011

数 字 版：有

简　　介：本书为2011年度国家出版基金资助项目，内容涉及甘肃省现存各地石窟170余处，既有对各石窟群及重要石窟形成的历史文化背景及其在中国文化、艺术史上的地位、影响等总体性问题的梳理，又有对各石窟群和石窟的始建年代、建筑形制、窟内遗存、壁画题材、艺术风格等具体问题的考证。全书还收录大量洞窟照片及平面、立面图。是迄今为止世界上第一本对甘肃石窟全貌进行系统梳理、翔实考证的学术著作，不仅填补了我国区域性石窟整体研究的一项空白，也为研究甘肃石窟提供了全面、客观的权威资料。本书荣获第四届中华优秀出版物（图书）奖提名奖。

0354 第二届兰州美术节暨走进兰州——全国名家美术作品邀请展作品集

作　　者：周丽宁

语　　种：1

印 刷 量：5000

出版时间：2012

数 字 版：有

简　　介：本书内容为第十八届兰洽会期间的甘肃书画长卷，包括人物画、山水画、花鸟画及书法四个专项。邀请参展书画家均为甘肃乃至中国画坛的杰出代表。该书也对进一步宣传甘肃、宣传兰州，推动兰州美术事业大发展起到了一定的作用。

0355 甘肃藏敦煌文献

作　　者：甘肃人民出版社

语　　种：1
印 刷 量：300
出版时间：2008
数 字 版：无
简　　介：《甘肃藏敦煌文献》（1—6卷）是2000年甘肃人民出版社为纪念敦煌藏经洞发现100周年重点组织编纂的一套大型敦煌文献整理丛书，该丛书首次将流散于甘肃各地共11家收藏单位的400余件敦煌写本拍摄整理，影印出版。该书荣获2011年度第五届国家图书奖提名奖。第八届精神文明建设"五个一工程"奖。

0356 中国马球史

作　　者：李重申、李金梅、夏阳
语　　种：1
印 刷 量：1000
出版时间：2009
数 字 版：有
简　　介：本书全面而又深刻地探讨了马球的源流演变史，讲述了秦汉、隋唐、宋元、明清及至当代的马球流传情况。其在捕捉马球演变更加清晰的脉络的同时，尝试从哲学和精神层面对马球这一"人"的运动进行研究和论证，是一部探索马球的沿革，系统研究、阐释中国马球发展的历史脉络，鸟瞰中国马球文化概貌，兼有马球"史"与"论"双重性质的专著。

0357 教学论研究丛书（共十册）

作　　者：张广君、和学新、李长吉等
语　　种：1
印 刷 量：2500
出版时间：2004
数 字 版：有
简　　介：丛书在研究层次、研究视角等方面独树一帜，是一本系统探讨及构建"教学论"学科的教学哲学专著。这一研究成果对于重新审视教学论体系的整体格局，理顺各种教学基础理论问题之间的逻辑关系，增强理论与实践的本体意识，形成符合时代特征的新的教学观具有重要的理论和现实意义。

0358 陇原当代文学典藏·小说卷

作　　者：邵振国、张弛、张存学、雪漠、

马步升等

语　种：1

印刷量：3000

出版时间：2012

数字版：无

简　介："陇原当代文学典藏"大型文学出版项目由敦煌文艺出版社出版。其目的一方面是把个人的创作行为转化成了群体生产力，另一方面也为甘肃省的文学创作营造了更进一步的文学氛围，形成了创作气场，同时为作家树立了标尺，也对年轻作家产生了积极影响。《陇原当代文学典藏·小说卷》包括八本优秀的小说作品，分别是:《大漠祭》《蝶乱》《轻柔之手》《汗血马》《青白盐》《月牙泉》《所谓作家》《重婚》。作者均为甘肃省知名作家，这八部作品也都是作家的经典代表作。

0359　针灸补泻手法

作　者：郑魁山

语　种：1

印刷量：1500

出版时间：1995

数字版：无

简　介：本书内容丰富，资料翔实，并附加了图例，并介绍了家传手法的秘密之处。本书的出版，对于针灸学术的发展、提高针灸临床疗效，以及促进医学国际交流等，必将产生深远的影响。本书的内容可以作为临床、教育及科学研究的参考著作，是一部对

发扬中国传统针灸具有贡献意义的著作。

0360　法国汉学研究丛书（共三套）

作　者：郑炳林主编；耿昇译

语　种：1

印刷量：2000

出版时间：2011

数字版：无

简　介：该丛书包括3种图书，分别为《法国敦煌学精粹》《法国西域史学精粹》《法国藏学精粹》。书稿精选了耿昇先生30余年来翻译并陆续发表于国内各种学术刊物及文集中的有关法国学者在敦煌学、西域史学、藏学研究方面的学术论文若干篇。所精选的这些论文客观地反映了法国学者50余年来在汉学领域的研究成果与现状，集中展示了法国汉学研究的深度与厚度，也为国内从事汉学研究的学者提供了必要的参考资料。获第四届中华优秀出版物奖提名奖。

0361　田园童话

作　者：金吉泰

语　种：1

印刷量：8000

出版时间：2007

数字版：无

简　介：本书由甘肃少年儿童出版社出版。本书精选了我省著名童话作家金吉泰先生最近十多年创作并在各报刊发表的呕心之作六十余篇。其作品结构自然，文笔流畅，语言生动鲜活，具有浓郁的生活气息。特别是他的田园童话，有如田园牧歌般清新、朴实，在优美的故事中给小读者以真、善、美的启迪。本书荣获甘肃省优秀图书奖。

0362 西北少数民族教育研究丛书（共六册）

作　　者：马以念、张学强、谢秀莲等

语　　种：1

印 刷 量：2500

出版时间：2002

数 字 版：有

简　　介：《西北少数民族教育研究丛书》是国家人文社会科学研究基地"西北少数民族教育发展研究中心"十多年研究的成果，共分为六册：《少数民族学生心理发展与教育研究》《民族教育学》《少数民族教育政策研究》《西北回族教育史》《民族传统体育研究》《西北回族幼儿教育研究》。丛书从心理学、人类学、社会学、教育学、政策学等多学科的角度，运用综合研究的方法，对民族教育中的基本理论问题和西北民族教育中的特殊问题进行了系统研究，六册书之间相互关联，相互映照，既是民族教育研究的必备材料，又是民族教育工作的指导手册。

0363 敦煌壁画复原精品集

作　　者：史敦宇、金洵瑨

语　　种：1

印 刷 量：5000

出版时间：2010

数 字 版：有

简　　介：本书以敦煌研究院对敦煌莫高窟各朝代洞窟壁画的研究成果为依据，共筛选、复原敦煌莫高窟各朝代壁画代表作品232幅。内容涵盖了佛传故事画、本生故事画、经变画，朝代历史跨越一千多年。壁画集中表现了中国古代工业、农业、民俗、宗教、艺术等各历史阶段的特点和变迁。

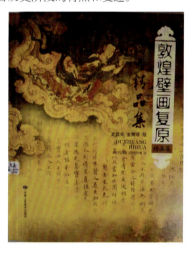

0364 甘肃史话丛书（全九十九本）

作　　者：周德祥、张克复等

语　　种：1

印 刷 量：1000

出版时间：2007

数 字 版：无

简　　介：甘肃是中华民族古代文明的发祥地之一，大地湾文化、马家窑文化、齐家文化等光辉灿烂，人文始祖伏羲在这里诞生，周秦先祖在这里崛起。甘肃境内分布着极为丰富的古代文化遗存和人文景观，还有众多的古城、关隘、石窟等文物古迹。《甘肃史话丛书》以"史话"的形式，全面系统地记述了甘肃全省市、县从古到今的大事要事，重要历史人物，民俗风情，山川地貌和重大贡献等。堪称各地的精美文化名片。

0365 震撼：甘肃省抗震救灾先进事迹报告集

作　　者：中共甘肃省委宣传部、中共甘肃省委组织部

语　　种：1

印　刷　量：10500

出版时间：2008

数字版：无

简　　介：本书汇集了2008年汶川地震后，甘肃省抗震救灾先进事迹报告团同志自己的亲身经历，记述了他们在平凡的工作岗位上创造的感天动地、可歌可泣的英雄模范事迹。深刻践行了"万众一心、众志成城，不畏艰险、百折不挠"的抗震救灾精神。甘肃人民出版社2008年8月出版。获第二届中华优秀出版物奖特别奖。

0366 唐宋八大家文选（上、下册）

作　　者：牛宝彤

语　　种：1

印　刷　量：2000

出版时间：2004

数字版：有

简　　介：本书初版编选精良，译注准确，雅俗共赏，被国家教育部推荐为大学中文系学生必读书目，并获得多项优秀图书奖。此

为第三次全面修订，选文增至一百五十八篇，对重要文章选配了插图，重新排版，几经打造，《唐宋八大家文选》已成为比较成熟的选注本。

0367 河西开发史研究

作　　者：吴廷桢、郭厚安等

语　　种：1

印　刷　量：3000

出版时间：1996

数字版：无

简　　介：本书作者在充分占有基本史料和考古资料的基础上，通过认真梳理前人研究成果，把着力点放在北朝隋唐河西历史方面，对相关史学界已有关注但仍存在争议的问题作了令人信服的辨析，一定程度上澄清了前人在此问题上的歧义。同时，本书还对学术界在河西历史文化研究中很少涉猎的问题进行了较为深入的探讨，具有开拓性。

0368 甘肃青海四川民间古藏文苯教文献

作　　者：洛桑灵智多杰等

语　　种：1

印　刷　量：300

出版时间：2013

数字版：无

简　　介：《甘肃青海四川民间古藏文苯教

文献》是远古藏族苯教文明的集大成之作，其出版弥补了苯教文献散佚难寻的不足，对于研究古代藏族语言文字、宗教信仰、医药天文、书法艺术等具有极高的价值，开创了藏学研究的新领域。该书出版后，获得国内外藏学界一致好评，国内外高等学院、研究机构、苯教寺院等纷纷购藏该书，认为该书是藏经洞式的重大发现，是新时期党和政府开掘弘扬藏族远古文明的标志性成果，填补了国内外藏族苯教文献整理研究的空白，将为推动藏学研究、促进中华传统文化的传承与弘扬发挥重要的作用。

0369 教育学原理

作　　者：胡德海

语　　种：1

印 刷 量：2000

出版时间：1998

数 字 版：有

简　　介：该书是作者长期从事教育学基础理论教学、研究的成果，凝结了作者大半生的教学研究成果。在作者看来，我国教育学理论的落后是一种不可否认的事实。作者经过多年的努力，完成了对教育学从基本概念到整个体系及基本内容的思考、梳理和安排，以期构建新的教育学理论体系，并作为教育学理论学习和研究之"导游图"奉献给读者。本书荣获第四届国家图书奖提名奖、第一届全国教育图书一等奖。

0370 中国西北宗教文献丛书（共五十四卷）

作　　者：卓新平、杨富学

语　　种：1

印 刷 量：120

出版时间：2012

数 字 版：无

简　　介：《中国西北宗教文献丛书》是社会科学类重点资料性丛书。丛书力求全面、系统搜罗西北宗教文献，它涵盖了西北地区各类宗教的起源、发展、变迁、衰亡和现状，为现代人文科学研究，尤其是为宗教学、民族学、社会学、历史学、语言学、文化艺术学等研究提供了翔实可靠的文献资料。填补了国内缺少此类文献的空白。

0371 伯希和敦煌石窟笔记

作　　者：伯希和著、耿昇译

语　　种：1

印 刷 量：3100

出版时间：2007

数 字 版：无

简　　介：《伯希和敦煌石窟笔记》是1908年法国东方学学者、探险家保罗·伯希和率法国探险队首赴敦煌莫高窟进行科学考察活动时的工作笔记。这部笔记记录了伯希和探险队对敦煌莫高窟进行全面科学考察的全部成果，是人类首次运用现代考古学的理论和方法对敦煌莫高窟进行全面系统地考察、测量和描述。"笔记"对莫高窟的所有洞窟的形制、大小、方位、开凿年代、保存现状进行了描述，对洞窟内的所有壁画上的历代题记逐一进行了抄录，同时还拍摄了300余幅资料照片。这部笔记所保存的资料为后世百年敦煌学的学科建立和早期发展奠定了基础。获第二届中华优秀出版物奖图书提名奖。

0372 甘肃林情与科学发展

作　　者：马尚英
语　　种：1
印刷量：3000
出版时间：2006
数字版：无
简　　介：本书就甘肃林业如何科学发展、向哪几个方向发展、用什么举措去发展、科学发展的基点在哪里等问题，进行了全面而系统的阐述。全书共分为四篇：第一篇林情，以生态建设为重点、产业发展为热点、森林管护为难点，回眸了近50年来林业的发展业绩；第二篇林殇，记录了甘肃森林的历史变迁及生态后果，分析了林业变迁的原因；第三篇林效，实录了甘肃林业的多种效益，尤其是以产业振兴农村经济、推进社会进步中的功能为题，阐述了林业的经济社会功能；第四篇林策，即以科学的发展观引领甘肃林业发展的策略，详细阐述了提出林业历史性任务的依据、甘肃林业和谐发展的方略、可持续发展的国际化进程、完善林业发展支撑体系的策略取向等。

0373 敦煌与丝绸之路学术文丛（共十二册）

作　　者：杨富学、薛正昌等
语　　种：1
印刷量：1000
出版时间：2014
数字版：有
简　　介：《敦煌与丝绸之路学术文丛》是一本综合性学术研究丛书，从不同方面探讨丝绸之路沿线历史、宗教、语言、艺术等文化遗存。和以往的有关丝绸之路文化方面的论著相比，本套丛书有自身个性，即特别注重于西北少数民族文献与地下考古资料，在充分掌握大量的最新、最前沿的研究动态和学术成果的基础上，在内容的选取和研究成果方面，具有一定的权威性和前沿性。整套丛书也力求创新，注重学科的多样性和延续性，其中的各分册图书，在该学术研究领域都有一定的创新性。

0374 敦煌莫高窟北区石窟研究

作　　者：彭金章
语　　种：1
印刷量：2000
出版时间：2011
数字版：有
简　　介：本书集莫高窟北区石窟最新研究结果之大成，分为石窟考古研究、汉文文献研究、民族文字文献研究、石窟保护研究四部分，从历史、考古、民族、语言文字、宗教、艺术等多学科领域，对敦煌莫高窟北区石窟进行了深入系统的研究，为敦煌学及相关学科提供了全新的信息和资料，填补了敦煌石窟研究的某些空白，开辟了敦煌学研究的新领域。

0375 高台魏晋墓与河西历史文化研究

作　　者：中共高台县委等

语　　种：1

印 刷 量：3000

出版时间：2012

数 字 版：有

简　　介：本书是迄今为止国内出版的关于河西走廊墓葬、佛教艺术、文物古迹、历史文化的研究最全面、最深入，学术价值最高的一部论著。收入国内外专家学者的专题研究性文章 57 篇，分河西魏晋墓研究、出土文献研究、历史地理研究、中西文化交流研究、石窟艺术研究、民族研究、语言文字研究等专题。

0376 甘肃古迹名胜辞典

作　　者：西北师范大学古籍整理研究所

语　　种：1

印 刷 量：8500

出版时间：1992

数 字 版：无

简　　介：《甘肃古迹名胜辞典》收录了近一千二百个辞条，本书以翔实的内容，简要的介绍，从一个角度提供了宣传甘肃、了解甘肃的窗口。本书出版超过 20 年，期间多次重印，直到现在仍在销售。

0377 唯一的红军

作　　者：张炜

语　　种：1

印 刷 量：10000

出版时间：2012

数 字 版：无

简　　介：该图书收入了著名作家张炜从 20 世纪 80 年代以来创作的 6 部短篇小说及 4 篇散文作品。这些作品集中反映了改革开放大背景下，随着世俗化的不断扩张，不同价值观之间的冲突与碰撞。张炜以充沛的想象力和严谨的写作态度通过象征及对比性描写，以严肃而审慎的姿态对一切丑陋的社会现象和人性弱点做出了深刻的批判，同时对以"真、善、美"为核心的传统道德观与价值观给予了有力肯定，整部作品体现出作家深厚的忧患意识与鲜明的人文精神来，也表现出一个启蒙知识分子应有的精神立场。入选新闻出版总署首届社会主义核心价值观双百出版工程。

0378 中华文化精神书系（共十卷）

作　　者：姜澄清、程金城等

语　　种：1

印 刷 量：3000

出版时间：2008

数 字 版：有

简　　介：本套丛书由《中国绘画精神体系》《中国 20 世纪文学价值论》《中国文学原型论》等十本组成，用清晰的国学根脉，严谨的结构，高妙独到的见解和典雅的叙述，引领读者感受蕴涵于中国文化之中的哲学、人学、美学等，从而领略中国诗性哲学、艺术之道的真正魅力。

0379 古代家训精华

作　　者：王人恩

语　　种：1

印 刷 量：2000

出版时间：2009

数 字 版：有

简　　介：这是三本关于中国传统家庭文化的经典选集。每一本书都针对性地精选了历朝历代祭文、家书、家训五十多篇，这些经典篇目皆是古人至情至性的创作，是呕心沥血的长诗，每篇后面都隐含着一个关于生命的故事。三本图书文白对照，鉴赏评析，为我们展现了中华民族传统文化中古人对于亲情、爱情的伟大阐释。本套图书一经出版，便受到了广大读者的喜爱与好评。

0380 大地之光丛书（共四册）

作　　者：周德祥

语　　种：1

印 刷 量：1000

出版时间：2006

数 字 版：无

简　　介：本套书包括《行走天地》《春天的光线》《山河的旋律》《永远的红树林》，其中所收录的散文作品有对往昔岁月的追忆，有对历史陈迹的凭吊沉思，有对乡野山风、质朴生活的回眸，还有对与现代文明相伴随的人心浮华的质问。

0381 敦煌讲座书系（共二十一册）

作　　者：荣新江、柴剑虹、张涌泉等

语　　种：1

印 刷 量：2000

出版时间：2013

数 字 版：有

简　　介：敦煌讲座书系是"十二五"国家重点出版规划项目，获2010年国家出版基金资助。该书系分为21册，总字数900万，图片2000余幅。书系将历史、地理、社会、考古、艺术、文学、文物、文献、经典、写本等敦煌学研究的主要领域和以前不为学界所关注的一些极为冷门的偏僻领域百年来国内外所取得的方方面面的研究成果进行了全面展现，系统回顾了敦煌学研究的百年历程。

0382 陇原好少年

作　　者：甘肃省文明办

语　　种：1

印 刷 量：10000

出版时间：2008

数 字 版：无

简　　介：本书由甘肃少年儿童出版社出版。本书共收录了66个孩子在"5·12"汶川地震后的故事，是甘肃省灾区数百万未成年人的缩影，他们感人至深的事迹，虽然仅仅是特定条件下的表现，却反映了一代人的高尚追求和精神风貌。本书荣获第一届中华优秀出版物特别奖，具有良好的社会效益和经济效益。

0383 中国北方古代少数民族历史文化丛书（共十卷）

作　　者：杨富学、郑炳林等

语　　种：1

印 刷 量：2000

出版时间：2012

数 字 版：无

简　　介：本丛书是研究中国北方古代少数民族历史文化的学术专著，共十卷，即《藏传佛教阿弥陀佛与观音像研究》《回鹘社会经济文书辑解》《十至十三世纪新疆突厥语文献语言语法概论》《辽朝史稿》《西夏与周边关系研究》《萨满文化研究》《回纥史初探》《回鹘学译文集》《敦煌民族研究》和《中国北方民族历史文化论稿》，详细论述了中国北方各少数民族历史诸方面的问题，填补了我国北方古代少数民族历史文化方面研究的空白。

0384 自体造血干细胞移植

作　　者：达万明

语　　种：1

印 刷 量：3000

出版时间：1995

数 字 版：无

简　　介：本书根据国内外的最新进展，全面系统地论述了自体造血干细胞移植的基础研究与临床应用，是国内迄今唯一的有关自体造血干细胞移植治疗的专著。全书共20章，介绍了造血干细胞及其生长调控、自体骨髓移植技术、微笑残留的检测与体外净化、移植前预处理方案、移植物抗肿瘤效应、造血生长因子的应用，以及用自体造血干细胞治疗各类恶性血液病和实体瘤的临床应用、支持治疗、移植后近远期并发症的防治等。

0385 环县志

作　　者：环县志编纂委员会

语　　种：1

印 刷 量：5000

出版时间：1993

数 字 版：无

简　　介：1993年版《环县志》由环县志编纂委员会编，康秀林主编。甘肃人民出版社1993年10月出版。全志1册，共有概述、大事记、经济志、政治志、文化志、社会志、人物志及附录8个部分。

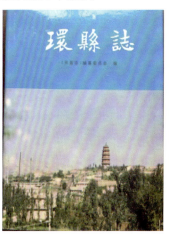

0386 甘肃省环县土壤志

作　　者：甘肃省环县土壤普查办公室

语　　种：1

印 刷 量：540

出版时间：1987

数 字 版：无

简　　介：《甘肃省环县土壤志》1册，12万字，分自然条件和成土因素、土壤分类及分布、土壤类型及其性状、土壤的理化性质、土地利用现状及生产力分级、土壤改良及改良利用分区六章。

0387 环县人口志

作　　者：环县人口志编纂委员会

语　　种：1

印 刷 量：2000

出版时间：2011

数 字 版：无

简　　介：《环县人口志》共有大事记、历史人口、共和国成立后人口发展、人口出生与死亡、人口迁移与流动、人口年龄构成、人口性别构成、人口素质、劳动人口及其就业、婚姻与家庭、人口分布、人口城镇化、人口与资源环境、计划生育、计生技术服务与生殖健康、计划生育利益导向、人口管理与统计、人物等18章。

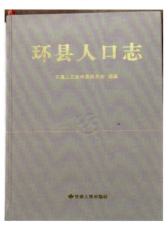

0388 环县道情皮影志

作　　者：环县道情皮影志编纂委员会

语　　种：1

印 刷 量：3000

出版时间：2006

数 字 版：无

简　　介：《环县道情皮影志》分大事记、剧目、道情音乐、皮影、风格流派、人物、杂记等8章。前置序、凡例、综述，后置附录、后记。

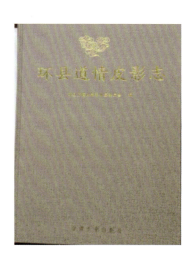

0389 环县志

作　　者：高观鲤

语　　种：1

印 刷 量：10

出版时间：1754

数 字 版：无

简　　介：《环县志》成书于清乾隆十九年（1754），由知县高观鲤撰修。全志10卷，卷一沿革：疆域、山川、古迹、城池、县治、仓库、坊市、桥梁；卷二祠祀：墓道；卷三学校：祭器、乐器、书籍、社学、乡饮；卷四田赋：盐课、杂税、物产、风俗；卷五兵防：烽堠、邮传；卷六职官：仕迹；卷七仕籍：进士、举人、贡生、武科；卷八人物：忠节、孝义、勋业、赠官、流寓、隐逸、方伎、烈女；卷九艺文：颂、讲、记；卷十纪事：五行。

0390 好朋友童谣

作　　者：金鑫
语　　种：1
印 刷 量：8000
出版时间：2011
数 字 版：有
简　　介：本书收录甘肃省近年来优秀的原创童谣120首，配以120幅专门创作的主题漫画，文字生动，图画美丽，阅读起来朗朗上口，是充满时代气息和儿童生活情趣的童谣作品，为甘肃省精神文明办精心打造的适合少年儿童阅读的德育及美育读本。

0391 甘肃省名老中医文库（共四种）

作　　者：李妍怡等
语　　种：1
印 刷 量：3000
出版时间：2013
数 字 版：无
简　　介：本丛书根据门诊和会诊的治疗病例进行选择和整理。选择的原则是疗效较好，记载较全，有一定的参考价值病案。反映了著名老中医在临床治疗上的经验和特点，力争体现著名老中医的学术思想全貌。适用于中医及中西医结合专业医务人员参考。

0392 甘肃少数民族史话丛书（共七册）

作　　者：谢国西、王锡萍等
语　　种：1
印 刷 量：1000
出版时间：2009
数 字 版：无
简　　介：《甘肃少数民族史话丛书》是省新闻出版局批准立项的省级重点出版项目，旨在全面展示甘肃省各少数民族、各民族地区灿烂辉煌的历史文化和改革开放以来繁荣发展的巨大成就。全书以在甘肃省有自治区域的七个民族为基础分为七个分册，即《甘肃回族史话》《甘肃藏族史话》《甘肃蒙古族史话》《甘肃保安族史话》《甘肃东乡族史话》《甘肃裕固族史话》《甘肃哈萨克族史话》，丛书图文并茂，语言通俗生动。本书的出版旨在使人们系统地了解甘肃现存的少数民族的曲折来历与现状，习俗与文化，人物与秉性，增加各民族人民之间的彼此了解。

0393 在地球两端——告诉你一个正在变化的南极和北极

作　　者：万昆
语　　种：1
印 刷 量：1000
出版时间：2005
数 字 版：无
简　　介：本书由甘肃少年儿童出版社出版。本书是一部日记体的游记散文，用平实的语言记述了作者从出发地北京到目的地南极、北极一路上的所见所闻，体现了一个崇尚和平、崇尚天人合一的理念，也隐含了对自然环境保护和未来可持续发展的思考，具有良好的社会效益和经济效益。本书入选"三个一百"原创出版工程奖。

0394 甘肃通史

作　　者：刘光华
语　　种：1
印 刷 量：5000
出版时间：2009
数 字 版：无
简　　介：该书客观、详实地叙述了甘肃各族人民与自然和谐相处、共同创造甘肃历史的过程。该著作全面反映了甘肃从古到今政治、经济、文化、社会、民族、宗教、自然生态等各个方面的发展变化，展示了甘肃的悠久历史、丰厚文化积淀、多民族生活以及独特的自然人文环境，总结了甘肃经济和社会发展的规律以及经验教训。全书采用以历史发展时期为经，以内容主题为纬的通史体例。按历史时期拟分为8卷，即先秦卷、秦汉卷、魏晋南北朝卷、隋唐五代卷、宋夏金元卷、明清卷、中华民国卷、当代卷。入选第三届新闻出版总署"三个一百"原创出版工程，获第八届甘肃省优秀图书一等奖。

0395 少年绝境自救故事丛书（共十册）

作　　者：薛屹峰等

语　　种：1

印 刷 量：20000

出版时间：1996

数 字 版：无

简　　介：本套书由甘肃少年儿童出版社出版，是一套为少年儿童策划编写的绝境自救故事，共十册，每册由一位作家和100位小读者共同完成，内容包括作家创作的故事以及从全国100位小读者设想的自救方案选编的10篇文章。本书荣获第三届国家图书提名奖。

0396 国际敦煌学丛书（共二册）

作　　者：王冀青

语　　种：1

印 刷 量：1000

出版时间：2004

数 字 版：有

简　　介：斯坦因是英藏敦煌中亚文物的主要搜集者，也是国际敦煌学的开拓者之一。他于1900年至1931年进行了四次中亚考察。斯坦因在其历次中亚考察期间，获得过数量不等的中国西北文物，尤其是他第二次中亚考察期间于1907年从敦煌获得的大量藏经洞文物，构成了国际敦煌学研究最重要的一批资料，奠定了国际敦煌学的基础。本套书荣获首届中华优秀出版物奖。

0397 甘肃藏敦煌藏文文献叙录

作　　者：马德

语　　种：3

印 刷 量：1000

出版时间：2011

数 字 版：无

简　　介：敦煌的吐蕃文文献，主要是写经，少量是文书。写经中，主要是卷轴式的《大乘无量寿经》和梵夹式的《般若经》（或曰《般若颂》）。此外也有一些其他内容的写经，但数量极少。2004年以来，敦煌研究院敦煌文献研究所集中研究力量，组成项目组，对甘肃省内各地所藏敦煌莫高窟藏经洞所出藏文文献进行全面调查、整理；由敦煌研究所文献所所长马德任主编，联合我省地方各博物馆及私人收藏者,组成本书的编写小组。全书的体例为以目录形式记录甘肃各地收藏的敦煌藏文文献,按收藏单位分篇,每篇开头有关于收藏单位和收藏情况的简单介绍,之后即正文。

0398 甘肃省脊椎动物志

作　　者:王香亭

语　　种:1

印 刷 量:1400

出版时间:1991

数 字 版:无

简　　介:本书是一部以动物学为基础理论的应用为主的富有地域性的科学专著。共载叙甘肃野生动物鱼类、两栖爬行类、鸟类、哺乳类共计825种,附图600余张。备述了它们的系统分类、地理分布、鉴别特征、形态生态、经济意义等。本书还对甘肃脊椎动物区系进行了分析,并提出了益害评述和动物资源保护、合理开发利用的建议。

0399 敦煌印象

作　　者:方健荣

语　　种:1

印 刷 量:12000

出版时间:2009

数 字 版:有

简　　介:本书收入了常书鸿、季羡林、刘白羽、余秋雨、冯骥才、贾平凹、三毛等60多位国内著名作家、敦煌学研究学者书写敦煌的文化历史散文共100余篇。从文化人的心灵角度诠释了瑰丽而永恒的敦煌,是一本有着典藏价值的美文汇编。

0400 敦煌石窟寺研究

作　　者:宁强

语　　种:1

印 刷 量:2000

出版时间:2012

数 字 版:有

简　　介:本书为一部系统且有深度的有关敦煌石窟寺研究专著,图文结合,全方位展示了各个历史时期敦煌石窟寺的历史沿革及艺术特色,是一部集学术性、知识性、可读性及观赏性于一身的佳作。对于敦煌石窟寺艺术的研究有重要的促进作用。

0401 三国殇

作　　者：李民发

语　　种：1

印刷量：9150

出版时间：2007

数字版：无

简　　介：这本长篇历史小说是运用现代文学创作技巧对《三国演义》的补续之作，主要内容是以历史史实为依据，运用现代文学语言讲述了后三国时代曹魏、刘蜀、孙吴三国政权相互争霸并先后走向灭亡的复杂的历史过程，描绘了三国时代波谲云诡的政治风云和剑光火影的战乱场景，塑造了那个时代涌现出的一批个性鲜明的历史人物形象，也展示了三国归晋的波澜壮阔的历史画卷。该书入选新闻出版总署第二届"三个一百"原创出版工程。

0402 甘肃窟塔寺庙

作　　者：李焰平

语　　种：1

印刷量：2000

出版时间：1999

数字版：有

简　　介：本书囊括了1840年前建造的散见于甘肃各地的窟、塔、寺观（包括佛寺、道观、清真寺、天主教堂、基督教堂等）、庙（包括和尚庙、文庙、武庙、龙王庙、土地庙等）的有关建筑，凡在甘肃历史发展长河中激起过点点浪花的所在，都给予了一定的篇幅。凡属全国、省级重点文物保护单位，都作为重点篇目，力求写出份量；凡属县级重点文物保护单位，则视其历史价值有选择地编入此书；凡地面已无实物可考者或本书未专文介绍者，亦列表说明。

0403 西藏教育五十年

作　　者：周润年

语　　种：1

印刷量：2000

出版时间：2002

数字版：有

简　　介：《西藏教育五十年》是甘肃教育出版社向党的"十六大"献礼的重点图书，是一部反映西藏和平解放五十年教育事业取得的辉煌成就的史料性著作。作者依据详实的史料介绍了作为我国整个教育事业重要组成部分的西藏教育是如何在世界屋脊上的特殊艰苦条件下崛起、发展、壮大的，并系统说明了其发展速度、规模，以及对中华民族教育事业发展的重要意义。

0404 临夏中草药

作　者：海向明

语　种：1

印刷量：1000

出版时间：2014

数字版：有

简　介：本书介绍了党参、当归、柴胡、冬花等28种常用药材的适宜环境、生长习性、产地分布、采集加工、功能主治等一般常规知识以及商品药材的加工技术、等级规格、包装用料及方法，供各地药农互相学习、交流时参考，有一定实用价值。

0405 辉煌陇原60年

作　者：励小捷、中共甘肃省委宣传部、甘肃省新闻出版局

语　种：1

印刷量：2000

出版时间：2009

数字版：有

简　介：画册精选350幅代表性摄影图片，用摄影艺术形式和新旧图片对比的方式，以重大历史事件为线索，真实、形象、生动地反映了新中国成立以来甘肃60年经济建设、政治建设、文化建设、社会建设等多个领域的巨大变化和辉煌成就，是一部深入开展爱国主义教育和省情教育的生动读本，具有特殊的文化意义。

0406 敦煌马圈湾汉简集释

作　者：张德芳

语　种：1

印刷量：300

出版时间：2013

数字版：无

简　介：本书为国家古籍整理出版资助项目《甘肃秦汉简牍集释》之第二册。敦煌马圈湾汉简出土于1979年，共有汉简1217枚。本书是对这批简的深度整理和研究，主体由图版、释文、校释、集解、今按五部分构成一个有机整体。在对原简进行重新拍摄和通过红外线扫描仪扫描的基础上，本书首次全部公布了这批汉简的原大彩色图版和高清红外线图版。在全面检核学界数十年研究成果和对照红外线图版的基础上，本书提供了迄今关于这批简的最准确的释文，纠正了此前不少误释，补充了许多新释、漏释，贡献尤著。改释、补释皆出校记。集解综合诸说，对一些非常罕见的字词进行了注解，对各家释文进行了细密考订。

0407 敦煌学专题研究丛书（共五册）

作　者：贺世哲、谭蝉雪等

语　种：1

印刷量：2000

出版时间：2011

数字版：有

简　介：本丛书内容包括莫高窟早期图像、

甘肃省文化资源名录 第三十八卷 文化产业、传媒Ⅲ

传媒

281

民俗以及出土文献中文学、科技等方面的专题研究，学术价值很高，作者均是敦煌学界知名学者。其中两本入选新闻出版总署"三个一百"原创出版工程，三本图书获甘肃省优秀图书奖。

0408 甘肃出版史略

作　　者：白玉岱

语　　种：1

印 刷 量：3000

出版时间：2011

数 字 版：无

简　　介：全书共七章，涉及民国以前甘肃出版史，新中国成立后的发展变化以及书籍的形式、生产方式、发行机构，少数民族语言文字图书的出版，甘肃出版研究等内容。全面反映了甘肃出版的历史与现状。

0409 藏族苯教医典

作　　者：洲塔、道吉才让

语　　种：1

印 刷 量：300

出版时间：2014

数 字 版：无

简　　介：《藏族苯教医典》汇集了远古藏族医术精华，囊括各门类医药秘方2000余种。该文献是中华传统文化宝库中的一颗璀璨明珠，具有重大的出版价值和意义。藏族古代医学是现代藏医之母，是藏族早期医学的经验总结，是在远古苯教文化背景下创造的独特的医药学科和医疗保健方式。该文献是极为珍贵的藏族早期医药文献，所收医药秘方流传数千年之久，且仅传两部，版本价值极高。

0410 老子别解

作　　者：苏宰西

语　　种：1

印 刷 量：1000

出版时间：2007

数 字 版：有

简　　介：本书对《老子》原著通译，用两种字体编排，便于言文对照；每章标明旨趣，并围绕旨趣进行解说，多引用中外史料、寓言、故事等，使难于理解的问题通俗易懂；同时，著者试图结合现代科学发展有关宇宙、生态、思维科学新成就、新思维、新方法，揭示《道德经》的深刻内涵；最后加以综合评述，理清老子哲学的基本构架、脉络和源流，归纳出《老子道德经三字文》，让读者把握要领。

0411 "百年巨匠"丛书（第1辑）

作　　者：高海军等

语　　种：1

印 刷 量：10000

出版时间：2013

数 字 版：有

简　　介："百年巨匠"丛书以独特视角全方位展示20世纪享誉世界画坛的艺术大师，解读特定历史背景下的大师的人生，追寻远去的巨匠足迹，深度解析大师的艺术价值，穿插其生活中所发生的逸闻轶事，启发读者重新思考和认知。

0412　甘肃中草药资源志（上、下册）

作　　者：赵汝能

语　　种：1

印 刷 量：100

出版时间：2007

数 字 版：无

简　　介：《甘肃中草药资源志》分上、下册，总计药物2055味，含动、植、矿物2531种。书中对每种药物的名称、来源、形态、生境、分布、采集加工、化学成分、性味及应用等做了扼要记述。附中文名、拉丁名索引及动、植物系统名录。本志对甘肃省中草药的生产、生态环境的保护、医药卫生、教学、科研及合理开发利用等方面提供参考。

0413　陇文化丛书（共十册）

作　　者：董玉祥、薛长年等

语　　种：1

印 刷 量：2500

出版时间：1999

数 字 版：有

简　　介：本丛书撷取了神话与古史传说、彩陶、秦汉简牍、河西走廊魏晋墓葬画、长城、丝绸之路、石窟、晋唐小说创作、敦煌遗书、民族文化等陇文化中最具有特色和价值的10个方面，通过这10个方面，图文并茂地系统介绍了甘肃文化，揭示了陇文化的

概貌，体现了陇文化的精神内涵。本套丛书荣获第十二届中国图书奖。

0414　宝贝快乐童谣

作　　者：葛翠琳

语　　种：1

印 刷 量：10000

出版时间：2008

数 字 版：无

简　　介：本书由甘肃少年儿童出版社出版。收录的是适合0-5岁幼儿咏读的作品。作者葛翠琳用朴实无华的语言写出的幼儿童谣，不仅文字简洁，朗朗上口，而且亲子交融，感情至深。对0-5岁幼儿早期阅读是很好的语言发展辅助读物。本书入选"三个一百"原创出版工程。

0415　丝绸之路体育图录

作　　者：李金梅、李重申

语　　种：1

印 刷 量：1000

出版时间：2008

数 字 版：有

简　　介：本书主要通过对敦煌洞窟的壁画、画像砖、遗书、简牍等文献的研究来追溯、分析蹴鞠、围棋、角抵、相扑、养生、马球

等多种古代体育活动，具有较新的研究视点和较高的文化价值。同时，本书也描绘了丝路文化中体育发展的历史轮廓，从历史上这一地区的体育发展的实况，进而推究古代体育文化的实质。

0416 敦煌学研究丛书（共十二册）

作　　者：荣新江等

语　　种：1

印刷量：2000

出版时间：2002

数字版：有

简　　介：本丛书是新时期敦煌学研究的集大成之作，主要内容涉及文学、语言文字、历史、地理、天文历法、经济、宗教、文化教育、石窟艺术和敦煌学史等敦煌学研究的各个领域，集中了近20年来中国敦煌学研究方面所取得的成就，拥有学术界注目的编委会和出众的作者队伍丛书，封面设计庄重素雅，学术味浓郁，装帧考究，用材上乘。

0417 北魏政治史

作　　者：张金龙

语　　种：1

印刷量：1000

出版时间：2008

数字版：有

简　　介：本套丛书以君主在位的时代先后为序，以全方面、多角度阐述北魏历史全程为旨归，用流畅的历史语言描述北魏王朝从建立到衰亡的全过程，准确明晰地呈现出北魏历史的基本面貌。涉及的问题极为广泛，凡与北魏政治历史进程有关的事项，诸如战争、外交、法律、经济政策、民众叛乱等内容都在论述之列。北魏历史上不曾为学界所关注的许多重大的抑或细微而又不可或缺的问题，在本书中都有明确交代。对于学界已

作过较多论述的问题，本书在全面掌握相关资料的基础上重新进行了阐释。本套丛书获第三届中华优秀出版物奖（提名奖）。

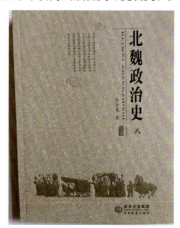

0418 走近敦煌丛书（共十二册）

作　　者：荣新江、郑阿财等

语　　种：1

印刷量：1000

出版时间：2007

数字版：有

简　　介：本套丛书在以往敦煌学研究的基础上，通俗地论述了敦煌的历史、民俗等方面的内容，是一套集趣味性与知识性于一身的研究性论著。该套丛书获第二届"中华优秀出版物奖"，入选新闻出版总署第二届"三个一百"原创出版工程。

0419 甘肃省小康建设丛书

作　　者：常国泰等

语　　种：1

印 刷 量：3000

出版时间：2004

数 字 版：无

简　　介：这套丛书包括四个系列：农业科技系列；农村医疗卫生保健计划生育系列；农村普法系列和农村精神文明、文化、教育系列等。丛书具科学性、通俗化、实用性和低价位，尽力满足农民致富的知识要求和素质要求。

0420 青藏铁路施工新技术

作　　者：青藏铁路施工新技术编委会编

语　　种：1

印 刷 量：2000

出版时间：2007

数 字 版：无

简　　介：本书在冻土区施工、环境保护、高原医疗保障、冻土区科研等重点方面做了大量的论述，以突出在攻克"多年冻土、高寒缺氧、生态脆弱"三大难题上所做的工作，为以后类似工程提供了可参考的资料。同时也是参加青藏铁路建设的广大工程技术人员和科技工作者所做贡献的最好见证。

0421 自然物语（全三册）

作　　者：约翰·巴勒斯、董继平等

语　　种：1

印 刷 量：33000

出版时间：2009

数 字 版：有

简　　介：这是一套全面介绍国外自然文学成果的典藏性读本。作者以亲历的方式娓娓讲述了人与自然的故事，融文学性、科普性、知识性和趣味性为一体。同时，对于提高国

人认识自然和保护环境的意识，具有重要的现实意义。

0422 居延汉简通论

作　　者：薛英群

语　　种：1

印 刷 量：2000

出版时间：1991

数 字 版：无

简　　介：本书在广泛吸收前辈和当代专家研究成果的基础上，结合个人的研究心得，比较系统、全面地阐述了居延地区的自然环境、历史变迁、遗址分布、简牍出土概况、居延简制、文书学价值和史料价值。它对居延汉简史料价值的阐述，几乎包括了居延汉简所涉及的所有内容。

0423 北魏政治与制度论稿

作　　者：张金龙

语　　种：1

印 刷 量：1500

出版时间：2003

数 字 版：无

简　　介：本书主要是关于北魏历史的研究成果，因涉及的主要是关于北魏政治与政治制度史方面的问题，故名为《北魏政治与制

度论稿》。

0424 酥油

作　　者：江觉迟

语　　种：1

印 刷 量：30000

出版时间：2010

数 字 版：有

简　　介：本书是一部长篇小说。作者以一个真实的故事为原形，用细腻温暖的笔触讲述了一个志愿者的艰辛往事，以及她为慈善事业无私奉献的故事。书中的梅朵千辛万苦来到深山草原，为了给那些流离失所的孩子们一个庇护所，倾尽了自己的生命，把全部的热情和爱留在草原。

0425 莫高窟的精灵：一千年的敦煌梦

作　　者：王家达

语　　种：1

印 刷 量：30500

出版时间：2011

数 字 版：无

简　　介：长篇报告文学《莫高窟的精灵：一千年的敦煌梦》叙述了一个多世纪以来，一批中国知识分子为保护、研究敦煌莫高窟而殚精竭虑的动人故事，真实而全面地再现了凝聚在这些知识分子身上的为中华民族文

化事业勇于牺牲、敢于承担的优秀品质。甘肃人民出版社 2011 年 11 月出版。获第十二届精神文明建设"五个一工程"奖。

0426 各民族共创中华丛书（全十册）

作　　者：王希隆、杨建新等

语　　种：1

印 刷 量：1000

出版时间：2011

数 字 版：无

简　　介：该书用大量历史文献，全方位、多视角地再现了满族、锡伯族、达斡尔族、鄂温克族、鄂伦春族、赫哲族等诸民族在经济、政治、文化、科技、社会等各方面对中华民族作出的贡献。

0427 金昌大辞典

作　　者：何济国、李德文

语　　种：1

印 刷 量：300

出版时间：2014

数 字 版：无

简　　介：该书系甘肃省重点出版项目《甘肃地方辞典丛书》之一。全书包括政治、军事、经济、文化、教育、科学、地理、民俗等，共 25 个类目、148 个子目、6466 个辞目，门清类全，统筹兼顾，信息量大，覆盖面宽，具有"地域特色、辞典水准、实事求是、时代精神"的特点。辞条叙议言简意赅，融科学性、艺术性、学术性和通俗性为一体，堪称全方位、多角度呈现金昌悠久历史、美丽山川、广博物产、重大事件等的一部"百科全书"。

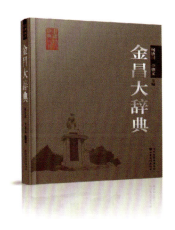

0428 大美敦煌（精选本）

作　　者：方健荣

语　　种：1

印 刷 量：10000

出版时间：2013

数 字 版：有

简　　介：本书遴选出常书鸿、段文杰、刘白羽、北岛、余秋雨、冯骥才等50多位国内及国际的著名作家、敦煌学研究学者书写敦煌的文化历史散文50余篇，配以精美的敦煌壁画图片，从文化人的心灵角度诠释了瑰丽而永恒的敦煌，是反映敦煌题材的又一力作。

0429 天水放马滩秦简集释

作　　者：张德芳、孙占宇

语　　种：1

印 刷 量：300

出版时间：2013

数 字 版：无

简　　介：本书为国家古籍整理出版资助项目《甘肃秦汉简牍集释》之第一册。天水放马滩秦简1986年出土于天水北道区（今麦积区）党川乡放马滩一号秦墓。主要内容是甲乙两种《日书》，总共461简。这是秦简出土方面继湖北云梦睡虎地秦简之后的又一次重大发现，在全国迄今全部出土秦简中，出土简的数量位居第四，且具有极高的学术价值和重要的学术地位。本书所刊图版清晰，是迄今为止最理想的图版。正文中包括释文、集释两大部分。释文有很多新的贡献，纠正了以前的诸多误释，补充了许多漏释，重新编订了篇章，为读者解读这批简提供了可靠依据。集释综合诸说，对一些非常专门的字词进行了简要注解，非常便于读者查阅。

0430 铭记5·12：甘肃省抗震救灾纪实

作　　者：中共甘肃省委宣传部

语　　种：1

印 刷 量：3000

出版时间：2008

数 字 版：有

简　　介：本书为反映5·12大地震后甘肃省抗震救灾纪实的大型新闻摄影作品集。摄影集共由五个单元组成，分别是"亲切关怀""灾情惨重""抗震救灾""众志成城""重建家园"。选用照片300多幅，均由甘肃省抗震救灾一线新闻和摄影工作者拍摄，纪实性强，有震撼力。

0431 中国重要地区陆生贝类

作　　者：王洪建、陈德牛

语　　种：1

印 刷 量：1000

出版时间：2011

数字版：无

简　　介：本书是作者长期从事陆生软体动物野外调查及研究的成果，全书共记载了209种陆生软体动物，对其形态、生态、分布分别进行了描述，并对有些种类进行了厘定，其中有许多属系中国特有并仅分布在该地区，这些实为不可多得的科学资料。

0432　阔端与萨班凉州会谈

作　　者：樊保良、水天长

语　　种：1

印 刷 量：10050

出版时间：1997

数 字 版：无

简　　介：该书是一本论述蒙藏关系和中华民族走向统一的历史进程中一个重大事件的学术专著。阔端是蒙古汗国的皇子和西路军统帅，萨班是吐蕃带有政教合一性的宗教领袖，他们于公元13世纪中期，在西部重镇凉州（今甘肃武威）举行了一次历史性会谈，达成了西藏各派与蒙古汗国的和平统一的具体方案，即《致蕃人书》，后来随着南宋的灭亡，形成了大一统的元朝中央政权。凉州会谈的成功，反映了中国历史和平与统一的发展总趋势，是西藏属于中国，永远成为中国不可分割的一部分的历史见证，推动了西藏经济社会的发展。该书填补了我国史学研究的一个空白，为维护民族团结和祖国统一做出了史学工作者的可贵贡献。获第七届精神文明建设"五个一工程"奖、第四届国家图书奖提名奖、第十一届中国图书奖。

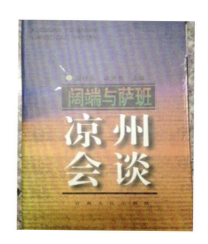

0433　佛教与西藏古代社会

作　　者：朱丽霞、周松

语　　种：1

印 刷 量：2000

出版时间：2006

数 字 版：有

简　　介：本书以佛教在古代西藏的传播、本土化为线索，全面系统地论述了佛教对推动古代西藏政治、经济、法律、文化等方面发展所起的作用，探讨了佛教与古代西藏政治的关系以及佛教对西藏社会所产生的深刻影响及其历史原因。

0434　甘肃草地资源

作　　者：甘肃省草原总站

语　　种：1

印 刷 量: 1000

出版时间: 1999

数 字 版: 无

简　　介: 这是一本总结性著作, 包含了1978—1988 年进行的草原调查的各类重大项目, 得到了"甘肃省草地资源调查报告""甘肃省草地资源图""甘肃省草地资源类型及生产能力计算表""甘肃省草地植物名录""甘肃省天然草地主要优良牧草营养成分"等成果, 是一本阶段性总结甘肃省草地的类型、利用现状及开发前景等内容的优秀图书。

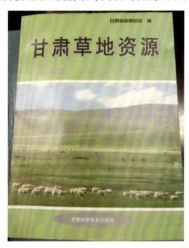

0435 中/英甘肃基础教育项目小学补充读物

作　　者: 甘肃省教育厅中英甘肃基础教育项目办公室

语　　种: 1

印 刷 量: 10000

出版时间: 2003

数 字 版: 无

简　　介: 本书由甘肃少年儿童出版社出版。中英甘肃基础教育项目是中国政府与英国政府确定的一项双边合作项目, 用于支持和促进甘肃省少数民族地区的基础教育发展, 有助于帮助少年儿童学习语言, 扩大知识面。具有良好的社会效益和经济效益。本套书荣

获甘肃省优秀图书奖。

0436 三礼研究论著提要

作　　者: 王锷

语　　种: 1

印 刷 量: 2000

出版时间: 2001

数 字 版: 有

简　　介: 荣获第十三届中国图书奖。《三礼研究论著提要》分上、下两编, 上编收录汉至 1999 年历代学者研究《周礼》《仪礼》《礼记》(包括《大戴礼记》) 的专著 2683 部, 民国以前的专著撰有提要, 提要内容包括书名、卷数、作者简介、内容、价值、版本、存佚状况及藏书单位, 对相关的版本源流等问题做了考证。下编收录 1900—1999 年国内外研究《三礼》的论文 2123 篇, 每篇论文著录篇名、作者、刊物名称、发表时间、卷(期)号和页码。该书的编著, 就《三礼》而言, 可使经学、礼学、文学、史学、哲学、考古学、文献学、图书馆学等研究者省去检索群书的很多麻烦, 览此一书, 即可得知相关信息, 对学术界人士具有重要的参考价值。

0437 敦煌莫高窟史研究

作　　者: 马德

语　　种: 1

印 刷 量: 3000

出版时间：1996

数 字 版：无

简 介：本书充分利用史籍、敦煌文书、莫高窟供养人题记、窟前考古发掘、敦煌并相关地区的佛教和历史遗迹等大量资料，系统地叙述了莫高窟创建、营造、发展的历史过程，重点考证了其中部分洞窟营造的具体年代。同时就莫高窟营造的各个时代的社会历史背景，各个时期的统治者、贵族阶层和僧侣集团对莫高窟及其营造活动的利用，广大劳动者阶层对莫高窟的贡献，各个时代各个阶层和洞窟营造者们之间的相互关系，莫高窟在敦煌历史上的社会作用等方面，进行了分析和探讨。

0438 笔墨有信

作 者：范有信

语 种：1

印 刷 量：2000

出版时间：2008

数 字 版：有

简 介：范有信先生将他的艺术追求和独特的艺术感悟，寄托于号称"沙漠之舟"的骆驼，笔墨成就也以骆驼为最，此部画集中就收进了有信先生所画骆驼作品80余幅，包括十米长卷《百驼图》，百米长卷《千峰图》等。每幅作品都能给人以情趣恬然、意蕴淡泊、境界高远、笔墨精到之感。

0439 西藏地方经济史

作 者：陈崇凯

语 种：1

印 刷 量：1000

出版时间：2008

数 字 版：无

简 介：该书依据大量考古发掘成果和西藏地方文献资料，系统阐述了西藏自远古至近代有别于中原农业经济的独特的农牧兼作的高原区域经济形态及其发展演进历程，指出这种独特的经济形态与内地经济始终存在着天然的互补关系；提出在中国历史多元一体演进格局的大背景下，西藏古近代经济发展的主要脉络；着重分析和论述了西藏地方经济发展自古以来始终受到中原经济的有力扶持和辅助，西藏地方经济的发展离不开祖国内地经济的强大支撑。入选第三届新闻出版总署"三个一百"原创出版工程，获第三届中华优秀出版物奖。

0440 西部地区新农村建设丛书（共五十卷）

作 者：李秉诚等

语 种：1

印 刷 量：2000

出版时间：2011

数 字 版：无

简　　介：丛书内容涉及种植技术、养殖技术、卫生保健、急救常识，为新农村建设提供了大量的技术支持。讲述了适合西部地区的种植、养殖新技术和可再生资源利用，将环境保护、新材料、低碳农业等新的学科内容渗透到各项技术中，使农业生产与生态和谐有机地结合，另外还有农村文化教育、卫生保健类图书。

0441　南木特藏戏剧本精粹

作　　者：云丹龙珠

语　　种：1

印　刷　量：1000

出版时间：2010

数　字　版：无

简　　介：《南木特藏戏剧本精粹》首次系统抢救整理了流传于甘肃藏族民间的15部"南木特"藏戏剧目，包括宗教剧、历史剧、传说剧、格萨尔剧等四大类，分3册出版。全书以翔实的资料和全新的视角，填补了我国藏文戏剧文献整理研究的空白。全书是迄今为止首次搜集整理南木特藏戏剧本的经典性出版工程，为民俗学、藏学的研究打下了坚实的基础，资料价值及学术研究价值极高。

0442　藏族文化发展史（上、下册）

作　　者：丹珠昂奔

语　　种：1

印　刷　量：3300

出版时间：2001

数　字　版：有

简　　介：本书为我国第一部科学、完整、系统地阐述藏族文化发展历史的学术专著，分史前文化时期、苯教文化时期、藏传佛教文化时期、社会主义藏族新文化时期四编24章。作者专攻文化史，历时10年完成该书，以自成一家的学术思想和理论体系，全面、系统地展示了波澜壮阔、博大精深、风格独特的藏族文化的整体面貌和各个历史阶段文化嬗变的基本形态和特点。

（十）新媒体

0443 民乐县人民政府微信平台

年　　份：2014

从业人员数：6

域 名 数：2

网 站 数：2

互联网网民数：2000

移动互联网网民数：5000

简　　介：民乐县人民政府微信平台于2014年开通，是政府信息公开的又一重要平台。重要政务信息将第一时间通过微信平台向社会公众公开。

0444 敦煌手机报

年　　份：2009

从业人员数：1

域 名 数：2

网 站 数：2

简　　介：《敦煌手机报》2009年5月创刊，成为反映民情民意的窗口、监督部门行风的平台，上情下达、下情上传的桥梁。更是敦煌人民群众喜爱、信任，并不可或缺的第五媒体。

0445 敦煌市广播电视台微博

年　　份：2014

从业人员数：1

域 名 数：1

网 站 数：1

简　　介：敦煌市广播电视台微博主要通过宽带互联网等新载体、新渠道、新手段向社会传达政令、宣传党和国家方针政策。

0446 敦煌市广播电视台微信

年　　份：2012

从业人员数：1

域 名 数：1

网 站 数：1

简　　介：敦煌市广播电视台微信主要宣传党和国家的方针和政策以及甘肃省敦煌市内的重大政治、经济、社会、文化、体育等活动或新闻事件。

/ 后 记 /

在甘肃进行全面性的文化资源普查属于首次，将普查成果汇编成大型的文化资源名录在国内也属于前列。《甘肃省文化资源名录》是按照《甘肃省文化提升行动协调推进领导小组工作方案》和《甘肃省文化资源普查和分类分级评估工作实施方案》要求推出的重要成果。经过甘肃省文化资源普查和分类分级评估工作领导小组办公室组织40多名专家学者，在甘肃省文化资源普查平台数据库基础上，历时两年精心编排，终于完成书稿，这是参与全省文化资源普查的所有工作人员集体智慧的结晶。

甘肃省委原常委、省委宣传部原部长连辑，甘肃省委常委、省委组织部部长梁言顺，甘肃省委常委、省委宣传部部长陈青，先后领导和部署了本名录的编辑出版工作。省委宣传部原副部长、省社科院原院长范鹏研究员协调推进了本名录的编写。甘肃省社科院院长王福生研究员组织实施了本名录的策划设计、内容编排、审定并最终定稿。甘肃省社科院副院长马廷旭研究员负责了审稿、统稿和出版发行事宜。刘玉顺同志全程负责了书稿编排工作。

在《甘肃省文化资源名录》面世之际，感谢甘肃省文化提升行动协调推进领导小组各位领导的大力支持与关心，感谢参与普查工作的各市（州）县（区）、有关省直厅局的鼎力相助，感谢参与普查的专家学者和基层工作人员的辛勤付出，感谢中国书籍出版社为本名录的出版所做的努力，感谢所有关心关注本名录的人们。《甘肃省文化资源名录》是从盘清全省文化资源家底的角度入手，收录范围极其宽泛，有部分内容还存在缺项，有的资源没有资源简介，有的资源缺图片等等，给该书的出版留下了遗憾（该套丛书普查数据截至 2012 年 12 月 31 日）。同时，由于我们的水平有限，可能还有错讹疏漏之处，恳请读者随时批评指正，以便在将来进一步完善和修订。

甘肃省社会科学院

2017 年 7 月

甘肃省文化资源名录
总书目

甘肃省文化资源名录
总书目